사랑과 유랑의 시인
조지 고든 바이런

사랑과 유랑의 시인
조지 고든 바이런 1

인 쇄 | 2024년 10월 7일
발 행 | 2024년 10월 10일

글 쓴 이 | 박재열
펴 낸 이 | 장호병
펴 낸 곳 | **북랜드**
　　　　　04556 서울 중구 퇴계로41가길 11-6, JHS빌딩 501호
　　　　　41965 대구 중구 명륜로12길 64(남산동)
　　　　　전화 (02) 732-4574 | (053) 252-9114
　　　　　팩스 (02) 734-4574 | (053) 252-9334
　　　　　등 록 일 | 2000년 11월 13일
　　　　　등록번호 | 제2014-000015호
　　　　　홈페이지 | www.bookland.co.kr
　　　　　이 - 메일 | bookland@hanmail.net

책임편집 | 김인옥
기　　획 | 전은경
교　　열 | 서정랑

ⓒ 박재열, 2024, Printed in Korea
저자와의 협의하에 인지를 생략합니다.

세트 ISBN 979-11-7155-085-2　04840
개별 ISBN 979-11-7155-086-9　04840
　　　ISBN 979-11-7155-088-3　05840 (e-book)

값 40,000원

사랑과 유랑의 시인
조지 고든 바이런 1

글·박재열

북랜드

| 책머리에 |

　오래전 텔레비전에서 한 노정치인이 인터뷰에 응하면서 시를 좋아한다고 하였다. 사회자가 어떤 시를 좋아하느냐고 물었더니 "빠이롱"의 시를 좋아한다고 하였다. 필자는 프랑스에 "빠이롱"이라는 시인이 있는 줄 알았다. 그러나 더 들어 보니 그가 말하는 시인은 '바이런'이었다. 그는 아마도 일어로 번역된 바이런의 시를 읽은 듯했다.

　이 책을 쓰게 된 동기는 독자들에게 단순히 좀 더 정확한 정보를 주기 위해서나, 바이런의 일생 동안 일어났던 사랑과 낭만의 이야기를 재미 삼아 즐기자는 것만은 아니다. 그의 삶과 작품에는 한 시대와 한 나라의 역사와 문화가 고스란히 녹아 있다. '영국을 알려면 바이런을 읽어라.'는 말이 있다. 바이런의 삶과 문학을 접함으로써 영국뿐만 아니라 19세기 초 유럽 문화의 단면을 읽을 수 있다.

바이런의 삶과 문학의 접근은 곧 인간 탐구이기도 하다. 그의 창작 활동은 어떤 면에서 그 자신의 인간 탐구이고 보면, 우리가 그를 탐구하는 것은 이중의 인간 탐구가 된다. 그러나 그가 점하는 삶과 상상의 영역은 그 깊이와 넓이가 쉽게 가늠되지 않는다. 그렇기 때문에 그를 수식하는 어구에는 서로 모순되는 것이 적지 않다.

바이런은 생전에 '사탄'이라는 말을 많이 들었다. 그런데 그 '사탄'의 일반적인 특징 중의 하나는, 인간이 가지는 모든 속성을 다 갖고 있다는 점이다. 예컨대 사탄은 인간의 사악한 속성뿐만 아니라 선한 속성도 가진다. 바이런이 꼭 그랬다. 그가 불륜과 온갖 악행의 오욕을 덮어쓰고 살았지만 실제로 그는 가난한 이웃을 위해 무상보시를 하는 박애주의자였다.

바이런의 이런 이중성은, 우리가 삶을 사회적·종교적·윤리적 범주로, 특히 선악의 이분법으로 나누기 때문에 일어나는 현상이다. 바이런의 입장에서 보면 그의 삶은 모순이 아니라 시시각각 달라지는 현실에 솔직하고 자연스럽게 대처한 것뿐이다. 그를 구석기시대에 두면 죄의 허물이 거의 없는 것은 그가 그런 이분법에 의해 전혀 포맷 되지 않기 때문이다.

바이런의 삶과 문학이 이처럼 인간의 원초적 본능에 발 딛는 만큼 그의 작품은 모든 인간에게 공명을 불러일으킨다. 그의 작품이 수많은 가요, 교향곡, 오페라, 드라마, 소설, 영화로 재창조되어 나온 이유가 거기에 있다. 그에 관한 것은 이제 서구 제국의 공동 자산, 공동 언어, 공동 정서가 되었다. 예컨대 바이런의 「그녀는 아름답게 걷네」라는 짧은 시는, 각국 작곡가로 하여금 73개나 되는 곡을 짓게 만들었다. 우리나라만 그 공동 자산을 외면하는 것 같다. 우리가 서구 문화를 좀 더 가까이 호흡하려면 그를 가까이하지 않을 수가 없다. 그런 것에 이 책이 기여를 할 수 있다면 더 이상 바랄 것이 없다.

    거친 원고를 살뜰히 살펴 이 책이 이 세상에 나오게 힘써 주신 장호병 북랜드 대표와 활자 하나하나를 바로 잡아준 임직원들의 정성에 감사를 드린다.

박 재 열

| 차례 |

책머리에 _ 4

제 1 장 탄생과 아버지 어머니 • 10
제 2 장 스코틀랜드의 절름발이 소년 • 17
제 3 장 뉴스테드 애비의 귀족 소년 • 28
제 4 장 해로와 매리 차워스 • 44
제 5 장 캠브리지 대학생의 첫 시집 • 64
제 6 장 시집 『영국 시인과 스코틀랜드 평론가』 • 89
제 7 장 포르투갈·스페인과 알리 파샤 • 116
제 8 장 그리스를 거닐다 • 157
제 9 장 콘스탄티노플과 술탄 • 181
제 10장 에들스톤과 『차일드 해롤드의 순례』 • 221
제 11장 귀부인들의 질투 • 252
제 12장 오거스터와 애너벨러 사이 • 293
제 13장 불안한 결혼 • 320

제14장 불행한 신접살림 · 352
제15장 애너벨러 친정으로 돌아가다 · 379
제16장 유랑길에 오르다 · 414
제17장 셸리와 제네바호를 노 젓다 · 428
제18장 베네치아의 망명자 · 467
제19장 라미라의 별장 · 502
제20장 대운하의 방탕아 · 520
제21장 테레사 귀치올리 백작부인 · 551
제22장 라벤나의 카발리에레 세르벤테 · 591
제23장 카르보나리 · 609
제24장 위험한 혁명당원 · 621
제25장 셸리와 피사의 친구들 · 654
제26장 셸리의 익사 · 682
제27장 제노바의 지친 삶 · 703
제28장 케팔로니아에서 전황을 살피다 · 735
제29장 노엘 바이런 장군 · 760
제30장 그리스를 위한 죽음 · 777
제31장 애도 · 793

글을 마치며 _ 806
색인 _ 811

제 1 장
탄생과 아버지 어머니
(1788년 전후)

(1788년) 1월 22일.
런던은 음침한 날씨였다.
오늘날의 런던 옥스퍼드 서커스(Oxford Circus)와 가까운 카번디쉬 스퀘어(Cavendish Square), 홀즈(Holles) 가(街) 16번지에는 한 허름한 향수가게가 있었다. 그 2층에서 한 아낙이 오랜 진통 끝에 한 사내아이를 낳았다. 그 아낙은 여섯 달 전에 하녀 하나만 데리고 그 방에 세 들었으나 런던에는 아무 아는 사람이 없어 외로웠다. 이 아기가 우리가 이야기할 조지 고든 바이런(George Gordon Byron)이다. 그 아버지는 존 바이런(John Byron)이고 어머니는 캐서린 고든 바이런(Catherine Gordon Byron)이다.

이때 아기는 얼굴에 양막(羊膜)을 뒤집어쓰고 태어났다. 서양에서는 그것을 뒤집어쓰고 태어난 아이는 위대한 인물이 된다는 속설이 있어 그 어머니는 상서로운 징조라고 기뻐했다. 그러나 아기의 오른발이 내반족(內反足)이어서 큰 걱정을 안겨 주었다. 발이 안으로 굽어 있어 그 아기는 평생 다리를 절 수밖에 없었다.

바이런이 태어난 거리

이 아기는 2월 29일 말리번(Marylebone) 교구교회에서 세례를 받았다. 이때까지도 아버지가 이름을 지어주지 않아, 어머니가 아들의 이름을 친정아버지 이름 조지 고든 (George Gordon)을 넣어 조지 고든 바이런 (George Gordon Byron)으로 지었다.

탄생지임을 알려주는 표지판

바이런의 어머니 캐서린은 스코틀랜드의 한 지주 가문인 가이트(Gight) 가(家)의 딸로 상당한 재산을 물려받았다. 바이런의 이름에 외가의 성(姓)을 넣은 것은, 가이트가의 재산을 상속받은 외손은 꼭 이름에 외가의 성을 넣는 전통이 있었기 때문이었다.

캐서린은 에든버러의 그녀의 재산관리인이 부쳐 보내는 생활비로 생활하고 있었다. 그녀는 그 재산관리인에게 절대 많은 돈을 부치지 말라고 편지를 썼는데, 돈을 보이면 남편이 가져가 허탕에 쓸 것이 분명했기 때문이었다. 그녀의 남편은 이미 1,300파운드의 빚이 있었고, 만약 그녀가 어떻게든 돈을 둘러대서 이 빚을 갚아 준다 하더라도 곧 새 빚을 지을 것이 분명하기 때문에 돈을 보이지 않는 것이 상책이었다.

바이런의 아버지 '미치광이 잭'

이즈음 바이런의 아버지는 빚 때문에 숨어 다녔다. 그는 1월 초에 프랑스에서 영국으로 돌아왔는데 아내의 출산이 걱정되어서가 아니라, 아내가 친정 재산관리인으로부터 받았을 생활비를 얼마라도 뺏어가기 위해서였다. 그는 몇 달 동안 빚쟁이와 숨바꼭질을 했다. 그는 바이런이 태어난 당일 즉 화요일에는 못 오고 나흘 뒤 일요일에 나타나서 아들을 처음 안았다.

바이런의 아버지는 대체 어떤 사람이었기에 이처럼 무책임했을까? 그는 '존 바이런'이라는 이름보다는 '미치광이 잭'으로 더 많이 불리던 인물로, 바이런 제독(Admiral Byron)의 큰아들로 태어났으나, 평생 일삼은 것은 엽색 행각, 사치, 패륜적 행동이었다. 그의 아버지가 호적에서 그를 파내버리려고 결심한 적까지 있었다. 그는 1756년 태어나 온갖 난봉을 부리다가 1791년 서른다섯 살에 세상을 떠났으니 바이런이 만 세 살 되던 해였다.

그는 웨스트민스터 명문교에 들었다가 나중에 파리 근교에서 군사교육을 받았다. 아마 거기서 불어와 "오락과 사치스런 도락"을 배웠으리라. 그는 아버지가 근위병에 넣어줘 거기서 대위를 달고 아메리카에까지 가서 얼마간 근무하다가, 제대를 하고는 런던의 사교계로 흘러들었다. 그가 우아한 불어를 구사하며, 언제나 상냥하고 유쾌하다 보니 주변에 여성들이 떠날 날이 없었다.

1778년 여름 한 여성이 미치광이 잭과 사랑에 빠졌다. 그가 바라던 대로 대단한 미모에다 큰 재산의 상속녀였는데 이미 남편이 있는, 카마던 후작(Marquis of Carmarthen)의 부인 아밀리아(Amelia)였다. 사교계에서는 그가 월척(越尺)을 낚았다고 숙덕댔다. 그녀는 친정도 귀족이고 부유했으니, 홀더니스 백작 로버트 다시(Robert Darcy, 4th Earl of Holderness)의 외동딸로, 친정아버지의 유산에서만 연수(年收) 4,000파운드가 너끈히 나왔다.

아밀리아는 자기에게 쏟아지는 스캔들을 잠재우기 위해 이혼을 하기로 하였다. 귀족이 이혼을 하려면 그 이혼 건을 하나의 법안으로 만들어 의회를 통과시켜야 하고 국왕이 재가해야 했다. 그녀는 천신만고 끝에 그 어려운 이혼에 성공하여 1779년 6월 9일 런던에서 보란 듯이 정식 결혼식을 올렸다. 사랑의 승리라고 했으리라. 존은 아름답고 돈 많은 아밀리아를 데리고 파리로 갔다.

그러나 그녀가 파리에 가 보니 이미 신혼의 꿀맛은 어디에도 없었다. 미치광이 잭은 다락방이나 지하방에서 강간이나 다름없는 "짐승 같은 행동"으로만 대하니 지옥 생활이 따로 없었다. 아밀리아는 딸 셋을 낳고 사실상 화병으로 스물아홉의 나이로 1784년 1월에 세상을 떠나니, 딸 둘도 금방 어머니를 따라 죽었다. 막내딸 하나만 살아남았는데 1783년에 태어난 오거스터(Augusta Byron)였다. 오거스터는 전혀 어머니를 몰랐고 아버지도 몇 번 희미하게 본 것이 전부였다.

아내가 죽자 미치광이 잭이 가장 애석하게 생각한 것은 사라진 연수 4,000파운드였다. 그는 다시 빚에 시달렸다. 해

'미치광이 잭'의 첫째 부인 아밀리아

결책은 또다시 돈 많은 상속녀를 찾아 결혼하는 것뿐이었다. 결혼 시장은 바스(Bath)의 무도장만 한 곳이 없었다. 그는 그곳에 출현하여 우아한 프랑스 예절, 유창한 불어, 자상하고도 세련된 매너로 금방 여성들의 호기심을 끌어모았다.

금방 기회가 왔다. 그에게 다가온 여성은 가이트의 캐서린 고든(Catherine Gordon of Gight)이었는데, 촌뜨기에다 말조차 스코틀랜드의 혀짜래기 소리를 내서, 사실은 사교계에 발 들여놓기엔 민망한 아가씨였다. 메떨어졌지만 갓 스물에 필 대로 피어 있었고 교육은 겨우 제 앞가림할 정도밖에 받지 못했다.

그러나 들리는 소문은 달랐으니 그녀 앞의 재산은 무시할 수 없었다. 그녀는 가이트가의 13대 지주(laird)로 애버딘(Aberdeen) 은행의 주식, 연어 어로권(漁撈權), 토지, 성(城) 등 재산은 합치면 30,000파운드 가깝다고 하니 시골 알부자가 아닌가. 그녀는 바스에 있는 진외가인 로버트 더프 제독(Admiral Robert Duff)의 집에 와서 결혼 시장에 얼굴을 내밀었던 것이다.

스코틀랜드의 촌구석에서 자란 캐서린은 사교계가 경이로웠고, 특히 거기서 만난 사람 중에 바이런 대위가 출중했다. 그의 춤 솜씨는 황홀 그 자체였다. 그녀는 그와 춤을 출 때 발이 땅에 닿는지 구름에 닿는지 몰랐다. 1785년 5월 13일 존 바이런은 캐서린 고든과 바스의 한 교회에서 결혼식을 올렸으니 이 캐서린이 곧 바이런의 어머니이다.

바이런의 어머니 캐서린

폐허가 된 가이트성. 바이런의 외가 측 조상이 수백 년 살던 저택
황량한 스코틀랜드의 산지에 있음

바이런의 외가는 스코틀랜드의 명문가였다. 이 외가의 조상 중의 헌틀리 백작(Earl of Huntly) 2세는 스코틀랜드의 왕 제임스 1세의 사위였다. 그 백작의 아들 윌리엄 고든 경(Sir William Gordon)이 애버딘 48킬로 북쪽 이탄(Ythan) 강 골짜기에 많은 토지를 소유하여 가이트가를 일으켰다.

제11대 지주 즉 캐서린의 할아버지 알렉산더 고든(Alexander Gordon)은 마가렛 더프(Margaret Duff)와 결혼하여 14명의 자녀를 두었으나 이탄 강에서 익사를 하였다. 이때 자살을 의심하는 사람이 있었다. 이 더프 할머니는 장수를 하여 1801년에 세상을 떠났는데 그 부양을 바이런의 어머니가 하였다. 12대 지주 즉 캐서린의 아버지 조지 고든은 평생 그 척박한 가이트 전지(田地)에서 살다가, 바스의 외가에 내려와 에이븐(Avon) 강에서 익사를 했다. 또 사람들은 자살이 아닌가 의심을 하였다.

이 바이런의 외할아버지는 아들이 없어 캐서린이 전 재산을 물려받았고, 캐서린은 결혼한 그해 7월에 조상이 대대로 살아온 가이트성(城)에 신접살림을 차렸다.

가이트성이란 어떤 곳인가? 그 성은 앞서 말한 2대 지주 윌리엄 고든이 16세기에 지어 13대 지주인 캐서린까지 대대로 살아온 작은 성이다.

지금도 이 성은 외롭고 척박한 곳에 폐성으로 남아 있다. 건물의 형체를 거의 알아보기 어려울 정도로 담쟁이가 뒤덮고 있고, 지하로 내려가면 피리 부는 유령이 나타난다는 전설이 있다. 가파른 경사지 밑으로 이탄 강의 상류가 흐르고 가끔 총 든 여우 사냥꾼만 지나다닌다. 캐서린 부부가 그 고성(古城)에 산 기간은 일 년이 채 못 되었다. 그들은 그곳이 너무 적적하여서 싸우고, 짜증나서 싸우고, 서로 미워서 싸우고, 밤낮 싸우기만 했다.

미치광이 잭이 처갓집 재산을 들어먹는 데는 많은 시간이 필요치 않았다. 결혼 때 돈 한 푼 안 가져온 그는 자신의 빚을 모두 아내에게 떠넘겼다. 부부는 1787년 그 가이트성과 그 주변의 토지를 17,850파운드에 매각하였다. 그때 캐서린 앞으로 얼마 제쳐 놓고, 저당 잡힌 돈 3,000파운드를 갚고, 나머지는 미치광이 잭이 다 날려버렸다. 다시 빚으로 살아갈 수밖에 없었다.

그 부부는 가이트성을 떠나 어디든 빚쟁이들을 피해 다녔다. 그러다가 존은 캐서린이 가지고 있던 1,000파운드 중 700파운드마저 뺏어서는 파리로 날라 버렸지만, 8주 후엔 그 돈마저 탕진하고 또 빚을 지기 시작하였다. 캐서린은 1787년 9월에 만삭의 몸으로 불어 한 마디 못 하는 프랑스 땅 샹틸리(Chantilly)로 남편을 찾아갔더니 남편이 그녀를 환영했다. 그 딱 한 가지 이유는 그녀가 현찰을 지니고 있을 것이기 때문이었다.

남편은 캐서린을 만나자 여동생 프란시스(Frances)에게 맡겨 두었던 전처에서 난 딸 오거스터를 찾아와 그녀에게 맡겼다. 무거운 몸으로 오거스터의 병치레까지 감당하다가, 오거스터가 네 살 때 하녀 하나를 앞세우고 다시 영국으로 건너왔다. 캐서린은 오거스터를 그녀의 외할머니 홀더니스 백작부인에게 맡기고 런던에서 몸을 풀었다. 남편은 따로 은밀히 영국으로 흘러들 수밖에 없었다.

제 2 장
스코틀랜드의 절름발이 소년
(1789년~1798년)

(1789년) 바이런 모자는 1789년 여름까지 런던의 그 향수 가게 2층에서 힘든 나날을 보냈다. 캐서린은 런던에 든든한 보호자 하나 없어서 1789년 친정 일가붙이가 많은 스코틀랜드의 애버딘으로 이사를 갔다. 애버딘의 친척 한 사람이 캐서린에게 런던의 한 변호사를 소개했는데, 그가 바로 챈서리 레인(Chancery Lane) 6번지에 개업 중인 존 핸슨(John Hanson)이라는 변호사였다. 그가 바이런의 평생 동안의 법적 문제를 해결해 준다.

바이런은 발 때문에 평생 동안 정신적 콤플렉스를 겪어야 했지만, 어릴 때만큼 주변의 멸시를 아프게 받아들인 적은 없었다. 물론 성격 형성에도 악영향을 끼쳤다. 그의 오른발은 뒤꿈치가 말려 올라가고 발바닥이 안쪽으로 비틀려 있었다.

캐서린이 부동산을 처분하여 남편 몰래 확보한 돈 4,222파운드가 그녀의 전 재산이었다. 그녀는 빚쟁이든 누구든 절대 그 돈만은 손 못 대게 했다. 그녀는 그 돈 중 3,000파운드를 신탁하여 연 5부 이자를 받도록 하고, 나머지 1,222파운드는 부동산유지비 명목으로 남겨, 그 자금에서 발생하는 이자 소득은 할머니의 부양비로 돌렸다. 그녀로 보면 '상당한 자산가'에서 연수 150파운드의 가난뱅이로 전락한 셈이었다. 인근 사람들은 캐서린이 당하는 파산의 과정을 「가이트의 고든 양」(Miss Gordon of Gight)이라는 발라드를 지어 흥얼거리고 돌아다녔다.

캐서린은 애버딘에서 연이자 150파운드로 생활해야 했다. 넉넉하지는 않지만 궁핍을 겪지는 않아도 될 돈이었다. 그들은 퀸(Queen) 가 10번지 향수 상점 2층에 방을 얻었다. 캐서린은 절름발이 아기를 봐 줄, 장로교회에 나가는 독실한 아가씨 애그니스 그레이(Agnes Gray)를 유모 겸 하녀로 데렸다.

8월에 바이런의 아버지가 빚쟁이를 뒤에 단 채 그리로 뒤따라와 (1790년) 1790년엔 그들은 한 가정의 모양새를 갖추었다. 그는 펀치를 마시고 백파이프를 연주하면서 긴긴 스코틀랜드 밤의 지루함을 달랬다. 그러나 그가 처자와 함께했던 기간은 그 몇 달이 전부였다. 이때 그는 방을 얻어 따로 살며 캐서린에게 들러서는 차만 마시고 돌아갔다. 시간이 지나자 부부싸움은 나날이 심해졌다. 그는 아내에게서 300파운드를 "빌려서" 또 훌쩍 날라버렸다. 떠나면서 다시는 캐서린과 같이 살지 않겠다고 선언을 했다. 그 돈은 캐서린이 할머니에게서 연 15% 이자를 내기로 하고 빌린 것이었다. 캐서린은 자기의 연수 150파운드 중 15파운드를 이 빚 갚는 데 돌리지 않으면 안 되었다.

캐서린의 성격은 고약했다. 그녀는 아들을 보고 불같이 분노했다가 곧 과도한 애정을 보였다. 아들의 성격도 고르지 않았다. 하루는 바이런이 금방 갈아입힌 옷을 더럽혀 와서 꾸중을 하자, 아들은 화가 나서 한참 동안 말을 잊고 서 있다가 그 옷을 위에서 아래까지 갈가리 찢어버렸다.

다행히 유모 애그니스와 그 여동생 메이(May)가 아이를 안정시켰다. 이 유모들은 아이가 잠잘 때 발에 붕대를 감아주고 보족구를 채우거나, 자장가를 불러주거나, 이야기나 전설을 들려주어, 아이의 정서적, 지적 성장을 도왔다. 바이런이 장로교의 캘빈(John Calvin)의 교리를 체득하게 된 것은 이들 유모들 덕택이었다.

300파운드를 손에 쥔 미치광이 잭은 어디로 날랐을까? 그는 프랑스

발렌시엔(Valenciennes)에 있는 여동생 프란시스 집으로 가서 결국 거기서 살다 죽었다. 그는 돈이 궁할 때마다 그 여동생을 찾아가, 그녀에게서 몇 푼씩 푼돈을 뜯어 썼다. 세상이 자기를 신용불량자로 낙인찍었지만 그래도 프란시스만은 오빠 대접을 해 주었고, 두 남매는 기질 또한 비슷한 데가 있었다. 아내보다는 이것저것 따지지 않는 동생이 백 배 마음이 편했다.

바이런의 이 프란시스 고모는 찰스 리(Charles Leigh)와 결혼해 살았다. 이 고모부는 떳떳이 장군으로 진급한 성실한 군인이었으며, 그들은 아들 하나를 두었는데 그 아들 조지(George)도 군문에 들어 대령까지 달아 '리 대령'으로 불렸다.

바이런의 아버지는 6남매 맏이로 그 아래로는 남동생 하나와 여동생 넷이 있었다. 남동생은 조지 안선 바이런(George Anson Byron)이고 그 아들이 역시 조지 안선으로 바이런보다 한 살 아래였다.

큰고모가 프란시스이고, 둘째 고모는 줄리아나 엘리자베스(Juliana Elizabeth)인데 미친 사랑으로 집안을 완전히 뒤집어놓았다. 이 줄리아나는 남모르게 큰집 사촌 오빠 윌리엄과 사랑의 불이 붙어 버렸으나 친사촌 간이니까 차마 결혼하겠다는 말을 못 꺼냈다. 그런데 큰집에서는 그것도 모르고 오빠를 귀족 댁 규수와 결혼시킬 준비를 하고 있었다. 궁지에 몰린 사촌 오빠는 하는 수 없어 줄리아나와 어느 날 야반도주를 하고 말았다. 큰집 작은집 할 것 없이 벌집을 쑤셔 놓은 듯했다. 바이런의 할아버지, 큰 할아버지는 창피하고 분해서 집안 살림을 다 때려 부숴버렸다.

어떻든 그 고모는 남모르는 곳에 가서 사촌 오빠와 결혼하여 아들 하나 윌리엄을 낳고 5년을 같이 살았지만, 그 오빠 남편이 26살의 나이에 요절하고 말았다. 그녀는 다시 짐을 싸서 로버트 윌모트 경(Sir Robert Wilmot)과 재혼하였다. 바이런이 태어난 후 열흘쯤 되었을 때 이 고모도 세상을 떠나서 바이런은 이 고모는 얼굴도 몰랐다. 바이런은 어느 무도회 때 이 고모의 며느리 즉 고종제수(姑從弟嫂)의 상복 입은 아름다운 모습을 보고 영감을 얻어 짧은 시를 썼는데, 그 시가 그의 대표시라 할 만하다.

셋째 고모는 오거스터 바바라 샬럿(Augusta Barbara Charlotte)으로 노팅엄(Nottingham)에 살고 있어서 바이런이 처음으로 뉴스테드 애비(Newstead Abbey)에 왔을 때 바이런 가족을 반겨주었다. 얼마간 내왕이 잦았다. 넷째 고모는 소피아 마리아(Sophia Maria)인데 결혼하지 않았고 바이런이 태어나기 훨씬 전에 세상을 떠났다.

　미치광이 잭은 별거 중인 프란시스의 집에서 하녀와 여배우들과 어울려 방탕한 환락의 나날을 보냈다. 프란시스는 당시에 지방 극장의 갈보나 여배우들에게 방을 빌려주는 일을 하고, 그녀도 이들 주변을 맴도는 멋쟁이 한량들과 쉽게 어울린 듯하다. 언제나 술이 질펀했고 음탕한 연애 이야기 아니면 입에 오르지 않았다. 미치광이 잭은 술이나 마약에 취해 인사불성일 때가 많았다. 그런 그가 누구와 잠자리를 하는지도 몽롱하여 알지 못했다. 그즈음 그가 프란시스와 잠자리를 같이했던 적이 여러 번 있었음이 그의 편지 여러 곳에서 드러난다.

　그 미치광이가 그곳에 온 지 두 달 만에 그의 어머니 소피아가 바스에서 세상을 떠났다는 소식이 왔다. 그가 명색이 맏상주가 아닌가. 프란시스는 장례식에 참석했으나 그 오빠는 빚쟁이에게 붙잡힐까 봐 영국에 발을 들여놓지 못했다. 그는 프란시스가 초상에 가버리자 단 하루도 못 살 것 같았다. 동생도 남자 없이는 밤을 못 보낸다는 것을 생각하니 울컥 분통이 터졌다. 그녀의 귀환이 늦어지자 그는 빨리 와서 돈을 달라고 애원하였다. 이런 편지는 무엇을 의미할까. "장담하건대 너만큼 멋진 애는 없어." "마리니는 두 밤을 같이 자 보니 내가 만난 애 중에는 제일 못 쓰겠고…." "내가 너처럼 사랑한 사람은 없으며, 일각이라도 [너와] 떨어지고 싶지 않아."

　미치광이 잭이 누이의 세간을 처분하기 시작하였다. 은제품, 하프시코드 등 닥치는 대로 전당포에 맡겼다. 술 취한 하녀를 계단에서 차버리고 3일간 피를 토했다. (1791년) 그 이듬해 6월 8일에 그는 프란시스에게 마지막 편지를 보낸다. 그 편지에서 그는 자신이 사랑한 유일한 여자가 그녀였다고 다시 확인한다. 그때서야 프란시스가 걱정이 되어 급히 집으로 달려온다.

　미치광이 잭은 유언장에서 세 살배기 아들을 상속인으로 삼아 자신의 모든 빚과 장례비용을 그가 떠맡도록 해 두었다. 그는 1791년 8월 2일 치욕스럽고, 무책임하고, 패륜적인 서른다섯 해 삶에 종지부를 찍었다. 폐결핵으로 죽었다니, 약물과다로 죽었다니, 자살했다니 설이 무성했다.

남편의 부고를 받은 캐서린은 어떤 모습을 보였을까? 캐서린은 집 밖의 온 동네가 떠나가도록 대성통곡을 하였다. 거의 정신을 잃을 정도였다. 남편 생전에 끊임없이 바가지를 긁더니 그때사 대성통곡을 하니 이웃들이 다 어리둥절해했다. 세 살배기 바이런도 그런 어머니 모습에 놀랐다.

캐서린은 막막했다. 그녀는 절름발이 아들의 양육에만 온 정성을 바쳤다. 그러나 바이런은 발에 대해 지나칠 정도로 민감하였다. 한 여자가 유모 애그니스와 바이런을 만나 무심코 "바이런은 참 예쁜 아이구나! 다리가 저래서 불쌍해라!"라고 했더니, 바이런은 분노로 부르르 떨다가 들고 있던 채찍으로 그녀를 때리면서 "그 이야긴 닥쳐요!"라고 고함을 빽 지르는 게 아닌가.

캐서린이 돈을 빌려 번화가인 브로드(Broad) 가 64번지로 이사를 간 것은 미치광이 잭이 죽기 전인 1791년 5월이었다. 그것은 자신의 안락을 희생시키면서까지 아들의 교육을 위해서 내린 결단이었다. 그렇다고 그녀의 폭력이 줄어드는 것은 아니었다. 그녀는 벽난로 부젓가락이나 쟁반이나 잡히는 대로 아이의 머리에 날려 머리를 깨곤 했다. 사실 바이런은 보통아이처럼 장난을 좋아하긴 했지만, 감수성이 예민했고 착실하여 귀염 받을 행동도 적지 않았는데, 어머니에겐 그런 것이 전혀 보이지 않았다. 바이런도 분노가 치밀면 새로 산 프록(frock)을 갈가리 찢어놓거나 식탁의 칼로 자신을 찌르려고도 했다.

(1792~3년) 1792년부터 바이런은 어린이집과 유치원 같은 곳을 다니면서 세 선생님의 지도를 받았다. 다섯 살이 되기 전에는 집에서 가까운 학교에서 바우어즈(Bowers) 선생의 가르침을 받았다. 학비가 한 학기(quarter)에 5실링인 학교였으니, 그 목적이 공부를 가르치는 곳이라기보다는 어린이집 같은 곳이었다. 바이런의 기억이다. "나는 단음절로 된 첫 과를 기계직으로 반복한 것 외에 기기서 배운 것이라곤 거의 없다…. 나는 따귀 맞을 때가 있었다. (그런데 이때 내가 글자는 귀를 통해서 배운

다고 생각할 때 귀를 맞는 것은 [참으로] 부당했었다.)"

이듬해 로스(Ross) 목사에게 가서 읽기를 배웠다. 독실하고 현명하고 부드러운 사람이었다. "내가 글을 읽을 수 있던 그 순간부터 나는 역사에 열성을 쏟았는데 이유는 모르겠지만 처음으로 내 손에 들어온『로마사』(Roman History) 책에서 레길루스(Regillus) 호(湖) 근처의 전투에 특별히 관심이 꽂혔다." 이어서 진지하고 무뚝뚝했지만 훌륭한 학식을 갖춘 패터슨(Paterson)이란 엄격한 장로교 교인의 가르침을 받았다. 이 선생님 밑에서 그는『루디만의 문법』(Ruddiman's Grammar)으로 라틴어 공부를 시작했다. 그는 바이런이 정식으로 문법학교에 들어갈 때까지 공부를 돌봐주었다.

(1974년) 이 당시 바이런의 큰할아버지 윌리엄 바이런(William Byron, 5th Baron Byron)은 남작 작위를 가진 귀족이었다. 그런데 그의 손자 윌리엄(William John Byron)이 1794년 7월 31일에 코르시카(Corsica)의 칼비(Calvi) 전투에서 전사했다. 앞에서 바이런의 종숙 윌리엄이 바이런의 고모와 눈이 맞아 도망가서 결혼하였다고 이야기하였는데, 윌리엄은 그들의 아들이었다. 이 육촌 형이 바이런가의 남작 작위와 세습 전지를 상속받을 후계자였으나 전사하였으니, 이변이 없는 한 바이런이 그 작위와 재산을 상속받게 되었다.

1794년 1월 바이런은 애버딘 문법학교(Aberdeen Grammar School) 2학년에 입학하여 1798년까지 이 학교에 다녔다. 그는 교복으로 금색 단추가 달린 푸른색 코트와 금빛 놋 단추가 달린 조끼를 입었다. 이런 귀족스런 교복에도 불구하고 등록금은 어느 교육기관보다 싸서 캐서린의 부담은 크지 않았다.

그 중등학교는, 1257년에 개교한 영국에서 가장 역사가 오래된 학교 중의 하나였다. 그 당시 남학생만 150명 정도 다녔으며 이 학교의 유일한 학과는 라틴어였고, 그 교수 방법은 우리나라 서당의 교육방법과 비슷하였다. 바이런은 2학년이었던 1794년 4월에 38명 중에 석차가 23등이었고, 4학년 때는 27명 중에 5등으로 성적이 올랐으나, 10월에 시에서 50명에게 주는 우등상은 한 번도 받지 못했다. 특별활동 시간에는 문예

바이런의 모교인 애버딘 문법학교의 바이런 동상

반에서 활동했다.

바이런은 공부보다 스포츠에 두각을 나타내고 싶었지만 발이 불편했기 때문에 속도를 요하는 운동은 잘할 수 없었다. 그는 어떤 도전이라도 받아줄 만큼 당당했고, 감히 그를 놀리는 아이가 있으면 사정없이 때려주곤 했다. 정의감과 명예를 존중하여 자기든 급우이든 부당하게 맞는 것을 못 참았다. 그는 지지 않으려는 결기와 뚝기가 대단했고 얻어맞기보다는 두들겨 팰 때가 더 많았다. 동네 아주머니들이 그를 "바이런 부인의 비뚤어진 악마"라고 평한 것은 그런 기질을 보았기 때문이리라.

(1795년) 1795년인가 1796년 여름에 바이런이 성홍열에 걸리자 캐서린은 그를 데리고 경치 좋은 디강(River Dee)으로 비접을 갔다. 애버딘 바로 북쪽에는 돈강(River Don)이 흐르고 20km쯤 올라간 북쪽에는 이탄강이 흐른다. 남쪽엔 디강이 바다로 흘러드는데 이 강 주변이 절경이다. 강을 따라 깊이 들어가면 우리나라에서 금강송이라고 부를, 키 크고 줄기가 붉은 소나무가 계곡을 가득 채우고 있어 우리나라 설악산의 어느 골짜기와 비슷한 비경을 이룬다. 우리나라라면 틀림없이 선녀탕, 비룡폭포 같은 이름을 지었을 곳이다. 다른 점이 있다면 약간 갈색 빛이 도는 물이 흐른다는 것. 이곳은 영국에서 가장 추운 곳이라 현재는 영국 왕실의 여름 별장 발모럴성(Balmoral Castle)이 있으며 최근 엘리자베스

디강

여왕이 이곳에서 승하하였다. 그 주변이 아름다워 케언곰즈 국립공원(Cairngorms National Park)으로 지정되어 있다.

(1796년) 그 이듬해 바이런 모자는 다시 디강을 따라 올라가 발라터(Ballater) 마을의 제임스 로버츤(James Robertson)이라는 사람의 농가에서 지냈다. 여기서 바이런은 성홍열로 약화된 체력을 회복하기 위해 염소젖을 마셨다. 그곳에서 보면 한쪽에는 모벤(Morven) 산이, 다른 쪽에는 래친이게어(Lachin-y-gair) 산의 정상이 보인다. 이 산들은 바이런에게 숭엄하면서도 자애로운 자연의 대명사로 평생 깊은 인상을 남긴다. 래친이게어산 정상에는 만년설이 있고 호수가 있으며, 디강은 이 산 북쪽 계곡으로 흐른다. 이 산에 오르는 길은 거칠지 않아 우리나라 한라산 오르는 것과 비슷하여, 바이런도 도보로 혹은 말을 타고 정상에 올랐다. 그는 디강의 고불고불한 은빛 물줄기를 따라 아름다운 경치를 마음껏 흡입하여 훗날 쓸 시의 자양분을 넉넉히 비축해 두었다. 바이런은 이렇게 말한다. "나는 오랫동안 스코틀랜드에 대한 애정을 가지고 있었습니다…. 시 쓰는 능력을 누구로부터 물려받았는지 나는 알 수 없습니다. 아마도 모벤(Morven)과 로크나가르의 황량한 경관, 그리고 디강의 강변이 내 시 정신의 모태였을 것이며, 내 시에 장식들을 조롱조롱 달아준 장

본인이었을 것입니다."

바이런은 스코틀랜드의 정서가 결정(結晶)된 그 지방의 전설에도 깊이 빠져들었다. 외가 쪽 조상에 관한 전설은 그의 상상력을 키워주는 촉매 역할을 했다. 그는 그 지역의 특유한, 음울하고 우울한 정서에도 푹 젖었다. 소년기에 쓴 긴 시는 모벤(Morven: 게일족의 신화 속의 왕국)의 시인 오시언(Ossian)의 방법을 모방하는 것이었다.

캐서린의 할머니는 친정 곳인 반프(Banff)에 살았다. 바이런 모자는 바이런이 문법학교에 다닐 때인 1796년인가 어느 해, 그가 채 여덟 살이 안 되었을 때에 이 어머니의 진외가를 방문한 적이 있었다. 이 집에는 매리 더프(Mary Duff)라는 예쁜 소녀가 있었는데, 바이런이 그 애에게서 첫사랑을 느꼈다. 그는 17년 뒤에 다음과 같이 회상했다. "내가 열애를 느끼거나 ['열애'라는] 그 낱말이나 그 효과에 대해 전혀 아는 것이 없었을 나이에, 그 소녀를 그토록 깊이 좋아한 것은 얼마나 이상한 일인가! … 내가 열여섯 살이었을 때 하루는 어머니가 '오, 바이런, 에든버러에서 편지가 왔는데 네가 옛날에 좋아했던 매리 더프가 코(Coe) 군에게 시집을 갔더구나.'라고 말했다…. 그 순간 내 감정을 정말 설명을… 할 수 없었고, 그 감정 때문에 하마터면 경련이 일어날 뻔했고…. 나는 우리가 서로에게 했던 말, 포옹, 그 애의 얼굴, 내 불안함, 불면, 그리고… 하녀를 졸라, 그 애에게 내 편지를 대신 쓰도록 한 일 등이 생각난다…."

(1798년) 바이런이 만 열 살이고 애버딘 문법학교 4학년이던 1798년에 드디어 놀라운 소식이 들려왔다. 5월 21일에 큰할아버지 바이런 남작 5세가 세상을 떠났다는 소식이었다. 바이런이 열 살의 나이로 로치데일의 바이런 남작 6세(Sixth Baron Byron of Rochdale)가 되었다. 바이런보다 승계 순위가 앞선 할아버지의 형제, 당숙, 아버지, 삼촌이 다 세상을 떠났고 재종형, 종형 또한 없었다.

바이런가의 남작 작위는 바이런의 5대조의 형인, 존 바이런 경(Sir John Byron)이 1643년에 찰스 1세(Charles I)로부터 제수받았다. 그는 아들이 없어 동생 리처드 바이런 경(Sir Richard Byron)에게 작위가 승계되었는데 그가 바로 바이런의 5대조이다. 그 후 그 작위는 바이런의 고

로치데일 남작이 된 존 바이런 경
바이런 5대조의 형

조부, 증조부, 종조부로 승계되어 왔다. 캐서린은 전담 변호사 핸슨을 불러 그에게 작위 승계와 재산 이전에 관한 일체 업무를 일임하고 동시에 바이런의 후견인이 되어 달라고 부탁하였다.

학교에서 바이런은 당혹스러웠다. 교장이 그를 불렀다. 교장이 학생을 부를 때는 보통 특별히 훈계힐 것이 있을 때였다. 그런데 이 날 교장은 과자와 포도주까지 내어놓으면서 이제부터는 귀족이 되었다고 일러주었다. 바이런은 훗날 친구 홉하우스(John Cam Hobhouse)에게 이렇게 이야기했다. "교장의 그 작은 대접과 존경의 태도는, 즉각 [내가] 새로이 나의 높은 신분을 소중하게 받아들이도록 해 주었지." 그의 새로운 칭호 '바이런 경'(Lord Byron)은 자연스럽게 교실에서 통용되었다.

바이런 때에도 귀족에게는 세 가지 특권이 살아 있었다. 하나는 재판을 받을 때 평민 판사가 아니라 귀족 판사의 재판을 받는 것이고, 개인 자격으로 군주를 알현할 수 있고, 평민 경찰에 의해 체포되지 않는다는 것이었다. 경찰에 의해 체포되지 않는 것은 다른 왕정 국가에서도 준수해 주었다. 국왕의 대관식에 참석할 때엔 작위에 맞는 화려한 예복과 예모를 썼다.

바이런이 남작 작위를 계승하는 영광을 누렸지만 그것은 그야말로 외화내빈이었다. 큰할아버지가 죽었을 때 그는 너무 가난하여 장례 치를 돈도 남겨 놓지 않았다. 그의 유해는 장례비용을 빌리기 전까지 거의 한 달 동안이나 그가 살았던 뉴스테드 애비에 그대로 안치되어 있었다. 핸슨이 전 남작의 부동산 관리인에게 조회해 보니, 캐서린이 예상한 연수 2,000파운드는 공상에 불과하였다. 전 남작의 빚을 다 가리면 장례비용도 충분치 않았다. 신용거래를 트자 모든 계산서는 스코틀랜드의 캐서린에게 날아왔다. 그녀는 린넨과 접시를 제외하고 가구를 다 팔아 장례비용을 마련토록 지시했다. 물론 바이런 모자는 6월 16일의 큰할아버지의 장례식에 참석지 못하고 애버딘에 그대로 눌러 있었다. 멀리서 초상을 치게 하고 계산을 다 하니 바이런 모자가 뉴스테드까지 갈 마차비마저 넉넉지 않았다.

변호사 핸슨이 바빠졌다. 그가 급히 자기 아내와 함께 뉴스테드로 가서 바이런가의 부동산을 점검해 보았지만 거대한 건물만 덩그렇게 있었을 뿐 돈 나올 곳이 없었다. 캐서린이 받고 있는 연수 150파운드가 고작이었다. 그 돈은 캐서린이 한 귀족 소년의 어머니로서 체면치레 하는 데에 턱없이 모자랐다. 캐서린이 스코틀랜드의 살림을 다 정리하고 잉글랜드 생활을 시작한 것은 8월 말이었다. 여행비용은 가구 판 돈으로 간신히 해결했다.

제 3 장
뉴스테드 애비의 귀족 소년
(1798년~1801년)

　바이런이 스코틀랜드의 애버딘에서 노팅엄 근처의 뉴스테드로 이주한 것은 단순한 물리적 이동이 아니었다. 그것은 스코틀랜드의 역사와 전통에서 잉글랜드 역사와 전통 속으로의 문화적 이동이었다. 그때까지도 잉글랜드에는 스코틀랜드에 대한 지방 차별이 남아 있었다. 스코틀랜드인인 제임스 2세를 복위코자 스코틀랜드 사람들이 두 번이나 반란을 일으켰기 때문에 잉글랜드에서는 스코틀랜드인들을 반역자들로 인식하였다. 바이런도 평생 자기 말씨에 스코틀랜드의 억양이 남아있는 것을 불편하게 생각했다.

　1798년 8월 하순 바이런 모자와 유모 메이 그레이가 탄 마차가 애버딘을 출발하여 이틀 뒤에 뉴스테드 톨게이트를 통과하였다. 그들은 톨게이트 직원에게 넌지시 어린 바이런이 뉴스테드의 새 귀족임을 말하면서 으쓱하는 기분을 내비쳤다. 영국에는 17세기부터 주요 간선도로에는 통행료를 징수하였다.

　톨게이트에서 마차는 3km쯤 더 갔다. 길 양편에는 아름드리 참나무 그루터기와 묵정밭이 보였다. 그 너머에 신기루처럼 퇴락하고 음침한 수도원 건물이 나타났다. 그 주변에 서너 개의 호수만 유별나게 반짝이었다. 8월 하순이라 주변의 정원은 그림처럼 아름다워 열 살 먹은 바이런에게 낭만적인 백일몽을 꾸게 했다. 고딕식의 그 거대한 수도원이 그 조상이 대대로 살던 저택이고, 그 인근의 숲과 밭이 세습해온 그들의 토지였다. 그 피폐해진 수도원 건물이 묘한 우수를 자아내었고, 중세의 달콤한 로맨스의 배경을 보는 듯했다.

런던에서 218km 떨어져 있는 이 뉴스테드 애비는, 원래는 토마스 아 베케트(Thomas à Becket)를 살해한 헨리 2세가, 참회의 뜻으로 세인트오거스틴 참사회원들(The Canons Regular of the Order of St. Augustine)에게 1163년부터 1173년 사이에 지어준 수도원이었다. 이 왕은 이 수도원 근처의 광활한 불모지와, 원하면 울타리를 칠 수 있는 10에이커의 임야도 수도원에 하사하였다. 그 주변 숲은 영국에서 가장 큰 숲인 셔우드포레스트(Sherwood Forest)의 일부로, 아름답기가 프랑스의 폰텐블로(Fontainebleau)와 겨룰 만하였다고 하였다.

이 수도원은 원래 회색 고딕식 교회가 주 건물이었다. 그러나 서쪽을 향하는 정면(façade)과 남쪽 벽을 제외하고는 벽은 남아 있지 않았다. 남쪽 벽에 미음자 수도원 건물이 붙어 있고 미음자 건물 안으로 회랑이 나 있었다. 그리고 안쪽에는 네모꼴의 안뜰이 있고 이 안뜰 한가운데는 예쁜 분수가 있었다. 아마 이 미음자 건물은 수도사들의 주거공간이었으리라. 오늘날 매표소로 쓰는 최남단의 건물은 살림살이 저택에 필요한 부속 건물이었을 테고.

바이런의 선조 바이런 경(Sir Byron)이 헨리 8세(Henry Ⅷ)로부터 1540년에 이 수도원을 헐값에 구입하였다. 그는 어렵지 않게 교회의 동쪽과 북쪽 벽을 헐어 거기에서 나온 돌로 거대한 저택으로 개조하여 주택으로 사용하였다. 그러나 그것을 저택이라고 볼 때 가정적인 포근함은 한 군데도 없었으리라. 원래 수도원이었던 만큼 몇 군데 중세의 묘관도 있었으니 그런 저택이 어찌 있을 수 있겠나.

바이런의 모자가 이곳에 도착하자 그들을 맞이한 사람은 거기서 오랫동안 일해 온 하인 조 머리(Joe Murray)와 며칠 전에 도착한 변호사 핸슨

뉴스테드 애비

씨 부부였다. 모자는 탁 트인 정원과 아름다운 호수 주변과 음침한 건물의 복도를 처음으로 걸어보았다. 모자는 그곳이 퇴락할 대로 퇴락했지만 조상의 세거지라는 데서 자부심이 살아나 자신들도 조상처럼 거기에 살겠다고 결심을 했다. 그러나 핸슨 부부는 현실적으로 살 곳이 못 된다고 반대를 하였다. 왜냐하면 그 미음자 건물 중 일부는 지붕이 없었고, 수도사들이 대식당으로 사용했던 곳은 건초가 가득 쌓여 있었고, 현관과 휴게실에는 소를 매어 놓지 않았던가.

바이런 모자는 이 건물과 그 주변 토지에 대해 알아보았지만 실망이 컸다. 낭만적인 경치 뒤에는 골병이 든 현실이 있었다. 세상을 떠난 전 남작의 채권자들이 가구를 비롯해서 모든 것을 압류해 놓고 있었다. 총 3,200에이커, 우리 평수로는 약 400만 평 가까이 되는 토지였지만 대부분 숲이고 농지는 많지 않았다. 여의도가 약 87만 7천여 평 정도라고 하니 그 크기를 짐작할 수 있다. 당시 시가는 90,000파운드 정도는 되었지만, 제대로 이용을 못 했기 때문에 연 임대료는 850파운드가 채 나오지 않았다. 캐서린은 곧 40여 명의 농장 임대인에게 소작료를 올리겠다고 통고했다. 핸슨은 그때까지 일하던 마름을 머리 대신에 지방사람 오웬 밀리(Owen Mealey)으로 갈았고, 머리는 하인으로만 일하게 하였다. 전혀 현금이 돌지 않으니 새 마름에게 새 가구도 못 갖춰 주었다. 모자가 거기에 거처하려고 했지만 거처할 변변한 방 하나 없었다. 이날 그들은 마차를 돌려 친척이 기다리고 있는 노팅엄으로 돌아갈 수밖에 없었다.

바이런에게 작위를 물려 준 큰할아버지는 원래 성격이 거칠고 꼭 복수를 하는 포달스런 인물이었다. 그는 일찍이 해군에 들어갔으나 그가 탄 배가 난파당해 자신만 살아남게 되자 군문을 떠났다. 그는 청루(靑樓)에 출입하는 호색한일 뿐만 아니라 괴짜였다. 그는 뉴스테드의 한 호수 위에 조그마한 성을 지어놓고 그곳을 음탕한 놀음의 장소로 이용했다. 그는 또 호숫가에는 탑루가 있는 요새를 만들고 작은 무장 군함을 띄워 모의 해전을 벌였다. 그의 함대가 요새를 공격하면 요새에서도 대포를 쏘도록 되어 있었다. 이때 동원된 제일 큰 함선은 동해안의 한 항구에서 건조하여 셔우드 임야까지 바퀴를 달아 그 호수까지 운반하였다고 했다.

뉴스테드 애비의 호수

그는 1765년 런던의 한 클럽에서 취중에 열띤 논쟁을 하다가, 이웃이면서 진외 육촌인 윌리엄 차워스(William Charworth) 자작과 언쟁 끝에 결투를 벌였다. 그는 칼로 그의 배를 찔러 결국 그를 살해하였다. 그는 그 일로 상원에서 재판을 받은 뒤 벌금을 내고 가까스로 풀려 난 후부터는 뉴스테드에 은거했다. 이 재판이 일반인의 관심이 높아 재판 방청권 티켓이 한 장에 6기니에 팔려나갔다고 했다. 그 후 그는 "악질 남작"(Wicked Lord)으로 통했다.

바이런의 할아버지 존 바이런

"악질 남작"의 동생 즉 바이런의 친할아버지 존 바이런(John Byron)은 어떤 사람이었을까? 그의 아버지는 로치데일의 바이런 남작 4세(Fourth Baron Byron of Rochdale)였으니, 존은 귀족의 아들로 태어났기 때문에 평생 그 이름 앞에 '존귀한'(Honorable)을 붙였다. 그도 엽기적인 데가 많아 그의 일생은 한 편의 영화로 찍어도 손색이 없으리라. 그는 부제독(Vice-Admiral, 해군중장)까지 올랐으나 그가 항해할 때마다 폭풍이 일어, 부하들이 그를 두고 '악천후 잭'(Foul-Weather Jack)이라고 불렀다. 어떻든 그가 어디든 상륙을 하면 엽색 행각에 바빴고 이런 모험담은 자주 신문에까지 소개가 되었다.

그는 해군사관학교를 졸업한 후 웨이저(Wager) 호를 타고 남태평양 탐험에 나섰다. 그 배는 1741년 폭풍을 만나 완전히 난파당했고, 겨우 목숨을 건진 곳이 칠레의 남쪽 해안 오늘날 웨이저 섬(Wager Island)이었다. 80명의 병사들이 선장을 버리고 이탈해버리자 남은 20명은 절망과 배고픔에 시달려야만 했다. 병사들은 존의 애견까지도 잡아먹었고, 3주 뒤 개를 잡은 곳에 가서 썩은 개 발과 가죽까지 가져다 끓여 먹었다.

존은 인디언의 도움을 받아 천신만고 끝에 칠로(Chilo)를 거쳐, 차코(Chaco)라는 곳으로 이동을 했다. 1743년 그는 산티아고(Santiago)에서 프랑스 프리깃함을 얻어 타고

웨이저호의 파선을 그린 그림

1746년 초에 런던으로 돌아왔다. 1768년에 나온 그의 『존귀한 존 바이런의 이야기』(The Narrative of the Honourable John Byron)라는 책은 그가 이때 겪은 난파, 굶주림, 고난의 이야기 등을 사실적으로 기술한 책이다. 이 책은 몇 판을 찍을 만큼 인기가 높았고, 손자 바이런도 이 이야기들을 읽고 영감을 얻었으리라. 이 이야기들을 자신의 『돈 주앙』(Don Juan)에 인용하기도 한다.

존은 1748년 이종사촌 소피아 트레바년(Sophia Travanion)과 결혼하였다. 이 바이런의 할머니는 문학애호가로서 당시 문학의 태두였던 사무엘 존슨(Samuel Johnson) 박사의 총애를 받았다. 존은 그 뒤에도 태평양을 탐사하여 새 섬들을 발견했다. 그중 한 섬은 그의 이름으로 명명되어 오늘날까지 '바이런 섬'으로 불린다. 그는 뉴펀들랜드(Newfoundland)의 총독이 되기도 했지만 만년엔 칩거하다가 바이런이 태어나기 2년 전에 런던에서 세상을 떠났다.

당시 노팅엄에는 몇몇 친척들이 살고 있었다. 셋째 고모 샬럿(Charlotte Augusta Byron Parker)이 고모부와 함께 살고 있었는데 슬하에 아들 하나와 딸 둘을 두었다. 또 작은할아버지 조지 바이런은 돌아갔으나 작은할머니 프란시스(Honorable Mrs. Frances Byron)가 자식도 없이 외롭게 살고 있었다. 그 작은할머니는 역시 혼자된 여동생 앤 파킨스 부인(Mrs. Ann Parkyns)과 같이 살면서 외로움을 달랬다. 이 파킨스 부인은 슬하에 딸이 둘 있었다.

작은할머니는 집안에 남자 씨라고는 하나뿐인 종손자가 대견했다. 그녀는 바이런이 뉴스테드에 오면 타고 다니라고 망아지 한 마리를 선물로 주었다. 얼마 후 바이런은 그 작은할머니에게 감사의 편지를 썼다. 그 망

폐허가 된 애너슬리홀

아지를 탈 수 없는 사정을 이야기하고 감자를 캤으니 언제든지 와서 좀 가져가라고 했다. 파킨스 부인에게는 그 딸들이 좋아할 토끼 새끼를 선물로 보냈다.

핸슨이 런던으로 돌아가기 전에, 바이런을 애너슬리홀(Annesley Hall)에 데려가 거기 사는 할아버지의 진외가 가족들에게 소개를 했다. 애너슬리홀은 뉴스테드 애비 서쪽 10리쯤에 있는 고색창연한 저택이다. 지금은 그 저택도 허물어져 사람이 살지 않으나 웅장한 건물은 아직도 볼 수 있다. 이곳에는 차워스(Charworth)라는 귀족이 대대로 살아왔다.

이 차워스가는 바이런의 할아버지 형제들로서는 진외가(陳外家)이다. 즉 그들의 할머니가 그 집안에서 왔으니 그 댁에서는 바이런가가 왕고모가이다. 그 집의 광활한 땅과 바이런가의 광활한 땅이 붙어 있으니 당연히 친하게 지냈어야 했다. 그러나 1765년 1월에 바이런의 큰할아버지는 앞에서 이야기했듯이 그의 진외 육촌을 살해하였다. 그 후로는 그 집과는 원수지간이 된 것은 말할 필요가 없다.

변호사 핸슨이 그런 사정을 모를 리 없었지만 양가의 땅이 붙어 있고 양가의 토지가 넓으니 화해하면 좋겠다 싶어 바이런을 그 집에 데려가 인사를 시켰다. 그 집에는 매리 차워스(Mary Ann Charworth)와 그녀의 어머니 앤 클라크 부인(Mrs Ann Clarke)이 살고 있었다. 매리는 클라크 부인의 전부(前夫)의 딸이었고 그 저택과 토지의 실제 주인이었다.

매리는 런던의 기숙학교

매리 차워스

에서 집으로 돌아온 열두 살의 예쁘고 청순한 여학생이었다. 그 소녀를 보자 바이런은 가슴부터 쿵덕거렸다. 그는 곧 그녀의 종조부와 자신의 종조부 사이에 있었던 살인사건을 떠올렸다. 애너슬리 저택의 큰 홀에는 다른 조상과 함께 그 살해당한 윌리엄 차워스의 초상화도 걸려 있었다. 그가 그것을 보자 마치 귀신을 본 듯 온몸에 소름이 돋았다.

어느 날 뉴스테드 만찬에 매리 차워스를 초청했다. 핸슨은 매리와 바이런이 만약 결혼을 한다면 바이런의 토지가 크게 늘어날 것이라고 생각하여, 싱겁게 "자, 우리 예쁜 아가씨, 바이런이 커서 장가들면 좋겠는걸." 하고 그 아이들의 속마음을 떠보았다. 바이런은 대번에 "뭐라고요. 핸슨 씨, 캐퓰릿(Capulet)가와 몽테그(Montague)가가 결혼하라고요?" 하고 즉석에서 쏘아붙였다. 바이런은 두 가문의 원수지간이 로미오와 줄리엣 집안의 원수지간과 같음을 일깨운 것이었다. 열 살짜리 소년 바이런의 기지가 그러했다.

바이런이 큰할아버지의 무기고를 열어보니 그가 진외 육촌을 찔러 죽인 칼이 그대로 걸려 있었다. 그러나 그곳이 바이런에게 가장 매력적인 곳이었다. 그는 틈나는 대로 큰할아버지처럼 사격 연습을 했으며, 그 후에도 사격을 평생 자기 수련과 도락의 한 방법으로 삼았다. 또한 언제나 장전한 작은 피스톨을 외투 포켓에 넣고 다니는 것도 큰할아버지 방식대로였다.

바이런 모자는 찬바람이 불 때까지 그 귀신 나올 듯한 수도원에서 지냈다. 바이런은 호수와 나무와 숲과 초원과 밭이 다 그의 것이라는 것이 신기하고 믿겨지지 않았다. 그는 부귀를 한껏 누리는 듯했다. 11월 하순에 그들이 도저히 더 그곳에 기거할 수 없게 되자 캐서린은 아들을 하녀 메이에게 붙여 노팅엄의 파킨스 댁에서 지내도록 조치를 취하고, 자신은 뉴스테드와 런던을 오가며 지냈다.

(1799년) 새해 들어서도 바이런은 파킨스 씨 집에서 기거하면서, 외과의 라벤더(Lavender)로부터 발의 치료를 받았다. 이 의사는 비틀린 발에 기름을 바르고 나막신에 발을 억지로 끼워 넣었는데 너무 아파 견딜 수가 없었다. 바이런은 발은 참을 수 있었지만 그 돌팔이의 무지와 사기는

참을 수 없어서 결국 이 돌팔이의 사기술을 다 폭로하고 말았다. 아주 속 시원히.

파킨스 씨 집에서 바이런은 가정교사의 교육을 받았다. 로저스(Dummer Rogers)가 몇 달간 어린 귀족의 교육을 맡았는데, 이때 바이런은 베르길리우스(Publius Vergilius Maro)와 키케로(Marcus Tullius Cicero)를 접할 수 있었다. 그는 이 선생에 대해 좋은 기억을 평생 간직하였다.

바이런이 사춘기를 맞아 성(性)에 공포를 느낀 것은 하녀 메이 때문이었다. 메이는 순진한 바이런을 데리고 몹쓸 짓을 하였다. 그녀는 그를 매일 밤 자기 침실로 데려가서 수음을 시켜 주는 것이 아닌가. 그 뒤 자신도 마부들을 데려와서 술을 진탕 마신 후 그들과 망측스런, 바이런이 보아서는 안 될 광경을 보이곤 했다. 바이런은 그녀가 다른 남자를 껴안는 것을 보고 그녀에 대한 환멸과 분노를 참을 수 없었다. 그런 일이 있은 다음 그녀는 바이런에게 와서 아무 이유 없이 그를 심하게 구타하는 것이 아닌가.

그 하녀의 성적 학대는 실제로는 스코틀랜드에 있을 때부터 시작되어 핸슨에게 알려질 때까지 몇 년이 걸렸다. 겉으로는 그녀보다 더 독실한 사람도, 더 자상하게 성경에 대해 설명을 해 준 사람도 없었지만, 실상은 그녀보다 더 난잡하고 자신을 학대하는 여자도 없었으리라. 바이런이 훗날 종교인의 위선을 평생토록 증오한 것은 아마 그 하녀의 치부를 일찍이 보았기 때문이리라.

이 해괴한 사실을 맨 먼저 눈치채서 핸슨에게 알린 사람은 파킨스 부인이었다. 핸슨은 도저히 바이런을 그대로 둘 수 없었다. 그는 메이의 성적 학대, 돌팔이 의사의 의료 사기, 그리고 로저스의 수업 등을 생각해 보니 그를 하루 빨리 다른 데로 옮겨야 했다. 그는 바이런을 자기 집으로 데려가야 하고, 메이는 해고해야 한다는 내용을 적어 캐서린에게 보냈다. 이 사실을 안 메이는 눈을 벌겋게 하여 바이런에게 더 심하게 구타하여 보복을 하였다. 바이런은 하도 맞아 뼈가 다 욱신거렸고, 훗날 이때의 정신적인 충격 때문에 모든 여자를 혐오하고 의심하게 되었다.

바이런이 비록 귀족이었지만 그를 훌륭한 귀족으로 교육시킬 집안 어

칼라일 백작

바이런의 왕고모 칼라일 백작부인

른이라곤 없었다. 그는 천애고아나 다름없었다. 핸슨은 그대로 두면 바이런이 더 버릇없어지므로 그를 어머니로부터 떼어내어, 좀 더 체계적인 훈육을 받게 해야 한다고 생각했다. 그러나 그의 친인척을 다 살펴도 재력과 지위가 있는 귀족으로는 칼라일 경만 한 인물이 없어서, 그를 바이런의 공식적인 후견인이 되어 달라고 청을 넣었다.

칼라일 경은 칼라일 백작 5세 프레데릭 하워드(Frederick Howard, fifth Earl of Carlisle)로, 바이런의 왕고모 이사벨라(Isabella)의 아들이었다. 바이런 가의 혼인을 보면 이 이사벨라만큼 반혼(班婚)을 한 예도 없었다. 그녀는 칼라일 백작 4세의 재취로 들어갔는데 그 가문은 대대로 높은 벼슬을 한 명문가였다. 이 왕고모는 아들 하나를 보았으니 그가 곧 칼라일 백작이었다. 핸슨의 이야기를 다 들은 칼라일 백작은 외종질인 바이런의 후견인이 되어 주기로 하였다. 그는 갓 쉰을 넘긴 나이였다.

이 왕고모 모자는 글재주가 있었다. 이 왕고모의 시가 우리나라의 『청구영언』 같은 『퍼치 시선집』(Pearch's Collection)에 실릴 정도였다. 아들 칼라일 백작은 미국독립전쟁 때 미 대륙에서 정치적인 공작을 벌이기도 하고, 2년간 아일랜드 총독으로 나가 있기도 했다. 그는 시집 한 권과 『아버지의 복수』(The Father's Revenge)라는 드라마도 남겼는데 사무엘 존슨 박사가 이 작품을 읽고 상당한 평가를 했다고 한다.

핸슨은 바이런을 더는 방치할 수 없어 바이런과 메이를 마차에 태워 일단 켄싱턴(Kensington) 얼즈코트(Earls Court)의 자기 집으로 데려갔다. 바이런은 이때 철들고는 런던에 처음 발을 들여놓았다.

핸슨의 집은 넓었으며 식구도 많았다. 핸슨은 아들 셋에다가 딸이 둘이었는데, 큰아들 하그리브즈(Hargreaves)는 바이런보다 두 살 아래였고, 둘째 아들 뉴턴(Newton)은 세 살 아래였다. 큰딸 매리 앤(Mary Ann)은 곧 결혼할 나이였다. 일곱 살짜리 막내딸이 바이런을 머리에서 발끝까지 찬찬히 훑어보더니 "그런데도(다리를 저는데도) 이 머슴애 참 예쁘네요!"라고 하면서 아픈 데를 콕 찔렀다. 핸슨은 나이로 보나 역할로 보나 바이런의 아버지뻘이었고 아버지 역할을 다하였다.

7월 15일에 핸슨은 바이런을 데리고 칼라일 백작의 저택을 찾았다. 바이런은 그 으리으리한 저택을 보고 입이 딱 벌어졌으며 그 뒤 주눅이 들어서 말을 잃어버렸다. 그는 우울의 심연에 빠져서 헤어 나오지 못했다. 그의 마음을 풀어주려고 핸슨이 아무리 애를 써보았으나 효과가 없었다. 바이런이 먼저 핸슨에게 기어드는 목소리로 "우리 갑시다."라고 말했다.

이틀 뒤에 핸슨은 바이런의 발을 베일리(James Baillie) 의사에게 보였다. 베일리는 지금 바이런이 느끼는 고통은 치료와는 아무 상관이 없으며 지금까지 아무것도 치료된 것이 없다고 말했다. 그가 쉘드레이크(Sheldrake)라는 사람을 소개하여, 그에게 발에 부착할 특별한 발 교정기를 주문하였다.

핸슨은 국왕께 바이런의 학비를 보조해 달라고 청원서를 올려놓고, 관계에 발이 넓은 칼라일 백작에게 적극 도와 달라고 부탁하였다. 얼마 후 포틀랜드 공작(Duke of Portland)으로부터 반가운 소식이 왔다. 국왕이 피트(William Pitt the Younger) 총리에게 왕실 경비에서 연 300파운드를 바이런의 교육비로 어머니에게 지급토록 하라고 하명했다는 내용이었다. 덜위치(Dulwich) 학교에 내는 일 년 등록금과 기숙비가 불과 43

파운드 5실링 6펜스였으니 이 액수가 어느 정도인지 짐작할 수 있다.

핸슨은 바이런의 어머니가 매우 어리석고 격정적이고 무식하니, 바이런을 어머니로부터 떼어놓는 것이 상책이라고 생각하여, 8월 22일에 그를 런던의 최남단 덜위치에 있는 글레니 박사(Dr. Glennie)의 학교에 넣었다. 애버딘 고향사람인 글레니 교장은 바이런을 특별 대우하였다. 그는 교직원 중 베일리(Baillie) 박사가 가정교사처럼 그를 전담케 하고는, 그를 특별히 자신의 서재에서 지내도록 하였다. 그가 그 학교의 유일한 귀족이었기 때문에 그런 대우를 한 것이리라. 핸슨은 바이런이 당장 이튼(Eton)이나 해로(Harrow) 같은 명문교에는 입학할 수 없을 것 같아, 그런 학교에 들어가기 위한 준비 과정으로 그 학교에 넣었던 것이다. 메이의 비행을 들은 캐서린은 8월인가 9월에 그녀를 해고했고, 핸슨은 그녀를 애버딘으로 귀가 조치하였다.

바이런은 자신을 두들겨 패긴 했지만 자상하게 간호해 준 메이가 고마웠다. 그녀에게 특별한 애정을 표하고, 그 감사하는 마음을 그녀가 살아 있는 동안에 늘 소중히 간직하였다. 그는 그녀에게 금시계와 1795년 에든버러의 케이(Kay)가 그린 자신의 초상화를 선물로 주었다. 그러나 이 유모가 고향으로 돌아간 후 결혼을 하였으나 3년 만에 세상을 떠나고 말았으니, 바이런은 인생의 무상함을 깊이 느꼈으리라. 바이런은 그 유모의 언니 애그니스에게도 고마운 마음을 담아 따뜻한 편지를 보냈다.

바이런은 글레니 박사 밑에서 공부한 2년간이 어느 때보다 즐겁고 마음이 편했다. 그는 글레니 박사와 함께 집에 있을 때에는 얌전했지만, 노는 시간만 되면 제 세상이었다. 그는 장난기 많고 유머 감각이 좋아 급우들의 인기를 얻었다. 그리고 역사와 시 분야에서 뛰어났고 동급생들보다 현저히 많은 독서를 했다. 성경 중에도 역사적인 부분을 소상히 꿰뚫고 있었다. 그는 일요일 저녁 예배를 본 후 글레니 박사와 성경에 대해 이야기를 나누기를 좋아했다.

지금도 덜위치는 런던의 최남단으로 변두리이지만 이 당시 그 주변은 온통 숲이었다. 그 숲에는 심심찮게 강도가 나타나 행인을 털어갔다. 그 숲의 한 동굴에서 오래 기도 생활을 하던 은자(隱者)가 살해당한 사건이

글레니 박사의 덜위치 학교

미제로 남게 되자, 그 숲 주변 사람들이 숲으로의 통행을 꺼렸다. 사람들은 다음 희생은 덜위치 학교 사람이 될 것이라고들 했다. 이 사실을 들은 바이런은 스스로 대장이 되어 학생들을 모아 불침번을 서게 하고 숲길로 순찰도 내보냈다. 만일의 사태를 위해 학생들을 빠짐없이 무장을 시켰다.

바이런은 11월 27일에서 그다음 해 일월 초까지 겨울 방학을 핸슨의 집에서 보냈다. 핸슨의 집은 이제 바이런에게는 언제나 돌아가고 싶은 고향 집과도 같아졌다. 그 집 가족은 그를 칭찬하고 떠받들어줬다. 캐서린도 그 집으로 묻어가 며칠간 같이 머물렀다. 그녀는 거기서도 급한 성정과 과격한 말과 행동을 참지 못하여 그 집 식구들을 놀라게 만들었다. 바이런은 손톱을 물어뜯는 버릇이 있었는데 어머니가 그것을 보고는 고함을 빽 지르고 따귀까지 올리지 않는가. 그 집 가족들은 야만인을 보는 것 같았다. 그러나 그 야수는 제 새끼가 좋아 예쁜 귀족 아들 곁에 머물고 싶었다. 그녀는 1월 중순에도 계속 핸슨 집에서 들러붙어 있어 바이런은 여간 민망하지 않았다.

(1800년) 1월 16일 캐서린은 처음으로 칼라일 경을 만났다. 칼라일 경

은 금방 그녀가 염치가 없어서 아들이 부끄러워한다는 것을 알아챘다. 캐서린은 심심하면 바이런의 학교에도 나타났다. 봄에 한번은 나타나서 바이런을 자기가 더 많이 데리고 있겠으니, 주중에라도 아들을 데리고 가겠다는 엉뚱한 소리를 하였다. 그녀는 자기 뜻이 통하지 않자 학교에서도 빽 소리까지 질러댔다. 바이런 친구 하나가 그런 웃기는 현장을 보고 바이런에게 달려와서 "바이런, 네 엄만 바보 맞지?" 하고 놀렸다.

바이런은 그 해 여름을 어머니와 노팅엄과 뉴스테드를 오가면서 보냈다. 그는 거기서 영원히 잊지 못할 한 가지 체험을 한다. 앞에서 바이런의 셋째 고모가 노팅엄에 살고 있었다고 이야기하였는데, 이 고모의 딸 마가렛 파커(Margaret Parker)는 미모가 청초하고 빼어났다. 바이런이 그 고종사촌을 보자 정서적으로 심히 휘청거렸고 곧 뜨거운 연정이 샘솟았다. 그는 훗날 이렇게 말했다. "내가 최초로 시로 맹탕 뛰어든 것은 1800년으로 거슬러 올라간다. 그 한 가지 체험은, 덧없는 존재 중 가장 아름다웠던 내 고종사촌 마가렛 파커라는 소녀에 대한 열정이 비등한 것이었다. 나는 오래 시를 잊고 있었다. 그러나 그 애—검은 눈동자—긴 속눈썹—완벽한 그리스 예술품의 전형적인 얼굴과 몸매!—를 잊는 것은 어려웠다. 나는 열두 살경이었고—그 애는 아마 한 살쯤 위였으리라. 그 애는 낙마하여 척추를 다쳤고 그 결과 결핵을 앓아 일이 년 뒤에 세상을 떠나고 말았다…. 나는… 그녀가 세상을 떠날 때까지… 전혀 그녀의 병에 대해 알지 못했다. 몇 년 뒤 나는 만가(輓歌)를… 쓰려고 시도했다. 내 여고종의 투명한 아름다움에—그녀의 상냥한 성격에—견줄 '어떤 것도 생각해 낼 수가 없었다.'—그녀는 온통 아름다움과 평화, 또 무지개로 이루어진 것처럼 보였다." 이때 바이런은 허무감을 달래려고 「어린 아가씨 죽음에 부쳐」(On the Death of a Young Lady)라는 시를 썼다.

(1801년) 바이런이 글레니 박사 밑에서 2년을 보냈을 때 핸슨은 바이런을 정식으로 공립학교(public school)에 보내야겠다고 생각했다. 이때의 공립학교란 우리나라처럼 관(官)에서 운영하는 학교라는 뜻이 아니라, 공적으로 운영하는 학교란 뜻이다. 교주가 학교를 소유하여 영리를 목적으로 하는 학교가 아닌 학교는 공립학교였다. 이튼스쿨(Eton

School)이나 해로스쿨(Harrow School) 등은 관이 운영하지 않지만 다 공립학교였다.

핸슨은 1801년 1월 25일에 칼라일 백작의 도움을 얻어 해로스쿨의 교장 조셉 드루리(Joseph Drury) 박사를 만났다. 핸슨은 큰아들을 해로에 넣었기에 교장 드루리를 잘 알았고, 힘을 쓰면 입학이 불가능할 것 같지 않았다. 핸슨은 교장에게 바이런은 그 학교에서 따라가기에 좀 실력이 부족하지만, "그에겐 영리한 데가 있다."고 소개했다.

해로 스쿨

드루리 교장은 바이런을 불러 인터뷰를 하고는 "산속의 거친 망아지지만 순순히 따를 것"을 알았다. 교장은 학생을 꿰뚫어 보는 교육자의 안목이 있었다. 그가 보니 바이런은 참으로 귀엽고 인상적으로 생겼다. 우선 그리스 조각품처럼 잘생겼다. 하얀 얼굴, 회청색 눈, 적갈색 곱슬머리, 작은 귀… 그는 수줍어하면서도 성말라 보이고 상당히 고집이 있어 보였다. 34년간 그 학교에 재직하면서 많은 학생들을 보아온 드루리는 이런 기록을 남겼다. "야생 망아지 한 마리를 맡겨 온 거야. 눈에는 총기가 보였어… 저런 애는 밧줄이 아니라 고운 비단 줄로 끌면 따라 와. 나는 그 원칙으로 [지금까지] 임했어." 바이런이 열세 살 나이로 해로스쿨에 입학한 것은 1801년 4월 말경이었다.

제3장 뉴스테드 애비의 귀족 소년 43

제4장
해로와 매리 차워스
(1801년~1805년)

　19세기 초에도 해로스쿨은 지금처럼 런던 교외의 한 가파른 언덕 위에 있었다. 이 학교는 1572년 엘리자베스 여왕 때에 개교한 유서 깊은 명문 교여서 귀족들에게 인기가 있었다. 이튼스쿨과 쌍벽을 이루었으며 학생 중에는 소년 남작, 백작, 공작이 놀랄 정도로 많아 귀족 학교 같았다. 바이런이 입학했을 때 교장 드루리와 교사들은 사명감에 넘쳤으며, 귀족과 평민의 머리에 주입하는 라틴어와 희랍어는 정선되고 공평한 것이었다.
　이 학교 학생들도 교복을 입었다. 챙이 넓은 검은 모자, 열린 깃, 뒷자락이 있는 긴 코트, 그리고 꼭 조이는 바지를 착용했다. 바이런은 우선 발에 교정기를 착용한 것이 부끄러웠다. 그는 덜위치 숲의 조용한 학교에서 지내다가 떠들썩한 큰 공립학교로 진학하니 얼떨떨하고 두려웠다. 그러나 천성이 활동적이고 사교적이어서 학교생활에 잘 적응하였으며 얼마 안 가 학교의 모든 스포츠, 놀이, 장난의 주동자로 입지를 다졌다.
　드루리는 바이런의 학력이 그 연령대의 학생보다 떨어짐을 알았다. 그러나 그를 그의 실력에 맞춰 저학년에 넣으면 바이런의 자존심에 상처를 줄 것이 분명했다. 그래서 학년배정을 미루고 우선 부족한 것을 보충

하도록 자기 아들 헨리(Henry Drury)를 가정교사로 붙여 주었다. 그 가정교사는 캠브리지를 금방 나온 스물세 살의 청년이었지만, 이 열세 살짜리가 결코 만만하게 다룰 상대는 아니었다. 6월 말경에야 드루리 박사는 바이런을 롱(Edward Noel Long) 및 필(Robert Peel)과 같은 학년인 4학년에 넣어주었다. 그 배정은 그에겐 과분한 것이었다.

이때 학생들의 교우관계는 주먹으로 시작하여 주먹으로 끝났다. 바이런은 발에 대한 콤플렉스 때문에 끝없이 도전을 받고 싸움을 벌여야 했다. 그에게는 주먹으로 해결해야 할 사건이 보통 학생들보다 훨씬 많았다. 훗날 리 헌트(Leigh Hunt)는 바이런에게서 들은 이야기를 이렇게 전했다. "해로에서는 보통 친구들이 별 생각 없이 한 말을 듣고도 바이런은 비참해졌다. 그는 자다가도 깨어나 욕조 속의 자신의 발을 물끄러미 들여다보곤 했다." 그의 싸움은 자신보다 어린 학생을 상대하는 것이어서 질 리가 없었다. 싱클레어(George Sinclair), 필, 델라와 백작(Earl of Delawarr), 그리고 사고로 절름발이가 된 하니스(William Harness) 등이 그의 상대였다.

기다리던 여름방학이 왔다. 캐서린은 런던 숙소인 슬로운테라스(Sloane Terrace)에서 나와 피커딜리(Piccadilly) 16번지 매싱버드(Massingberd) 부인 집으로 이사를 했다. 바이런은 어머니 집에 가긴 했지만 대부분 시간을 핸슨 가족과 보냈는데 그곳이 어머니 집보다 더 편했기 때문이었다. 이때 바이런의 어머니는 생각할수록 귀족 아들이 대견스러워 아들을 '바이런 경'(Lord Byron)이라고 불렀다.

8월 말경에서 9월까지 바이런 모자는 글로스터셔(Gloucestershire)의 첼트넘(Cheltenham) 온천에 가서 휴양을 했다. 캐서린의 이상한 병에는 온천이 제일 효험이 있었다. 미네랄이 많은 이 온천은 1716년에 발견되었고, 바스 다음으로 상류층들이 많이 찾는 휴양지였다. 캐서린은 거기서 한 용한 점쟁이를 찾아 아들의 점을 보았더니, 점쟁이는 절름발이 아들이 있다는 것을 알아맞힌 뒤 그 아들이 두 번 결혼할 것이라고 하였다.

그들은 가까이 있는 멜번 언덕(Melvern Hills)으로 산책을 나갔다. 그때가 유일하게 스코틀랜드를 떠나 온 후 산 같은 산을 보았을 때였다. 바이런에게 스코틀랜드의 하일랜드에 대한 향수가 밀려왔다. 그곳 산이 스코틀랜드의 추억과 상상을 줄줄이 일깨워주었기 때문이었으리라.

핸슨의 주선으로 바이런은 대법관청(Court of Chancery)의 장학금으로 연 500파운드를 받을 수 있게 되었다. 그것은 연 4회에 걸쳐 캐서린에게 지급되면서, 동시에 왕실에서 나오는 그녀의 연금은 300파운드에서 200파운드로 삭감되었다. 캐서린은 화가 나서 아들의 장학금을 포기하고 자신의 연금을 원상대로 받고 싶어 했다.

베일리와 로리(Laurie) 의사가 바이런의 발 교정기를 맞춰 주었다. 그러나 학교에서 바이런은 교정기를 착용하지 않았다. 베일리가 학교로 가서 바이런의 발을 보고, 부주의하여 발이 더 악화되긴 했지만 적절한 치료와 붕대 감기를 하면 회복이 될 것이라고 했다. 이때 캐서린은 베일리의 치료비가 일 년에 150파운드나 되는 거액이어서 가슴이 뜨끔했다. 해로에 한 번 가면 꼭 2기니(guinea)나 챙겨 가니 의료비를 깎아달라고 떼를 썼다.

'기니'라는 화폐단위는 오늘날에는 쓰이지 않는다. 1기니는 1파운드 1실링에 해당했고 오늘날의 십진법의 파운드로 치면 약 1.05파운드 정도 된다. 주로 사치품의 가격을 기니로 표시하였고, 파운드와 가치가 비슷하기 때문에 조금이라도 물건의 가격을 낮추어 보이게 하려고 그 단위를 썼다.

바이런은 모든 스포츠 중에서 크리켓 경기를 제일 잘했고 또 제일 많이 즐겼다. 그 외 그는 덕푸들(Duck Puddle)이라는 못에서 수영을 즐겼다. 그리고는 저녁 여섯 시 이후엔 기숙사를 빠져 나가 늪으로 가서 도깨비불놀이를 즐겨 했다.

바이런이 사귄 친구 중 평민 학생은 나이가 많았고, 귀족 친구는 대체로 나이가 어렸다. 자기를 따르는 귀족 후배들은 그가 꼭 보호해야 할 책임감을 느꼈다. 그는 특히 귀족 친구 둘을 좋아했는데, 클레어 백작(Earl of Clare)과 돌셋 공작(Duke of Dorset)이었으며 그들도 바이런을 형처럼 잘 따랐다. 그는 그들에게 우정 이상의 '애정'을 느낀 것은 어떻게 설명해야 할까? 그러나 그는 그들에 대해서 "내 후배며 좋아했던 친구, 그러나 내가 방탕해서 나쁜 물을 들여놓은 친구"라고 하였다.

바이런은 그해 크리스마스를 하프문(Half Moon) 가에 와 있는 어머니와 함께 보냈다. 그가 다섯 살 위인 이복 누나 오거스터를 처음 만났던 것은 이때일 것이다. 그는 여태 누나를 본 적이 없었다. 오거스터를 거둬 키운 그녀의 네덜란드인 외할머니 홀더니스 귀부인은, 아예 캐서린을 저질이라고 상대하지

바이런의 누나 오거스터

않으려 했기 때문에 양가 사이에는 전혀 내왕이 없었다. 당연히 이 이복 남매는 서로를 모르고 자랐다.

그러나 오거스터의 외할머니가 죽자 캐서린은 오거스터에게 위로하는 간단한 편지를 쓰면서, 자신은 외할머니 때문에 그녀와 소원하게 지낼 수밖에 없었다고 변명을 했다. 캐서린은 오거스터의 친어머니가 죽었을 때 그녀를 얼마간 거둬 키우기까지 한 계모가 아니던가. 이제부터는 오거스터를 친딸로 대할 테니 바이런과는 당연히 동기로 친하게 지내라고 당부하였다.

오거스터는 근위병 출신의 고종사촌 조지 리(George Leigh)와 사랑에 빠져 있었다. 그는 앞에서 이야기한 프란시스 고모의 외동이었다. 이 고모는 오거스디가 어렸을 때 거둬 키워 준 친정질녀지만, 장차 며느리로 받아들이려고 했다. 조지 리는 오거스터가 외할머니로부터 상속받은 돈

이 꽤 될 것이라고 예상하여 결혼을 생각했던 것이었다. 사실 오거스터가 외할머니로부터 물려받을 수 있는 돈은 연수 350파운드 정도였다. 그러나 조지의 아버지 리 장군은 신부가 고아처럼 커서 아무 재산이 없다고 그 혼인을 반대하였다. 그래서 그런지 리 장군은 아내와는 줄곧 떨어져 살았고 처족과도 거의 소통이 없었다.

바이런이 이복누나를 찬찬히 살펴보니 놀랄 정도로 자신과 닮아있었다. 웃는 모습, 낯선 사람을 만났을 때 수줍어하는 모습 등, 얼굴표정이나 동작 하나하나가 자기 모습 그대로였다. 그 둘은 잠깐 만났어도 너무 잘 통하여 말이 필요 없었다. 고아나 다름없었던 누나와 아버지 없이 자란 바이런은 둘 다 가족 사랑에 목말라 있었다. 이 둘은 세상에 동기가 있다는 것이 놀랍고 신기하기까지 했다.

(1802년) 새해가 밝았다. 바이런의 해로에서의 2년 차 되는 해이고 학기도 둘째 학기였다. 부활절을 바이런은 런던에 와 있던 어머니와 같이 보냈다. 그때 외척이며 아버지뻘인 프라이스 록하트 고든(Pryse Lockhart Gordon)을 만났는데, 그가 말을 빌려 줘서 같이 하이드 파크(Hyde Park)에서 말을 탔다. 하이드 파크에는 지금도 승마길이 있어 사람들이 승마를 즐긴다. 그들은 14년 뒤 브뤼셀에서 다시 만난다.

바이런의 사춘기는 우울한 사색의 기간이기도 했다. 해로스쿨은 담장 하나만 넘으면 높은 첨탑이 있는 세인트매리(St. Mary) 교회가 나왔고 그 옆에는 묘지가 있었다. 바이런이 시도 때도 없이 스며드는 감상(感傷)과 우수(憂愁)를 내려놓을 곳은 그 교회의 묘지였다. 그는 존 피치(John Peachey)라는 사람의 평평한 묘판 위에 앉아서 몇 시간이고 우울한 명상에 잠기곤 했다. 멀리 윈저(Windsor) 성과 미들섹스(Middlesex)의 언덕들이 내려다보였다. 이 지방은 산이 없어 이런 높은 언덕에서 보면 맑은 날에는 백 리는 좋이 보이리라. 아름다운 고종사촌 마가렛 파커의 죽음이 떠올랐다. 묘지에서 생각하는 삶은 덧없고 슬펐다. 그는 그 이듬해 9월에 이 묘지의 느티나무를 보고 자기도 거기서 영면하고 싶다는 시를 썼다.

이 당시 학과 중 가장 넌더리나는 것이 그리스어 번역이었다. 그는

"내 불쾌한 젊은 시절에/ 낱말 하나하나까지 강요받는 지루한 주입식 수업"에서 조금이라도 숨통을 틔우기 위해 끊임없이 장난거리를 찾았다. 그는 장난 때문에 자주 지도교사 헨리와 마찰을 빚었다.

1802년 크리스마스는 특별히 바이런의 기억에 남았다. 그가 어머니에게 갔더니 어머니는 또 바스 온천으로 가고 없어서 그도 그곳으로 갔다. 캐서린은 아들을 리덜 귀부인(Lady Riddel)의 가장무도회에 데려갔는데 이때 그는 애버딘에서 읽었던 어떤 기행문이 떠올라 튀르키예 소년 복장을 하고 갔다. 무도장에 들어서니 누가 그의 깜찍한 복장을 보고는 그의 터번에서 다이아몬드 초승달을 떼어가려고 했다. 다행히 한 참석자가 그를 제지해 줘서 겨우 다이아몬드를 지킬 수 있었다.

(1803년) 바이런은 1월 19일에도 바스에 그대로 눌러 있으면서 해로로 돌아가지 않으려 했다. 캐서린이 여간 걱정이 되는 것이 아니었지만 이유가 있었다. 그는 그 전 학기 말에 헨리와 싸워서 지도교사를 바꿔주지 않으면 돌아가지 않겠다고 버티는 중이었다. 바이런이 교회에서 옆의 학생과 잡담을 좀 했는데, 헨리가 그것을 빌미로 퇴학을 시켜버리겠다느니, 내가 잘 봐줘서 그대로 넘어가니까 내게 고맙다는 인사를 해야 된다느니, 도저히 참을 수 없는 말을 늘어놓았다. 어머니는 이런 내용이 들어 있는 바이런의 편지를 동봉하여 핸슨에게 편지를 썼고, 핸슨은 생각 끝에 바이런의 편지를 동봉하여 교장에게 편지를 냈다.

교육자 드루리는 역시 관대하였다. 그는 학생 바이런에게 우선 자기 아들의 과실을 사과하고, 바이런의 그런 오기(傲氣)는 오히려 칭찬받아야 마땅하다고 했다. 2월 중순에 교장이 바이런의 지도교사를 에번스(Evans)로 바꿔주자 바이런은 어깨를 꼿꼿이 세우고 학교로 돌아갔다.

바이런이 이 일로 인하여 그 후 헨리와 원수지간으로 지낸 것은 결코 아니었다. 바이런은 전혀 뒤끝이 없었다. 그는 그 후 유럽 여행 중에 자주 그에게 편지를 하였으며, 둘 사이에는 따뜻한 우정이 싹터 갔다. 이처럼 바이런은 누구와 싸우기는 하지만 곧 화해하여 더 다정한 친구로 만들 때가 많았다.

그해 1월 11일에 핸슨은 뉴스테드를 연 50파운드로 5년간 스물세 살의 젊은이 그레이 드 루신 남작, 헨리 에드워드(Henry Edward, the Baron Grey de Ruthyn)에게 임대키로 했다. 그레이 경은 임차인이면서 마치 그가 주인인 것처럼 바이런에게 그 조상의 저택에 언제든 놀러 와도 좋다고 인심을 썼다.

바이런은 이때 친하게 지낸 학교 친구가 클레어 백작이었다. 바이런은 훗날 이때의 추억을 「소년 시절 회상」(Childish Recollections)이라는 시에 담았다. "나는 이 세상의 어떤 '남성'보다도 언제나 그를 더 사랑하였다." "나는 '클레어'라는 말을 들을 때마다 가슴이 고동치지 않은 적이 없었다." 이때의 우정이 친구 간의 단순한 우정이라기보다는 일종의 애정 관계였으리라.

또 다른 귀족 친구 델라와 백작에게도 같은 감정을 느꼈다. 델라와는 마음이 고왔고 영리했으며 무엇보다도 미남이었다. 그가 세 살 아래였지만 바이런의 선조 중 한 사람이 그 가문에 출입한 사실로 해서 그에게서 인척의 우애를 느꼈다. 그에게 느낀 감정도 다른 남학생들 간에 느낀 것과는 달랐다. 1803년 2월에 쓴 시 「D――에게」(To D――) 마지막 부분은 오히려 사랑으로 물들어 있다. "우리의 삶이 흙으로 돌아갈 때/ 나는 내 머리를 그대의 사랑하는 가슴에 누이로다/ 그대가 없다면! 어디에 내 천국이 있겠는가?"

7월에 여기저기 거처를 옮겨 다니던 캐서린이 뉴스테드의 동쪽 약 17km쯤 떨어진 사우스웰(Southwell)이라는 곳에 정착하였다. 그녀는 버기지 매너(Burgage Manor)

사우스웰의 버기지 매너

라는 집을 세냈다. 사우스웰은 조용한 시골의 한 읍이고, 당시 그 집은, 인구가 3,000명 되는 작은 읍에서도 가장 좋은 건물이었다. 그 집은 지금도 경사진 잔디밭에 그림자를 깔고 서 있다.

바이런은 7월 26일부터 여름 방학을 이 집에서 보냈다. 집에는 장서가 꽤 알찬 도서관이 있었으며, 그는 첫날부터 이 도서관을 샅샅이 뒤져 처베리의 허버트 경(Lord Herbert of Cherbury)에 관심을 가졌다. 여기서 바이런은 노소 불문하고 신부, 의사, 변호사, 퇴역 대령 등과 잘 어울렸고, 그들의 누이나 딸과도 친하게 지냈다. 한번은 이 시골이 답답하여 그는 뉴스테드로 말을 타고 가서 8월 2일에서 10월 9일까지 관리인 오웬 밀리(Owen Mealey)가 거처하는 한 작은 집에서 지냈다. 그러나 곧 임차인과도 친하게 되어 그 수도원의 방 하나를 얻어 거기서 기거하였다.

바이런이 불편해도 이 뉴스테드에 기거한 이유는 애너슬리홀에 자주 가기 위해서였다. 그곳에 사는 바이런보다 두 살 위의 매리 차워스는 "아침 별"처럼, 혹은 싱싱한 들장미처럼 청순하고 아름다웠다. 그녀는 런던의 학교에서 불어, 음악, 무용을 배워 이 방면에 뛰어났고 또 승마도 수준급이었다. 그녀는 자주 바이런의 풍자적인 위트에 감탄을 하였다. 그러나 바이런은 이 아가씨의 마음을 충분히 돌려놓을 말을 해 주었지만, 그녀는 자기보다 어린 바이런과는 전혀 낭만적인 꿈은 꾸지 않으려 했다. 왜냐하면 그녀는 이미 여우 사냥하는, 매너가 훌륭한 존 머스터즈(John Musters)라는 젊은이와 약혼한 사이였기 때문이었다.

그러나 바이런은 하루도 빠지지 않고 말을 몰아 그리로 갔으며, 그녀의 호감을 사려고 온갖 노력을 기울였다. 매리는 언제나 상냥한 태도로 대했고, 또 약간은 사랑의 희롱에 활짝 웃어 주었다. 바이런은 이때 살이 찐 데다 절름발이였으니 매리가 크게 호감을 가질 남성은 아니었다.

매리의 약혼자는 왕세자의 사생아라는 소문이 있었다. 그는 미남이고, 방탕하고, 술이 셌다. 거기다가 노팅엄에서는 최고의 기수(騎手)이고, 점프, 춤, 권투 등에도 그와 상대할 자가 없었다. 그는 토지가 없는 만큼 토지를 가진 상속녀를 노린다는 소문이 있었다.

매리의 의붓아버지 클라크 신부는 이런 점을 잘 알았으며, 매리가 머스터즈와의 결혼하는 것을 마뜩찮게 여겼다. 그는 매리의 신랑감으로 바이런이 낫다고 보고 그를 언제나 반갑게 맞이했다. 바이런은 거기에 놀러 가 있는 동안 사용할 방까지 하나 제공받긴 했지만, 매리가 다른 손님이나 친구를 친절하게 대할 땐 기가 죽고 시무룩해졌다. 그럴 때 그는 외진 곳을 찾아 탕, 탕, 탕 사격을 하여서 기분을 풀었다. 매리는 그런 그를 "거친 애"라고만 생각했고, 머스터즈에 가려 바이런이 제대로 보이지 않았다.

바이런은 매리가 하프시코드를 연주하면서 웨일즈의 곡 「매리 앤」을 부를 때 아주 황홀경에 빠졌다. 그러나 동시에 그녀에게 다른 남자가 있다는 사실을 일깨우고는 큰 고통을 느꼈다. 그는 왜 그녀에게 동생일 뿐이고 그 이상은 되지 못할까?

바이런은 매리 가족과 같이 캐스털턴(Castelton)의 유명한 피크 동굴(Peak Cavern)로 소풍을 간 적이 있었다. 그는 그것은 돌이켜 생각할 때마다 가슴이 울렁거렸다. 두 사람이 보트에 누워야만 동굴 속을 지나갈 수 있었는데 그때 한 보트에 같이 누운 사람이 매리였다. 그 짜릿하고 황홀한 순간이 있었기 때문에 그는 오랜 짝사랑에서 벗어날 수 없었고, 그 가슴속의 사랑을 아무에게 이야기도 못 했다.

9월 중순이 되어도 매리가 바이런을 놓아주지 않았다. 교장이 핸슨에게 연유를 물었고 핸슨은 캐서린에게 연유를 물었더니, 희한한 답변이 돌아왔다. "지난 6주 동안 온갖 애를 썼지만 학교로 돌아가게 할 수 없었어요…. 내 생각으론 병 중 가장 고약한 병인 상사병 절망적인 사랑 때문이죠. 한마디로 그 애는 매리 때문에 얼이 나갔고… 석 주 동안 내게도 오지도 않았고, 애너슬리에서 살다시피 하고 있어요."

어느 날 밤 바이런은 우연히 매리가 하녀에게 "뭣이라고, 내가 절름발이를 좋아한다고!"라고 말하는 것을 들었다. 그는 나락으로 떨어지는 절망을 느꼈다. 홧김에 그 집을 뛰쳐나와 자기도 모르는 채 내달려 뉴스테드까지 왔다. 그래도 마음에서 지울 수 없는 것이 그녀의 청순하고도 아름다운 모습이었다. 10월 10일부터 11월까지 바이런은 사우스웰에 와서 지내긴 했지만 어찌 마음속에서 애너슬리를 지울 수 있었으랴.

바이런은 차츰 제 정신을 찾았다. 사냥하러 갔던 그레이 경이 돌아오자 바이런은 뉴스테드에서 그와 함께 지냈다. 그는 바이런보다 여덟 살

많은, 놀기 좋아하는 사람이었다. 그도 사격을 즐겼다. 그는 달밤에 홰에 오른 꿩을 피스톨로 사냥하자고 바이런을 데리고 나가기도 했다. 또 뉴스테드의 뜰에 산토끼를 풀어 그곳을 양토장(養兎場)으로 만들어 놓기도 했다.

바이런은 이즈음에 한 가지 충격을 받았다. 이 불쾌한 일을 결코 소상히 이야기하지 않았지만 그 젊은 귀족이 어리고 예쁜 바이런에게 일종의 성적 접근을 했던 것 같다. 바이런은 결국 그와 싸우고 뉴스테드에서 도망쳐 나왔다. 그 사실을 안 어머니는 그와 화해를 시키려고 시도를 했지만 성공하지 못했다. 당시 남성끼리의 관계는 최고 사형까지 처할 수 있는 중죄였다.

이런 와중에도 바이런은 뉴스테드 애비에서 영감을 얻어 시를 썼다. 그곳은 자신의 조상의 혼이 배어있는 생생한 가문의 역사이고 가히 자신의 정체성이 아니던가. 1803년에 쓴 시 「뉴스테드 애비를 떠나면서」(On Leaving Newstead Abbey)에서 바이런은 가문의 역사와 전통을 뉴스테드 애비를 통해 운율에 담아냈다.

중세 때 그의 한 선조는 쇠미늘갑옷을 입고 가신들을 데리고 십자군이 되어 팔레스타인으로 출정하였다. 이 수도원을 인수하기 전의 한 조상인 로버트는 서사시의 주인공이 되어 하프에 올려졌다. 아칼론 탑루(Askalon's towers) 근처에 잠든 호리스탄의 존(John of Horistan)도 음유시인의 노래의 주인공이 된다. 존 바이런 경(Sir John Byron)은 에드워드(Edward) 3세 때 프랑스와의 크레시(Cressy) 전투에 참여했고 칼레(Calais) 포위 작전에서 공을 세워 작위를 받았다. 내란이 일어났을 때 마스턴(Marston) 전투에서 조상의 네 형제가 찰스 1세를 위하여 청교도와 목숨 걸고 싸웠다. 그중 바이런의 6대조인 바이런 경과 그의 형 니콜라스(Nicholas)는 죽음을 두려워하지 않고 전투에 앞장섰다. 그 바이런 경의 아들인 존 바이런 경(바이런의 5대조의 형)이 특별히 공을 세워 런던탑의 영장(營長)이 되었으며, 런던 시티와 의회와 갈등을 빚자 미련 없이 벼슬을 버렸다. 그는 동생들과 에지힐(Edgehill) 전투, 뉴베리(Newbury) 전투에서 큰 공을 세워 찰스 1세로부터 계승권이 있는 로치데일 남작(Baron of Rochdale)이란 작위를 받았다. 이 남작 작위는 동생 리처드 바이런 경(Sir Richard Byron)에게 계승되었는데 그가 바로 바이런의 5대조가 아닌가.

(1804년) 1월에 열여섯 번째 생일을 맞은 후 바이런은 드디어 이를 악물고 학교로 돌아갔다. 그 후 18개월을 학교에 머물면서 나름대로 학교 생활의 즐거움에 빠졌다. 또한 교회 묘지에 자주 가서 멀리 템스강까지 내려다보면서 우울한 백일몽에 잠겼다. 매리 차워스를 생각할 때 절름발이에다가 뚱보였던 것이 천추의 한이 되어 적극적으로 다이어트를 시작했다. 운동을 하고 엡섬염을 복용해서 몸무게를 14스톤(89.6 kg)에서 12스톤(76.8 kg)으로 줄였다.

누나 오거스터가 3월 22일 전에 바이런에게 편지를 했으리라. 남매가 한층 가까워진 것이 이 무렵이기 때문이다. 바이런은 이렇게 이야기를 한다. "1804년에 나는 포틀랜드플레이스(Portland Place)의 하코트(Harcourt) 장군 댁에서 내 누나를 만난 기억이 있다. 그때 나는 한낱 물건에 불과하여서 늘 누나가 나를 '발견'을 해 주어야만 했다. 1805년에 우리가 다시 만났을 때 [누나는] 나를 거의 알아보지 못했다고 [했다]."

오거스터는 이 편지에서 3월 22일에 조지 리와 약혼한다고 알렸다. 바이런은 이렇게 답장했다. "내가 누나에게 무관심하게 보이는 것은 애정이 없어서 그런 것은 아니라, 내 기질 속에 도사린 수줍음 때문인 것을 알아줘요…. 누나는 이 세상에서 핏줄로도 애정으로도 가장 가까운 관계잖아요."

3월 22일부터 바이런은 사우스웰에 머물었다. 촌이라 지루할 때에는 녹지 건너편에 사는 피곳(Pigot) 가에 자주 놀러갔다. 어머니는 바이런이 매리 차워스를 빨리 잊도록 일부러 그 집 딸 엘리자베스 피곳(Elizabeth Pigot)을 붙여주었다. 스물한 살의 그 엘리자베스를 처음 본 것은, 어머니가 4월 9일에 연 "사우스웰의 미녀를 위한" 연회에서였다. 이때 바이런이 수줍음 때문에 숨어 있다가 어머니가 세 번이나 불러 하는 수 없이 나왔다. 엘리자베스가 그를 보니 "머리를 이마 위로 반듯하게 빗은 뚱뚱하고 수줍은 소년"이었다. 바이런 모자가 피곳의 집으로 자주 놀러 가면

엘리자베스 피곳이 그린 바이런과 개

서 점점 그녀와 친해져, 그 집을 무시로 들락거리게 되었다. 그녀는 낭만적이고 매혹적인 매리와는 달리, 누나 같은 아주 지적인 아가씨였다. 그녀도 인도에 근무하는 육군 장교와 사귀고 있었다.

바이런이 시를 쓰도록 독려를 하고 바이런이 쓴 것을 출판할 때 정성을 다해 정서·편집·교정을 해 준 사람이 바로 이 엘리자베스였다. 바이런은 밤에 주로 작품을 써서 아침에 엘리자베스를 찾아가 정서를 해 달라고 맡겼다. 그 다음에 그는 베처(John Thomas Becher) 신부를 방문하고, 두세 집에 더 놀러 다니다가 마지막으로 운동을 했다. 베처 신부는 사우스웰의 주교대리로 엘리자베스의 친척이었으며, 문학에 대한 취미와 교양이 있었다. 저녁엔 다시 엘리자베스의 집으로 가, 그녀의 피아노 연주를 들으면서 노래를 불렀다. 그가 좋아하는 노래는 「로디의 아가씨」(Maid of Lodi)와 「우리의 나이를 훔쳐가는 세월이」(When Time Who Steals Our Years Away)였다. 이처럼 그는 매일 같은 시간

베처 신부

제4장 해로와 매리 차워스 55

에는 같은 일을 했으며, 운동은 수영, 권투 스파링, 과녁 사격 및 승마 등이었다.

바이런은 4월 어느 날 해로로 돌아갔다. 런던에서 휴일을 보낼 때는 꼭 연극을 보고, 유명한 배우들이 하는 대사에 매료되었다. 좋은 연설을 들으러 국회의사당을 찾기도 하였다. 아마도 정치가로서 꿈을 키웠으리라.

해로의 웅변대회일은 학교 축제일이었다. 7월 5일에 있을 그 대회를 대비하여 바이런은 베르길리우스의 『아이네이스』(Aeneid)에 나오는 라티누스(Latinus)의 대사를 연습하였다. 그는 드루리의 칭찬을 받으려고 웅변 연습에 온갖 힘을 다 쏟았다. 드루리는 바이런에게 언제나 인자하고 자상한 만큼 바이런은 언제나 그의 칭찬을 받고 싶어 했고 또 그에 대한 존경심만은 한결같았다.

한번은 몇 살 위의 학생과 시비가 붙었다. 그 상급생이 하급생인 필에게 다가와 필더러 자기의 '꼬봉'이 되어라고 윽박질렀다. '꼬봉'이 되면 '형'의 온갖 귀찮은 심부름을 해야 했으므로 필은 극구 못 하겠다고 버텼다. 그 상급생은 필의 팔을 비틀더니 팔의 안쪽 살 깊은 곳을 마구 때리기 시작하였다. 필은 아픔을 참느라 온몸을 비틀었다. 그것을 보고 바이런도 꼭 같은 고통을 느꼈지만 힘으로는 안 되니 어쩔 수 없었다. 그는 분노로 얼굴이 벌겋게 달았고, 눈에는 눈물이 그렁그렁하였고 목소리는 공포와 분노로 떨었다. 그러나 용기를 내서 그 '어깨'에게 다가가서 도대체 몇 대를 때리려고 하는지 알려 달라고 다달거렸다. "왜냐면요, 괜찮으시다면 그 반은 제가 맞겠습니다." 바이런은 제 팔을 내밀었다.

바이런에게는 태터솔(John Cecil Tattersall)이라는 힘센 친구가 있었다. 그에 대해서 시 「소년 시절 회상」에서 비교적 소상히 이야기한다. 그는 장난꾸러기 대장에다가 싱겁이였지만 뒤끝이 없고 솔직담백했다. 한번은 학교가 파했을 때 향군(鄕軍)이 마침 같은 시각에 훈련을 마치고 몰려나와 그 "촌놈"들과 패싸움이 벌어졌다. 그 향군 중 하나가 총의 개머리판을 쳐들어 바이런의 머리를 날려버리려고 달려왔는데, 바이런은 그것을 모른 채 다른 향군 한 명과 맞붙어 싸우고 있었다. 그것을 본 한 학생이 '악!' 하고 비명을 지르자, 태터솔이 그에게 달려들어 그 총을 빼앗고 그를 쓰러뜨렸다. 만약 태터솔이 바이런을 구하지 않았다면 바이런은 목숨이 잃었거나 크게 다쳤을 것이다. 바이런은 그 시에서 만약 자신이 그 고마움을 잊는 순간이 온다면, "내 가슴에 피가 흘러나와도 싸다."고 읊었다.

7월 28일에 바이런은 어머니와 함께 사우스웰로 내려갔다. 따분한 곳. 바이런은 어머니와 갈등을 빚을 때마다 피곳의 집으로 피신하였다. 그를 엘리자베스는 언제나 따뜻하게 맞았고, 바이런도 그녀를 솔직하고 순수하게 대했다. 그들은 약간씩 상대를 추어주면서 책을 나눠 보고 시를 써 나누어 보았다.

8월에 엘리자베스가 상당 기간 다른 지방에 가버리자 바이런은 외로웠다. 그동안 그는 줄리아 리어크로프트(Julia Leacroft)가 조직한 연극모임에 가입하여 그녀와 연극을 준비하기 시작하였다. 그것이 그녀와 가까워지는 계기가 되었다.

그렇다고 매리 차워스에게서 받은 고통이 아문 것은 아니었다. 그는 애너슬리로 가서 다시 그녀를 만났을지 모른다. 그녀를 생각하면 솟구치는 울화는 거의 발작에 가까웠다.

9월에 바이런은 어머니와 대판 싸우고 해로로 도망 나왔다. 그러나 11월 2일에는 그곳에서도 사고를 쳤다. 그 원인은 밝혀지지 않았지만 드루리 박사의 집을 "난동과 혼란"의 장으로 만들고 학교의 기강을 엉망으로 만들어 놓았다고 했다. 선생님들은 그를 사고뭉치, 불량소년배의 두목으로 낙인찍었다. 그러나 그는 묘하게 교장과는 "친구" 사이를 깨트리지 않았다. 교장은 바이런에게 언제나 신사적이었고, 언제나 온화하였고, 전혀 권위를 세우지 않았기에 바이런은 그 앞에서는 머리를 숙이지 않을 수가 없었다.

그런 인자한 교장이었지만 바이런의 이번 해교(害校) 행위는 묵과할 수 없었다. 12월 초에 교장은 그를 불러 다음 학기는 계속 학교에 다니도록 추천을 하지 못하겠다는 말을 했다. 어머니와 핸슨에게는 구체적이고 명료하게 바이런의 비위를 이야기했으리라. 교장은 자기 자신이 바이런 때문에 고통과 불안을 느꼈고, 교직원 두 사람은 그 일 때문에 크리스마

1804~1806년경의 바이런

스 때 학교를 떠나려 한다고 하였다. 그는 바이런이 대학에 갈 수 있도록 가정교사의 지도를 받으면 좋겠다는 의사를 표했다. 심지어는 바이런이 해로에 더 이상 오지 말았으면 하는 말까지 했다.

그것은 일종의 퇴학처분이었다. 바이런은 하는 수 없이 해로에 작별을 고하니 오히려 속이 시원했다. 고삐 풀린 망아지처럼 런던으로 나와 자유를 만끽했다. 그는 10월 말과 11월 초에 오거스터에게 편지를 하였더니 그녀도 속상한 일들을 털어놓아 서로가 위로하였다. 바이런이 맨 먼저 어머니와의 갈등을 이야기했다. "어머니가 광기로 폭발하여 내가 모든 사람 중에 가장 무책임한 놈이라 꾸짖고, 우리 아버지 이야기를 끄집어내어 [아버지를] 욕하고, 진짜로 바이런 피는 못 속인다고 말하는데 그 소리가 어머니가 말하는 가장 심한 욕이에요. 내가 이 여자를 어머니로 불러야 하나요?" 오거스터는 오거스터대로 시가(媤家)가 될 리(Leigh) 가와의 껄끄러운 관계를 털어놓았다. 오거스터는 특별히, 바이런이 런던에 오거든 꼭 칼라일 백작을 자주 만나 뵈라고 당부하였다.

12월 5일에서 1월 29일까지 바이런은 핸슨 집에 머물면서 연극 관람에 완전히 빠졌다. 그는 당시 큰 인기를 모으고 있던 소년배우 "젊은 로셔스(The Young Roscius)"를 보러 몇 번이나 코번트가든(Covent

Garden)으로 갔다. 그 소년배우가 『바버로사』(Barbarossa)라는 연극에 출연하자, 관객들은 거의 폭동처럼 열광하며 극장에 몰려갔다. 치안 유지를 위해서는 민병대까지 동원할 수밖에 없었다. 당시 총리 피트는 의원들이 그의 연기를 보도록 의회까지 휴회했다.

(1805년) 1월 26일 바이런은 칼라일의 그로스비너(Grosvenor) 가에서 백작과 같이 저녁을 먹었는데, 이것은 오거스터가 주선한 만찬이었다. 백작이 처음부터 바이런을 그리 좋아하지 않았던 것은 바이런의 부모와 그 가족에 정 떨어졌기 때문이었다. 어머니의 매너, 죽은 그의 아버지의 타락한 행동, 바이런의 건방진 태도, 그 어느 것을 보아도 바이런을 살갑게 볼 이유가 없었다. 바이런도 이 칼라일 백작을 탐탁잖게 여겼다. 그러나 백작은 바이런을 따뜻하게 대하려고 노력했다. 바이런은 백작의 그런 달라진 마음에 감동되어 종전의 서먹한 마음에서 어느 정도 벗어날 수 있었다.

그 자리에서 백작도 대학에 갈 수 있도록 가정교사의 지도를 받으면 어떻겠느냐는 말을 했다. 바이런은 백작의 그런 뜻을 캐서린에게 전하였더니, 그녀는 '퇴학'에 대해서는 들은귀가 있었다. 그녀는 우선 아들이 퇴학 맞았다고 소문날까 봐 그것이 걱정이 되었다. 그녀는 바이런이 도로 학교에 가고 싶어 하니 꼭 한 번 손 써 달라고 백작과 핸슨에게 부탁을 했다. 그들은 드루리 교장을 찾아가 부디 두 학기만 더 데리고 있어 달라고 간청을 하였더니, 교장은 마지못해 그 요청을 받아들였다. 마지막 두 학기를 마치기 위하여 바이런은 2월에 해로에 돌아갈 수 있었다.

학교에 돌아와서 바이런은 교장이 곧 교체된다는 사실을 알았다. 드루리가 다음 부활절에 퇴직을 하고 그 후임으로 세 사람이 물망에 올라 있었다. 일부 학생들은 와일드먼(Thomas Wildman)이 중심이 되어 드루리 교장의 동생인 마크 드루리(Mark Drury)를 밀었다. 바이런도 교장 선생의 은덕을 생각하여 그 사람을 밀 생각을 하였다. 한 친구가 바이런을 와일드먼 쪽으로 끌어들이기 위해 꾀를 냈다. 그는 와일드먼에게 가서, 바이런은 절대 누구 밑에 들어가는 것을 싫어하니, 이 운동의 리더로 바이런을 내세우라고 했다. 와이드먼이 그 안을 받아들이니 바이런이 마

제4장 해로와 매리 차워스 *59*

크 드루리를 미는 학생 주동자가 되었다.

3월에 드루리 교장의 자리는 안타깝게도 버틀러(Butler) 박사가 차지했다. 바이런은 버틀러를 낙마시키려고 노력했으니 그와 좋은 관계를 가질 수 없었다. 학기말에는 교장이 상급생 전원을 초청하여 만찬을 함께 하는 것이 그 학교의 오랜 전통이었다. 이 초청은 국왕의 초청만큼이나 절대 사절할 수 없는 것이었다. 바이런은 당돌하게도 그 만찬 초청을 사절하겠다고 했더니 교장이 적잖게 놀랐다. 교장이 그를 불러 다른 학생들 보는 앞에서 왜 사절하겠다고 말했느냐고 따져 물었다. 그는 당당하게 대답했다. "교장 선생님이 뉴스테드 근처에 오신다 해도 제가 분명히 정찬에 초대하는 일은 없을 테고, 그렇다면 제가 교장 선생님과 저녁 식사할 필요가 어디에 있는가요?"

그뿐이 아니었다. 바이런은 버틀러를 자신의 시에서 우습게 비틀어 놓았다. 「큰 공립학교의 교장 교체에 관하여」(On a Change of Masters at a Great Public School)라는 풍자시에서 바이런은 "그대의 프로부스가 앉았던 자리에/ 좁은 두뇌, 좁은 영혼의 폼포수스가 앉는구나."라고 하였다. 프로부스는 로마제국을 부강케 한 황제이고 폼포수스는 그 자리에 앉을 자격이 없는 성정이 고약한 인물이었다.

바이런은 4월 7일에 사우스웰에 내려갔지만 두 주간 어머니와 싸움만 진탕하고 돌아왔다. 어머니는 바이런이 잘못되는 것은 바이런가의 몹쓸 피가 흘러서 그렇다고 악담을 퍼부었다. 그럴 때 바이런의 마음은 오거스터에게로 향했다. 그는 어머니와의 수치스런 관계를 누나는 듣고 이해해 주리라 믿었다.

5월 1일 사우스웰을 떠나 런던에서 일주일을 머문 후 해로로 돌아왔다. 5월 8일부터 여름 학기가 시작되었다. 바이런은 계속 버틀러 교장을 비난하는 시위를 했지만, 얼마 후 그와 화해를 하고 자신의 시위를 후회했다.

5월 10일 바이런은 상원에 가서 그렌빌 경(William Grenville, 1st Baron Grenville)의 연설을 들었다. 그렌빌 경은 바이런이 존경하는 정치가였고 그 이듬해 잠깐 총리도 되는 인물이었다. 그는 가톨릭의 차별을 풀어줘야 한다는 내용의 법안을 입안했다. 그 법안이 부결되자 바이런이 침통해졌으며, 장차 그 스스로 의회에서 그런 불평등을 타파하기 위해 연설을 해야겠다는 꿈을 꾸었다. 그렌빌 경과는 묘한 인연으로 엮이게 된다.

바이런이 즐겨 찾는 동네 술집이 마더 바나즈(Mother Barnard's)였다. 그는 거기서 오페라에 나오는 노래 「이 술병은 이 식탁의 태양이야」(This Bottle's the Sun of Our Table)를 고래고래 부르면서 필름이 끊길 때까지 술을 마셨다. 그리고 다가올 웅변대회 준비에 정신이 없었다. 웅변대회는 봄·여름 두 차례 있었는데, 6월 6일에 있을 봄 대회를 대비하여 에드워드 영(Edward Young)의 비극 『복수』(Revenge)에 나오는 장가(Zanga)가 알론조(Alonzo)의 시체를 두고 하는 열정적인 대사를 연습했다. 그는 그 장면을 런던의 한 연극에서 켐블(Kemble)이 연기하여 큰 박수를 받은 것을 보고 자기 나름대로 그 대사를 시도해 보았던 것이다.

7월 4일 여름 웅변대회일에 그는 『리어왕』의 리어왕이 폭풍에게 말하는 격정적인 대사를 낭송했다. 낭송에 너무 힘이 실려 낭송을 마친 후 스스로 리어왕의 감정에 빠져버리는 일이 벌어졌다. 그는 정신적 탈진을 느껴 그 공연장에 더 있을 수 없어 나가버렸다. 이처럼 그가 해로에 있을 동안 그는 시보다는 웅변에 관심이 더 많았다.

바이런은 돌셋 공작을 '꼬봉'으로 뒀지만 절대 심하게 다루지 않았다. 돌셋 공작은 바이런보다 다섯 살 아래로 그렇게 친한 사이가 아니었으나 이상하게 늘 바이런의 마음 한쪽을 차지하고 있었다. 그는 「돌셋 공작에게」(To the Duke of Dorset)라는 시에, 그와 함께 해로의 한 골짜기를 등반하였던 때를 상기시키면서, 그는 비록 하급생이었지만 마음이 넓고 진실하였다고 추억했다.

토마스 무어(Thomas Moore)는 훗날 이때의 바이런의 교과서를 본 적이 있었다. 그리스어 교과서에는 아주 쉬운 낱말 밑에도 토를 달 만큼 바이런은 실력이 부실했다. 그러나 그는 이런 외국어 공부에 시간을 허비하지 않고, 잡다한 지식 습득에 정신을 쏟아, 그런 지식이 급속도로 불어 나갔다. 그가 관심 있는 영역에는 사실 경계가 없었다.

바이런은 라틴어 수업 등 고전 수업은 사실 질색이었다. 그는 당시의 주입식 고전 수업의 폐해에 대해 그런 수업은 학생이 작품에서 즐거움을 음미하기도 전에 작품의 신선도부터 망가뜨려 버린다고 지적했다. 또 학생들은 시문을 가슴으로 받아들이기 전에 기계적으로 외워야 하고, 또 삶의 체험이 얕다 보니 글의 깊은 뜻과 매력을 느끼지 못한다고도 꼬집었다. 나아가 밀턴(John Milton), 카울리(Abraham Cowley), 애디슨(Joseph Addison) 등이 지적한 것처럼, 고전은 다 죽은 언어이고 고전 수업은 사물이 아니라 낱말을 가르치고 있다고도 주장하였다.

7월 31일은 졸업식 날이었다. 그는 좋아하는 친구와 정다운 인사와 선물을 교환했다. 그가 생각해 보니 해로의 기간 중 마지막 학기가 가장 좋았었다. 바이런은 그 학교와의 관계를 가능한 한 연장시키고 싶었다. 해로의 소년기와 영원히 작별하는 것이 너무 안타까웠고, 그런 만큼 먹먹한 상실감과 회오가 찾아왔다.

그는 그 해 이튼스쿨과 크리켓 경기 결승전에 선수로 뛴 것을 자랑으로 여겼다. 경기는 8월 2일 런던에서 벌어졌다. 해로가 아깝게 패배를 했지만 시합 후 양 팀은 같이 저녁을 먹었고, 헤이마켓 극장으로 가서 기분 좋게 취하여 "한판 소동을 벌였다".

8월 말 매리 차워스가 결국 존 머스터즈와 결혼식을 올렸다. 한번은 캐서린이 바이런에게 한 가지 소식을 알려줄 테니 미리 손수건부터 준비하라고 했다. 바이런은 이상했지만 정말로 손수건을 꺼냈다. 그의 어머니는 그를 조롱하듯이 매리가 결혼했다고 알려 줬다. 바이런의 "창백한 얼굴에는 야릇하고 형용할 수 없는 표정이 스쳐 지나갔다." 그러고는 급히 손수건을 도로 집어넣고는 "냉담하고 무관심한 듯한 태도로… 그게 전부예요?" 하고 말하고는 화제를 바꾸었다. 그러나 매리에 관한 시를 씀으로써 위안을 얻으려고 했으리라. 「애너슬리 언덕」(Hills of Annesley)에서 그가 말을 거는 것은 이제는 황량해져 버린 애너슬리 언덕이었다.

해로에서 보낸 4년은 바이런이 시적 감수성을 키운 소중한 기간이었다. 그의 사물에 대한 감각은 더 예리하고 섬세해졌고 이때 이후론 사물을 대하는 태도에 긴장감이 묻어난다. 그 특별한 감수성에는 꼭 병적인 것이 묻어있었고, 음울하고 인간을 싫어하는 색조 또한 짙게 비쳐있었다. 매리 차워스에 대한 사랑이 새로운 사색과 감성의 문을 열어 주었으리라. 9월 23일 바이런은 사우스웰을 탈출해 한 달간 런던에 머물다가 캠브리지 대학으로 떠났다.

제5장
캠브리지 대학생의 첫 시집
(1805년~1807년)

캠브리지 트리니티 대학 그레이트코트어브트리니티

'Great Court, with (from left to right) its dining hall, Master's Lodge, fountain, clock tower, chapel and Great Gate' by Cmglee via Wikimedia Commons under CC BY-SA 3.0

바이런은 열일곱 살 때인 1805년 10월 24일에 캠브리지(Cambridge)의 트리니티(Trinity) 대학에 입학하였다. 그는 학위를 따는 것에는 관심이 없었는데도 대학은 그에게 상당한 중압감을 안겨 주었다. 옥스퍼드가 아니라 캠브리지인 것도 기분이 좋지 않았다. 그가 옥스퍼드에 지원을 했다면 해로에서 퇴학과 비슷한 것을 당했기 때문에 입학이 불가능했으리라.

그는 그레이트 코트 어브 트리니티(Great Court of Trinity) 건물 동남쪽 코너에 방을 몇 개 차지했다. 그의 방 앞에는 탑루로 오르는 너른 계단이

캠 강가의 렌 도서관

있었다. 그 건물은 그 학교를 지은 네빌의 이름을 따 네빌즈코트(Nevile's Court)라고 불리었으며, 이 건물의 캠(Cam) 강 쪽에는 렌(Christopher Wren)이 설계한 장엄한 도서관이 있었다.

그의 방 한쪽으로는 지도교수 방이 붙어 있고, 다른 쪽에는 특별연구원(fellow)의 방이 붙어 있었다. 이 두 선생이 그의 발랄한 활동에 제동을 걸 사람들이었다. "나는 일 년에 500파운드 외에 하인 1명과 말 한 필까지 지급 받아, 마치 자기가 쓸 현금을 자기가 찍어내는 독일 왕세자 같은 기분이었죠." 누나에게 쓴 편지이다. 이런 대학 환경에 편입되자 그는 금방 기분이 들떴다.

그는 수업 시작 직전에 도착하였다. 그는 귀족 생활에 맞는 주변 환경을 만들고 싶어 아버지뻘인 핸슨에게 명령조의 편지를 썼다. 내용은 와인, 포트와인, 셰리주, 클라렛을 각각 한 상자씩 넣어 달라고 했다. 그는 멋진 가구도 들여놓고 근사한 학사복도 맞췄다. 귀족이 입는 가운은 금수가 덮인 화려한 것이고 거기에 맞는 모자도 따로 있었다. 그는 멋진 복장의 모습을 남기기 위해 일류 화가인 조지 샌더스(George Sanders)를 불러 초상화를 그리게 했다. 그러나 그는 곧 마음이 바뀌어 수술 달린 사각모를 쥐고 있는 평민 대학생의 모습을 그려 달라고 했다. 마음이 귀족에서 평민으로 바뀐 것이었다. 그는 신사에게 어울릴 값비싼 말안장과 마구 일습도 주문했다.

캠브리지 대학은 오늘날과는 달리 바이런과 같은 젊은 귀족에겐 아무 통제가 없는 해방 공간이었다. 그 당시만 하더라도 대학에는 학사일정

때문에 귀족의 '쾌락 추구'가 중단되어서는 안 된다는, 오늘날 생각하면 '웃기는' 규정이 있었다. 귀족에게는 강의와 시험 따위가 귀족의 쾌락 추구를 중단시킬 수 있으므로 그것을 면제해 주었다. 바이런이 무슨 시험을 보았다거나 누구의 강의를 들어 학점을 받았다는 기록이 전혀 없다.

바이런에게 대학은 대학이 아니라 악마들 소굴 같았다. 당시 대학 사람들이 가장 하기 싫어하는 것이 '연구'였다. 스승들은 먹고, 마시고, 자기만 하고, 하급 교수들도 논쟁과 말장난하고 마시기만 하여, 학부생들이 무엇을 배워야 하는지 알 수가 없었다. 바이런에게 대학은 방탕하게 모여 노는 곳이었다. 그는 금방 그런 분위기에 적응하였고 너무 많이 놀아서 머리가 빙빙 돌 지경이었다. 그곳에 간 후로 저녁을 제때 식당에서 먹은 때가 없었고 그의 책상 위에는 언제나 초대장이 그득하였다.

이 대학과 옥스퍼드 대학의 풍토를, 술 마시고, 사치 부리고, 방탕하게 노는 공간으로 변질시켜 놓은 것은 부유한 귀족의 자제들이었다. 아이작 뉴턴(Isaac Newton)이 1720년대에 대학을 빛낸 이후 50년간 옥스퍼드·캠브리지 대학은 지적·도덕적으로 침체되기만 했다. 바이런이 트리니티 대학의 저명한 그리스 학자 리차드 퍼슨(Richard Porson)을 찾아갔더니, 그는 술주정뱅이가 다 되어 학생이나 교수에게 겁이나 주고 앉아 있었다.

바이런은 교수들과의 학문적 교류보다는 친구들과의 교류가 더 활발하였다. 그는 입학 초기에 해로의 동창으로 트리니티에 같이 들어온 롱과 친했다. 그 둘은 단짝이 되어 수영, 승마, 독서를 즐겼다. 그들의 놀이터는 대학을 끼고 흐르는 캠강이었다. "캠강은 매우 맑은 시내는 아니었지만 깊이가 14피트였고 우리는 쟁반, 달걀, 심지어 일 실링 동전까지 던져 놓고 다이빙해서 들어가 주워 오는 거야. 적어도 12피트 깊은 곳에 강바닥에 나무뿌리가 나와 있었는데, 보통 우리는 그곳에서 멱을 감고…." 그들은 그랜트체스터(Grantchester) 보(洑)까지 같이 승마를 할 때도 있었다. 밤마다 술을 마셨고 술 마신 뒤 우울증이 찾아오면 그때 짬짬이 하는 것이 독서였다.

9월 어느 날 해로의 친구 태터솔이 편지로 자신의 비밀을 털어놓았다.

캠강

그는 이튼과 크리켓 경기를 하던 바로 그날 저녁에 극장에서 여자를 만나 그녀 집에 따라가 반시간 동안 사랑을 나눴다. 그런데 매독에 딱 걸리고 말았다. 진찰을 받았더니 의사는 그 사실을 즉각 학교에 통고했고 학교는 무기정학 처분을 내렸다. 그가 다시 학교에 돌아갈 수 있느냐는 그 병의 유무에 달려 있었다. 그는 집에서 남몰래 감염된 부분에 피를 빼내는 자가 치료를 했다. 그 출혈의 방법은 거머리 여섯 마리를 부은 데 붙여서 피를 실컷 빨게 하는 것이었다. 그러면 부기가 가라앉는다고 했다.

이즈음 그의 "순수하지만 뜨거운 열정"이 딱 꽂힌 한 사람이 있었다. 존 에들스톤(John Edleston)이라는 예쁜 소년이었다. 그는 옅은 금빛 머리카락과 검은 눈을 가진 날씬한 열다섯 살의 트리니티 교회의 성가대원이었다. 바이런이 나갔던 트리니티 교회의 좌석 배치를 보면 합창단원은 학부학생들이 앉는 자리 바로 옆에 섰다. 바이런은 은구슬 구르는 듯한 목소리를 들은 후에 촛불 빛을 받고 섰던 그 단원의 섬세한 용모를 살폈을 것이다. 그는 에들스톤의 목소리를 다른 사람의 목소리와 구분해 낼 수 있을 만큼 가까운 곳에 앉았고, 그의 목소리를 듣고 황홀경에 빠져들었다. 어떻게 저렇게 고울 수가 있을까. 그를 쳐다보니 뛰어난 용모 또한 천사를 만난 듯 황홀케 했다. 그는 이 에들스톤의 매력에서 헤어날 수 없

바이런이 에들스톤을 만난 트리니티 채플
Trinity College Chapel, Cambridge by Hans Wolff via Wikipedia Commons under Public Domain.
https://en.wikipedia.org/wiki/Trinity_College_Chapel,_Cambridge

었다. 그 젊은 학생은 두뇌도 명석했고, 성격은 유순했고, 예절과 말씨도 반듯하여 바이런에게 깊은 호감을 주었다.

그는 바이런보다 두 살 아래였고 마음은 언제나 종달새 우는 봄날이었다. 그가 열 살 때 아버지가 세상을 떠나자 곤궁하게 살았다. 그는 교구교회에서 노래를 불렀는데, 하도 목소리가 아름다워 열두 살 때 트리니티 교회에 성가대원으로 발탁되었다. 그 교회에서 노래를 불러 주는 대가로, 교육, 식사 등을 제공받았고 그 보호자는 수당까지 받았다.

바이런은 그 애의 매력에 빠져 거의 매일 만나다시피 하였다. 그들만이 따로 만나서 캠강에서 수영, 산책, 독서, 승마를 했다. 그와 같이 있는 시간은 꿀같이 흘러서 조금도 지루하지 않았고, 헤어질 때는 늘 아쉬움이 남았다. 바이런은 에들스톤에게 형이나 되는 것처럼 행세했다. 수영과 권투로 단련된 팔과 가슴은 작고 가냘픈 그를 보호하는 안전장치로 충분하였다. 그는 야릇한 성적 욕망을 느꼈지만 성적 접근은 절대로 금기시 했다. 성가대에 남자 친구를 둔다는 것은 당시 트리니티 학부생에게는 더러 있는 일이었다. 성가대 학생의 부족한 학비는 그 신사 친구가 해결해 주는 것이 상례였다. 바이런은 남자 애인을 두었다는 사실이 두려워 그 비밀은 엘리자베스와 롱 밖에는 절대 내색하지 않았다.

바이런이 캠브리지에 있는 동안 그들은 매일 만났으며 사람들이 보는 데서는 주의와 긴장을 하다 보니 욕망은 더 불타올랐다. 첫 크리스마스를 맞아 바이런이 런던으로 떠날 때 에들스톤은 이별이 아쉬워서 작은 선물을 하나 주었다. 그것은 산호색의 홍옥수(紅玉髓)가 박힌 앙증맞은 반지였다. 바이런의 「홍옥수」(紅玉髓, The Cornelian)라는 시는 이 반지 때문에 나왔다. 그 선물은 바이런이 그에게 푸짐한 선물과 적잖은 돈을 안길 좋은 구실이 되었다.

11월에 이미 장학금을 다 써버리니 바이런은 신년도까지는 돈 나올 데가 없었다. 캠브리지뿐만 아니라 해로에도 갚지 못한 빚이 있었다. 그는 런던에 가서 돈 빌릴 곳을 알아보았다. 우선 크리스마스 휴일을 보낼 방부터 구했다. 옛날에 세 들어 살았던 매싱버드 부인에게 편지를 써서 자기와 하인이 12월 18일부터 거처할 방 두 개를 얻었다.

그는 사교와 술과 연애에 돈을 물 쓰듯 했기에 당연히 돈이 모자랐다. 당시 런던에는 노름 뒷돈이나 다른 억울한 돈을 고리로 대부해 주는 킹(King)이라는 유명한 유대인이 있었다. 그에게 연락을 했더니 그는 미성년자와는 거래를 안 한다고 했다. 그는 성년인 누나가 연대보증 하면 되겠다고 생각해서, 자신이 성년이 되면 재산을 처분하여 돈을 만들 테니 보증을 서 달라고 편지를 냈다.

실제로 바이런 앞으로 로치데일의 땅이 있었고 거기에는 탄광도 들어 있었다. 그러나 큰할아버지가 그 땅을 임대해 주면서 서류를 이상하게 만들어 놓아서 이것을 되찾는 일이 쉽지 않았다. 어떻든 미래에는 바이런에게 돈이 들어오는 것은 명백한 사실이었다. 그는 누구에게서든 3,000파운드를 빌리기만 하면 갚을 땐 이자를 쳐서 5,000파운드를 갚겠다고 했다. 누나 오거스타는 형편 이야기를 다 듣더니 자신이 필요한 만큼 돈을 빌려주겠다고 했다. 그러나 바이런은 숙녀한테서 돈을 빌리는 것은 체면이 아니라고 하여 사양하였다.

(1806년) 그는 다시 누나에게 500파운드 대출에 보증을 서 달라고 부탁을 했다. 그녀는 바이런이 갚을 능력이 없는 것을 알기에 보증을 서 주지 않자 바이런은 몇 달간 연락을 끊어버렸다. 결국 그는 세 들었던 집 주인 매싱버드 부인 모녀의 보증을 얻어냈다. 그 소식을 듣고 불같이 화를 낸 쪽은 캐서린이었다. 그녀는 "예상보다 두 배나 많은 계산서가 돌아온다."고 큰 걱정을 하던 참이었다. 바이런이 캠브리지에 있는 동안 한 것

이라곤 음주, 노름, 연애뿐이었으니 말이다.

2월 5일 새 학기가 시작되었지만 바이런은 아직 런던을 떠나지 않았다. 그는 유명한 펜싱 사범인 헨리 안젤로(Henry Angelo)의 체육관에 나갔다. 그 체육관은 본드(Bond) 가 13번지에 있었는데 거기서 그는 그 체육관을 같이 쓰는 '신사' 존 잭슨(John Jackson)이라는, 1795년 전 영국 권투 챔피언을 만났다. 그는 이 체육관에서 신사들을 위한 권투 지도를 일주일에 세 빈 하고 있었다.

전 영국 권투 챔피언 존 잭슨, '신사' 잭슨

그런데 그 체육관은 사교 클럽이기도 하여 스포츠 애호가뿐만 아니라, 도박꾼, 여배우, 무용수들도 들락거렸으며, 자연히 젊은 한량들이 여배우, 무용수들과 만나러 그곳을 찾았다. 바이런이 그곳에 자주 간 목적에는 멋진 여성을 만나는 것도 들어 있었으리라.

2월 26일 바이런은 결국 대부 신청한 돈이 나와 밀린 빚을 청산했다. 그때까지 해로에 남아 있던 빚과 대학에 내야 할 231파운드를 납부하고 핸슨에게 75파운드를 주어 가구값을 청산케 했다. 그러나 대학으로 돌아갈 생각은 없었다. 그는 어머니에게 이렇게 보고를 했다. "전 우연히 수중에 금방 쓸 수 있는 현찰 수백 파운드가 들어와서 밀린 계산을 다 하였어요." 그는 한 2년 정도 가정교사를 한 사람 데리고 다른 나라로 유학을 떠나고 싶다고 했다.

캐서린은 아들이 돈을 제멋대로 쓴 것을 알고는 또 화가 머리끝까지 났다. 그녀는 핸슨에게 편지를 썼다. "저놈이 날 잡아 먹어요. 날 미치도록 해요. 내가 외국에 가도록 하는가 봐라. 저놈이 어디서 수백 파운드를 손에 넣었지…? 저놈은 열여덟 살인데 벌써 망조가 단단히 들었어!!!"

바이런은 대학에 돌아가지 않으면 장학금을 끊겠다는 경고를 받고 하는 수 없이 4월 중순 전에 대학으로 돌아갔다. 사람들이 트리니티 대학의 후원자였던 피트(William Pitt)의 동상을 세우겠다고 모금 운동을 벌이자, 시원하게 30기니를 쾌척하였다. 그는 멋진 마차도 한 대 구입했다. 말과 마구 일습을 새로 갖추고 마부는 훌륭한 제복까지 맞춰 입혔다. 그는 어머니에게 그 마차는 어머니를 위해서 샀다고 했지만, 만약 어머니가 그것을 받기만 하면 바이런은 또 한 대 더 살 테니까 어머니는 받을 수가 없었다. 대학에서는 에들스톤을 만나서 돈을 아끼지 않고 펑펑 썼다. 그 친구에게 은제 회중시계, 금목걸이, 황금 도장, 열쇠, 그리고 판화 등을 선물하였다. 또 방을 사치스럽게 꾸미든 데 돈을 듬뿍 들였다.

학기가 끝나자 바이런은 런던으로 갔다. 그러나 이때에는 현찰이 없으니까 자유롭지 못해 7월 하순엔 하는 수 없이 사우스웰로 내려갔다. 그는 자가용 마차를 깨끗하게 도장하면서 바이런가의 문장을 그려 넣어 귀족의 행세를 했다. 이제 겨우 최소한의 귀족의 체면을 차렸을 뿐인데, 캐서린은 그 마차를 보고 또 폭발을 했다. "현찰이 없고 빚만 잔뜩 져서 내게 온 것이 분명하다. 대학에 돌아가지 않고 동방여행을 꿈꾼다는 것은 틀림없이 어떤 여자에게 홀렸기 때문이야."

어머니와의 큰 싸움은 피할 수 없었다. 그는 어머니 앞에서는 악마로 변했다. 분을 참지 못하여 식탁의 칼을 집어 자신의 가슴을 찌르려고 하였다. 이런 성질과 더 급한 어머니의 감정이 동시에 폭발하면 제재할 방법이 없었다. "컵과 쟁반"이 박살나고 부지깽이와 부젓가락이 팽팽 날았다. 이런 환란 뒤에 각각은 따로 약방에 달려가서는 혹시 상대가 독약을 사러 오지 않았느냐고 물었고, 혹시 오더라도 절대 줘서는 안 된다고 신신당부를 하였다.

그런 폭풍의 피난처가 곧 엘리자베스의 집이었다. 그곳에서 그는 에든버러에서 의학을 공부하다가 방학이라 집에 온 그녀의 남동생 존(John Pigot)과 만나 아주 친해졌다. 그도 과학도였지만 시를 썼다.

엘리자베스는 바이런이 마음의 상처를 입고 오면 그를 위로하고 그가 한 곳에 정을 붙이도록 도와주었다. 그것이 바로 시였고, 그가 시를 써 오면 세심하게 읽고는 그의 필기사가 되어 정서, 편집 등을 해 주었다. 한번은 엘리자베스가 로버트 번스(Robert Burns)의 시를 큰 소리로 읽어 주자, 바이런은 즉석에서 그 시집에 연필로 시를 한 편 적어 주는 것이 아닌가. 그때 엘리자베스 남매는 바이런에게 좋은 작품을 모아 꼭 시집을 내보라고 권유했다. 바이런은 그들의 말을 듣고, 좋은 작품을 모아 뉴어크(Newark)의 존 리지(John Ridge)에게 출판을 의뢰키로 하였다. 그때 그의 생각은 몇몇 사람들만 돌려 볼 소시집 정도였다. 바이런은 원고를 맡겼고, 시집을 만들고 있는 동안 바이런은 계속 새 시를 써 가서 시가 하루하루 늘어 갔다.

　8월 7일 얼마간 고요하던 캐서린 화산이 또 분화하였다. 그녀의 고함 소리가 사우스웰 소읍에 쩌렁쩌렁했다. 어머니가 부젓가락을 던지자 바이런은 잔디밭을 건너가 엘리자베스 집에 몸을 숨겼다. 그녀 가족이 몰래 가져다준 옷 보따리만 챙기고, 피스톨과 하인마저도 버려둔 채 그는 런던으로 줄행랑을 쳤다.

　캐서린은 그를 잡으러 곧 추격했으나 그녀의 2륜마차는 바이런의 4륜마차를 따라잡을 수가 없었다. 바이런은 런던에 도착하여 내심 안심을 하고 있었는데, 그녀는 끈질기게 나흘을 달려 우선 매싱버드에게 가서 빚이 어느 정도인지 알아보고는 피커딜리 바이런의 숙소에 들이닥쳤다. 바이런은 어머니를 보자 얼굴이 백짓장처럼 하얘졌다. 그는 그때 엘리자베스에게 편지를 쓰고 있었다. 집에서 황급하게 도망쳐 나오는 바람에 시집 교정쇄를 못 받아 왔기 때문에 엘리자베스에게 자기 대신 자기 시집 『즉흥 시편』(Fugitive Pieces)의 교정을 봐 줄 것을 요청하는 편지였다. 어머니가 들이닥치니까 편지를 빨리 끝내야 했다. "안녕―곧 우리 '히드라'(Hydra)를 만나야 해." '히드라'는 헤라클레스가 퇴치한 머리가 아홉인 뱀으로 머리 하나를 자르면 머리 둘이 돋아난다는 괴물이 아니던가. 바이런에겐 어머니가 그런 괴물과 다를 바가 없었다.

　8월 10일 밤에 바이런은 엘리자베스의 동생 존에게 「매리에게」(To

Mary)라는 시 한 편을 보내면서, 쪽지에 그 시를 리지에게 넘기되 다른 작품과는 별도로 인쇄해 주기를 바란다고 적었다. 이 작품은 당시로서는 성 체험을 노골적으로 묘사하여 상당히 문제가 될 소지가 있었기 때문이었다.

바이런 모자는 런던에서도 동네가 쩌렁쩌렁 울리는 일전을 치렀다. 심한 전쟁을 쳤으니 각자의 상처는 쉽게 치유되지 않았다. 캐서린은 사우스웰의 집으로 돌아갔고 바이런은 8월에 서섹스(Sussex)의 워딩(Worthing) 가까이에 있는 롱의 집으로 여행을 떠났다.

그 친구의 동생 헨리(Henry Long)가 기록을 남겼다. "바이런 남작은 말 몇 필과 애견 '보츠웨인'(Boatswain)을 데리고 왔다—그는 친구의 집에 머물지 않고 마을의 형편없는 돌핀(Dolphin) 여관에 여장을 풀었다…. 그리고 그 도착 날 부두에 굴 껍질을 세워두고 사격에 정신을 뺏겼다." 가끔 그들은 크리켓을 했는데, 바이런은 끊임없이 공을 주어다 주는 헨리를 "애송이"라고 불렀다. 그러나 바이런이 수영을 할 때 마치 "돌고래가 오리온(Orion)을 업고 헤엄치듯이" 그 친구 동생을 등에 업고 이리저리 헤엄을 쳤다.

9월 13일 바이런이 진심으로 존경하던 정치가 찰스 폭스(Charles James Fox)가 타계했다. 폭스란 정치가는 18세기와 19세기 초 38년간 의정활동을 한 휘그계 거물이었고, 영국 정치사에 큰 획을 그은 인물이었다. 그는 당연히 토리 성향의 '아들 윌리엄 피트'와는 숙적 관계였다. 폭스의 아버지 헨리 폭스(Henry Fox)도 그 당시에는 휘그당의 거두였고, 그

찰스 폭스

의 숙적은 '아버지 피트'였다. 그러니 이 두 집안은 대를 이어 정치적 라이벌 관계를 이어나갔다.

폭스가 유명해진 것은 하원에서의 벽력같은 연설과 그의 전설적인 사생활 때문이었다. 원래 그는 보수적이었으나 미국 독립 전쟁과 에드먼드 버크(Edmund Burke)의 영향으로, 의회에서 가장 급진적인 의원으로 변신했다. 폭스는 당시 왕인 조지 3세를 독재자로 몰아세우고는 미국의 독립운동을 지원하였다. 그는 옷도 미국독립군의 군복색으로 입고 돌아다녔다. 영국과 미국이 전쟁을 벌이고 있는 상황에서 그런 행동은 충분히 이적행위로 비칠 수 있었다. 그는 그 외에도 노예제도를 반대하고, 프랑스혁명을 지지하고, 종교적 관용과 개인의 자유를 강력히 주장하고, 종교적 소수자와 정치적 과격주의자들을 적극 보호하였다.

바이런은 이런 폭스의 사상을 흠모하여 그를 자신의 롤 모델로 삼았다. 피트와 폭스가 연달아 죽자, 한 신문에서 폭스를 애도하는 사람들을 "국민의 적"이라고 매도하는 것을 보고 화가 머리끝까지 치밀었다. 그는 참지 못해 그 글의 저자를 "독사"라고 반격하는 시를 써서 신문사로 보냈다. "오, 당쟁을 일삼는 독사여! 그 독아(毒牙)가/ 진실을 왜곡하고 죽은 자를 다시 난도질하려 드는구나."

바이런은 돈이 다 떨어지자 버틸 수 없었다. 9월에 풀이 죽어 사우스웰에 돌아갈 수밖에 없었다. 말과 마차, 마부, 종자(從者)까지 거느리고 돌아가니 대단한 성공을 거둔 뒤 금의환향하는 출향 인사 같았다. 어머니는 그런 낭비에 또 불같이 화가 났지만 이제 일전할 기력조차 남지 않았다.

바이런은 그곳 친구들과 힘을 합쳐 다시 연극 공연 준비를 하였다. 그것을 위해서는 대사를 외우고, 또 연극 전에 낭송할 서시(序詩)를 준비해야 했다. 그는 노스요크셔(North Yorkshire)의 휴양지인 하로게이트(Harrowgate)에 갔다가 돌아오는 마차에서 서시를 완성하였다.

바이런은 자기를 기쁘게 반겨주는 사우스웰의 아가씨들이 사랑스러워 그들에게 즉흥시를 써 주었다. 그 아가씨들 입장에선 바이런이 써 준 감상적인 시가 좋았고, 그도 그 여성들이 자기 시를 기쁘게 읽어줘서 기뻤다. 그는 이때 누구든 자기에게 기념품이나 선물 한 점만 주면 꼭 시 한 편으로 갚았다. 예컨대 그는 한 아가씨에게 「이 시의 저자에게 그의 머리카락과 자신의 머리카락을 섞어 땋은 머리카락 한 타래를 주면서 섣달 어느 날 밤에 정원에서 만자고 한 아가씨에게」(To a Lady Who Presented to the Author a Lock of Hair Braided with His Own, and Appointed a Night in December to Meet Him in the Garden)라는 긴 제목의 시를 써 주었다. 다시 말하면 한 아가씨가 바이런의 머리카락을 잘라 달라고 요구해서 잘라 주었더니, 자기 머리카락도 그만큼 잘라내어 두 머리카락을 섞어 땋은 한 타래 머리카락을 바이런에게 주면서 추운 12월 어느 날 밤에 정원에서 만나자고 하였다. 그 여성에게 준 그 시는 그 아가씨의 마음을 사로잡고 말았다. 시골 처녀들이 보면 바이런은 탐이 나는 결혼 상대였다. 그래서 부모의 눈을 피해 한겨울이지만 정원에서 만나자고 한 것이 아닐까.

「머리 타래를 묶은 벨벳 띠를 저자에게 선물한 아가씨께」(To a Lady Who Presented the Author with the Velvet Band Which Bound Her Tresses)라고 쓴 시도 비슷한 사건을 암시한다. 즉 자기 머리를 묶은 벨벳 띠를 바이런에게 선물하였다는 말이다. "오! 나는 내 심장 가까이 그걸 두르리./ 그건 내 영혼을 그대에게만 묶어 주겠지./ 그건 다시는 내게서 떨어지지 않고/무덤에서도 나와 함께 섞이리."

그는 이처럼 시에서 여러 아가씨들에게 죽을 때까지 변치 않겠다는 약속을 남발하였다. 앤 휴슨(Anne Houson)에게도 꼭 같이 변치 않을 것을 약속했다. 이 앤은 우연히 바이런이 사격을 즐기고 있을 때 그 옆을 지나가다가 총소리에 크게 놀랐던 아가씨였다. 그 미모가 하도 뛰어나서 바이런은 죄송하다고 시 한 편을 써서 주었다. 그러자 그녀는 그 공치사를 진실로 알고 돌아다니며 바이런이 자기를 사랑한다고 떠들었다. 바이런은 기가 차서 다시, 제발 정신 차리라고 주의를 주는 시 한 편을 써서 주었다. 그러나 다시 그녀를 보니 눈이 태양처럼 아름다워, 그녀의 눈에서 "영원한 여름"을 볼 수 있었다고 또 시 한 편을 써서 주었다. 그러나 사실을 냉정히 따져보면 그녀가 바이런에게 큰 실례를 범해서 바이런은 어떤 사과를 해도 받아들일 수 없겠지만, 그녀의 아름다움을 보면 어떻게 그런 일로 시비를 걸겠느냐고 또 시 한 편을 써서 주었다.

그 외에도 그가 시를 써 준 아가씨는 매리언(Marion), 캐롤라인(Caroline), 하로게이트(Harrowgate) 등이 있었고, 앞에서 이야기한 아름다운 퀘이커 교도 줄리아 리어크로프트(Julia Leacroft)는 특별했다. 리어크로프트의 오빠는 자기 동생에게 접근하는 바이런을 예의주시했다. M.S.C.라는 아가씨는 바이런에게 모든 것을 다 바치겠노라 했지만, 바이런이 그녀의 명예를 위해 더 이상 그녀를 더럽히지 않겠다고 시를 써서 전했다.

연극 준비는 9월 하순에 결실을 보았다. 은행가 리어크로프트의 거실을 극장으로 바꿔서 거기에서 연극을 올렸다. 그 은행가는 장소뿐만 아니라 다른 실질적인 도움도 줬다. 그것은 아마도 자기 딸 줄리아가 젊은 귀족에게 반했고, 또 그의 첫 시집에 들어 있는 몇 편의 시를 보면 딸이 짝사랑만 하고 있는 것도 아니니, 바이런이 딸에게 더 적극적인 관심을 가져 주도록 취한 선심일 수도 있었으리라.

바이런은 해로에서 닦은 낭송가, 또는 배우로서의 재능을 여기서 유감없이 살렸다. 연극은 사흘 밤을 공연했는데 갈채가 쏟아졌다. 바이런은 자신이 쓴 서시를 낭송하였다. 그는 또 배우도 되어 컴버랜드(Richard Cumberland)의 『운명의 수레바퀴』(Wheel of Fortune)의 펜러덕(Penruddock) 역과, 리처드 앨링엄(Richard Allingham)의 『풍향계』(Weathercock)의 트리스트럼 피클(Tristram Fickle) 역을 맡았다. 전혀 다른 두 배역이었으니 『운명의 수레바퀴』에서는 우울한 주인공 역, 그리고 『풍향계』에서는 지조 없고 변덕스런 주인공 역이었다. 그 두 역은 그의 삶의 두 가지 극단적인 성격을 보여 주는 것이 아닐까.

이 연극에서 베처가 쓴 에필로그를 바이런이 낭송하였다. 그 글은 일종의 풍자시로 그 관객 중의 특징적인 사람들을 희화하는 내용이 들어 있었다. 첫 공연 때 관객의 일부는 그 조롱의 대상을 어렴풋이 알았으나, 둘째 날에는 바이런이 낭송할 때 그들의 흉내까지 확실하게 표현해 내니, 그때에서야 그 대상 인물들이 홍당무가 되고 폭소가 터져 나왔다.

바이런의 처녀시집 『즉흥 시편』이 세상에 나온 것은 1806년 11월이었다. 이 시집은 4절판 크기로 뉴어크의 에스앤제이리지(S. and J. Ridge) 출판사에서 자비로 출판하였다. 표지에는 저자의 이름이 없었으나 시집 내의 두 편의 시에 바이런이라는 이름이 들어 있었다. 38편이 수록되었고 마지막 시에는 1806년 11월 16일이라는 날짜가 적혀 있었다. 이 시집은 소수의 지인들에게만 증정되었으며, 작품은 거개가 15세에서 17세 사이에 쓴 것들이었다. 그중에서도 「대학 시험에서 떠오른 생각」(Thoughts Suggested by a College Examination)은 1806년 당시 캠브리지 대학의 불합리한 시험 제도를 비꼬고 있다. 그가 열다섯 살 때 쓴 「뉴스테드 애비를 떠나면서」도 들어 있다.

　바이런이 엘리자베스를 위해 쓴 「일라이저에게」(To Eliza)라는 시는 엘리자베스에 대한 감정이 잘 정돈되어 있다. 그는 이 당시 만나는 여성을 다 사랑의 대상으로 삼았으나 엘리자베스에게서는 누나 같은 감정만 가졌다. 이 시에서 그는, 바보들이 여성에게 영혼이 없다고 하지만, 엘리자베스에게는 영혼이 있다고 말하는 것만으로는 부족하다고 하였다. 그녀에게는 천국의 일부까지 있고 그녀가 없으면 에덴동산이 시들고 말 것이라고 했다.

　그 전 해에 결혼한 매리 차워스에 관한 시도 들어 있었다. 그 시의 화자는 그리움이 밀려와 병이 되었고, 그 병을 치유할 수 있는 것은 시밖에 없었다고 했다. 바이런은 시에서 자신이 죽는다고 가정하고, 자기 무덤을 보고 매리가 크게 후회해 주기를 눈물로써 기대한다.

　이 시집 한 부가 베처에게 증정되었다. 그는 시집을 보더니 그 상상이 너무 사치스럽다고 평하면서 자신의 평을 점잖은 운문으로 적어주었다. 그는 「매리에게」라는 시가 몹시 마음에 걸렸다. 앞에서 잠깐 말한 매리는 바이런이 사귀었으나 그를 배신한 아가씨였다. 바이런에게서 매리에 관한 비밀을 들은 사람은 엘리자베스뿐이었다. 바이런은 매리의 머리카락과 미니어처를 엘리자베스에게 보여주고, 매리는 사우스웰의 한 외진 곳 오막살이집에 사는 애인이라고 했다. 그는 한밤에 말을 타고 가 그녀와 깊은 밤을 나눴으리라. 그러나 시에서 그녀는 다른 사내를 끌어들인다. 베처가 문제 삼은 것은 다음과 같은 행이었으리라.

> 자 진정코 사랑의 황홀한 자세로 누워
> 서로가 숨 헐떡이며 죽어 가는 것을 보는 것
> 그것이 최상의 기쁨이어라,
> 보는 것에만큼 감촉에도 감사하며.

"사랑의 황홀한 자세로 누워/ 서로가 숨 헐떡이며 죽어 가는 것을 보는 것/ 그것이 최상의 기쁨이어라."는 노골적인 사랑의 묘사가 아닌가. 여기서 "죽어 가는"(die)은 전통적으로 두 가지 뜻이 있는데 사전적인 뜻 외에 '성적 절정'을 뜻하기도 했다. 그렇다면 이 부분은 성애의 절정을 노골적으로 묘사한 것이 되고 만다.

바이런은 11월 26일에 베처의 운문 충고에 대해 자신의 의견을 역시 멋진 운문으로 답하였다. 그는 이 답시에서 그가 한 말이 다 지당하다고 한 뒤에 몇 가지 해명을 했다. "현자들까지도 이따금 지혜의 길에서 벗어나는데/ 젊은이가 심장의 소리를 비켜갈 수 있겠습니까?"라고 묻고, "흐르는 영혼"의 격렬한 감정은 아무리 신중하게 다루려고 해도 통제가 안 되는 것이라고 했다. 그러나 그는 해명을 잘했지만 사실 베처의 충고로 받은 충격은 컸다. 그는 곧 배포한 그의 시집을 전부 회수하여 소각해 버렸다. 지금은 베처의 소장본을 포함하여 네 권만이 세상에 전한다.

그해 가을 학기에 바이런은 기어이 캠브리지로 돌아가지 않았다. 캠브리지에서는 재정적 여유가 없었고, 한편으로는 사우스웰의 생활이 재미있었기 때문이었다. 어머니와의 갈등은 소강상태였고, 엘리자베스의 집은 자기 집처럼 더욱 부담이 없었다.

바이런은 곧 다음 시집을 낼 준비를 하였다. 이번에는 베처 신부 등의 의견을 받아들여 "엄청 바르고 신기할 정도로 정숙한" 시집을 낼 생각이었다. 그러나 그런 노력은 작위적인 문체를 만들었다. 그의 특징인 사실성, 신랄함, 유머의 날카로움은 무디어질 수밖에 없었다. 그는 11월 말에서 12월 말까지 사람들이 절대로 혀를 차지 않을 시와 『즉흥 시편』의 시를 대체할 시를 모아 나갔다.

바이런은 이즈음 몸이 너무 비대해져 다이어트를 몇 달간 했다. 그해 가을에 체중이 가장 많이 나갈 때 키 171cm에 몸무게 92kg이었다. 그는 창백하고, 후리후리하고, 남모르는 슬픔과 상실감으로 고민하는 사내라는 인상을 주고 싶었는데, 반대로 뚱보가 되어 버렸다는 것은 도저히 받아들이기 어려웠다. 그의 다이어트는 엄격했다. 육식은 하루에 한 번만 하고, 저녁은 꼭 주석영을 섞은 물과 비스킷만 먹었다. 식사 때에 모든 양조주와 백포도주는 마시지 않고, 저녁 식사 후 포트와인은 두 잔만 허용했다. 그는 식사 외에도 "격렬한 운동, 많은 하제 복용, 그리고 열탕 목욕 등"을 스파르타식으로 실시했다. 또 핸슨에게 이렇게 말했다. "나는 조끼를 일곱 벌, 그 위에 큰 코트를 입은 채 달리고 크리켓을 하면, 콩죽 같은 땀으로 완전히 기진맥진하지요."

바이런은 이즈음 병명이 전혀 밝혀지지 않은 한 가지 병으로 고민한 듯하다. 롱이 쓴 편지에서 임질이 다 나았기를 바란다는 대목이 나온다. 그가 허친슨(Hutchinson)으로부터 받은 처방 속의 가루약은 매독 약이 아닌가 의심해 볼 수 있다. 하루에 세 번 먹은 그 가루약은 수은제(水銀劑)로 당시 매독 치료제로 쓰였을 가능성이 높다. 만약 그렇다면 그가 대학으로 돌아가지 않은 이유가 성병 때문일 수도 있다.

무어는 1806년 12월에 바이런이 쓴 「내 아들에게」(To My Son)라는 시에 관해 짤막한 주석을 붙인다. 그보다 1~2년 전에 바이런이 아직 해로에 있을 때 어머니에게 편지로 자기의 이런 고민을 털어놓은 적이 있었다. 커전(Curzon)이라는 그의 친구가 임신한 애인을 두고 세상을 떠났다고 했다. 바이런은 자신이 임신한 그 아기의 아버지라고 선언을 했다고 했다. 바이런은 어머니에게는 그 말은 절대 거짓말이라고 부정하면서도, 그녀가 낳은 아이는 정성을 다하여 키우고 싶다고 했다. 그는 어머니에게 그 아기를 꼭 맡아 길러 달라고 했다. 불덩어리 같은 성질이었지만 어머니가 그 아기가 태어나면 기꺼이 거둬 키우겠다고 한 것은 희한한 일이었다. 그러나 아이는 얼마 생존치 못하고 죽었으니 아무에게도 부담을 주지 않았지만, 바이런은 그 아들에 대한 감정만은 가슴에 사무쳤다. "아 세상 사람들 무정케 얼굴 찡그린다고/ 나도 사랑하는 혼외 자식을 부정해야 할까?…/ 젊음과 기쁨의 서약, 아름다운 천사/ 이 아비, 너의 탄생을 지키겠노라 나의 아들아!"

12월 29일 바이런은 다시 해로에 가서 느릅나무와 예의 그 무덤을 찾아보고 다시 인생무상에서 오는 우울증을 즐기며, 옛 친구들과 그들의 순수한 우정을 떠올렸다. 이때 쓴 시가 「우정은 날개 없는 사랑이다」(L'Amitié, est l'amour sans ailes)이다.

(1807년) 1월에 그는 약 100부 한정판으로 시집 『다양한 상황의 시』(Poems on Various Occasions)를 또 리지의 출판사에서 출판하였다. 이것은 『즉흥 시편』의 2판인 셈이며, 8절판으로 그 달에 반질되었다. 이 시집도 익명이었으며 첫 시집의 36편에다 12편을 더 보태어 48편이 실렸다.

바이런은 새 시집을 에든버러의 존 피곳에게 증정하면서 지난번에 보낸 시집은 파기하고 그 시집을 보관해 달라고 하였다. 바이런은 늙숙한 부인들에게서 욕을 얻어먹었던 터라 「매리에게」는 새 시집에는 싣지 않았다. 그러나 16세부터 19세까지 런던에서의 방탕한 생활은 숨김없이 쏟아 넣었다.

1월 6일 그는 런던 알버말(Albemarle) 가 도란츠(Dorant's) 호텔로 돌아오긴 했으나 빚에 쫓겨 아무 일도 못 했다. 그가 런던을 전전하자 사우스웰의 딸 가진 집에서는, 특히 그가 죽을 때까지 변치 않겠다는 연시를 써 줘서 가슴 울렁였던 처녀의 집에서는, 그가 나타나기만 하면 어떻게든 확실히 포획해서 사위로 삼겠다고 별렀다. 그를 포획할 의도가 전혀 없는 처녀로는 엘리자베스밖에 없었다.

바이런은 견디다 못해 매싱버드를 통해 사채업자로부터 2년 후 성년이 되면 5,000파운드를 갚겠다고 하고 3000파운드의 빚을 또 냈다. 그는 이자를 미리 갚아야 했기 때문에 빌린 돈에서 얼마를 떼 줄 수밖에 없었다. 그 돈으로 이미 지고 있는 빚을 대충 갚고 보니 얼마 남지 않았다. 그러나 1월 말경에 현금을 가졌다는 자신감에 상기되어 그는 사우스웰로 내려갔다.

바이런의 시 중 제목이 「레즈비어에게」(To Lesbia)라는 시는, 바이런이 줄리아 리어크로프트(Julia Leacroft)에게 준 시였다. 그 시를 보면 그는 그녀를 열여섯 살 때부터 알기 시작하여 2년이 지났으며 그동안 그녀에게 상당히 구애를 했다. 그녀의 가족이 딸을 바이런과 결혼시키려고 하니 바이런의 마음이 변해 버렸다. 줄리아의 오빠 리어크로프트 대위가 참을 수가 없었다. 그는 바이런이 동생을 망쳐놓았다고 보고 칼과 피스톨로 문제를 해결할 수밖에 없다고 나섰다.

그러나 사실 그 책임은 아가씨 집안 쪽에도 있었다. 그 가족은 귀족 사위를 보려고 딸들을 풀어 놓았고 바이런이 그 딸 중의 하나와 선을 넘어도 그 가족들은 못 본 것처럼 덮고 지나갔다. 바이런은 한때 친구였던 그 오빠에게 편지를 썼다. 그는 그 댁 사람들이 참 신사답다고 잔뜩 칭찬한 후에, 자신이나 그 집 딸들은 모두 악랄한 소문에 희생양이 되어 억울하다고 말했다. 그는 자기 때문에 선의의 피해를 본 사람이 더 이상 나와서는 안 되니, 앞으로는 절대 줄리아를 만나지 않겠다고 약속했다. 그녀의 오빠는 그 편지를 믿고 칼과 피스톨을 내려놓았고 줄리아만 불쌍하게 되었다.

캠브리지에서는 새 학기가 시작되었다. 바이런의 개인교수인 토마스 존스(Thomas Jones) 신부는 학생이 오지 않으니 궁금하여 바이런에게 언제 학교로 돌아오느냐고 물었다. 바이런은 삐딱한 투로 대학이 수학과 형이상학을 너무 강조하여 그것이 싫다는 답장을 날렸다. 그가 캠브리지에 체류하고 싶지 않은 것은, 거기서는 아는 사람은 많지만 친구는 없기 때문이라는 불평을 곁들여서.

1807년 6월에 바이런은 작은 8절판으로 『게으름의 시간들: 일련의 창작시와 번역시』(Hours of Idleness; A Series of Poems Original and Translated)라는 시집을 역시 뉴어크의 에스앤제이리지에서

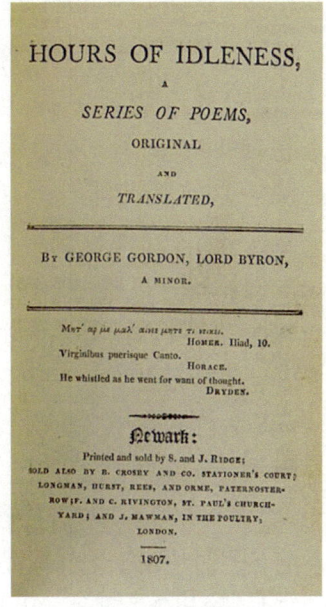

바이런의 첫 시집
『게으름의 시간들』

제5장 캠브리지 대학생의 첫 시집

상재하였다. 이 시집은 런던의 여러 서점에서 시판되었으며 표지에 저자의 이름을 별나게 "미성년자 조지 고든 바이런 경"(George Gordon, Lord Byron, a Minor)이라고 적었다. 39편의 시가 수록되었는데, 19편은 『즉흥 시편』에서 가져왔고, 8편은 재판에서 가져왔고, 12편은 새로 쓴 것이었다. 제목『게으름의 시간들』은 출판사 사장 리지가 붙였다.

이 시집에 수록된 담요(ballad)「알바의 오스카」(Oscar of Alva)는 스코틀랜드의 이야기이다. 알바(Alva) 성(城)의 성주(城主)는 두 아들이 있었다. 그는 큰아들 오스카의 신부감으로 미모의 아가씨를 데려오고 보니 이상하게도 신랑이 사라져버렸다. 3년을 찾다가 찾지를 못해서 결국 그 아가씨를 작은아들과 결혼시키려고 결혼식을 준비했다. 그때 건장한 한 사내(실제는 유령)가 나타나 큰아들이 동생에 의해 살해되었음을 암시하고는 사라졌다. 바이런은 스코틀랜드에 대한 향수를 이 으스스한 작품을 통해 달랬을 것이다.

6월 27일에 바이런은 새 시집 발간에서 오는 자부심을 안고 잠깐 캠브리지에 들렀다. 그는 학자금 선금을 받아 대학에 밀린 돈을 다 갚았다. 이때 그는 너무나 날씬했기 때문에 친구 중 아무도 그를 알아보지 못하니 기분이 썩 좋았다. 도착한 바로 그날 저녁에 에들스톤이 방문하였다. 그는 대학 주변에서 바이런을 두 번 지나쳤지만 하도 살이 빠져 전혀 알아보지 못하다가, 겨우 알아보고는 "벼락 맞은 듯이" 놀랐다고 했다. 바이런은 다시 천사 같은 성가대 애인의 아름다움에 사로잡혔다.

에들스톤에 대한 애정이 강하게 솟구쳤다. 그는 합창대를 떠나 10월에는 런던에 어떤 상사(商社)에 취직한다고 했다. 바이런은 캄캄한 절망을 느껴서 엘리자베스에게 이렇게 고백한다. "이 순간 나는 머리에는 적포도주 한 병을 넣고 눈에는 눈물을 가득 머금은 채 이 글을 쓴다오. 왜냐면 저녁을 같이 보냈던 내 홍옥수[에들스톤]와 금방 헤어졌기 때문이라오…. 내 마음은 희망과 슬픔의 카오스라오…. 우리는 아마 우리의 미성년 기간이 끝나기 전에는 못 만날 것 같소. 그땐[성년이 되었을 때] 나는 내 [무슨] 연줄로 해서 그의 파트너가 되든지, 아니면 숫제 [그가] 나와 함께 살든지 그의 결정에 맡길 것이라오…. 나는 분명 어떤 인간보다도 그를 더 사랑하고, 시간이나 장소가 바뀌어도… 조금도 달라질 것은 없을 거라오…." 바이런은 미성년 기간이 끝나면 로치데일과 노포크(Norfolk)의 부동산이 수중에 들어올 것이고, 에들스톤도 런던의 도제 기간이 끝난다는 계산을 하고, 그 뒤에 그와 함께 살 궁리를 했던 것이다.

바이런은 에들스톤이 떠난다고 생각하니 마음이 울적하여 그를 위해 송별회를 열기로 했다. 14명이 초대되었고 포도주 23병과 보르도산 붉은 포도주를 마셨다. 15기니라는 엄청난 계산이 나왔으나 바이런은 즉석에서 기꺼이 지불했다.

바이런은 이때부터 대학 친구를 사귀기 시작했다. 순전히 친구들과의 대화와 장난이 재미나서 그는 캠브리지에 일 년 더 있기로 했다. 평생 친구 홉하우스와 매슈스(Charles Skinner Matthews)를 만난 것은 이즈음이었다. 둘 다 바이런만큼 장난을 좋아하였지만 지적 호기심과 능력은 뛰어났다. 특히 매슈스는 모든 일에 익살스러우면서도 냉소적인 데가 있어 바이런과 아주 죽이 맞았다.

1807년 7월 6일 바이런은 런던 알버말가의 고든즈(Gordon's) 호텔에 여장을 풀었다. 그는 출판사로부터 직접 판매 상황을 이야기 듣고 엘리자베스에게 이렇게 편지를 썼다. "광고는 아직 반밖에 안 나갔지만 런던에 75부가 유통되었고 50부 주문이 더 있어 시집은 예상대로 잘 나간대요."

바이런은 칼라일 백작에게도 한 부 부쳐 보냈다. 칼라일은 감사를 표했지만, 그때까지 낸 그 자신의 시집과 드라마는 별 주목을 받지 못했기 때문에 바이런의 시집이 그리 달갑지 않았으리라. 그는 "너의 한가한 시간을 그런 작업에 바치는 것을 보고 진정으로 만족"한다는 격려의 말을 하면서도 어정쩡한 말을 늘어놓았다.

오거스터는 보증을 서 주지 않았기 때문에 동생이 런던에 있으면서 한 번도 얼굴도 안 비쳐서 섭섭하게 생각했다. 그녀는 8월 18일에 6년간 사귀어 온 고종사촌과 결혼식을 올렸다. 그들은 뉴마켓(Newmarket) 근처 식스마일보텀(Six Mile Bottom)이라는 곳에 신접살림을 차렸는데, 그곳은 신랑이 경마와 노름하러 다니기 좋은 곳이었다.

식스마일보텀은 경마장이 있는 뉴마켓에서 12마일을 달리는 경마를

식스마일보텀의 오거스터의 집

할 때 반환점이 되는 곳이다. 그곳에서 뉴마켓이 6마일 즉 약 10km 정도이고, 캠브리지는 그보다 약간 더 멀었다. 그 당시에는 이 집이 이 부근에서는 유일한 집으로 들녘 한복판에 외로이 서 있었다. 바이런이 이곳을 드나들면서 누나와 도를 넘는 정신적 육체적 사랑과 가족애를 나눈 것은 그곳이 외부 사회와 단절되어 있기 때문이기도 했으리라. 그 집은 오늘날에는 결혼식장으로 이용되고 있다.

『먼스리 리터러리 레크레이션』(Monthly Literary Recreation)이라는 월간 문예지 7월호에 바이런의 『게으름의 시간들』을 호평한 신간소개가 실려 바이런은 여간 기쁘지 않았다. 같은 호에 그 해에 나왔던, 워즈워스(William Wordsworth)의 시집 『시』(Poems)에 대한 바이런의 평론도 실렸다. 바이런은 처음으로 남의 시집의 평을 썼으며 그 후 평생토록 한두 번 더 썼을 뿐이다.

8월 11일에 그는 스코틀랜드의 고지대 여행이나, 헤브리디스(Hebrides) 군도나, 아이슬란드(Iceland)로 여행을 하고 싶었으나 돈이 없어서 꼼짝할 수가 없었다. 그는 대신 돈 안 드는 모험을 하기로 하였다. 템스강의 램베스(Lambeth)에서 출발하여 웨스트민스터와 블랙프라이어즈(Blackfriars) 교 밑을 지나가는 약 5km 되는 구간을 헤엄치는 것이었다. 그는 이 수영에 성공했으며, 강둑에는 권투 사범 '신사' 존 잭슨이 기다리다가 그를 맞았다.

바이런은 8월 20일 이전에 캠브리지로 돌아왔다. 학교 당국이 대학교의 방에서는 불도그를 기를 수 없다고 하자 그는 다른 애완동물을 구했다. 그는 곰을 한 마리 사들여 "새 친구, 세상에서 제일 좋은 친구, 길들인 곰"이라고 했다. 그는 그 "친구"를 기숙사 자기 방 위 육각형 탑 안에 넣어 길렀다. 그가 곰을 개처럼 줄로 묶어 몰고서 산책을 나갔다. 사람들이 몰려와 희한하다고 구경들을 했다. 그는 엘리자베스에게 자랑스럽게 이야기하였다. "나는 새 친구가 생겼는데…. 길들인 곰이에요. 내가 그놈을 이리로 데려오니까 사람들이 묻더군, 곰으로 뭘 하려는가 하고. 내 답은 '교수직을 얻어주려고. 앉아 있기만 하면 되잖아.'였어요." 앉아 있기만 하면 곰도 교수가 된다고 교수 사회를 비꼰 말이었다. 물론 그 말은 대학의 규율에 신물이 났고, 대학의 성적 우수자가 눈꼴사나웠기 때문에 드러낸 일종의 반항적인 조롱이었다. 그가 대학을 떠날 때 그 곰을 그 방에 그대로 두고 나왔다. 사람들이 왜 데려가지 않느냐고 물으니 그는 그 곰이 그 당시 공석이었던 대학의 특별연구원 후보라고 대답했다.

10월에 가을학기가 시작되니 바이런의 개인 지도교수가 바뀌었다. 토마스 존스(Thomas Jones) 신부가 세상을 떠나서, 테이블(G. F. Tavell)이 이 괴짜 귀족의 지도교수가 되었다. 『호라티우스의 힌트』(Hints from Horace)라는 시에서 바이런은 이때를 상기시키는 짤막한 시를 끼워 넣었다. 개인 지도교수가 자기 때문에 얼마나 걱정에 시달렸는가를 말해주는 시구였다. "그는 테이블(Tavell)의 찡그린 얼굴에서 홍등가로 날랐지./ (재수 없었던 테이블! 권투선수 제자와/ 곰 때문에 매일 걱정만 쌓여갔던 운명!)"

캠브리지에서 그는 한마디로 주색에 빠졌다. 그는 다시 방을 호화롭게 꾸미고 다양한 친구들을 초청하여 그의 방을 친구들의 사랑방으로 만들었다. 노름꾼, 권투선수, 작가, 신부, 시인, 경마의 기수 등을 초청한 것을 보면 그는 참 다양한 면에 관심이 있었다. 신부 중에는 킹스 칼리지(King's College)에 지도교수로 임명받은 프란시스 호지슨(Francis Hodgson)이란 친구가 있었다. 그는 그해 유베날리스(Decimus Iunius Iuvenalis)를 번역하여 출판한 고전학자이기도 했다. 그는 바이런의 엽색 행각의 이야기나, 기독교를 무시하는 듯한 이야기를 듣고는 충격에 빠지곤 했지만, 그도 주기적으로 갈보의 치마를 떨치지 못하는 이중성이 있었다. 그럴 땐 그 신부가 오히려 바이런의 육의 죄악에 관한 설교를 듣고 마음의 위로를 얻어갔다.

이 호지슨이 이튼스쿨 동창인 데이비스(Scrope B. Davies)란 친구를 데려왔다. 그는 멋쟁이이고 노름 중독자였으나 바이런과 방탕 기질에서 비슷한 데가 많았다. 신부의 아들로 이튼에서 장학생으로 킹스 칼리지에 들어올 만큼 수재였으나, 바이런이 그를 자주 본 것은 대학에서가 아니라 런던의 노름판에서였다. 그는 '멋쟁이' 브

프란시스 호지슨

라멜(George Bryan Brummel)의 친구인 만큼 옷에 먼지 하나 묻히지 않을 정도로 깔끔했으며, 노름판에서는 감당할 수 없을 정도의 판돈을 걸어 언제나 사는 것이 아슬아슬해 보였다. '멋쟁이' 브라멜에 대해서는 뒤에 가서 더 이야기하기로 하자.

그들 동아리의 리더는 국회의원의 아들인 매슈스였다. 그는 대학 내의 이곳저곳에서 상이란 상은 다 받아 챙기는 특이한 재주가 있었다. 그는 몇 달이 안 되어 치열한 경쟁 끝에 다우닝(Downing) 칼리지의 교수직을 꿰찼다. 그러나 친구들 사이에는 동성애자로 알려져 있었고, 바이런 같은 친구들에게 참고하라고 자신의 동성애 이력을 탈탈 털어내 보여주기도 했다.

매슈스의 친한 친구가 홉하우스였다. 그는 브리스틀(Bristol)의 국회의원 벤자민 홉하우스(Benjamin Hobhouse)의 아들이었다. 그의 아버지가 런던에서 의정생활을 할 때 비국교도 학교를 나와 1806년에 이 대학에 입학하였다. 다섯 살에 어머니가 죽고 계모 슬하에서 자랐는데 이

복동생이 14명이나 되었다. 그는 그리스어와 라틴어를 잘해서 열심히 고전을 번역했으며, 바이런과 공동 시집을 낼 정도로 시도 잘 썼다. 그의 진정한 관심은 정치여서 바이런을 캠브리지의 휘그 클럽에 끌어넣었다. 그도 역사 및 정치에 관해 많은 독서를 했고, 자유 휘그당을 지지했고, 동시에 문학적 열망도 컸다. 그는 일을 깐깐하고 끈기 있고 합리적으로 처리해서, 덜렁대고 변덕스러운 바이런에게 평생 균형을 잡아주는 무게 추 역할을 했다.

더글라스 키네어드(Douglas Kinnaird)란 친구는 스코틀랜드 은행의 지분이 그의 재산이었다. 그는 훗날 은행가가 되어 바이런을 도왔다. 이들 친구들은 술과 여자에는 바이런만큼 관심이 없었고, 대신 정치에 몰입해 있었고, 동시에 공직생활을 위한 준비들을 열심히 했다.

이들이 '캠브리지 휘그 클럽'의 구성원들이었다. 바이런은 정치에 대해서는 그리 확고한 지식이 없었으나, 자유주의적 기질과 약간은 반골 기질이 있었던 만큼 그 클럽의 성향과 잘 맞아떨어졌다. 그가 평생의 친구였던 홉하우스와의 우정과 그에 향한 존경심을 가꾼 것도 아마 이 클럽에서였을 것이다.

『새터리스트』(Satirist) 10월호에 캠브리지 임마누엘(Emmanuel) 대학의 휴슨 클라크(Hewson Clarke)라는 자가 바이런의 시집을 읽고 쓴 서평이 실렸다. 그것은 서평이라기보다는 인신공격에 가까운 글이었다. 그는 "미성년자 조지 고든 바이런 경"이 어떻게 이 시집으로 이 세상을 이롭게 할 것인가 하고 회의를 나타낸 뒤, 그 다음 호에서는 바이런을 그의 곰과 관련지어 웃음거리로 만들었고, 또 다음 호에서는 바이런의 어머니를 심술궂은 주정쟁이 노파로 조롱했다. 그 이듬해 3월에 나온『게으름의 시간들』의 재판을 보고는, 바이런과 에들스톤의 관계를 이야기한 뒤 어떻게 에들스톤이 캠브리지에서 짐을 싸게 되었는가를 밝혀 놓았다. 바이런은 분노의 열이 벌겋게 차올라 견딜 수 없었다. 언젠가 꼭 갚아주고 말리라.

바이런은 음주, 노름, 방종에 빠지긴 했지만 그 시집 출판으로 용기를 얻어 왕성하게 창작에 몰두했다. 그는 아무리 방종한 생활을 해도 새벽에는 맑은 정신으로 작품에 매달렸다. 이즈음 그는 214쪽의 소설, 보스워스 필드(Bosworth Field)에 관한 시 560행, 운문 250행, 기타 대여섯 편 등 닥치는 대로 썼다고 했다. 10월 26일에 바이런은 살아 있는 모든 작가에 대한 풍자를 담은 시를 380행이나 썼다.

바이런은 대학에서의 지적 활동도 거의 한계에 도달했다. 바이런은 트리니티에서 크리스마스를 보낸 뒤 영원히 캠브리지를 떠났다. 그는 그 이듬해 6월에 석사학위(M.A.)를 받기 위해서만 올 것이다. 그러나 캠브리지에서 쌓은 데이비스, 호지슨, 홉하우스, 키네어드 등의 우정은 영원할 것이다. 그는 에들스톤을 더 보지 못하는 것이 가슴의 한으로 남았다.

11월에 리지는 『게으름의 시간들』의 재판을 내자고 하여, 전에처럼 몇 편의 시를 빼고 새 시를 넣는 작업을 해왔고, 새 시집은 칼라일 백작에게 헌정키로 했다. 12월 22일 바이런은 런던의 서점주인 크로스비(Crosby)에게 편지를 하여 홉하우스와 공동시집을 내고 싶다고 하였다. 홉하우스는 유베날리스를 모방하고 싶었고, 바이런은 살아 있는 모든 시인들을 풍자하는 포프의 『우인열전』(Dunciad) 같은 작품을 쓰고 싶었다.

제6장
시집 『영국 시인과 스코틀랜드 평론가』
(1808년~1809년)

(1808년) 1월에 바이런은 런던의 알버말가 도란츠 호텔에서 새 시집을 준비하느라고 바쁜 나날을 보냈다. 1월 20일 그는 숙모 샬럿(Charlotte)의 오빠인 로버트 찰스 댈러스(Robert Charles Dallas) 신부로부터 바이런에 대한 칭찬이 듬뿍 든 한 통의 편지를 받았다. 댈러스는 자메이카에서 태어났으며 그의 아버지는 거기서 내과의로서 돈을 많이 모았다. 그는 영국에 돌아와 에세이, 드라마, 소설을 썼지만 크게 주목받지 못했다. 친척이 거의 없었던 바이런에겐 그의 칭찬이 큰 격려가 아닐 수 없었다.

그 신부가 바이런의 작품을 보니 도덕적으로 문제가 많았다. 그는 힘자라는 데까지 그를 정통 기독교의 교리 안으로 인도하고 싶었다. 사실 그런 소망은 바이런이 성격상 절대 받아들일 수 없는 것이니, 그만의 소망이고 망상에 불과하였다. 바이런은 그가 인척만 아니었더라면 쉽게 얼간이라고 조롱하고 말았을 테지만, 과공(過恭)이라고 할 정도로 겸손하였기 때문에 바이런은 일단 조롱의 칼날은 묻어두었다. 그러나 자신을 개조시키려고 계속 편지를 보내는 것을 보니 저절로 웃음이 나왔다. 바이런은 이미 "음행(淫行)의 신도요, 불신앙의 사도"가 된 마당에, 기질을 바꾼다는 것은 자기의 정체를 바꾸는 것과 같았다. 그는 말했다. "저는 이미 도덕에서는 십계보다 공자에 더 애착이 가고, 종교에서는 성 바울보다 소크라테스에 더 애착이 가고… 저는 가톨릭의 해방을 주장하고, 교황을 인정치 않으며, 지상의 사제의 손에서 빵을 받아먹고 포도주를 받아 마신다고 해서 제가 천국을 물려받으리라고는 조금도 생각하지 않기 때문에, 성찬을 거부해 왔던 거지요…. 저는 진리가 신의 가장 중요한 속성이고, 죽음은 적어도 육체의 영원한 잠이라고 믿어요."

이런 삐딱하고 불경스런 편지에 물러설 댈러스 신부가 아니었다. 바이런은 사실 그런 답답한 신부나 캠브리지의 친구들을 멀리하고, 순수했던 해로의 친구들을 만나고 싶었다. 그는 2월에 해로에 몇 번 가서 헨리 드루리와 새 교장 버틀러와도 다시 화해하여 언제든지 놀러 갈 수 있도록 길을 닦아 두었다. 그는 버틀러 교장을 조롱한 대목이 있는 「소년 시절 회상」이라는 시를 그의 다음 시집에서는 꼭 빼라고 리지에게 말해 두었다.

또 돈이 궁하여 답답했다. 그는 스무 번째 생일 후에 핸슨에게 "나는 21년째 살고 있는데, 21파운드도 내 마음대로는 쓸 수 없어요."라고 불평했나. 그러면서노 그는 재신머리없이 알랑거리는 댈러스 신부에게 200파운드나 줬고, 해로에 가서는 헨리 롱이나 델라와 경 같은 후배에게 보통 5파운드씩이나 손에 쥐여 주었다. 주변 사람들이 보고 입을 딱 벌렸다.

1월에 바이런은 권위 있는 평론지 『에든버러 리뷰』(Edinburgh Review)의 그의 시집 평을 보고 피가 거꾸로 솟았다. 그 평문의 저자 헨리 브롬(Henry Brougham)은 공소장을 쓰듯이 조목조목 따져가며 바이런을 침몰시켰다. 그는 먼저 바이런이 미성년자에다 귀족임을 밝힌 것을 아니꼽다고 비꼬았다. 바이런이 가장 참기 어려운 것은 재능이나 독창성이 없다는 지적이었다. 그 저자는 보(步)와 운(韻)만 맞춘다고 시가 되는 것이 아닌데도, 왜 학교에 제출하는 숙제물 이상은 아닌 것을 인쇄했을까 하고 의문을 제기했다. 끝으로 이 시가 바이런에게서 나올 마지막 시일 것이라고 하여 바이런의 약을 바짝 올렸다. 그러나 바이런은 베처에게 "제가 썼으면 더 신랄하게 썼을 것입니다."라고 하면서 대수롭잖다는 태도를 지어 보였다.

　이 평문을 캐서린도 읽고는 금방 사나운 야수로 바뀌었다. 그녀는 아들의 명성에 대해서는 불쌍해 보일 정도로 민감하였고, 아들보다 더 부글부글 끓어올라 어쩔 줄을 몰라 했다. 먼저 그녀는 아들이 얼마나 다쳤을까가 걱정이 되었다. 바이런은 어머니가 자식을 조금이라도 이해한다면 더 이상 자기 앞에서 시 이야기를 꺼내지 말아 달라고 하면서 어머니에게 눈을 흘겼다. 캐서린은 그런 아들놈이 더 괘씸했다. 그의 언행이 하나하나 다 못이 되어 가슴에 박혔다.

　당연히 바이런은 크게 실망했으며, 우울해졌으며, 자신에게 아무 재주가 없다는 말이 백번 맞는 말이라고 생각했다. 그는 "나는 『에든버러 리뷰』로 산산조각 났고, 볼 장 다 보았고, 얇은 명예의 피륙이 갈가리 찢겼다."고 적었다.

　바이런을 침몰시킨 『에든버러 리뷰』는 어떤 잡지인가? 그 평론지는 제프리(Francis Jeffrey), 스미스(Sydney Smith), 브롬, 호너(Francis Horner) 등이 1802년에 창간한 계간지로 제프리가 1803년에 편집장이 되어 1829년까지 이 잡지를 이끌었다. 이 잡지는 원고료가 다른 곳보다 3배로 많았기 때문에 일류 평론지로 부상할 수 있었다. 제프리는 원래 변호사로 돈을 많이 모았으며, 훗날 검찰총장, 국회의원까지 되고 나중에는 귀족 작위까지 받은 인물이다. 바이런의 『게으름의 시간들』이 출판되었을 때 그 시집 평을 실제는 브롬이 썼지만 바이런은 제프리가 쓴 것으로 잘못 알고 그를 끊임없이 공격하였다.

　바이런은 이렇게 적었다. "내가 『게으름의 시간들』의 비평을 처음 보았을 때 몹시 화가 났습니다. 그 후에도 그렇게 화가 난 적이 없었습니다. 나는 그날 데이비스와 저녁을 먹었는데 화를 가라앉히기 위해 적포도주 세 병을 마셨습니다. 그러나 화를 더 끓였을 뿐입니다. 그 비평은 무지의 걸작이고 비열한 욕설 덩어리였습니다." 그래도 마음이 풀리지 않아 시로써 그의 분노를 표현하기 시작하였다. 첫 20행을 쓰자 기분이 훨씬 좋아졌다. 바이런의 가슴에는 복수심이 불탔고 머릿속에는 맹독을 품은 뱀이 서렸다.

바이런이 분노를 가라앉히는 한 가지 방법이 권투를 하거나 권투를 지원하는 일이었다. 앞에서 이야기했듯이 바이런의 권투 사범 '신사' 잭슨은 신사들에게 권투를 잘 지도하여 그의 체육관은 상당히 번창했다. 그는 시범 권투 대회를 자주 열어 흥행에도 성공하였다. 특히 러시아 황제, 프러시아 왕, 왕세자를 위한 시범 대회를 열어, 권투가 건전한 신사들의 스포츠로서 왕실과 귀족의 사랑을 받게 하는 데 큰 기여를 했다. 그는 또 자선 행사로 권투 시합을 자주 열었다. 바이런은 이런 행사에 후원도 하고, 내기에 돈을 걸기도 하고, 시합이 열리는 곳을 찾아다니기도 했다. 그가 훗날 그의 작품에 링, 시정잡배, 범죄자의 언어를 잘 구사할 수 있게 된 것은 이때의 소득이었다.

바이런에겐 자신이 무능하다는 그 말이 성적(性的) 방종으로 이어지게 했다. 그것만이 그의 절망을 헤쳐 나가는 유일한 방법이었다. 런던의 아가씨들은 어리고 불쌍한 데가 있어 그들에 대한 연민도 작용했으리라. 성적으로 무절제한 생활은 다이어트로 약해진 몸으로는 도저히 가눌 수 없어서 어쩌면 목숨을 잃을지도 몰랐다.

그는 알타먼트(Altamont) 경(훗날의 슬라이고 후작(Marquess of Sligo))과 함께 어울려 코벤트가든(Covent Garden)에서 오페라 『가장무도회』(Masquerade)를 보았다. 그 뒤 홉하우스에게 이런 편지를 썼다. "어젯밤 오페라 가면극[을 본 뒤] '논다니' 일곱과 포주 한 명과 발레 선생과 함께 무대 뒤 마담 카탈라니(Madame Catalani) 방에서 저녁을 같이했지…. 나는 데그빌(D'Egville)의 제자 하나를 살까 생각했어. 내 영광스런 하렘을 채우게 될 물건은 그런 아가씨가 아닌가." 그가 훗날 무어에게 쓴 편지를 보면, 그가 봄에 런던 근교의 한적한 브롬프턴(Brompton)의 셋방에서 한 아가씨와 동거를 했던 것 같다. 그 아가씨가 아마 오페라 본 날 저녁에 '마담 D'로부터 100기니나 주고 사 온 일곱 "요정" 중의 한 명이었으리라. 바이런은 상황에 따라 그녀를 캐롤라인 혹은 카메론 양(Miss Cameron) 등 여러 가지 이름으로 부르면서 데리고 다녔다.

그는 도덕군자처럼 구는 베처 신부에게 자기의 음탕한 이야기를 해주면, 오장육부에 부스럼이 돋겠지 하는 생각을 했다. 참으로 고소할 것 같앉다. 그 신부 때문에 자비 출판한 첫 시집을 몽땅 불사르지 않았나. 앵한 마음이 남아 있었다. "제 최근 생활에 대한 이야기를 좀 해드리자면, 저는 지금 피어슨(Pearson)으로부터 처방을 받았는데… 문자 그대로 너무 많은 연애를 했기 때문에 받은 처방이지요." "사실 이제 열여섯인 파란 눈의 캐롤라인이 요새 너무 예뻐서, 우리 둘 다 건강은 완벽하지만 지금 좀 쉬라는 명령을 받은 거예요. 거의 탈진했거든요." 그는 이때 캐롤라인과 밤낮 같이 뒹굴었다. 성적 에너지이든 무슨 에너지이든 에너지란 에너지는 그녀에게 다 털어 넣었다. 그 바람기 많던 매리에게 빠진 이후 다시 육신을 못 추스를 정도로 난파당해, 이제 남은 것은 목숨밖에 없었다.

바이런의 시에 나오는 패니(Fanny)라는 아가씨는 또 누구였을까. 그녀의 잠든 모습이 하도 아름다워 그는 시를 썼다. 혹시나 미풍에 잠이 깰까 봐 걱정하는 심경이 담겨 있다. "저 입술과 하늘색 눈이 축복받기를!/ 아름다운 패니, 그대 잠이 신성하기를!/ 저 입술은 결코 한숨 쉬려 열리지 않기를/ 저 눈은 결코 울음 울려 깨어나지 않기를."

여성들과의 관계에서 남는 에너지가 조금이라도 있었다면, 데이비스를 만나 노름하는 데 다 털어 넣었다. 다행히 바이런은 노름 중독증은 없었기에 어느 정도만 하고 손을 씻었다. 그러나 그는 노름꾼을 좋아했고, 노름을 기분을 돋우어 주는 좋은 놀이로 생각했다. 그의 『초연한 생각』(Detached Thoughts)에서 이렇게 적었다. "카드를 뒤집을 때마다, 주사위를 던질 때마다, 노름하는 사람은 짜릿하게 깨어난다…."

3월 14일 바이런은 마침내 몸져누웠다. 아마 성병도 도졌을 것이다. 그는 호텔 방에 갇혀서 아편정기로 통증을 겨우 가라앉혔다. 아편정기는 위스키에 아편을 넣어 만든 일종의 진통제로 당시는 일반 약방에서 구입할 수 있었다. 그의 절망은 극에 달했고 오직 여자의 육체적인 위로에만 의존하여 겨우 정신적인 연명을 해나갔다. 당시 의사가 다음 사분기만 지나면 그는 이승을 청산할 것이라고 말했던 사실을 자랑인 듯 여러 사람에게 풀어놓았다. 삶의 의욕이 완전히 땅에 붙었다. 이 당시 그는 두 명의 여성을 데리고 있었는데 한 명은 직접 관리를 하고, 다른 한 명은 병이 회복되는 대로 관리를 할 예비용이라고 홉하우스에게 설명해 주었다.

3월 28일에 도란츠 호텔의 편지지로 베처에게 또 불순한 내용의 편지를 썼다. 그는 런던 근교에서 한 "요정"과 동거한다고 밝히고, 그 요정은 그가 편지를 쓰는 동안 소파에서 자기를 빤히 보고 있다고 했다. 이때 자기의 보호를 받는 여성이 세 명인데 이들이 모두 자기에게 꼭 붙어다닌다고 했다. 4월 15일에 홉하우스에게 다시 편지를 썼다. "나는 평소처럼 24시간을 최대한 효과적으로 돌리는데 특히 야간에는… 내 미녀들은 각자 하는 일이 다르지. 한 애는 나와 '같이' 있고 다른 애는 나를 '위해서' 있고… 프랑스 화가가 '사랑한 그 친구', 그 활달한 그 프랑스 아가씨와도 즐기고… 오페라 아가씨와도 즐기지－대체로 지난 2주간은 건강했었어."

바이런은 성(性)을 바꿔 변장시키는 것을 무척 재미있어 했고, 또 그런 사람을 좋아했다. 그는 캐롤라인에 남장을 시켜 데리고 다니며 사람들에게 가까운 남자 친척이라고 소개했다. 그는 그가 사귀던 모 부인도 혹시 어머니가 알까 봐 남장을 시켜 다니며 사람들에게는 동생 고든이라고 소개했다.

바이런과 캐롤라인이 다른 지방으로 돌아다니다가 런던에 돌아왔을 때 그녀는 배가 불렀다. 주변 사람들은 모두 그녀가 신사인 줄만 알았다. 그런데 큰 소동이 벌어졌다. 이 신사분이 유산을 한 것이었다. 하녀뿐만 아니라 집안의 모든 사람들이 '신사'의 유산을 보고 대경실색을 하였다.

바이런이 캐롤라인과 결혼한다는 이야기를 듣고 꼭 친구를 구해야겠다고 나선 사람이 홉하우스였다. "자네는 갈보나 입심 사나운 여자를 데리고 살 순 없어." 친구가 적극 결혼을 반대하니까 바이런은 그때서야 겨우 정신을 차렸다. 그는 그 친구에게 캐롤라인은 두 가지 결점이 있는데, 그중의 하나가 그녀가 바로 글을 쓰고 읽을 줄 아는 것이라고 했다.

3월 28일 『게으름의 시간들』의 재판이 8절판으로 『원시 및 번역 시』 (Poems Original and Translated)라는 이름으로 같은 출판사, 같은 배부처로 하여 세상에 나왔다. 이 시집에는 『즉흥 시편』에서 17편, 『여러 상황의 시』에서 4편, 『게으름의 시간들』에서 12편, 새로 쓴 시 5편으로 모두 38편이 수록되어 있었다. 재판이라고 하지만 『게으름의 시간들』과는 제목에서나 내용에서 차이가 커서 사실은 별개의 시집이라고 하는 것이 옳았다. 앞서 나온 시집에 대한 서평으로 사기가 떨어졌기 때문에 그는 이 시집을 널리 나눠주지도 않았다.

바이런은 '신사' 잭슨을 통해 권투 선수들과 친했다. 그는 4월에 엡섬 다운즈(Epsom Downs)에서 작은 인기 복서 톰 벨처(Tom Belcher)와, 그가 후원하는 아일랜드 챔피언 댄 도거티(Dan Dogherty)와의 권투 시합을 주선했다. 도거티가 졌지만 이 시합은 귀족 바이런이 후원했기 때문에 흥행에서는 상당한 성공을 거뒀다.

바이런은 이 해 연초에 핸슨에게 "저는 유대인에게 3,300파운드, 노팅엄의 B 부인에게 800파운드, 마차공장 사장과 다른 장인에게 1,000파운드 빚이 있으며, 이 빚은 줄어들기는커녕 대폭 불어나고 있습니다."라고 말했다. 석 달 뒤 그는 베처에게 "우리끼리 이야깁니다만 전 빚 폭탄을 맞았어요. 다 합치면 스물한 살 되기 전에 19,000파운드는 될 걸요."라고 말했다. 바이런은 권투선수를 지원하고, 동물을 기르고, 두 명의 애인을 데리고 살자니 엄청난 돈이 들었다. 어떻게든 돈은 꼭 마련해야 했다. 그러나 그는 아직 미성년자여서 여전히 돈을 빌릴 수 없었다. 성년이 되자면 21세가 되는 1809년 1월까지 기다려야 했다. 5월 12일 바이런은 하는 수 없이 보증인으로 자기보다 6년 연상인 데이비스를 끌고 다시 매싱버드 부인을 찾아갔다.

6월 16일 바이런은 데이비스, 홉하우스와 같이 브라이튼(Brighton)으로 가서 여름 내내 거기서 보냈다. 그곳은 런던의 정남쪽 남해안에 있는 도시로 몽돌 해변이 좋은 곳이다. 가장 큰 매력은 해수욕을 하는 것인데, 그는 여기서도 무리를 했다.

7월 4일에 그는 캠브리지로 가서 석사학위를 받았다. 그 학위의 기본 조건은 아홉 학기를 트리니티에 체재해야 하는 것이었는데 바이런은 온전히 세 학기를 체재하고 한 한기는 일부만 체재했다. 그는 학칙을 어겨가면서 학위를 주는 관대한 대학행정에 대해 이렇게 말했다. "모교는 내게 부정한 계모야… 할망구가 어쩔 수 없으니까 내게 석사학위를 줬어ㅡ자네 알다시피 지고하신 캠브리지가 웃기는 쇼를 한 거지."

그가 다시 브라이튼으로 갈 때에 홉하우스와 데이비스를 달고 갔다.

제6장 시집 『영국 시인과 스코틀랜드 평론가』 *95*

바닷가에서는 수영과 범주법(帆走法) 익히기에 열정을 쏟았다. 종종 파도처럼 우울증이 엄습했고 그런 기분은 시 외엔 다른 분출구가 없었다. 그가 우울하고 삶의 환멸이 크면 클수록 병적으로 유년 시절의 꿈에 매달렸다. 아무리 친한 친구가 많아도 가까운 친구들에게는 털어놓을 수 없는 일이 있었는데, 그것은 아마 요정 캐롤라인의 매력에 묶인 자신의 처량한 신세였으리라.

이때 한 친구가 그를 보니 그는 분명히 한 청년을 데리고 다녔다. 그런데 그 청년은 가버렸다. 홉하우스가 알아듣도록 형의 역할을 단단히 했을 것이다. 바이런은 회한과 상실감으로 가슴이 찢어질 듯이 아팠다. 8월 12일에 시 「그리고 내가 우울할 때 그댄 울려오」(And Wilt Thou Weep When I Am Low)를 쓴다. "내 마음은 슬프고 내 희망은 사라졌고,/ 내 가슴속이 차가운 피 흐르네." 그 이튿날 다시 시를 쓴다. 헤어졌기에 그 금발의 아가씨와 나눴던 행복이 더욱 그리움이 되어 가슴을 저몄기 때문이었으리라.

데이비스가 캐롤라인이 극장의 로비를 훑고 지나가는 것을 본 것은 그해 11월이었다. 그녀가 그를 보자 대뜸 홉하우스에 대해 모질게 욕을 해댔다. 그녀는 열일곱의 나이로 '거리의 여자'보다는 한 등급 높은 '극장의 여자'가 되어 있었던 것이다.

바이런은 뉴스테드 임차인 그레이가 임대 기간이 끝나 떠나게 된 것이 마음에 걸렸다. 뉴스테드는 수리를 하지 않아 몰골이 더 형편없어졌다. 사람들은 바이런가의 수치라고들 했다. 큰할아버지가 베어 낸 참나무 자리에 심은 어린 나무들도 그레이가 풀어놓은 토끼들이 싹을 잘라 먹어 참으로 보기 흉해졌다.

8월 말에 바이런은 브라이튼을 떠났다. 이때 그가 잭슨을 통해 램즈 컨두이트(Lamb's Conduit) 가(街)의 약을 다시 주문한 것을 보면 그는 성병이 재발했거나 다시 감염되었을지 모른다.

9월 초 그는 뉴스테드에 돌아와 곧 건물 수리에 착수했다. 호수가 몇 개 있는 수도원은 선명한 여름빛이 신선하고 아름다웠다. 바이런은 조상의 손때가 묻어 있을 그 수도원 건물에 대한 애착이 다시 살아나, 빚 청산을 위하여 그것을 팔아야 한다는 생각은 조상에 대한 도리가 아니라는 생각을 했다. 그는 조상들처럼 한번 질펀하게 벌일 오락 행사를 떠올렸다. 홉하우스가 와서 그와 재미있게 놀 계획을 짜보았지만, 당분간 그 집은 철저한 수리가 먼저였다. 그러나 그가 그 수리비를 어떻게 미리 마련할 수 있겠나. 석수들에게 줄 돈만도 260파운드여서 바이런은 또 핸슨에게 부탁할 수밖에 없었다.

9월에 바이런은 그곳에서 거처하면서 수리를 시작하였다. 수리 기간 동안 어머니는 못 오게 했을 뿐만 아니라 수리를 끝내고도 어머니를 그리로 모시기는커녕 단 하루도 오는 것을 허락지 않았다.

그해 10월에 어머니를 "바이런 부인"이라고 부르면서 이런 능글맞은 편지를 써 보냈다.

> 존경하는 바이런 부인에게
>
> (전략)
> 저는 제가 장 자크 루소(Jean Jacques Rousseau)를 닮았는지 알 수 없습니다. 저는 그 유명한 미친 자를 닮을 의향이 없고 가능한 한 제 방식대로 혼자 살겠다고 생각하고 있습니다. 방이 준비되면 기꺼이 댁을 볼 것입니다. 지금은 쌍방이 부적절하고 불편합니다. 제가 비록 3월에 (늦어야 5월에) 페르시아로 떠나지만 댁은 제 저택을 살 만한 집으로 바꾸는 것을 반대하실 리 없습니다. 왜냐하면 댁은 제가 귀국할 때까지 세입자가 될 터이니까요. (저는 벌써 21세가 되는 순간 유언장을 써 두었습니다만 사고가 나면 댁이 집과 저택을 평생 동안 지닐 수 있고, 그 밖에 충분한 수입도 가지도록 배려해뒀습니다. 저는 12일에는 노팅엄 병원 후원 무도회에 가며, 8시에 바이런 부인과 같이 차를 마실 것이니 그 무도회에서 뵐 것을 기대합니다.
> (하략)

이 편지에서 말한 동방 여행은 그해 1월에 계획한 것이었다. 그는 해로의 동창 드 베이드(James de Bathe)에게 다음과 같이 편지를 썼다.

"1809년 1월 스물한 살이 될 것이고, 동년 봄에 해외로 나가는데, 보통 여행이 아니라 더욱 광범위한 기술(記述)의 여정…. 자네는 펠로폰네소스(Peloponnesos)의 경치를 보고 에게해(Aegean Sea)를 보고 싶은 생각이 없는가?" 그는 이 편지에서 보통 여행이 아니라 시든 산문이든 기록을 남기는 여행을 하고 싶다고 하였다.

바이런에게 해외여행의 목적은 그것 외에도 여러 가지가 있었다. 그 중 하나는 상원에 의석을 가진 후, 의정활동의 준비로 외국 견문을 넓히는 것이었다. 장차 정계에 진출하자면 폭넓은 견문이 필요했기 때문이었다. 그런 목적이라면 틀림없이 어머니, 변호사, 후견인이 반길 것이었다. "결국 어머니께서도 제 계획이 나쁜 건 아니라는 걸 인정하실 것입니다. 제가 지금 여행을 떠나지 못한다면 나는 결코 앞으로도 못 갈 것이고…." 라고 그 필요성을 어머니에게 적어 보냈다. 그보다 더 절실한 소망은 해외의 푸른 초원에서 신나게 낭만을 즐기는 것이었다. 자신은 나태와 방종으로 무기력해져 있고 어떻게든 그것으로부터 빠져 나오고 싶었다. 또 하루하루 늘어나는 빚으로부터도 해방되고도 싶었다. 외국에 있으면 목돈이 마련될 때까지는 당장 빚쟁이로부터 독촉도 면할 수 있으리라. 그는 하루 빨리 영국을 뜨고 싶었다.

10월 12일에 열린 노팅엄 종합병원 후원 가장무도회에서 바이런은 깔끔한 터번을 쓰고 화려한 튀르키예 의상을 갖춰 입었다. 아마 동방에 대한 호기심과 염원이 있었기 때문에 튀르키예 복장을 했으리라. 이때 홉하우스도 뉴스테드에 머물렀으며 같이 이 무도회에 가서 어머니를 만났으리라. 이 무도회는 노팅엄 종합병원을 돕자는 취지로 노팅엄 주변의 유지들을 초청하는 연례 자선 행사였다. 참석자 중에는 차워스 부부도 있었다. 매리가 바이런을 보니 눈이 번쩍 띄었다. 옛날의 수줍어하던 촌뜨기 뚱보가 아니었다. 어떻게 저렇게 달라졌을까. 몸은 호리호리하고 옷은 세련되어 있었다. 유명한 낭만파 시인 그 자체였다. 그녀는 즉각 바이런과 홉하우스를 애너슬리로 초대했다.

10월에서 11월 사이 바이런이 뉴스테드에 기거하면서 다른 작품보다도 더 많은 노력을 『영국 시인과 스코틀랜드 평론가』(English Bards and

Scotch Reviewers)에 기울였다. 그는 늘 풍자시를 쓰고 싶었으며, 이 시집은 그 소망의 결정이었다. 그는 수많은 사람을 경멸과 조소의 무대에 올렸고, 몇몇이는 틀림없이 자기에게 복수해 올 것이라고 생각했다. 그렇더라도 정의롭지 못하다고 대들지는 못할 것이다. 왜냐하면 바이런 자신이 먼저 이미 여러 군데서 조롱을 받아 그것을 갚아주는 의미가 있었기 때문이었다.

바이런은 뉴스테드의 하인 인사를 단행했다. '악질 남작' 때부터 하인장(下人長)이었던 아버지뻘인 머리를 유임시켰지만 가정부장(家政婦長)에 내니 스미스(Nanny Smith)를 앉혔다. 그 외 윌리엄 플레처(William Fletcher)를 그의 시종(侍從)으로 선임했는데 플레처는 바이런보다 서너 살 많아 형과 다름이 없었다. 그는 바이런이 죽을 때까지 시중 든 충복이 된다. 그는 원래 사우스웰의 한 농부의 아들로 바이런가의 시종이 되기 전에 이미 결혼까지 했었다. 또 한 소작인 아들 로버트 러쉬턴(Robert Rushton)을 들였는데 그는 뛰어난 미남이었다. 바이런이 그 젊은 소년에게 특별한 동성애를 느꼈다. 그를 바이런의 방을 통해서 들어가는 작은 안방에 자도록 한 것을 보면 단순한 하인만은 아니었지 않는가.

바이런의 애완견 보츠웨인과 캠브리지에서 기르던 곰도 이제 주소를 뉴스테드로 옮겼다. 바이런과 홉하우스는 퇴락한 남작 저택에서 제대로 귀족 생활을 만끽했다. 호수에서 멱을 감는가 하면 너른 숲을 말로 한없이 달렸다. 그는 밤에는 풍자시의 날을 예리하게 갈았다.

11월 어느 날 바이런은 홉하우스와 같이 매리 차워스의 초대에 응했다. 바이런은 가슴이 여전히 쓰려 말도 하지 않았고 웃지도 않았다. 매리도 거의 그만큼 어색해했다. 매리가 딸을 안고 나왔을 때 그는 완전히 마음의 평정을 잃었다. 이때 느낌으로 「아 당신은 행복하구나」(Well-Thou Art Happy) 운운하는 시가 나왔고, 「안녕-귀부인에게」(The Farewell-To a Lady)라는 시도 나왔다.

11월 18일 가족이나 다름없었던 애완견 보츠웨인이 고통스러워하더니, 바이런이 보는 가운데 숨을 거뒀다. 이 개는 죽는 순간까지 의연함을 잃지 않았고 어느 누구에게도 누를 끼치지 않으려고 애를 썼다. 훗날 작성한 그의 유언장에서 그는 개와 같은 묘소에 묻히고 싶다고 했다. 바이런의 슬픔은 순수했고 이런 순수한 감정의 출구는 언제나처럼 시였다. 그는 보츠웨인의 무덤 위에 묘비를 세우기로 하고 그 비문을 썼다. 뉴스테드의 정원에는 우리나라 고려 때 큰 부도 같은 개의 묘탑이 지금도 서 있다. 비문의 첫머리는 다음과 같다.

> 이 근처에
> 허영심 없이 아름다움을 지닌
> 교만함 없이 힘을 지닌
> 사나움 없이 용기를 지닌
> 악덕을 제외한 인간의 모든 미덕을 지닌 자의
> 유해가 묻혀 있노라.

그 아래에는 시로 연결되어 있는데 인간의 작태를 풍자한다. 인간은 죽으면 생전에 아무 업적을 남기지 않아도 단지 그 신분으로 따져 슬픔을 최대한 미화한 조각가의 조각을 남긴다. 그러나 개는 어떤가. 개의 영혼은 천국엔 들어갈 수 없다. "그러나 벌레 같은 헛된 인간은…/ 아무도 못 가는 천국에 혼자 간다고 떠든다."고 하였다. 끝으로 "한 친구의 유해를 기념하여 이 돌을 세우노니/ 이 한 친구 외에 친구가 없었노라―그 친구 여기 잠들었노라."라고 새겼다.

바이런은 동방 여행계획을 구체화했다. 처음엔 페르시아로 갈 생각이었으나 나중엔 인도로 가기로 결심을 바꿨다. 11월 2일에 그는 어머니에게 이듬해 3월에 인도로 갈 것이라고 편지로 알렸고, 핸슨에게도 내년 봄에 동방을 여행할 것이라고 이야기하였다. 그 여행은 여느 유럽 여행과는 달리 불편하긴 하겠지만 본국에 있는 것보다 돈이 덜 든다고 하였다. "인도 여행은 여섯 달이면 될 것이며, 열두 명의 시종을 데리고 간다 해도 500파운드면 족할 것이며, 영국에서 같은 기간이면 그 금액의 네 배는 쓸 것을 아실 것입니다."

바이런은 11월 18일 핸슨에게 더욱 기가 차는 요구를 했다. "제 빚을 떠안으십시오. 아마 12,000파운드는 될 것입니다. 제가 출국할 때 3~4,000파운드가 더 필요해요. 벵골(Bengal) 지사에서 대부 받는 일을 좀 해주셔야겠습니다… 제 수입에서 그 돈을 만들 수 없다면 뭘 팔아야겠지요. 뉴스테드는 말고요." 바이런의 뜻은 '악질 남작'이 불법으로 임대해 줬던 랭커셔의 로치데일 땅을 팔자는 것이었다. 로치데일의 땅은 법적 문제에 얽혀 있다는 핸슨의 답변을 듣고는 그의 기분은 푹 가라앉아 버렸다.

11월 말경 홉하우스가 뉴스테드를 떠나자 바이런은 크리스마스 휴가에 맞춰 몇 명의 친구를 초대했지만 아무도 오지 않았다. 바이런은 크리스마스에도 어머니를 뉴스테드로 부르지 않았다. 어머니에 대해선 오거스터에게 이렇게 말했다. "나는 결코 그 여인을 용서할 수 없으며, 한 지붕 아래 편안하게 숨 쉴 수 없어요. 나는 매우 운이 나쁜 놈인데, 왜냐하면 나는 선천적으로 나쁜 마음이라고 생각하지는 않지만, [내] 마음이 [어머니 때문에] 구부러지고, 비틀어지고, 짓밟혀서, 지금은 하일랜드 사람의 신발 뒤축처럼 망가져버렸다오."

그의 풍자시가 더욱 날을 세우며 길어져 갔다. 문단의 누구도 그의 칼날에 베이지 않은 사람이 없었다. 영감을 얻기 위해 그는 호지슨에게 기포드(William Gifford)의 풍자 시집 『피터 핀더에게 쓴 서간』(Epistle to Peter Pindar)을 구해 달라고 하여 읽었다. 피터 핀더는 본명이 존 월코트(John Wolcot)인데 기포드의 풍자의 대상이 되는 인물이었다. 바이런은 그의 우상인 포프의 작품도 숙독을 하였다.

기포드는 원래 농부, 제화공의 도제였으나 독학으로 옥스퍼드 대학에 들어갔다. 그는 『쿼터리 리뷰』(Quarterly Review)의 편집

윌리엄 기포드

을 맡는 등 당대의 최고의 평론가라는 명성을 얻었다. 바이런이 그에게 매혹된 데에는 그가 고전적인 모델을 존중하고, 그의 평론이 솔직담백하고, 그도 바이런처럼 신체적 결함이 있었기 때문이었다.

　어느 날 원예사가 땅에서 캤다고 하면서 두개골 하나를 가지고 왔다. 바이런의 괴벽과 냉소적인 기질이 살아났다. 그는 그것으로 잔을 만들어 잔치 때 그것으로 술을 받아먹기로 했다. 그는 그것이 "아마 수도원이 폐지될 때쯤 수도원의 어느 수도사나 승려의 두개골일 것"이라고 하면서, "크기가 대단하고 보존상태가 완벽하다"고 했다. 그것을 노팅엄으로 보냈더니 훌륭하게 처리해서 보내왔는데, "반들반들 윤이 나고 얼룩덜룩한 무늬가 흡사 거북이 등" 같았다. 바이런은 그것을 네 개의 공 같은 발이 있는 은제 받침대 위에 올려놓았다. 보석상의 계산서가 17파운드 17실링이나 되었다. 바이런은 「두개골로 만든 컵에 새긴 시」(Lines Inscribed Upon a Cup Formed From a Skull)라는 시를 남겼다. 이 시의 화자(話者)는 해골이다. "나도 그대들처럼 살고, 사랑하고, 마셨다./ 나는 죽었다. 대지여 내 뼈를 맡아다오./ … / 아 우리의 뇌가 사라진 지금/ [이 해골에 담을 것으론] 와인보다 더 좋은 것이 뭣이 있겠는가?"

　(1809년) 바이런은 지나가는 말로 자신은 그 수도원에서 여성의 위안 없이는 하루도 보낸 적이 없다고 했다. 바이런은 1월 17일 핸슨에게 하녀에게서 또 자기 아기가 태어났음을 알렸다. 그곳에는 하녀가 두 명 있었는데 애를 가진 쪽은 젊은 루시(Lucy)였다. 그는 그녀를 계속 데리고 있을 수 없었다. 내보내게 되면 교구에서 나오는 의연금으로 구빈원에서 살거나, 아니면 이웃 도시로 가서 매춘을 할지 모를 일이었다. 그러나 바이런은 주인의 의무의 한계를 넘어서는 보상을 해줬을 것이다. 그는 유언장에 그 모자를 위한 조항을 만들었으며, 루시에게는 연 100파운드, 아들에게 50파운드의 생활비와 양육비를 지급하도록 했다. 아이가 태어나자 그는 또 시 「내 아들에게」를 썼고, 이 시에서 그는 아들을 "사랑의 소중한 아이"라고 환영했다. 그 하녀는 그 집에서 나가서 한 시골 총각과 혼인하여 워릭(Warwick)에 가서 술집을 냈다. 그 아들에 대한 시는 있지만 그 아들에 대한 기록은 더 이상 보이지 않는다.

바이런이 기다리고 기다리던 21회 생일이 되었다. 1월 22일 임차인들이 그의 성년 축하연을 준비하고 있을 때 바이런은 핸슨에게 자기를 대신해서 뉴스테드에 가달라고 부탁하였다. 임차인들이 와서 마음껏 먹고 떠들고 놀도록 맥주와 펀치주를 충분히 공급해주고, 양 두 마리와 소 한 마리를 잡도록 해 주었다. 소고기를 굽는 의식 외에도 무도회가 열렸는데 핸슨도 춤꾼들 속에 휩쓸려 들어가서 춤을 췄다. 이 잔치는 푸짐하고 성대하였다.

뉴스테드를 수리하고 나서 바이런의 씀씀이가 더 커졌다. 이제 성인이 되었으므로 빚을 낼 수 있었지만 이미 빌린 돈과 이자가 엄청나서, 다시 빚을 내는 것은 엄두가 나지 않았다. 주변에서는 어떻게 하든지 돈 많은 상속녀와 결혼해야 그 큰 빚을 갚을 수 있다는 말을 했다. 그것은 아버지의 속물적인 방법이 아니던가. 그는 자신이 귀족이기 때문에 돈 많은 신부를 구할 수 있다는 생각을 잠깐 생각했지만, 그의 기사도 정신이 그런 속악한 생각을 곧 지워버렸다. 그러나 캐서린은 달랐다. 그녀는 핸슨에게 편지를 썼다. "그는 이번 봄에 재산 있는 아가씨와 결혼도 해야 해요. 사랑의 결혼은 헛소리예요…. 그는 영국 귀족이고…."

그가 1월 19일에 상경했을 땐 풍자시는 출판해도 될 정도로 완성되어 있었다. 당시 그의 희망 중의 하나는 해외로 나가기 전에 상원에 의석 하나를 확보하는 것이었다. 그는 칼라일 백작에게 편지를 써서 이제 성년이 되었음을 밝히고 다음 회기 개원 때 상원에 진출하고 싶으니, 자기를 상원에 직접 가까운 친척으로 소개를 해 달라고 부탁했다. 그러면 그는 후견인의 신임장을 제출해야 하는 수고는 덜 수 있었다. 백작은 서신을 받고 단지 형식적인 절차와 첫 등원 때 지켜야 할 예절만 이야기해 주었다. 실망이 컸다. 바이런은 백작이 자신을 냉대한다고 생각하였다. 바이런 스스로 자신의 자격을 입증하기 위하여 복잡한 수속을 거쳐야 하기 때문에 그 아저씨가 몹시 밉고 원망스러웠다.

그는 원망을 넘어 보복을 하고 싶었다. 이미 출판사에 넘어가 있는 원고를 되찾아 그를 칭찬하는 2행을 빼고, 비난과 조롱이 담긴 18행을 대신 넣었다. 그도 바이런가의 외손이니까 바이런가의 악질적인 기질을 잘 알리라. 자신에게 대하는 태도를 보면 그는 정신이 제대로 박힌 문인이 아니지 않는가.

> 얼마나 잡다한 명예가 그 귀족을 치장했던가!
> 대감, 시인, 이류작가, 격문의 필자!
> 젊었을 땐 투미하고 늙어선 실없는 소리나 지껄여
> 유독 그의 연극만이 우리 극단에 욕을 먹이네.

칼라일 백작의 작품집은 호화 장정을 하였기 때문에 책장에 꽂으면 훌륭한 장식품이 된다고 비꼬았다. 송아지 가죽은 원래 비겁한 사람의 옷감인데, 백작의 시가 그런 비겁자들의 의상을 걸친 것은 당연하지 않느냐고 비아냥거렸다.

의석이 나오기를 기다리는 2월 내내, 그는 『영국 음유시인과 스코틀랜드 비평가』라는 시집의 원고를 계속 추고하여 댈러스에게 보냈다. 그에게 익명 출판을 부탁했다. 이 시집 제목은 댈러스와 여러 번 논의 끝에 바이런 스스로가 정했다.

댈러스가 처음엔 롱맨앤드컴퍼니(Longman and Co.)라는 출판사에 그 원고를 가져갔더니 그 출판사는 그 시집의 언어가 너무 날카롭다고 출판을 사양했다. 후환이 두려웠던 것이었다. 그 다음으로 가져간 곳이 제임스 코손(James Cawthorn)의 출판사였으며, 댈러스는 이 출판사에서 초판 1,000부를 찍도록 계약을 맺었다. 그 출판사는 독설과 가십이 가시처럼 박혀 있는 이 익명의 시집이 잘 팔릴 것이라고 예측했다. 이 시집이 인쇄될 동안에 바이런은 댈러스가 수정하면 좋겠다고 제의하는 것을 거의 그대로 받아들였다.

빚쟁이와 매싱버드 부인은 바이런이 런던에 나타나기만 하면 그를 가만히 놔두지 않았다. 그는 핸슨에게 빚쟁이들을 어떻게 해서든지 달래 보내는 역할을 맡아 달라고 부탁을 했다. 그가 뉴스테드에 있을 때에도 계산해야 할 계산서는 모두 핸슨에게 보내어 해결해 달라고 했다. 핸슨은 바이런이 딱한 것은 알았지만 그 많은 빚을 그인들 무슨 수로 처리할 수 있었겠나. 바이런은 그의 속을 뒤집어 놓으려는 듯이 이렇게 말했다. "나는 돈을 변통하거나 아니면 이 나라를 떠나야 해요. 만약 내가 곧 의석을 차지하지 못한다면 나는 파크랜드(Falkland) 경과 데지리(Desiree) 프리깃함으로 시칠리아로 갈 거예요. 당장 내일 아침에 갚아야 돈이 적지 않은데 지갑에는 5파운드도 없소."

바이런은 1월과 2월에 상원에 들어가기 위해서 필요한 몇 가지 증빙 서류를 갖추었다. 조부모가 개인 교회에서 결혼식을 올렸기 때문에 그 결혼을 증명할 할머니의 결혼허가서와 선서서(宣誓書)가 필요했다. 이 서류는 칼라일 백작이 바이런을 소개만 하면 제출하지 않아도 되는 것이었다.

드디어 필요한 구비 서류가 다 제출되자 3월 13일 바이런은 혈혈단신으로 상원에 등원했다. 그 너른 세상에 그를 상원에 데려가거나 소개시켜 줄 사람이 없었다. 등원할 때 그는 예의 수줍음을 탔고 얼굴은 창백했다. 그러나 약간 성난 표정으로 주변을 둘러보지도 않고 성큼성큼 상원 의장석을 지나서 선서를 주관하는 담당공무원의 책상으로 걸어갔다. 그

바이런이 등원했을 당시의 영국국회의사당

때 자리를 지키는 의원은 거의 없었다. 의장석 앞을 지날 때 상원 의장 엘든(Eldon) 경은 의장석에서 내려와서 환영의 표시로 미소를 짓고 손을 내밀고 축하의 말을 했지만, 바이런은 뻣뻣한 절을 하고 의장 손에 손가락 끝만 살짝 집어넣어 주었다. 서류로 골탕을 먹였기 때문에 그 불만을 그런 식으로 표현했다.

그리고 몇 분간 야당 벤치에 앉았다. 나중에 바이런에게 의석 배정이 늦은 것에 대해 의장이 상원의 규정 때문에 조부모의 혼인증명서를 요구하게 되었다고 정중히 사과를 했다. 그러나 바이런은 "의장님은 의무를 다하시고 더 이상은 하지 않으셨지요."라고 차갑게 쏘아붙였다. 의장이 싸늘해지면서 의장석으로 돌아갔다. 그의 행동이 이처럼 쌀쌀맞았던 것은 의장이 자신을 토리당으로 생각하는 일이 없기를 바라는 마음도 들어 있었다. 그러나 그는 사실 여야 어느 쪽과도 관계를 맺고 싶지는 않았다.

바이런에게는 파크랜드 경(Lord Falkland)이라는 술친구가 있었는데, 그는 해군 대위이면서 런던의 한량이었다. 그는 술자리에서 말다툼 끝에 무모하게 결투를 하다가 목숨을 잃었고, 그에게는 아이 셋에다 임신한 아내가 있었다. 그녀가 출산을 하자 바이런이 측은하여 대부가 되어 주고 미망인을 찾아가 찻잔 속에 500파운드를 넣어 두고 나왔다. 형편은 바이런이 더 나빴지만 그런 도움의 충동을 억누를 수가 없었다. 그러나 그의 아내는 바이런이 자기에게 사랑에 빠졌기 때문에 거금을 남긴 것으로 착각을 했다. 그녀가 훗날 『차일드 해롤드의 순례』(Childe Harold's Pilgrimage)를 읽었을 때 그 속에 든 모든 사랑의 구절이 바로 자기를 대상으로 해서 쓴 것이 틀림없다고 확신했다. "나의 바이런, 당신의 마음이 그 서자(Thyrza)를 위해 부드럽게 울먹이는 것은… 저를 염두에 두고 썼기 때문이 아닌지 말씀해 주시오." 그녀는 그 후 몇 년간이나 애타는 편지를 보내 바이런을 웃게 만들었다.

『영국 시인과 스코틀랜드 평론가』가 세상에 나온 것은 3월에 1일이었으니 첫 등원 며칠 뒤였다. 이 시집은 곧 관심을 얻어서 잘 팔려 나갔다. 4월 17일 바이런이 뉴스테드에 가 있는 동안 댈러스는 편지로 그 시집이 아주 잘 팔려 나가 곧 매진될 것이라고 알려 줬다.

이 시집의 시는 영웅체이연구(heroic couplet)로 된 풍자시이다. 이 시집은 『에든버러 리뷰』에 실린 『게으름의 시간들』에 대한 모욕적인 시평을 보고 분격해서, 제프리, 사우디(Robert Southey), 워즈워스, 콜리지(Samuel Taylor Coleridge), 월터 스코트(Walter Scott) 등의 시인들을 재치 있게 또 매섭게 풍자하였다. 그는 또한 바울즈(William Lisle Bowles), 코틀(Joseph Cottle) 등의 낭만주의운동의 이류, 삼류시인들의 운(韻)도 맞지 않는 시나, 어린아이들의 혀짤배기소리 같은 조잡한 시

『영국 시인과 스코틀랜드 평론가』 초판본

도 점잖게 조롱하였다. 그런 반면 드라이든(John Dryden)과 포프의 고전적인 전통을 지켜나가려는 로저스(Samuel Rogers)나 크랩(George Crabbe) 같은 시인들을 적극 칭찬·옹호하였다.

바이런은 당대의 거의 모든 작가를 조롱하였다. 그들은 포프나 드라이든이나 당대의 기포드에 비하면, "잔챙이"이거나 "악동과 바보"밖에는 되지 않는다고 폄하하였다. 바이런은 분명 신고전주의 시인들을 자신의 모델로 삼았고, 낭만주의 시인들 중 긍정적으로 평가할 만한 작가는 보이지 않았다. 다작을 한다고 사우디를 조롱하고, 어릴 때 읽었던 노래가 부도덕하다고 무어를 매도했다. 또 워즈워스의 『서정담요』(Lyrical Ballads)를 문제 삼았다. 그 시집에는 바보 소년이 달밤에 길을 잃어 밤새도록 돌아다니다가 집에 돌아왔을 때, 그의 어머니가 그 이유를 묻자 그 바보는 "수탉이 부엉, 부엉 하고 울었고/ 해가 너무 차게 환히 빛났어요."라고 대답한다. 바보라서 수탉과 부엉이를 구분 못 했고, 밝은 달과

해를 구분하지 못하여 낮인 줄 알고 밤새도록 돌아다녔다는 말이었다. 워즈워스야말로 꼭 그의 시에 나오는 밤낮을 구분 못 하는 그 천치바보 같은 사람이 아니냐고 암시하였다. 바이런의 눈에는 결국 워즈워스, 콜리지, 사우디, 램(Charles Lamb), 로이드(Charles Lloyd)가 모두 바보 같은 한통속으로 보였다.

칼라일 백작은 자신에 관한 시를 보고 심한 충격을 받았다. 외종질이란 놈이 이럴 수가 있나. 그는 오거스터에게 앞으로 절대 바이런과 상종을 하지 말라고 신신당부하였다. 바이런은 바이런대로, 비록 패륜을 저질렀더라도 아버지는 용서할 수 있지만, 아버지를 대신해 주지 못하는 그 어떤 자도 용서해 줄 수가 없다고 생각했다.

이제 연로한, 퇴행성 신경질환이 있는 아저씨 칼라일 백작을 조롱한 것을 두고 사람들의 비난이 일었다. 바이런은 마음에 찔리는 데가 없는 것은 아니었다. 그는 자신이 불구인 만큼 다시는 그런 병자를 괴롭히는 일은 앞으로도 없을 것이라고 변명했다.

그가 어떻게 골수에 원한이 맺혀 있는 『에든버러 리뷰』의 편집인 프랜시스 제프리를 빠뜨리겠나? 바이런은 제프리가 제프리즈 판사(George Jeffreys)와 별로 다를 바가 없이 자란 섬을 부각시켰나. 제프리즈 판사는 찰스 2세, 제임스 2세 때 활약한 유명한 어용 판사였다. 그는 제임스 2세 때 일어난 '몬머스 역모 사건'(Monmouth Rebellion)을 다루면서 용의자 1,381명 중에 160~170명을 잔인하게 처형하였다. 그는 그 공로로 귀족 작위를 얻었지만 명예혁명 후에 자신이 옥사(獄死)하는 불운을 겪게 된다. 사람들은 그때 모두 사필귀정이라고 입을 모았다.

바이런은 지금 영국은 제프리즈 판사와 꼭 같은 판사를 한 명 얻었다고 했다. 사탄이 그 판사의 영혼을 다시 세상에 내보냈으니, 애먼 글쟁이들을 처단하기 위함이라고 했다. 제프리란 자가 그 못된 판사의 영혼이 들어간 자가 아니고 누구겠느냐고 했다. 그 판사의 유령은 고이 간직해 온 밧줄을 하나 제프리에게 주었는데, 그 밧줄은 제프리가 비평 활동에서 사람들을 포박할 포승줄로 사용하겠지만, 결국은 자기가 교수 될 때 자기 목에 걸릴 밧줄이 아니겠느냐고 했다. 이렇게 바이런은 운과 리듬으로 제프리를 씻을 수 없는 치욕에 빠뜨려 시원하게 글 복수를 했다.

그러나 제프리는 바이런 급의 옹졸한 인물이 아니었다. 그런 것에 전혀 개의치 않았다. 그는 평형심이 잃지 않았고 바이런의 후속 작품들은 정당하게 평가를 해줬다. 훗날 바이런은 그의 너른 도량에 감명을 받아 그에게 깍듯하게 사과했다.

바이런이 또 다른 적 클라크를 어찌 그냥 놔두었겠는가? 클라크는 『기쁘게 하는 기술』(The Art of Pleasing)이라는 저서를 낸 뒤 이마누엘 대학에서 학위를 못 받고 대학을 떠났고, 월간지 『새터리스트』나 『스커지』(Scourge) 등에 기고를 하면서 여러 권의 저서를 냈다. 그는 1808년 6월에 「바이런 경이 그의 곰에게」(Lord B—n to his Bear)라는 글을 써서 『새터리스트』에 기고하면서 약을 올렸고, 8월에도 『게으름의 시간들』을 보고 시가 지나치게 감상적이라고 비난하였다. 바이런은 보득보득 이를 갈고 있다가 이렇게 복수를 했다.

> 저기 클라크, 불쌍하게도 여전히 기쁨을 주려고 용을 쓰면서
> 시 나부랭이는 학위가 되지 않는다는 걸 잊었네.
> 자칭 풍자가, 돈 챙기는 광대
> 매월 저질 풍자문이나 쓰는 자
> 힘든 일 하도록 저주 받은, 천하고 천한 자

바이런은 글 복수를 하니 마음이 한결 가벼웠다. 그리고 상원의 의석도 얻었고, 외국에 나갈 준비도 대충 마치고 나니 삶의 한 부분을 완성한 듯했다. 그는 오랫동안 영국을 떠나 있을 생각을 하니 잃어버린 어린 시절과 친구들에 대한 그리움이 밀려왔다. 모교 해로가 늘 마음속에서 향수를 불러 일으켰다.

댈러스는 4월 17일에 바이런에게 편지를 써서 『영국 시인과 스코틀랜드 평론가』가 거의 다 나갔다고 알려주었다. 재판을 찍어야 했다. 댈러스는 모을 수 있는 모든 호평을 모아서 바이런에게 전해 주었다. 이 시집은 익명으로 냈지만 사람들은 금방 저자가 바이런임을 알았고 재판에서는

이름을 밝히기로 했다. 6월에 홉하우스와 유럽여행을 떠나기로 했으니 그 전에 교정을 마쳐야 했다.

재판에 「후기」(後記)를 달았는데 댈러스가 아무리 달지 말라고 해도 듣지 않았다. "나는 '… 명예와 재주를 지닌 사람'들을 비판했기 때문에 영국을 떠나야 함을 말해 두어야겠다. 그러나 내가… 귀국할 때까지는 그들의 나에 대한 복수심은 뜨거워져 있을 것이다…. 이 판(版)에서는 내 이름을 감추지 않고 내 행위에 대해 책임질 각오를 하고, 갖가지 결투 신청이 오기를 기다리지만…. 슬프게도 기사도 시대는 끝나 버렸다." 초판에는 원래 홉하우스의 시도 17행이 들어 있었지만 재판에서는 모두 뺐다.

그는 그 시집을 그 후 9년간 어디든 가지고 다니면서 자기 시에 대한 여러 가지 코멘트를 주석처럼 달아 나갔다. 워즈워스에게 심한 말을 한 것에 대해 "합당치 않아."라고 적었다. 콜리지에 대해서도 같은 코멘트를 했고, 바울즈에 대한 혹평에 대해 "바울즈에 대해서 이 모든 것이 너무 야만적이야."라고 적었다. 클라크에 대한 강한 어조에 대해 "충분히 옳아, 이런 대접 받아야 싸, 잘 썼어."라고 적었다. 칼라일 백작에 관한 구절에 대해 "역시 잘못됐어—성은 났지만 저렇게 악평할 정도는 아니었어." 그는 그 시집 전체에 대해 다음과 같이 자평했다. "나는 차라리 안 썼으면 더 좋았겠다라는 것이 내 간절한 희망사항이다…. 많은 평이 합당하지 못하기 때문이야."

바이런은 빚쟁이들을 따돌리기 위하여 4월 초에 뉴스테드로 내려가 있었다. 그의 최대 관심사는 최대한 여행경비를 그러모으는 일이었지만, 이미 온통 빚으로 칠갑을 하고 있는 그에게 누가 돈을 더 빌려주겠나. 그는 5월에 출발할 몰타(Malta) 연락선에 선편을 예약해 뒀고 짐도 보내 두었다. 만약 떠나지 못한다면 미리 보낸 뱃삯과 짐이 몰수당하게 되어있었다. 그러나 그는 그 선편으로는 떠날 수 없었다. 그는 핸슨에게 빨리 뉴스테드를 담보로 하여 돈을 만들어 내라고 독촉을 했다.

이때는 섭정기(Regency) 직전이라 영국 역사상 도덕적으로 가장 문란한 시기였다. 섭정기란 왕세자가 부왕 조지 3세를 대신하여 대리청정하던 1811년에서 조지 3세가 승하한 1820년까지를 말한다. 에들스톤이 가버린 이후 그를 대신할 사람을 그는 이미 물색해 두었다. 바로 하인 러쉬턴이었다. 앞에서 그의 방을 바이런의 방을 지나서 가는 곳에 정해 주었다는 이야기를 했다. 샌더즈(George Sanders)가 그린 바이런과 그가 배에서 내리는 그림을 보면 그는 대단히 육감적인 미남이었다.

4월 말에 런던으로 올라올 때 바이런은

샌더즈가 그린 바이런과 하인 러쉬턴

러쉬턴과 플레처를 데리고 왔다. 한번은 플레처가 러쉬턴을 데리고 홍등가를 '견학'시켰다. 이것을 바이런이 알고는 불같이 화를 냈다. 그의 남자 애인은 특별히 정결해야 하는데 불결한 곳에 갔기 때문이었다. 런던에서 유언장을 고쳐 쓰면서 러쉬턴에게 연 25파운드를 지급하라고 적었는데 이것은 단순히 하인이 아니라는 뜻이 아닌가.

바이런이 다시 뉴스테드로 내려간 것은 해외여행을 떠나기 전에 뉴스테드에 작별인사를 하고 싶었기 때문이었다. 그곳은 조상의 얼이 숨 쉬는 곳이니까 선영에 가서 인사하는 것과 같은 의미였으리라. 이때 그는 몇 명의 친구를 뉴스테드로 초청하였는데 새로 수리한 집에서 진탕 놀고 싶었기 때문이었다. 호지슨은 못 오고, 웹스터(James Webster), 홉하우스, 매슈스, 데이비스가 왔다. 일행은 이웃사람까지 보태져 일여덟 사람이 되기도 했다. 그들은 계속 술판을 벌였으며, 끊임없이 학창 시절의 난폭한 장난을 재현했다. "귀신 붙은 집" 장난과 가장(假裝) 놀이가 짜릿한 추억을 만들었다. 바이런의 회상이다. "우리는 뉴스테드에 함께 가서 오래된 술[을 준비하고], 승려복을 가장무도회 용품점에서 빌렸지… [우리는] 수사의 옷을 입고 늦게까지 부르건디, 클라레, 샴페인 등을 해골 잔에 따라 마셨고… 수도원을 돌아다니며 광대 흉내를 냈지." 매슈스는 병을 앓다가 겨우 나아 뉴스테드에 왔지만, 광대놀이엔 그가 앞장을 섰다. 그는 언제나 바이런을 '수도원장'이라고 불렀다. 그는 석관 속에 누워 있다가 홉하우스가 지나갈 때 유령처럼 탁 튀어 나와 그의 촛불을 꺼버리기도 했다. 이곳이 수도원인 만큼 몇 군데에는 관묘가 지금도 남아 있고, 심지어는 매표소에도 하나 남아 있다.

바이런은 훗날 쓰게 되는 『차일드 해롤드의 순례』에서 이때 이곳의 묘사를 이렇게 한다. "옛날엔 미신이 그곳엔 둥지를 틀었지만/ 요새는 파포스의 아가씨들이 노래하고 미소 짓는 곳." 수도원에서 노래 부르고 미소 짓는 "파포스의 아가씨들"이란 누구일까. 이들은 고전에서는 '갈보'들이었는데, 그들이 실제로 갈보를 이 모임에 데려갔을까? 이때 그 파티에는 그 지방의 신부(神父)도 초청되었고 또 초청받은 친구 중에도 성직자도 있었기 때문에 그리 난잡한 모임은 아니었으리라. 또 "파포스의 아가씨"라고 부른 여성의 정체는 뉴스테드 요리사, 하녀였을 것이다. 아니면 런던에서 바이런이 데리고 있던 두 명의 아가씨를 동석시킨 것일까. "귀신 나오는 방"은 맨 위층에 있는 바이런의 침실 옆방이다. 이 건물이 수도원이었을 때, 손님들이 가끔 목 없는 수도사를 보았다는 곳으로 바이런이 러쉬턴이 쓰도록 준 방이었다. 이 파티에 특별한 데가 있었다면 파티장 입구를 곰과 늑대가 지키게 한 것뿐이었다.

그들의 아침 식사는 보통 오후 2시까지는 하도록 치우지 않았다. 독서, 펜싱, 목검술, 배드민턴, 사격 등을 하거나, 산책, 승마, 크리켓, 호수에서 보트놀이, 곰 놀리기, 늑대 놀리기 등을 하였다. 저녁은 여덟 시에 먹고 한 시, 두 시, 세 시까지 놀았다. 저녁을 먹은 후 해골 잔에 포도주를 가득 부어 돌렸다. 그리고 차 마실 때까지 쉬다가, 차 마시면서 독서나 담화를 하다가 야참으로 샌드위치를 먹은 후 잠자리에 들었다. 참석자들은 승복을 갖추어 입고 그 위에 십자가, 염주 등 악세사리까지 착용하고, 정수리 부분을 밀어 수도승의 외관을 완벽하게 갖췄다. 그들은 이런 수사의 복장으로 어릿광대처럼 온 건물을 휘젓고 돌아다녔다.

친구들이 떠나자 바이런은 곧 어머니를 찾아 하직 인사를 드렸다. 자기가 떠나면 뉴스테드에 들어와 사시라고 당부하였다. 그러나 어머니는 빚을 그대로 남겨놓고 해외로 간다는 말을 듣고 걱정이 태산이었다. 어머니는 어머니대로 병이 나서 비싼 치료를 받는 중이었다. 노팅엄에는 바이런이 곧 빚을 갚지 않으면 파산할 사람도 더러 있었다.

바이런은 5월 6일 팔머스(Falmouth)를 출발하는 선편을 다시 예약했고, 핸슨에게 "어떤 조건으로도" 빨리 여행 경비를 변통해 보라고 닦달을 했다. 그러나 이미 빚이 12,000파운드 있는데 또 어떻게 더 빚을 낸다는 말인가. 핸슨이 보기엔 그의 여행은 채권자들을 피하기 위한 도피 행각일 것이고, 귀국할 땐 바로 교도소행이 될 것 같았다. 바이런은 핸슨에게 "내가 영국을 떠나는 것이 내가 설명한 것보다 열 배 더 나쁜 결과를 가져올지라도 저는 다른 방도가 없습니다. 여행을 안 가면 절대로 안 되는 조건이 있고, 저는 당장에 이 나라를 떠나야 합니다."라고 말했다.

4월 25일 바이런은 6,000파운드를 소브리지(Sawbridge)에게 빌릴 것 같았지만 흥정이 잘 되지 않았다. 그래서 여행은 하는 수 없이 연기되어야 했다. 바이런과 홉하우스는 6월 19일에 팔머스에서 몰타로 가는 정기 여객선에 또다시 예약을 하였다. 그는 영국을 떠나면 딱 두 가지가 마음에 걸렸다. 뉴스테드 애비와 자기 어머니였다.

6월에 예정대로 뉴스테드 수리가 끝났다. 1824년 로잘리스 쿠프(Rosalys Coope)가 해 놓은 기록에 따라 뉴스테드의 수리가 끝났을 때의 실내장식과 비품을 살펴보자. 바이런 자신의 침실과 탈의실은 노란색을 주조로 하고, 녹색 실크 휘장이 쳐진 침대를 들여놓았다. 이 침실에 옻칠한 의자 6조, 옻칠한 옷장, 마호가니 경대, 마호가니 서랍장 등을 들여놓았다.

서재에는 옻칠에 노란 커튼이 쳐진 책장이 있었다. 책장의 전면은 마호가니이고 열일곱 개의 선반으로 되어 있었다. 그가 집필하는 서랍 달린 책상은 마호가니로 된 것이었고, 황금색으로 장식한 세 발 받침대가 두 개가 있었는데, 바이런은 그 위엔 화분 대신에 완벽하게 윤을 낸 해골

두 개를 얹어 놓았다. 이 수도원에서 발견한 두개골이었을 것이다. 기겁하는 방문자에게 바이런은 은을 입힌 해골 잔에 포도주를 따라 마시는 모습을 보여주었다. 명색이 서재니까 키케로와 밀턴의 흉상을 놓았고, 그의 정치적 영웅인 폭스는 대리석상으로, 또 판화로 모셨다.

그는 주랑과 큰 식당은 폐허 상태 그대로 두었다. 지붕은 감히 수리를 못해 거의 6년간 방에도 비가 샜다. 벽을 파서 그림을 걸었다. 그는 자기 집에서 파티를 하면 그가 해로의 웅변대회일에 했던 대사를 멋지게 다시 낭송하리라 생각하고, 헨리 드루리, 호지슨, 홉하우스, '신사' 잭슨을 초대하기로 했다. 멋진 공연을 위해 목수를 불러 홀 한편에 무대까지 설치했다. 무대 있는 쪽에는 수도원 시절의 묘관이 그대로 있었다. 수리비가 1,500파운드나 되어 도저히 당장 갚을 수가 없었다.

바이런은 매슈스에게도 해외여행을 같이 가자고 권유했지만 응하지 않았다. 홉하우스는 같이 가기로 했으나 최근에 아버지와 싸웠기 때문에 돈을 타낼 수가 없었다. 바이런은 빚이 13,000파운드 있어 제 코가 석자였시만 홉하우스에서 여행 중 그가 필요로 하는 것이면 무엇이든지 다 대어 주기로 약속했댜.

6월 20일 바이런과 홉하우스는 모든 하인과 함께 런던을 출발하여 팔머스로 향했다. 당시는 영국과 프랑스 사이의 전쟁 때문에 유럽을 정상적인 경로를 따라 여행할 수 없었다. 바이런은 먼저 리스본으로 가서 거기

바이런의 가장 친한 친구 홉하우스

서 이베리아 반도를 가로질러 지중해로 나아가는 방법을 택했다. 데리고 갈 하인은 하인장 머리, 시종 플레쳐, 러쉬턴, 그리고 배화교도이며 페르세폴리스(Persepolis)까지 가 봤다는 프러시아인 프리제(Friese) 등이었다. 늙은 하인 머리가 동행을 했지만 그를 부리는 데 바이런은 전혀 부담이 없었고 늙은 하인은 젊은 주인을 위해 헌신적으로 일을 했다. 그만큼 주종의 관계가 분명했고 그것이 영국이 자랑하는 하인 문화였다. 팔머스의 한 여관에 도착해 보니 정기선은 이미 가 버렸다. 그들은 리스본으로 가는 우편선을 타기로 했다.

팔머스는 영국 서남단의 콘월에 있는 항구로 우편총국이 여기에 세워져 우편선이 여기서 입출항했기 때문에 갑자기 커진 도시였다. 바이런은 그곳에서 6월 22일 어머니에게 편지를 썼다. "저는 적어도 로치데일이 팔릴 때까지는 파산입니다. 일이 잘 안 풀리면 저는 오스트리아나 러시아의 군대에 입대할 것입니다. 튀르키예인이 예절이 바르다면 튀르키예군도 괜찮겠지요. 세계가 제 앞에 펼쳐져 있고, 저는 영국을 떠남에 아무 미련이 없습니다."

소브리지가 고작 2,000파운드를 송금했다는 소식을 듣고 실망했으나, 의외로 데이비스가 4,800파운드를 빌려 주어서 일단 안심을 했다. 그는 그 돈을 노름판에서 땄다고 하니 얼마나 고마운 노름판이었던가.

6월 30일 그들은 승선은 했으나 바람이 없었다. 리스본행 프린세스 엘리자베스(Princess Elizabeth) 호가 출항한 것은 7월 2일이었으며 승선 인원은 전부 19명이었다. 고국 해안을 떠나는 바이런은 진지하면서도 감상에 젖었다. 그는 이 여행이 그에게서 삶의 기쁨을 살려내 주기를 기대했다.

제 7 장
포르투갈·스페인과 알리 파샤
(1809년~1810년)

　배는 나흘 반을 달려 7월 7일 새벽 세 시에 포르투갈 타구스(Tagus) 강 어구에 도착하였다. 도선사가 좁은 12.6km의 타구스 수로로 배를 몰았다. 양안은 짙푸른 강둑이었다. 가파른 언덕에 솟아 있는 도시가 물에 어리니 도시는 둘이었다. 외국에 왔다는 환희와 야릇한 감정이 바이런을 사로잡았다. 배가 항구에 도착했지만 상륙은 10시에 이루어졌다. 타구스 강에 멱부터 감은 후 부에노스아이레스(Buenos Ayres) 호텔에 여장을 풀었다.
　그 당시 그 나라는 역사상 가장 치욕적인 기간을 보내고 있었다. 1807년 11월 나폴레옹이 포르투갈을 정복하자 브라간사(Braganza) 왕실은 충성스런 15,000명을 데리고 브라질로 탈출하여 그곳에서 왕정을 실시하였다. 프랑스군은 총 한 번 안 쏘고 리스본에 입성하였다.
　스페인은 나폴레옹의 통치에 대항하여 한 주(州)씩 나폴레옹의 군대를 물리쳐나갔지만 포르투갈은 스스로 나라를 구할 힘이 없었다. 바이런이 도착했을 때 리스본은 영국이 점령하여 치안을 담당하고 있었다. 새로 구성된 스페인 정권은 영국에 특사를 보내어 막대한 지원을 받아냈다. 나중에 웰링턴 공작(Duke of Wellington)이 되는 웰즐리 경(Sir Arthur Wellesley)이 만 명의 군대를 이끌고 들어왔다. 웰즐리는 1808년 8월에 리스본 근처에서 프랑스군을 패퇴시켜 승리를 바로 눈앞에 둔 바로 그 순간에 교체되어 버렸다. 1809년 연초에 영국군이 수세에 몰리자 웰즐리가 다시 돌아왔다. 바이런이 리스본에 도착한 날에도 영국군은 마드리드 근처의 탈라베라 (Talavera)에서 나폴레옹 시대의 가장 치열한 전쟁 중의 하나를 치르고 있었다.

나중에 웰링턴 공작이 되는 웰즐리 경

영국은 이처럼 스페인과 포르투갈에게는 동맹국이고 구원자였다. 그러나 리스본 시내에는 강탈과 폭력이 난무하여 밤에는 꼭 무장을 하고 나가야 했다. 시내는 더러웠고 고약한 냄새가 진동했다. 환전할 때부터 속여서 돈을 뜯어갔다. 홉하우스는 바닷바람을 쐬고 돌아오면서 그 도시가 더럽고 위생관념이 없는 것을 개탄했다. 한 사람이 계단에서 옷의 이와 벼룩을 잡고 있었다 하지 않던가.

리스본에는 정의도 없었다. 대부분의 수도원은 구걸로 유지했다. 어부가 고기 열 마리를 잡아 오면 두 마리는 수도사에게 가져다주고, 두 마리는 궁정 관리들에게 주어야 했다. 사제들에게 충분한 돈을 모아주기까지는 시체를 매장할 수 없어 시체에다 명찰을 달아 교회에 그대로 방치해 놓고 있었다. 기혼 여성 중에는 몸을 팔아 그 꽃값을 남편과 나눠 갖는 경우도 많았다.

7월 10일 일행은 늦게 크로퍼드(Crauford) 장군의 영국군 퍼레이드를 구경한 뒤 제로니무스 수도원(Jerónimos Monastery)으로 구경 갔다. 훌

제7장 포르투갈·스페인과 알리 파샤 117

류한 건물에 50명의 승려가 있었지만 그들 중 라틴어로 이야기할 수 있는 사람이 없었다.

7월 11일 바이런과 홉하우스는 4륜 포장마차로 고불고불한 길로 24km 떨어진 신트라(Cintra)로 향했다. 신트라 산맥의 북쪽 경사면에 앉은 신트라 마을은 해무에 싸여 있었지만 소나무, 미모사, 삼나무, 유칼립투스 나무로 덮인 산 위에 우뚝 솟아 있었다. 바이런은 이곳을 "신트라의 영광의 에덴"으로 묘사하면서, 바위, 폭포, 절벽 가운데 솟아 있는 궁궐과 정원은 바로 마법으로 베풀어진 경치라고 시에서 언급했다. 마을 안에는 무어식, 고딕식의 12~15세기의 왕궁이 환상적이었다. 그는 하루 낮 밤을 이 신트라에서 보냈지만 그의 상상력에 미친 영향은 두고두고 그의 여러 작품들에 스며들었다.

바이런은 그곳의 경치가 너무 아름다워 호지슨에게 "이스트레마두라(Estremadura)에 있는 신트라 마을은 아마도 전 세계에서 가장 아름다운 곳일 것"이라고 말했다. 그는 어머니에게도 말했다. "그 마을은 아마 모든 면에서 유럽에서 가장 멋진 곳일 거예요…. 바위, 폭포, 절벽 위로 솟은 궁궐과 정원, 불가사의할 정도로 높은 곳에 세워진 수녀원—멀리 [보이는] 바다와 타구스강의 정경…."

그러나 이 모든 경치 중에도 그를 가장 매료시킨 것은 『바섹』(Vathek)의 작가 벡퍼드(William Beckford)가 살았던 무어풍의 궁궐 몽세라트(Montserrat)였다. 바이런의 우상이었던 벡퍼드는 1785년 영국에서 쫓겨나 그 마을 외각에 무어풍의 궁궐과 호수는 물론이고, 화려한 열대 식물의 정원 등도 만들었다. 그러나 그는 거기서 2년만 살고 10년 이상을

윌리엄 벡퍼드

영국에서 살았다. 그 아름다운 정원은 이미 폐허가 되었지만 바이런에게는 영감을 주어 훗날 『차일드 해롤드의 순례』에서 그 정원을 다룬다.

7월 12일, 10일에 방문한 수도원과는 우리말로는 같은 이름이 되었지만 다른 수도원인 제로니무스 수도원(Jerónimos Convent)을 방문하였다. 바위산 꼭대기에 있어 리스본 시내가 다 내려다보이는 그 수도원에는 옷이 누추한 네 명의 수도사만이 살고 있었다. 이 수도원은 19세기 중엽에는 페나 국립 왕궁(Palácio Nacional da Pena)으로 바뀐다. 높은 언덕 위의 코르크나무가 도열해 있는 코르크 수도원(Capuchin Convento da Cortica)도 돌아보고, 그 산에서 골짜기로 내려왔다. 매우 아름다운 별장인 콜라레스(Collares)를 방문한 뒤 몽세라트궁에 다시 들렀다가 13일에 리스본으로 돌아왔다.

포르투갈은 그 당시 영국군이 보호하고 있었지만, 리스본과 그 인근의 치안에는 여력이 없었다. 거리가 그리 한산한 것도 아닌 저녁 8시에 바이런이 친구와 함께 마차로 한 상점 앞을 지나는데 괴한이 들이닥쳤다. "우리가 무장을 한 것은 천만다행이었는데 만약 무장을 하지 않았다면, 우리가 이야기를 해 주는 이야기꾼이 아니라 이야기에 등장하는 사람이 될 뻔했다."고 바이런은 말했다.

7월 18일엔 10일에 갔던 제로니무스 수도원을 다시 구경했다. 거기에는 328년이나 된 알폰소 5세의 시신이 방부 처리되어 있었지만, 수도사들은 그것이 누구의 유해인지도 전혀 모르고 있었다. 그 수도원에는 성 히에로니무스(Hieronymus)의 삶과 모험을 그린 그림이 있었다.

바이런은 리스본에 도착한 지 며칠 뒤 무료함을 달래기 위해 타구스강의 흐름을 따라 구(舊) 리스본에서 벨렝(Belém) 탑까지 헤엄을 쳤다. 홉하우스는 이때 바이런이 조수와 역류와 바람을 이기고 2시간 이내에 강을 건넜다고 하며 이것이 그가 그 이듬해 봄에 헬레스폰트 해협을 헤엄쳐 건넌 것보다 더 놀라운 위업으로 평가했다.

지브롤터(Gibraltar)로 떠나기 전 바이런은 홉하우스는 떼어놓고 16km나 해변을 따라 가서 마프라(Mafra) 수도원이자 궁궐인 곳을 찾았다. 이 수도원은 정면이 240미터나 되는 거대한 바로크식 건물로 그 안에

마프라 수도원이자 궁궐
'Palácio Nacional de Mafra - Palácio Nacional em Mafra' by Pedro S Bello via Wikimedia Commons under CC BY-SA 4.0.

궁궐, 교회, 수도원 등이 있어 바이런은 우선 그 규모에 놀랐다. 건물의 미관은 그리 훌륭하지 않았으나 도서관 창문에 베푼 '그리자유'(grisaille)라는 잿빛 로코코식 장식이 아주 인상적이었다. 프랑스가 침입하기 전에 이 수도원에 승려가 150명이었으나 바이런이 갔을 때는 30명만 있었다. 바이런의 다음에 나올 시의 주인공 차일드 해럴드는 이 궁을 언급한다. 그곳에 살고 있던 여왕 마리아 1세(Maria I)는 1807년 프랑스군이 침입하자 프랑스로 도망가는 정신 나간 짓을 했다고 했다. 승려는 친절하였으며 라틴어를 잘해서 오래 대화를 나눌 수 있었다. 거기서 한 승려는 영국에도 책이 있느냐는 황당한 질문을 했다.

　바이런과 홉하우스는 스페인의 세비야(Seville)와 카디스(Cadiz)까지 말을 타고 이동하기로 하였다. 하인들과 짐은 선편으로 지브롤터로 먼저 보냈지만 러쉬턴은 예외로 같이 데리고 갔다. 반도를 횡단하는 여행이라 그 지방의 말과 지리를 잘 아는, 이름이 상귀네티(Sanguinetti)인 포르투갈인 한 명을 하인 겸 안내인으로 고용했다. 그들이 지나가야 할 지방은 얼마 전엔 전쟁터여서 위험했지만, 바이런은 그런 전쟁터를 두려워하지 않았다. 전쟁이 휩쓸고 간 곳으로의 여행이 그를 오히려 흥분케 했다.

일행은 7월 20일에 타구스강을 건너 알데아갈레거(Aldea Gallega)라는 마을에서 일박하였다. 그 이튿날 네 시에 일어나 로스프리고네스(Los Prigones)까지 약 24km를 이동했다. 여행 중 말이 퍼져버리는가 하면 도둑이 바이런의 권총을 훔쳐 가서 말똥 밑에서 겨우 그것을 찾아내는 우여곡절을 겪기도 했다. 낭만적인 길을 지나 몬테모르(Montemor)에 도착하여 일박하였다.

이튿날 말 여섯 마리로 출발하여, 아리올로스(Arryolos)에서 무어족의 성을 구경하고, 성문을 닫기 직전 9시에 엘바스(Elvas) 성에 도착하였다. 그 도시는 리스본에서 약 200km 떨어져 있었으며, 포르투갈의 마지막 도시로 입성하는 데 꽤 까다로웠다. 그들은 시장에게 직접 가서 여권을 보여줘야 했다. 이 엘바스의 인구는 만 명. 홉하우스는 일기에 갈보와 키스 한 번 하는 데 6펜스를 지불했다고 적었다. 그런데 그는 훗날 임질에 걸리고 말았으니 정말 키스만 했을까.

이튿날 오후 그들은 전통에 따라 국경의 강인 카이아(Caia) 강에서 멱을 감은 후 스페인 땅으로 들어갔다. 국경에서 여권을 보여줬지만 그것을 본 자는 글을 몰랐다. 바다호스(Badajoz), 알부에라(Albuera)를 지나니 전쟁의 흔적이 나타나기 시작했다. 알부에라에선 스페인 사람들이 전쟁 중이라 그들의 말을 징용하겠다고 했다. 애국의 노래를 부르는 소년을 안내인으로 삼아 산타마르타(Santa Marta)를 거쳐 로스산토스(Los Santos)로 들어갔다. 그 애국의 노래 가사는 "여왕은 갈보요/ 찰스 4세는 돼지ㅡ사생아ㅡ악마 새끼/ 페르디난드 7세 만세/ 뒈질 놈은 나폴레옹."으로 되어 있었다.

바이런은 이때 어머니에게 여행에 대해 이야기했다. "저는 정부의 명령서를 지참하였으며, 제복을 입은 영국 귀족은 현재 스페인에서 귀빈대접을 받으니까 도중의 모든 숙박시설을 다 이용할 수 있어요. 말은 놀랄 정도로 좋고 길은… 영국의 최상의 길보다 좋지만, 작은 톨게이트 하나 없어요. 한여름이지만 4일 동안 피로하지도 않았고, 방해도 받지 않았고, 이 뜨거운 지방을 말을 달려 세비야에 도착할 때까지 줄곧 이런 상황이

1809년 7월 28일의 탈라베라 전투 장면

될 것을 상상해도 되겠습니다."
 그곳은 바이런이 리스본에 도착하기 며칠 전에 치렀던 탈라베라 전투의 현장이기도 했다. 이 전투에서 영국이 승리했다고 말하지만, 바이런은 영국 장교 200명과 사병 5,000명이 죽었다고 들었다. 그는 영국을 경멸한 나머지 영국군이 왕과 나라를 위해 죽는 것을 전혀 숭고하다고 생각하지 않았다. 7월 24일 모나스테리오(Monasterio)로 향발하였다. 두 명의 프랑스인 포로를 보았고, 일흔 살의 스페인인을 간첩죄로 처형하려고 세비야로 압송하는 것도 목격했다.
 일행이 모나스테리오에 도착하여 숙소에서 닭고기를 먹고 있을 때, 바이런은 흥을 돋우기 위한 스페인 사람들의 순발력에 놀랐다. 거구의 여성이 그 식당에 "탁 튀어" 들어오더니, 상귀네티가 플루트를 불자 갑자기 덩실덩실 춤을 추기 시작하였다. 이런 내용을 홉하우스는 일기에 꼼꼼하게 기록하였다. 그러나 바이런은 일기를 쓰지 않았고 편지도 그리 많이 쓰지 않았다. 그러나 석 달 뒤 『차일드 해롤드의 순례』를 쓸 때 이때의 경험을 시간과 장소를 바꾸어 가며 자유자재로 이용하였다.

7월 25일 안달루시아(Andalucia)로 가기 위해 험한 시에라모레나(Sierra Morena) 산맥의 잿마루에 올라섰을 때 그림같이 펼쳐지는 일망무제의 경치가 가슴을 뻥 뚫리게 했다. 고산에는 프랑스군 침입을 막고자 스페인 포대가 진을 치고 있었다. 산맥을 넘기 무섭게 전쟁을 철저하게 준비하고 있는 현장을 목격하였다. 그가 세비야로 갈 때 지나는 모든 협곡은 거의 요새화되어 있었다.

이날 일행은 세비야에 입성하여 27일까지 사흘을 머물렀다. 처음엔 숙소를 못 구해 영국 영사 와이즈먼(Wiseman)를 찾았다. 당시 영국과 동맹을 맺은 스페인 혁명정부의 본부가 이곳에 있었으며, 인구 3만의 도시에 10만이 북적댔다. 영사는 미혼 아가씨 벨트람(Josepha Beltram) 자매가 사는 숙소를 추천해 주었다. 저녁도 먹지 않고 모두는 와이즈먼이 주는 비스킷과 와인 한 잔만 먹고 잠에 빠졌다. 바이런, 홉하우스, 러쉬턴, 상귀네티 모두 작은 한 방에서 잤다. 플레처와 머리와 프리제는 짐을 싣고 배로 오고 있었다.

벨트람 자매 중 동생이 더 예뻤고 더 스스럼이 없었다. 바이런이 이 자매에게 키스해 주었다. 헤어질 때 그 자매 중의 하나가 바이런에게 왜 새벽 2시에 초대했는데 자기 침실로 오지 않았느냐고 물었다.

바이런과 홉하우스는 주스페인 혁명정부 영국 전권대사 존 프레어(John Hookham Frere)를 찾아갔다. 그는 다재다능한 법학자, 시인, 번역가에다 『앤티재커빈 리뷰』(Anti-Jacobin Review)라는 저널의 기고가이기도 했다. 그는 바이런이 급진적 성향으로 전향하는 데 또 창작에도 많은 영향을 주었는데 나중에 이야기하기로 하자. 이날 오후에 대사는 다른 모임에 참석하느라 부재중이어서, 바이런은 명함만 남겨놓고 돌아 나왔다.

이튿날 일행은 카테드랄(대성당)을 구경했다. 그러나 바이런은 거기서 본 벨라스케스(Velazquez)나 무릴로(Murillo)의 그림은 그리 마음에 들지 않았다. 나중에 그는 이 사원이 런던의 성 바울(St. Paul) 사원, 이스탄불의 성 소피아(St. Sophia) 사원, 그 외 자신이 본 어떤 사원보다도 훌륭했다고 말했다. 교회를 나와서 이 도시의 건축물을 둘러보니 그 조화와 아름다움에 감탄을 금할 수 없었다.

바이런은 전설적인 여전사 "사라고사의 아가씨"(Maid of Saragoza) 아우구스티나(Augustina)의 행진을 보고 감명을 받았다. 그녀는 스페인이 나폴레옹에 의해 다 점령당하고 사라고사만 남았을 때, 그 시를 방어하던 포병마저 다 전사하자, 혼자서 끝까지 목숨을 걸고 그 시(市)를 방어하려고 모든 포를 장전하여 발사하여 스페인 국민들을 감동시켰었다. 그녀는 훗날 정식 장교로 임명되어서도 혁혁한 공을 세

사라고사의 아가씨 아우구스티나

워서 스페인의 잔다르크(Jeanne d'Arc)라고 불리었다. 혁명정부는 그녀의 애국심을 찬양하고 일반국민에게도 애국심을 고취시키기 위하여 그녀에게 행진을 요청했다. 그녀는 혁명정부가 수여한 훈장을 달고서 매일 프라도(산책길)를 행진하였다. 전형적인 스페인 여성의 부드러움을 지녔으나, 초인적인 애국심으로 적을 물리친 그 여전사를 보고 바이런은 잠시 황홀경에 빠져들었다.

7월 28일 바이런은 세비야를 떠나 카디스로 향했다. 4두마차 두 대로 평야를 달리는데 길은 영국처럼 평탄하였다. 저녁 여섯 시에 우트레라(Utrera)에 도착하여 산타야고(St. Iago) 교회를 구경하였다. 큐폴라가 있는 아름다운 교회였다. 도시는 넓은 길이 나 있어 깨끗했고 여관도 훌륭하였다.

바이런은 여기서 어머니에게 세비야의 두 자매에 관한 이야기를 써 보냈다. "언니는 어머니의 이 못난 아들을 특별한 배려로 보살펴 주었는데, 사흘을 지낸 후 떠날 때는 너무나 정 있게 안아주고는 (저는 사흘밖에 안 있었어요), 제 머리카락 한 자락을 기념으로 잘라 갔고, 자신의 90센티나

되는 긴 머리카락 한 올을 잘라 기념으로 주어서, 그걸 동봉하오니 귀국할 때까지 잘 간수해 주십시오. 그녀의 마지막 인사말은 '잘 가시오, 그대 예쁜 친구! 당신은 내 큰 기쁨이었다오.'이었어요. 그녀는 자기 아파트까지 같이 쓰자고 제안했지만, 점잖은 체면에 어떻게 받아들이겠습니까. 그녀는 웃으며 '영국 아만테(애인)가 있겠지 뭐.'라고 말했고 자기도 스페인군 장교와 결혼할 거라고 했어요."

일행은 우트레라에서 일박을 한 뒤 셰리주 산지인 제레스(Zeres)로 갔다. 거기서 바이런은 거상(巨商) 고든(James Gordon)을 만났는데, 그는 매우 공손하게 바이런에게 큰 술통 5,000개가 들어 있는 지하창고를 구경시켜 주었다.

일행은 7월 29일 저녁 일곱 시 반에 카디스에 도착하였다. 바이런은 그 도시가 지금껏 본 중에는 가장 유쾌한 도시로 영국 도시와는 많이 다르며 특별히 미녀가 많다고 적었다. 그 이튿날 바이런과 홉하우스는 카디스 영사의 저녁 식사에 초대되어 갔더니, 웰링턴 공작의 조카도 초대받아 와 있었다. 식사 후 만을 건너 혁명정부가 허용한 유일한 투우장인 푸에르타산타마리아(Puerta Santa Maria)로 갔다.

피의 의식인 투우는 바이런에게 깊은 인상을 남겼다. 그는 훗날 『차일드 해럴드의 순례』에 11개 연에 걸쳐 투우에 관한 이야기를 썼다. 투우의 야만성이 부각되는 것은 화려한 의상의 투우사와 성장(盛裝)한 말 때문이었다. 그는 젊은 투우사가 소의 창자를 끄집어내는 장면이나, 짐승의 피를 보고 싶어 안달하는 관객을 보고 소름이 돋았다. "금방 갈라진 창자를 보고 군중은 미쳐서 고함을 지르고 여자들도 시선을 돌리지 않았다." 황소의 죽음의 춤과 고통받는 말의 폭주(暴走)는 서사시의 한 장면이 되고도 남았다.

> 황소는 비지땀을 흘렸고 상처를 안 입은 것이 아니었네.
> 옆구리에서 주르르 진홍색 선혈이 분출했네.
> 소는 내달리고 빙빙 돌고 격통으로 갈피를 못 잡는데
> 작은 창이 연거푸 꽂히고 긴 창도 꽂혔네. 비통한 괴성의 울음소리

...

*한 용감한 말의 시체가 토막 나 널부러졌고
또 한 마리, 소름끼치는 광경! 솔기가 다 풀려져 버린,
말의 피투성이 가슴 속의 펄펄 뛰는 생명의 동력,
죽음의 타격을 맞아 말은 허약한 몸을 겨우 일으키는구나.*

바이런은 너무 소름끼치는 장면이라 끝까지 자리를 지킬 수 없었다. 그 날 저녁 아홉 시에 카디스로 돌아와 극장에서 희극 한 편을 보고 시내 여러 군데 있는 창관(娼館) 중의 한 곳에 가보았다. 바이런은 『차일드 해롤드의 순례』에서 비너스가 원래 비너스의 신전이 있던 키프러스(Cyprus)의 파포스(Paphos)에서 쫓겨나 바로 카디스에 자리를 잡았다고 묘사를 했는데, 그만큼 미녀가 많고 남녀가 함께 흥청거리는 도시였기 때문이리라.

8월 1일 날이 밝기도 전에 바이런과 홉하우스는 대포소리에 잠을 깼다. 밖에 나갔더니 탈라베라 전투를 승리로 이끈 쿠에스타 장군(General Cuesta)의 개선을 축하하는 행사가 열리고 있었다. 그 행사의 일환으로 이 혁명정부의 영국대사 웰슬리 장군(웰링턴 공작의 동생 웰즐리 후작)의 부임을 환영하는 행사도 함께 열렸다. 바이런과 홉하우스는 부두에 서서 대사와 일행이 하선하는 것을 보았다. 웰즐리의 첫 행동은 미리 땅에 놓아둔 프랑스 국기를 짓밟는 것이었다. 바이런은 그 유치한 짓거리에 웃음이 터져 나왔고 끝없이 이어지는 카디스 애국자의 연설은 도저히 들어 줄 수가 없었다.

카디스를 떠나는 전날 밤 바이런은 코르도바(Cordova) 제독 가족과 함께 오페라를 관람했다. 거기에는 그 전날 밤 그들의 호텔로 데리고 와 같이 잤던 '하마이투페'(χαμαιτυπη)도 와 있었다고 홉하우스는 일기에 적었다. 홉하우스는 일기에 남들이 못 알아보도록 그리스어 "χαμαιτυπη"로 썼지만 우리는 홉하우스가 무엇을 감추려는지 다 짐작할 수 있다.

바이런은 제독의 딸 코르도바 양과 함께 가족석에 앉았다. 그녀는 스페인 미녀의 전형이었다. 바이런은 그녀가 "긴 검은 머리카락, 지친 듯한

검은 눈동자, 맑은 올리브색 [얼굴을 가져서]…맥 빠진 영국 여자들만 보아온 영국인들이 생각하는 것보다… 훨씬 더 우아한 스타일"이었다고 평했다. 그 제독의 딸은 보호자로 따라다니는 여자가정교사를 밀쳐내더니, 바이런더러 와서 자기 옆에 앉으라고 했다. 바이런은 이렇게 고백했다. "분명히 그들은 매력적이야. 그러나 그들의 마음에는 딱 한 가지 생각만 있었는데 그것은 비밀 연애였어."

8월 3일 프리깃함 하이피어리언(Hyperion) 호로 바이런과 그 일행은 카디스를 떠나 지브롤터로 향했다. 저녁 일곱 시에 아프리카 대륙을 처음으로 보았다. 트라팔가(Trafalgar) 곶을 지나 이튿날 오후 3시에 지브롤터에 도착하였다. 지브롤터는 이베리아 반도 최남단의 대부분 바위산의 반도이었고 그 산 기슭에 도시가 붙어 있었다. 그곳은 1713년 이래로 영국령이 되었다.

바이런 일행은 브로디(Brodie) 선장과 하선하여 영국 호텔 스리앵커즈(Three Anchors)에 여장을 풀었다. 방은 더러웠다. 그들은 이곳에 8월 16일까지 머문다. 리스본을 떠날 때 머리, 플레처, 독일인 하인 프리제는 하루 이틀 뒤에 짐을 챙겨 그리로 오는 배를 타게 되어 있었다. 그러나 그들이 아직 도착하지 않아 온갖 추측을 다했다. 바위산에 올라 바다를 내려다보다가 땅거미가 질 무렵에 내려왔다.

8월 6일 바이런은 홉하우스와 함께 영국군 도서관에 갔다가 저녁엔 또 바위산에 올라 일몰을 구경하였다. 며칠간 두 군데만 왔다 갔다 했다. 훗날 바이런의 전기를 쓴 존 골트(John Galt)가 바이런을 처음 본 것은 이 도서관에서였다. 골트는 그 후 바이런을 잘 관찰하여 1830

존 골트

년에 바이런의 전기를 펴냈다.

8월 11일 바이런은 하인들을 다시 만났다. 플레처가 리스본에서 잃어버렸던 홉하우스의 검은 상자도 찾아왔다. 저녁을 먹고 빌린 말로 승마를 하러 나가서 스페인 경계까지 갔다. 그러나 경계 너머로는 출입증이 없어서 나가지 못하고 발길을 돌려야만 했다.

8월 12일 바이런의 아프리카로 가려던 계획은 역풍으로 좌절되었다. 바이런은 플레처를 제외하고 모든 하인들을 영국으로 돌려보냈다. 어머니에게는 최대한 그 하인들을 잘 대해 주라고 하고 러쉬턴의 아버지에게는 행동이 나빠서 돌려보내는 것이 아니라는 점을 잘 일러 달라고 당부했다.

8월 19일 종일 부산하게 서둘러 일행은 다섯 시 반에 몰타행 우편선 타운센드(Townshend) 호에 승선하였다. 선상에서 식사를 하고 미풍으로 매끄러운 출발을 하였다. 바이런은 기분이 착 가라앉았다. 러쉬턴조차 없어서 더 우울해졌으리라. 동성애가 성행하는 그리스와 튀르키예에 러쉬턴 같은 잘생긴 젊은이를 데리고 간다면 다른 사람이 탐을 낼 수도 있었다. 그런 젊은이가 필요하면 현지 조달도 가능하리라.

평민 기질의 홉하우스는 곧 다른 승객들과 쉽게 어울렸지만, 바이런은 아무와도 어울리지 않고 갑판 난간에 홀로 돛에 등을 기대고 깊은 생각에 빠졌다. 사흘째가 되자 기분이 바뀌어 그도 장난기가 동했다. 다른 승객과 어울려 병 맞추기 사격을 즐겼다. 바람이 없자 몇 번이나 작은 보트를 내려서 선장과 함께 거북을 잡아 올렸다. 그러나 다시 밤이 오자 그는 또 아무도 접근할 수 없는 사람이 되어 돛을 맨 밧줄에 비껴 앉아서 생각에 잠겼다. 그는 여행 중에도 철저한 섭생을 했다. 포도주를 거의 들지 않았고 빵과 채소만 먹었다.

그 배는 역풍에 걸려 몰타가 아니라 사르데냐(Sardinia)의 칼리아리(Cagliari) 만으로 휩쓸려 갔다. 사르데냐 왕국의 수도인 칼리아리항에 접근하자 또 북풍이 몰아쳐 접안이 어려웠다. 이튿날 아침에야 방파제 가까이에 닻을 내리고 겨우 상륙했다.

바이런은 선장과 함께 말을 타고 시외로 빠져 나갔고 홉하우스는 곧

트와 같이 시내를 돌아봤다. 바이런 일행은 그곳 영국 영사와 힐(William Hill) 대사에게 명함을 남겨 두었더니 힐 대사가 저녁 식사에 초대했다. 바이런과 홉하우스는 다시 배로 돌아가서 근사한 예복을 갖춰 입었다. 바이런은 지브롤터에서 사르데냐 국왕을 알현할 것을 예상하여 최상의 궁중예복 일습을 맞춰 왔었다. 더러는 말을 타고 더러는 걸어서 힐 대사의 집을 방문했다. 넓고 방이 많은 훌륭한 집에서 멋진 식사를 대접받고 다 같이 오페라하우스로 가 이탈리아 오페라를 감상하였다. 왕족이 참석하였는데 왕은 2막 때 입장했다. 이 힐 대사는 1823년 바이런이 제노바에 있을 때 다시 만나게 된다.

공연이 끝나자 힐은 2층 입구까지 내려와 잘 가라고 인사하니 바이런은 필요 이상으로 아주 웅변조의 말로 감사를 표했다. 홉하우스나 다른 사람들이 들으니 그 인사말의 투나 격식이 너무 연극적이어서 우스웠다. 힐이 간 후 홉하우스가 바이런을 계속 지분지분 놀리자 그는 버럭 화를 냈다. 밤 11시에 해안으로 나오니 영국 영사가 대사의 명으로 보트를 준비해 줘서 배로 무사히 돌아올 수 있었다. 홉하우스는 삐친 바이런에 대해선 언제나 형처럼 관대하였다. 아마 그 이튿날 바이런을 달래고 얼려서 그의 기분을 풀어줬으리라.

8월 27일 일행은 타운센드호로 몰타로 출항하여 31일 오후 두 시에 그곳에 도착했다. 이 당시 몰타는 실제적으로 영국이 지배하고 있었고 총독은 알렉산더 볼 경(Sir Alexander Ball)이었다. 모든 승객은 하선했지만 바이런과 홉하우스는 내리지 않았다. 그들은 바이런의 도착을 미리 총독에게 알렸고 내심 그곳에서 그들의 도착을 알리는 예포 발사를 기대했었다. 암만 기다려도 예포가 없자 하는 수 없이 그날 오후 늦게 상륙해서 아무도 모르게 도시 안으로 스며들었다. 거리는 깨끗하고 넓었다. 예포를 쏘지 않았기 때문에 다시 배에 올라가 자도 전혀 켕기는 데는 없었다.

9월 1일 배에서 아침을 먹고 바이런과 홉하우스는 성 요한 교회(Church of St. John)를 구경하였다. 거기서 바이런은 카라바조(Caravaggio)의 「세례 요한의 참수」(The Decapitation of St. John the Baptist)라는 유명한 그림을 보았을 것이다. 배로 돌아왔더니 총독의 공식 초대장이 와 있었다. 만찬 시각은 세 시 반이었다. 총독은 해군 소장으로 바이런이 떠난 지 한 달 만에 세상을 떠났지만 그는 한때 사무엘 콜리지를 비서로 데리고 있었던 장군이었다.

총독은 만찬에 딱 한 가지 요리만 내놓고 절제와 금욕에 대한 강의만 잔뜩 늘어놓았다. 저택의 정원은 넓고 산책로가 좋았다. 그는 바이런 일행에게 콘스탄티노플로 가는 것이 좋겠다고 종용했다. 그들은 그의 2인승 노새가 끄는 마차로 시내로 돌아왔는데 마부는 옆에서 걸어야 했다. 그러나 어디서 자야 할지 몰라서 샤버트(Chabot) 씨를 찾아가 소개장을 주니 그는 그의 집에 잠자리를 마련해 주었다.

그 이튿날 총독에게 숙소를 부탁하러 갔더니 그의 비서가 수도 발레타(Valletta)의 한 괜찮은 집을 소개해 주었다. 바이런은 그 집에 짐을 풀자 곧 아랍어 문법책을 일 달러에 사서 도서관에서 일하는 한 수도사에게서 아랍어를 배우기 시작했다. 아마 아랍권 여행을 염두에 두었을 것이다. 근사한 목욕탕에서 목욕을 하고 돌아와 오크스 장군(General Oakes)과 만찬을 했다. 그의 부관 캐리(Cary) 대위가 바이런 등이 휘그당이고, 감히 총리 '빌리 피트'(Billy Pitt)를 우롱하는 행동을 한다고 거칠게 싸움을 걸어 왔다. 장군은 싸움을 말리고 바이런 일행을 서둘러 돌려보내야 했다.

바이런은 그날부터 오전에 아랍어 공부를 한 뒤 오후엔 라피에타(La Pietà)의 해변에서 수영을 하였다. 샤버트의 집에서 바이런과 홉하우스는 몰타를 거쳐 가는 중요한 인물을 많이 만날 수 있었다. 그중에는 동부 지중해 연안에 대해 잘 아는 스피리디온 포레스티(Spiridion Forresti), 스미르나의 영사 웨리(Francis Werry), 지방행정관 프레이저(Fraser) 부부도 있었다. 그 프레이저 부인은 몰타의 호스티스였는데 9월 4일에 바이런과 홉하우스를 초대했다. 그녀의 살롱에서 그들은 그녀의 친구면서 손님인 콘스턴스 스펜서 스미스(Constance Spencer Smith) 부인을 만나게 되었다.

스미스 부인의 미모를 보고 바이런은 정신을 잃을 뻔했다. 투명해 보이는 살결, 금발, 내리 뜨는 빛나는 푸른 눈동자…. 보는 사람을 황홀경에 빠뜨렸다. 그녀는 나폴레옹이 가장 가지고 싶어 하는 여성의 명단에도 끼어 있었다고 했다. 바이런은 가랑잎처럼 흔들리고는 금방 사랑에 빠졌다. 그녀는 바이런보다 세 살 위로 스물여섯이었고, 어떤 고관대작의 모임에서도 분위기를 쉽게 풀어나가는 매너와 교양이 빛났다. 바이런은 강한 열정을 가진 채 접근하면서도 어디까지나 신사적인 관계를 유지했다.

그녀는 과거가 있었다. 원래 콘스탄티노플 주재 오스트리아 대사 허버트(Herbert) 남작의 딸로 콘스탄티노플에서 태어나

콘스턴스 스펜서 스미스 부인

'Constance Catherine Smith' by Louis Marie Sicard via Rice University Library, Woodson Research Center under Creative Commons Attribution 4.0 International.

10대 때 영국인 찰스 스펜서 스미스와 결혼하였다. 그 영국인 남편은 한때 튀르키예 전권공사, 슈투트가르트(Stuttgart)의 영국 공사를 역임했었다. 그녀는 나폴레옹을 저해하는 한 음모에 가담했으나 탄로가 났다. 동생이 사는 베네치아가 안전하다고 생각하고 그리로 숨어들었지만 그곳에서 체포되고 말았다. 나폴레옹군은 그녀를 프랑스의 악명 높은 발렌시엔 교도소에 수감할 계획이었다.

그 영국인 남편은 어디까지나 그림자 같은 존재였고 실제 주인공은 다른 남자들이었다. 그녀는 시칠리아 귀족 살보(Salvo) 후작의 도움으로 우여곡절 끝에 극적으로 탈출했다. 그녀의 살보 후작과 벌인 모험은 이탈리아어로 된 이야기 중에서 가장 낭만적인 이야기로 알려졌었다. 이 청춘 남녀의 이야기가 바이런의 상상력을 자극했다. 이제 그녀는 남편이 있는 영국으로 찾아가는 중이었으며, 바이런은 영국에 가면 뉴스테드의

자기 어머니에게 전해 달라고 편지까지 써주었다.

바이런에게는 그 낭만적인 여자가 기혼녀인 것은 아무 장애가 되지 않았다. 기혼녀는 더 자유롭고 더 대담하지 않던가. 스미스 부인은 상당히 자신을 허락하는 성격이었지만 어느 지점에 도달하면 자신의 무모한 행동에 놀라고는 문을 싹 닫아버렸다. 바이런은 이 여성에게 완전히 매료당해서 발레타에 머무는 동안 한시도 그녀 곁을 떠나지 않으려 하였다. 그녀도 한창 피어난 바이런의 수려한 용모와 시인으로서의 재능에 완전히 매료되었다. 그녀가 바이런이 끼고 있던 반지를 요구하자, 스페인 아가씨가 달라고 해도 안 줬던 그 반지를 성큼 내놓았다.

9월 9일 오후 바이런과 홉하우스는 아랍어 수업을 받고 오크스 장군과 만찬을 하였는데, 그 장군은 1794년 7월 코르시카의 칼비(Calvi)가 포위당하여 넬슨이 눈을 잃었을 때 바로 그 옆에 있었었다. 이 전투에서 바이런의 재종형 윌리엄 바이런도 전사해서 남작 작위가 바이런에게 온 것이 아닌가.

바이런은 이날부터 19일까지 많은 시간을 스미스 부인과 보냈다. 바이런과 홉하우스는 아랍어 수업이 끝나면 아름다운 프레이저 부인과 스미스 부인을 찾는 게 일이었다. 바이런은 훗날 멜번 귀부인(Lady Melbourne)에게 이렇게 이야기했다. "저는 1809년 가을 지중해에서 영원한 열정에 완전히 사로잡혔습니다…. 만리장성을 쌓았지요—그리고 우리는… 프리울리(Friuli)로 가기로 했지요. 그러나 아깝게도 '평화'가 그곳을 프랑스 점령 하에 두는 바람에 일을 다 그르치고 말았지요…. 그러나 우린 이듬해 모월모시에 다시 만나기로 했습니다." 그러나 실제로 바이런은 스미스 부인에게 차분하게 대했고, 여자 쪽에서 마음이 달아 접근해도, 여자의 사랑을 다 아는 것처럼 아주 초연하게 대했다. 『차일드 해롤드의 순례』 2편 33연을 보면 그가 그녀의 수법을 훤히 꿰뚫고 있음을 알 수 있다.

바이런과 홉하우스는 포레스티를 통해서 이오안니나(Ioannina)의 알리 파샤(Ali Pasha)에 관한 이야기를 들었다. 포레스티는 그들에게 꼭 알리 파샤를 만나보라고 강하게 권했다. 바이런은 어디로 꼭 가겠다는 계획이 없었고 상황에 따라 언제나 목적지를 바꿀 수 있었다.

9월 14일 아랍어 마지막 수업을 하고 바이런과 홉하우스는 파트라의 영사 스트라네(Stranè)를 만나서 정보를 더 얻었다. 그들이 포레스티의 권고를 받아들여 프레베사(Prevesa)로 떠날 결심을 굳혔더니 요행히 그 이튿날 스파이더(Spider) 호가 있다는 것을 알았다. 이날 볼 경은 이오안니나의 영국주재원인 리크(William Martin Leake) 대위에게 소개장을 써줬다.

그러나 며칠간 역풍이 불어서 출발이 지연되었다. 9월 18일 저녁 11시 프레이저 부부와 저녁 식사를 한 뒤 바이런은 캐리 대위와의 사이에 끼인 감정의 앙금을 꼭 결투로 해결해야겠다고 생각했다. 그 대위와 전에도 껄끄러운 언쟁을 벌였는데, 이날 저녁 오크스 장군까지 바이런을 조롱하듯이 말해서 바이런은 도저히 참을 수 없었다. 젊은 장교를 밖으로 불러내서, 사람이 많은 곳에서 자기 이름을 아무렇게나 언급하는 것은 참을 수 없으며, 또 자신이 스미스 부인과 무슨 관계가 있는 것처럼 이야기하는 것은 더욱 용납할 수 없다고 했다. 바이런은 그 이튿날 바람이 바뀌면 떠나니 아침 여섯 시에 장소는 캐리가 정하고 결투를 하자고 정식 신청을 했다. 주변이 다 놀랐다.

12시에 닻을 올리기 전에 바이런, 캐리, 그 배의 선장 등이 문제를 적극적으로 해결하기 위해 쪽지를 열심히 써 보내고 또 열심히 전해 주었다. 캐리가 자신은 누구라도 기분을 상하게 할 의도는 원래 없었다는 긴 편지를 써 보냈다. 바이런은 그것을 사과로 받아들였다. 결국 바이런은 명예에 손상을 입지 않고 이오니아해로 출발할 수 있었다.

바이런 일행이 석 주간 머물었던 몰타에서 쌍돛대 전함 스파이더호로 출항한 것은 9월 19일이었다. 스파이더호는 그리스 서남부에 있는 항구도시 파트라와 프레베사로 가는 선단을 호송할 임무를 부여받은 전함이었다. 파트라의 영사 스트라네와 포레스티가 송별해 주었다.

전함은 맑은 이오니아해에 시원한 물고랑을 지었다. 나흘 째 되는 날 케팔로니아(Cephalonia)와 잔테(Zante) 사이의 수로에서 처음으로 일행은 그리스의 산들을 보았다. 동쪽으로는 펠로폰네소스 산맥이 보였고,

멀리 알바니아의 핀두스(Pindus) 산도 희미하게 다가왔다.

바이런 일행이 항해 중인 9월 22일에 영국군 원정대 1,857명이 이오니아 제도를 접수하러 몰타를 출발하였다. 당시 케팔로니아, 잔테, 이타카(Ithaca) 등의 제도는 법적으로는 프랑스 지배 하에 있었다. 따라서 스파이더호가 24일에 코린토스만에 들어섬과 동시에 적의 영해에 들어간 셈이 되었다.

적의 영해에 들어간 스파이더호는 얼마간 순전한 해적 행위를 했다. 홉하우스는 『긴 삶의 회상』(Recollections of a Long Life)이라는 책에서 이때 이야기를 한다. 그날 일곱 시에 그들은 코린토스만 입구 해협에서 건포도를 나르는 배 한 척을 추격하여 나포하였다. 그 배에는 세 사람이 타고 있었고 한 사람은 이타카 사람이었다. 또 한 척을 나포했으나 놓아 줬다. 저녁 여섯 시에 나포한 작은 보트에 포를 장착시켜 사략선(私掠船)으로 둔갑시켰다. 이 배에는 의사 한 명과 홉하우스를 포함하여 9명이 탔다. 그 사략선은 하루 반 동안 다른 배를 나포하고 약탈하였다. 그 작은 배는 먼저 포를 쏜 튀르키예의 70톤의 쌍돛대 범선까지 나포하였다. 그 쪽 승무원은 곧 항복하여 그 이튿날 아침에 그 배를 파트라로 끌고 갔다. 홉하우스는 성공적으로 해전을 치른 기쁨에 온몸이 달아올랐다.

9월 25일 홉하우스의 사략선은 작전을 계속하였다. 그는 또 배 몇 척을 발견하자 포를 쏘아 제압하고는, 나포하기도 하고 풀어주기도 했다. 그 이튿날에 그가 파트라에서 본선에 승선하여 코린토스만에서 펼친 작전은 자신이 거둔 멋진 승리이고 영광이라고 기뻐했다. 그 주변은 세르반테스(Miguel de Cervantes Saavedra)가 해전에 참전하여 왼손을 잃은 곳이기도 했다.

9월 26일 바이런과 홉하우스는 그리스 땅을 밟아보기 위해 파트라에서 잠깐 하선하여 그 땅에서 사격을 즐겼다. 11시 반에 그들의 함선은 프레베사로 향발했다. 북쪽으로 메솔롱기(Missolonghi) 시를 보았는데, 그곳이 15년 후에 그가 죽게 될 땅이 될 줄을 어찌 알았겠나. 이상하게 산기슭은 이중 해안을 그려 보였고 알바니아까지 산은 먼산주름을 이루었다.

9월 27일 왼쪽으로 오디세우스(Odysseus)의 고향인 이타카 섬을 끼고 배는 해협을 올라갔다. 바이런은 사포(Sappho)가 몸을 던졌다는 이타카 섬의 남동쪽 끝에 돌출한 '사포즈 리프'(Sappho's Leap)를 감명 깊게 보았다. 그곳은 사포가 사랑의 배신 때문에 바다에 뛰어든 곳이라고 했다. 알바니아의 바위산이 북쪽과 동쪽을 막고 케팔로니아의 암산은 서쪽을 막았다. 이타카 해안에서 또 배 한 척을 스파이더호의 보트가 가서 나포했다.

저녁에 튀르키예 배가 예포로 인사를 건넸지만 그 배도 나포하여 끌고 왔다. 하물은 노획하고 선원은 갑판으로 끌어냈다. 이때 배 수색은 바이런과 홉하우스가 맡았다. 저녁에 또 이타카에서 나오는 배 한 척과 튀르키예 배 한 척을 나포했는데 이때 바이런은 나포한 배에 내려가 무기고를 수색했다. 전부 구식 총이라 그는 총 수집에 보낼 것은 하나도 못 건졌다.

9월 28일 일곱 시에 프레베사 가까이에 닻을 내렸다. 아홉 시에 달이 떠서 악티움(Actium) 만을 휘영청 밝게 비추었다. 그곳은 안토니우스(Antonius)와 클레오파트라(Cleopatra)가 기원전 31년에 옥타비우스(Octavius)에게 패전한 곳이었다. 닻을 내렸을 때 영국 영사의 동생이 선상으로 올라와서 안내를 했다. 그는 바이런 일행을 보고 니코폴리스(Nicopolis) 유적지로 탐방을 갈 때 꼭 식사를 대접하겠다고 했다.

9월 29일 프레베사는 추적추적 비가 내려 을씨년스러웠고 좁은 골목은 진창이었다. 군대 막사 같은 집들이 초라하고 우중충하게 도열해 있었다. 바이런과 홉하우스는 예복을 갈아입고 상륙하였지만 곧 소나기와 흙탕물에 다 젖어버렸다. 영사 코미우티(Commiuti) 집으로 가서 만찬을 들었다. 프레베사는 인구 3,000명으로 튀르키예인이 반이었다. 그 영사의 집에는 웨이터도 벨트 속에 피스톨을 꽂고 다녔고, 그 영사의 아버지, 형이 모두 나와 식사 시중을 들었다.

식사를 마치고 오후 세 시에 걸어서 알리 파샤의 행궁을 찾아갔다. 행궁의 방은 큼직큼직했으나 벽엔 아무 장식이 없었고 몇 개의 소파만 있을 뿐이었다. 알리 파샤는 1798년 프랑스로부터 프레베사를 탈취하였으며, 그가 점령한 도시에는 꼭 자신의 행궁을 마련해 두었다. 알리 파샤는 알바니아와 그리스 북부지방을 겉으로는 콘스탄티노플의 술탄을 위해서 통치했지만, 실제로는 자기 자치 지구나 다름이 없었다. 그는 탐욕, 약탈, 사디즘으로 악명 높았으며, 영국이 점령해 가고 있는 이오니아제도도 얼마간 탐을 내 왔었다.

9월 30일엔 해가 돋자 일행은 올리브 숲을 지나서 프레베사 북쪽 12km 쯤에 있는 니코폴리스 유적지로 말을 타고 이동했다. 니코폴리스는 기원전 28년에 후일 아우구스투스가 되는 옥타비아누스가, 악티움 해전에서 안토니우스와 클레오파트라에 대한 승리를 기념하기 위해 에페이로스(Epeiros) 곶에 세운 인공 도시였다. 이 도시는 유적이라기보다는 쓰레기 더미에 불과하였다. 양의 방울소리와 개구리소리만 역사의 적막을 깨웠다.

10월 1일 바이런 일행은 알리 파샤가 새로 수도로 정한 이오안니나로 출발하였다. 알리 파샤는 알바니아 전부, 에페이로스, 마케도니아 일부를 통치하고 있었고, 그의 아들 벨리 파샤(Veli Pasha)는 모레아(Morea: 펠로폰네소스 반도)를 지배하며 이집트에 상당한 영향력을 행사하고 있었다. 요컨대 알리 파샤는 오토만 제국에서 가장 세력이 큰 사람 중의 하나였다.

바이런은 짐이 많았다. 영국에서 가져온 책이 든 트렁크 네 개, 작은 가방 세 개, 그 외에 야외용 식기, 침대 3개, 바닥의 빈대나 습기를 막아줄 목재 침대 골조 2조가 있었고, 마구로는 영국 안장과 굴레를 네 조 가져왔다. 우기를 고려하여 세 겹으로 된 자루를 가져온 것이 다행이었다. 비에도 전혀 젖지 않도록 이 짐들을 다시 튼튼한 가죽 포대에 넣었다. 이 포대는 가죽 안에 말 털, 그 안에는 왁스를 칠한 방수포로 되어 있어 어떤 비에도 끄떡없었다.

일행은 홉하우스, 플레처 외에 통역 겸 안내인으로 그리스인 조지(George)를 고용했기 때문에 네 명이 되었다. 조지는 통역, 안내 외에도 식사, 숙소, 말, 지출에 관한 일체 책임을 졌고, 바이런의 짐을 보고 탐내는 사람에게 미리 겁을 주는 것도 그의 중요한 임무였다. 그는 튀르키에인에게는 비굴하다시피 저자세로 대하면서도 금전출납에 자주 의심스런 데를 남겨 놓았다.

그들은 갤리오선(船)을 빌려 암브라키코스(Ambrakikos) 만을 건넜다. 경치가 보통이 아니었다. 배에서 내린 부둣가에는 집 한 채, 알바니아 군 막사, 그리고 알바니아 사병 12명과 장교 한 명이 주둔하였다. 이곳을 홉하우스가 살로라(Salora)로 불렀다. 일행이 탈 말이 준비되지 않아 하룻밤을 거기서 자야만 했다. 장병은 일행을 정중하게 맞았는데, 장교는 군복도 입지 않고 빨간 알바니아 빵모자를 쓰고 있어 불량배 같아 보였다. 그는 담배와 커피를 내놓았고 막사에서 식사를 할 때 생선, 빵, 포도주를 대접했다. 바이런은 하루 저녁 같이 놀자고 그들을 초청했다.

10월 2일 새벽에 궂은비가 쏟아졌다. 말이 열 필 준비되어 출발하려고 하니 또 작달비가 내렸다.

그곳의 군인들은 저녁에 모여서 담배를 피운 뒤에, 그중의 다섯 사람이 앉아서 튀르키예와 알바니아의 노래를 '읊었다'. 특히 한 곡은 알리 파샤가 프레베사를 포위했을 때 만들어진 것으로, 이 포위 작전에는 그 장교도 직접 참전했었다고 했다. 그들이 찢어지는 큰 목소리로 읊은 그 곡은 매우 단조로워 노래라고는 할 수 없었다. 그들은 밤새워 춤을 추느라 일행은 밤잠을 설쳤다.

그들의 노래는 한 사람이 서창(敍唱)을 하면 나머지 사람이 함께 합창을 하였으며, 마지막 음은 숨이 다할 때까지 오래 냈다. 알바니아인들의 용맹을 칭송하는 내용이 주였지만 강간, 강탈, 납치를 공적(功績)으로 여기는 노래도 있었다. 노래 속의 알리 파샤는 모두들 큰 소리로 강조를 했다. 바이런은 『차일드 해럴드의 순례』에 "탬부기, 탬부기"로 시작하는 알바니아의 연가를 번역하여 넣었다. 이 사랑의 노래 첫 부분은 울음소리 같이도 들렸다.

탬부기, 탬부기! 멀리서 들리는 경고 소리는
용사들에게 희망을 주고 전쟁의 약속을 주네.
산의 아들들아, 모두 이 소리에 일어나라,
치마리옷인, 일리리아인, 검은 피부의 술리오트인(Suliotes)들아!

아! 눈처럼 흰 카미즈와 텁수룩한 카포트를 입은
검은 피부 술리오트인보다 더 용감한 자 있으랴,
야성의 양떼를 늑대와 독수리에 맡기고
바위 사이로 물처럼 고원을 내려오네.
…

난 그 아가씨 어린 모습을 사랑했네.
난 어릴 때 그 아이 예쁜 얼굴을 사랑했네.
나를 재우는 건 그녀의 포옹, 나를 달래는 것은 그녀의 음악,
그녀의 방에서 여러 음의 리라를 가져와
그녀의 아버지가 몰락한 그 노래를 부르게 하리.

이틀 밤을 그들과 함께 보내니 사내들만의 정이 통했다. 그런 밤이 바이런에게 가장 행복했다. 거친 농담, 노래, 무의식적 동료애…. 학창 시절이 떠올랐다. 이 거친 산악 병사들이 바이런 일행을 받아 준 것은 공작부인의 초청보다 더 기분이 좋았다. 이 알바니아 사람들은 바이런이 어릴 때 보았던 스코틀랜드 하일랜드 사람들과 매우 닮아 있었다.

알바니아 술리오트인

이 술리오트인들은 튀르키예의 압박을 피해 그리스의 에페이로스 지방에서 알바니아 남부의 술리(Suli) 산 속으로 들어간 종족이었다. 그들은 18세기에는 독립된 생활을 했으나 1803년 튀르키예로부터 쫓겨나서 이오니아제도로 뿔뿔이 이주해 갔다.

10월 3일 아침 일행은 장교에게 20피아스터(piaster)를 주어 사례하

고 여덟 시에 아르타로 향발했다. 말 네 필은 네 사람이 타고, 네 필은 짐을 싣고, 두 필은 호위병으로 고용한 두 군인이 탔다.

아르타 시에 들어가 세관에 들러 세관원에게 소개장을 내밀었더니 알바니아계 튀르키예인은 매우 친절하고 예의 바르게 대했다. 마당에는 무명천, 가죽 짐 등 이오안니나로 들여보낼 화물이 가득 쌓여 있었다. 일행은 그 세관원이 구해 준 근사한 집에 여장을 풀고, 살로라에서 가져온 거위고기와 생선으로 저녁을 들었다.

이튿날 일행은 아르타를 떠나면서 사브르 검과 장총으로 무장하였다. 길가의 목동도 무장해 있어 처음엔 산적인 줄 알고 기겁을 했다. 심한 소나기를 맞았다. 오토만 제국 곳곳에는 우리나라 조선시대의 원(院)과 같은 숙소가 있었다. 한 원에서 일행 7명은 다른 여행객 5명과 한 방에서 자지 않으면 안 되었다. 바이런은 머리맡에 피스톨을 두고 잤다.

10월 4일 아침으로 생선을 먹고 출발하였다. 오른쪽에는 강이고 왼쪽으로는 옥수수밭이 펼쳐졌고, 광활한 늪을 지나니 평원이 나타났다. 군초소를 지나면서 호위병 네 명을 더 고용하여 그들은 도보로 가게 했다.

산을 올라가 12시에 휴식을 취하면서 뒤돌아보니 경치가 아주 빼어났다. 가파른 산으로 둘러싸인 계곡과 저 멀리는 바다가 보였다. 그러나 그곳은 강도가 자주 출몰하는 악명 높은 곳이었다. 양치기, 염소치기들도 총과 칼로 무장하여 험악해 보였다. 아르타와 이오안니나 한가운데 있는 주막에 도착한 것이 세 시 반이었고, 거기선 그리스인은 한 명당 4파라(para)의 통행세를 납부해야 했다. 거기서부터는 평원으로 이어지는 내리막길이었다. 슬슬 이슬비가 뿌리더니 칠흑같이 어두워졌다. 주막에 들러 봉놋방을 독차지하려고 했지만 네 명의 알바니아 군인이 더 들어와 한 구석만 차지했다. 이 봉놋방의 사람들은 모두 베개 밑에 피스톨을 넣고 잤다.

10월 5일 고개를 넘고 다시 고개티에 들어서니 구름발 사이로 이오안니나 시가가 석양에 반짝 빛났다. 그처럼 매혹적인 광경은 처음 보았다. 핀두스 산맥 기슭에 자리 잡은 그 도시는 그림 같았고, 집, 돔, 회교사원의 첨탑 등이 오렌지나무, 레몬나무, 삼나무 숲 사이에서 유난히 반짝거렸다. 이 도시 밑에는 거울처럼 호수가 받치고 있었고 그 주변에 급격하게 솟은 산은 그대로 빼어난 선경을 이루었다.

그러나 이 도시 입구에서 일행은 간담이 서늘했다. 푸줏간 맞은편 나뭇가지에 사람 몸에서 떼어낸 옆구리의 일부와 팔이 걸려 있었기 때문이었다. 그 시신은 5일 전에 반역으로 참수당한 한 신부(神父)의 것이라고 했다. 바이런과 홉하우스는 토악질을 했다.

일행은 알리 파샤를 만나보려고 알아보니, 그는 이브라힘 파샤(Ibrahim Pasha)와의 "작은 전쟁을 끝내기 위해" 알바니아의 테펠레너(Tepellené)에 가고 없었다. 그들이 이오안니나의 영국 주재관 리크 대위를 찾아가니 바이런이 온다는 소식을 받아놓고 있었다. 니콜로 아르기리(Nicolo Argyri)라는 이탈리아어를 쓰는 희랍인의 집에 묵을 준비가 되어 있었다. 알리 파샤도 이미 고위층 인사가 온다는 소식을 접하고 이 손님들에게 호위병을 한 명 배정하여, 그 호위병이 일행을 정중히 자기 성(城)으로 모셔오도록 이미 명령을 내려놓았었다. 빨간 옷을 입은 파샤의 비서관과 대주교가 그들에게 와서 인사를 하였다.

10월 6일 바이런은 알바니아 옷을 이것저것 입어본 뒤 근사한 옷 두 벌을 샀다. 가격은 한 벌에 50기니나 들었지만 진짜 금이 많이 들어가서 영국이면 200기니는 좋이 될 것 같았다. 그는 후일 토마스 필립스(Thomas Phillips)에게 이 옷을 입고 있는 초상화를 그리게 했다.

리크 대위는 지지(地誌) 학자로 1799년부터 근동에서 외교업무를 맡아 왔고 그의 노력으로 영국과 튀르키예 제국 사이에 평화 협정이 이뤄졌다. 1809년부터는 프레베사와 이오안니나에서 활동하면서 파샤에게 포와 화약을 공급하는 역할을 해 왔다. 그는 그때 파샤와는 긴장상태에 있었는데 왜냐하면 만약 영국이 알리 파샤를 포기하고 그 지역을 프랑스에 넘긴다면 파샤는 리크를 볼모로 잡을 생각을 가졌기 때문이었다. 알리 파샤는 영국과 우방 관계를 꼭 유지하기를 바랐다.

어느 곳에도 미혼 여성은 보이지 않았다. 신랑도 결혼반지를 끼기 전까지는 신부를 보지 못한다고 했다. 기혼녀 외에는 절대 사랑을 나눠서는 안 되기 때문에 그곳에는 남색이 성행하였다. 남색은 그리스에서는

이때 산 옷을 입고 1813년에 그린 바이런 초상화

비공개적으로 이뤄졌으나 튀르키예에서는 공공연하게 이뤄졌다.

바이런과 홉하우스는 매일 알리 파샤가 제공한 말을 타고 그 도시와 주변을 돌아다녔으며, 리크가 동행했다. 인구 3만으로 대부분 그리스인이었으며, 학교가 많고 문화와 인구에 있어서 아테네를 훨씬 능가하였다. 아테네는 당시 인구가 1만에 불과하였다.

바이런 일행은 알리 파샤의 어린 손자들을 방문했는데, 그들은 각각 별채의 궁전에 살았다. 손자 중 열 살짜리 후세인(Hussein) 대군(大君)이 장손이라고 했다. 그의 사촌 마모우트(Mahmout)는 열두 살인데 이미 파샤가 되어 있었다. 그의 동생은 얼굴에 잔뜩 화장을 하여 얼굴이 아주 매혹적으로 보였다. 바이런은 그 유혹적인 소년들을 그 어머니에게 "내가 본 중 가장 아름다운 작은 소년"이라고 편지로 이야기했다. 알리 파샤나 그 아들 대(代)에서는, 아이들을 이처럼 매혹적으로 만드는 것이 법도였다. 그것은 왕조에 내려오는 어린이에 대한 소아성도착(pedophilia)이 발현한 것으로 설명될 수 있으리라.

후세인 대군은 불과 열 살이었지만 손님 맞음에 어른처럼 의젓했다. 바이런은 대군을 만날 때 화려한 군복 예복을 입고 사브르를 찼다. 궁전을 둘러볼 때 후세인은 미리 모든 방에서 여자는 나가라고 명했다. 바이런은 처음으로 튀르키예 양탄자가 깔린 호화스런 방, 무늬 있는 실크를 댄 소파, 베네치아 유리를 쓴 창문 등 화려한 궁궐 내부를 볼 수 있었다. 대리석 목욕탕에는 분수에서 물이 솟았다.

밤에는 라마단이 시작되어 사람들이 피스톨과 대포를 쏘면서 축하했다. 탄알이 핑핑 바로 옆으로 지나갔다. 말을 타고 이동을 할 때 바이올린 소리가 나서 들어가 보니, 아홉 내지 열 명의 알바니아인들이 녹지 위에서 손을 등 뒤에 묶은 채 두 명의 악사의 음악에 맞춰 흥겹게 춤을 추고 있었다. 한 명은 바이올린을 켰고 다른 한 명은 탬버린을 쳤다. 춤은 느렸으며 춤꾼들은 두 열을 지어 마주 보고 가까이 갔다가 다시 뒤로 물러서기를 되풀이했다. 악사들은 춤꾼들 가까이 따라다녔다.

일행은 그 어린 왕족들과 거리를 행진할 기회가 있었다. 바이런과 홉하우스는 그들의 화려한 의상과 시민들이 왕족에게 보여주는 예절을 보고 적잖게 놀랐다. 맨 앞에 사령이 그들의 행차를 알리고, 그 뒤에 각 궁궐에서 나온 군관이 지팡이와 은제 지휘봉을 휘저으며 지나가고, 그 뒤에 성장한 말을 타고 바이런 등 영국인이 지나가고, 그 뒤에 열두 살 먹은 파샤와 그의 사촌이 금으로 장식한 말을 타고 뒤따랐다. 어린 대군이 지나가자 상인들이 모두 상점에서 나왔고, 걸어가던 사람도 발걸음을 멈추었다. 모든 사람들은 허리를 깊숙이 굽혀 오른손으로 땅을 짚고는 그 손을 입과 이마까지 올리는 예를 갖췄다. 대군은 오른손을 가슴에 얹고 약간 고개를 점잖게 숙여 그 예에 답했다. 그것이 대군과 왕족에 대한 동양식 예절이었다.

호수에는 작은 섬이 있고 그 섬 맞은편에는 튀어나온 반도가 있었다. 호수로 둘러싸인 작은 반도 위의 요새가 그들의 궁전이었고 호수는 자연히 그것의 해자가 되었다. 이 성과 요새를 재건한 사람이 알리 파샤였고, 이 반도가 그 자체로 완벽한 도시였다. 화려한 모스크, 300명이나 들어갈 수 있는 하렘, 왕가 건물과 군용 건물이 다 위용을 뽐냈다. 알리 파샤가 죽은 후 그의 묘도 바로 이곳에 썼다.

10월 11일 오후 한 시에 바이런 일행은 엿새간 체류를 마치고 비서관 스피리디온 콜로보(Spiridion Colovo), 그의 하인, 사제 한 명, 알바니아인 하인 한 명과 함께 알리 파샤가 있는 테펠레너로 출발했다. 이 알바니아인 하인의 이름은 바실리(Vasilly)로 아주 '화려한' 경력의 소유자였다. 알리 파샤가 한번은, 아들이 바람을 피우자 아들과 관계있는 열두 명의 여자를 모두 잡아 물에 빠뜨려 죽였는데, 바실리는 그때 그 소름 끼치는 일을 자기 손으로 했노라고 이야기하였다. 이 이야기는 뒤에서 다시 하기로 하자.

그리스에서 알바니아로 넘어가는 이 모험은 바이런이 영원히 잊을 수 없는 아름다운 추억이 되었다. 첫날에 일행은 두 패로 나누어 갔다. 알바니아인, 비서관, 홉하우스, 기수장 등이 선발대에 속했고, 바이런은 후발대에 속했다. 도중에 갑자기 천둥과 번개가 치고 폭우가 쏟아지기 시작하자, 바이런의 안내인 조지는 흥분해서 "발을 동동 구르고, 욕을 하고, 소리를 지르더니 총을 쏴댔다… 놀란 '시종'[플레처]은 산적이 나타난 줄 알고 사색이 되었다…. 바이런은 [기가 막혀] 웃지 않을 수 없었다."
　선발대는 칼라마스(Kalamas) 강 계곡의 경사면 높은 곳에 걸려 있는 목적지 지차(Zitsa) 마을에 무사히 도착했다. 홉하우스는 후발대도 안전하게 도착하기를 애타게 기다렸다. 아홉 시간이 지나도 후발대가 오는 기척이 없어 그는 공황상태가 되었다. 11시 반에 개 짖는 소리가 나서 나가보니 비서관의 하인이 와서 겁에 질린 표정으로 말이 쓰러졌다고 했다. 바이런 일행은 새 말을 몰고 오라고 이 사람을 보냈던 것이다. 후발대는 그 지방을 샅샅이 아는 안내인이 세 명이나 있어도 폭풍이 시작될 때부터 길을 잃어 아홉 시간을 헤맸다. 그들은 선발대에서 한 시간 거리에 떨어져 있었지만 방향을 잃었고 급류를 만났다. 말 두 마리가 쓰러졌지만 바이런은 허허 웃기만 하고 태평이었다.
　바이런은 폭풍이 지나가기를 기다렸었다고 했다. 그는 불어난 강가에서 한 튀르키예 묘석에 의지하여 비를 피하고 번갯불을 조명 삼아, 후드 달린 양모 외투를 펼쳐 젖지 않도록 하고 시를 18연이나 썼다고 했다. "아름다운 플로렌스"(스미스 부인)에게 보낼 시도 쓴 뒤 그 마을에 도착하니 새벽 세 시였다.
　이튿날 보니 이 지차 마을은 기가 막히게 낭만적인 장소였다. 마을 전체가 거대한 바위 위에 얹혀 있는 듯했다. 거기에도 알리 파샤의 행궁과 아주 작은 교회가 있었다. 푸른 언덕 위에는 수도원이 있어 들렀더니, 백포도주, 호두, 커피 등을 차려 내놓았다. 이 수도원은 아마도 세계에서 가장 낭만적인 장소일 것이라고 홉하우스는 일기에 남겼다. 사방을 둘러보아도 절경 아닌 곳이 없었다. 바이런은 『차일드 해롤드의 순례』 제2편 49~52연에서 이 마을의 아름다움이 그리스에서는 제일이라고 극찬을 했다. 바이런은 "그곳이 (포르투갈의 신트라를 제외하면) 내가 본 중에 가장 아름다운 장면"이었다고 기록했다.
　이오안니나에서 테펠레너까지 120km였지만 지차에서 목적지까지 가는 데에만 꼬박 일주일이 걸렸다. 길은 여러 군데서 비에 씻겨가 버렸기 때문이었다. 바이런은 나중에 이렇게 회고했다. "우리가 여행할 때 [홉하우스는] 딱딱한 잠자리와 무는 해충 때문에 속이 상해 불평을 했지만, 나는 팽이처럼 잤고 그가 해충을 욕하는 소리에 잠이 깼지. 그는 매번 저녁 식사를 두고 욕하고… 나를 두고는 일종의 '동물적' 무관심뿐이라고 비난했지."

바이런은 그런 오지(奧地)로 여행하는 것이 여간 뿌듯하지 않았다. 아르나오우츠(Arnaouts), 즉 알바니아인들이 주거하는 산맥은 스코틀랜드의 칼레도니아 산맥처럼 보였다. 그들도 스코틀랜드인처럼 하얀 킬트를 입었고, 야위었지만 아주 활동적인 체형이었고, 켈트어 같은 방언을 썼고, 습관은 건전하였다. 바이런은 이 모든 것 때문에 마치 스코틀랜드의 모벤에 가 있는 듯했다. 키가 늘씬하고 그가 본 종족 중에서 용모가 가장 아름다운 여인들이 급류에 끊어진 길을 수리하고 있었다.

바이런은 알바니아의 여성들이 노예처럼 매 맞아가며 밭을 갈고, 흙을 파고, 씨를 뿌리고, 나무를 나르고, 길을 수리하는 것을 보고 가슴이 아팠다. 남성들은 주로 살인, 전쟁, 사냥에 빠져 있었기 때문에 나머지 일은 전부 여성들이 도맡았다. 먼 샘에서 물을 길어 올 때 물을 머리에 이고 한 손에 들고 오는 모습이 애처로웠다.

보통 알바니아인들은 수입의 1할을 콘스탄티노플 정부에 바치는데, 그것의 1/4은 알리가 취했다. 그 외에 마을 보호비 명목으로 돈을 따로 징수했고, 또 그의 명령이 떨어지면 특별히 또 돈을 걷어갔다. 그의 관리(官吏)라면 언제 어디라도 무료로 유숙할 수 있었다. 그 관리는 집주인의 돈을 훔치거나 그의 아내를 건드리지 않는 이상 무슨 일을 해도 되었다. 농부들은 가난했지만, 알리가 권력을 잡자 궁궐, 교량, 도로, 운하, 소택지 배수시설, 여각 등을 건설하고, 경찰력을 강화하여 도둑을 소탕해 주어 대단히 만족스러워했다. 알바니아는 그로 인해 더 발전할 탄탄대로에 들어선 듯했다.

저녁엔 일행은 무려워 못 견뎌서 모두 속옷의 이와 벼룩을 잡았다. 옷에는 자릿내가 났다. 홉하우스와 플레처에게 특히 이가 많았고 바이런도 이 잡는 데는 그들만큼 손이 재재발랐다.

10월 14일 델비나키(Delvinaki)를 향해 출발하였다. 오른쪽엔 작은 호수가 있었고 그 안에 알리의 타로비나(Tarovina)라는 요새가 있었다. 길은 더욱 아름다운 숲길로 고불고불 이어졌다. 어느새 잿마루에 이르렀고 그 아래 고개티는 천 길 낭떠러지를 감고 있어서 앞에는 일망무제의 경치가 경건하게 펼쳐졌다. 멀리 먼산주름이 보였으며 산꼭대기는 삿갓구름이 감고 있었다.

10월 15일 리보카보(Libochavo)로 출발하였다. 내리막길은 나무가 우거진 계곡으로 나 있어 말에서 내려 걸었다. 세 시간 만에 거대한 경작지 평원과 큰 도시 아르기로카스트로(Argyrocastro)를 지났다. 그 도시는 오늘날엔 지로카스터르(Gjirokastër)로 이오안니나만큼 크며, 알리가 점령하려고 눈독을 들이는 곳이었다. 실제로 그는 1812년엔 이 도시를 점령하게 되며 그해 3월 12일에는, 40년 전 자기 어머니와 누이에게 가한 폭행에 대한 복수로, 그 주민 700명 내지 800명을 골라 무참히 학살해 버린다. 리보카보에 도착해 보니 그 도시의 태수는 10살인 알리의 생질이었다.

10월 17일 평원을 지나고 강을 건넜다. 리보카보에서 테펠레너까지는 큰 모험은 없었다. 깨끗한 세자라데스(Cezarades)에 도착하여 쾌적한 잠자리를 얻을 수 있었다. 그 이튿날 고불고불한, 오르막내리막길을 탔다. 대부분 여자들이 나와 일행을 위해 곡괭이로 길을 내어 주었다. 밭에는 석류, 담배, 무화과, 포도 등이 재배되었다.

10월 19일 10시에 출발하여 강을 따라 내려갔다. 강은 점점 커지고 계곡은 좁아지고 경치는 점입가경이었다. 해가 뉘엿뉘엿 넘어갈 때 고개를 넘자 테펠레너의 탑과 첨탑이 보였다. 북서쪽에서 좁은 골짜기를 훑어 테펠레너로 내려오는 또 다른 강이 있었다. 테펠레너는 알리가 태어난 곳이지만 작은 도시였다.

도착하자 즉시 그들은 알리 파샤의 성으로 갔다. 바이런은 이때 본 궁전의 화려한 광경에 깊은 인상을 받았다. 그 인상은 더 화려한 콘스탄티노플의 궁궐에서 받은 것보다 더 강렬했다. 궁정(宮庭)의 두 면은 궁궐 건물로 되어 있고 나머지 두 면은 높은 성벽이었다. 사람들은 그리스 옷이 아니라 화려한 동양식 옷을 입고 있었다. 군인들은 무기를 담에 기대 쌓아두고 뜰 곳곳에 모여 있거나, 성장(盛裝)한 말을 이리저리 몰고 다녔다. 저녁에 있을 잔치를 위해 요리사들이 양을 잡느라 바빴다.

알리 파샤의 궁궐

바이런은 어머니에게는 이때의 광경을 자세하게 이야기했다. "저는 해가 뉘엿뉘엿 지는 오후 다섯 시에 테펠레너로 들어왔을 때의 특이한 장면을 결코 잊을 수 없을 것입니다…. 전통의상을 입은 (긴 흰 킬트, 금을 수놓은 망토, 레이스가 붙은 진홍 벨벳 상의와 조끼, 은을 입힌 권총과 단도 등이 일습이 되는, 세계에서 가장 화려한 의상을 입은) 알바니아인, 높은 모자를 쓴 타르타르인, 풍덩한 외투와 터번을 착용한 튀르키예인, 궁궐 앞… 노천 발코니에 무리 지어 선 병사, 그 아래 일종의 회랑에 말을 몰고 선 흑인 노예, 곧 출동하도록 준비된 200필의 성장한 말, 급한 공문서를 전달하려고 들락거리는 사환, 둥둥 솥 모양의 큰 북을 치는 소리, 모스크의 첨탑에서 시간을 알리는 청년, 이 모든 것과 이상하게 보이는 건물 자체가 낯선 사람에겐 새롭고 즐거운 광경이 되었답니다…. 저는 멋진 방으로 인도되었으며 튀르키예 풍의 옷을 입은 총독의 비서가 제 건강을 물었습니다." 마침 라마단 기간이라 일행은 첫날밤에 회랑에서 벌어지는 잔치 소리, 북소리, 기도 시각을 알리는 소리 때문에 잠을 설쳤다.

이런 인간 전시장에서 빠져있는 꼭 한 가지가 여성이었다. 그들은 다들 잘 "길들여져 우리에 갇혀" 지냈다. 그들은 생산과 양육에만 이용될

뿐 아무데도 쓸모가 없었다. 바이런은 이런 환경에서 낳은 자식은, 나중에도 어머니 품을 떠나지 못해 여성보다는 남색의 대상을 찾는다고 『차일드 해롤드의 순례』의 지워버린 한 구절에서 말했다.

10월 20일 하얀 지팡이를 지닌 한 군관이 궁궐에서 나와서, 파샤의 알현 시간이 정오로 잡혔다고 알려주었다. 바이런은 예복 정장을 차려 입었다. 근사한 칼을 차고 통역 조지오 포우스미오티(Georgio Fousmioti)와 서기관을 대동하고 파샤를 방문했다. 흰 지팡이를 든 안내인이 길을 열었고, 가구가 별로 없는, 죽 붙어 있는 방들을 지나 접견실에 들어갔다. 가구가 잘 갖추어진 넓은 방은 소파로 삥 둘러져 있었고, 소파는 화려한 수를 놓은 벨벳으로 덮여 있었다. 마루 한가운데에는 샘물이 넘치는 커다란 대리석 분수가 있었다.

그들이 입장할 때 알리 파샤는 서 있었다. 튀르키예인에게는 이례적인 예의였다. 그는 뚱뚱하고 하얀 턱수염이 있었으며, 높은 터번을 쓰고, 다이아몬드가 박힌 아타간 검을 지니고 있었다. 알리는 사근사근하고 기분이 좋아보였다. 그는 홉하우스의 키에 대해 물었다.

바이런은 어머니에게 이렇게 이야기했다. "그의 첫 질문은 왜 그 어린 나이에 조국을 떠났냐였어요. (튀르키예인들은 오락이 일환으로 하는 여행의 개념이 없어요.) 그는… 리크로부터 제가 훌륭한 가문 출신이란 말을 들었다고 했으며, 나의 어머니에게 존경의 뜻을 전한다고 했어요. 제가 지금 알리 파샤의 이름으로 [존경의 뜻을] 전해 드립니다. 그는 제가 타고난 귀족인 것을, 작은 귀, 곱슬머리, 하얀 작은 손에서 알 수 있었다고 말하고는, 제 외모와 의복에 흡족해했어요. 이 튀르키예 땅에 있는 동안 아버지처럼 여기면 자기도 아들처럼 여기겠다고 말했어요. 사실 그는 저를 아이처럼 대했고, 하루에 스무 번씩 아몬드, 설탕이 든 셔벗, 과일, 사탕 등을 보내 주었어요. 또 밤에 한가할 때 꼭 자주 놀러 오라고 부탁했어요."

이 알리 파샤란 인물에 대해 이야기하자. 그는 1740년에 정확히는 테펠레너 근처 베취쉬트(Beçisht)라는 마을에서 태어났다. 그는 60파라와 소총 한 자루로 처음엔 한 마을의 촌장, 다음엔 다른 마을의 촌장이 되었다. 돈을 모으고 힘을 늘려 마침내 전 알바니아인을 통치하는 지위에 이르렀다. 그는 일종의 기업정신과 잔혹성을 무기로 삼았다. 전투에서 그에게 패한 적은 아예 은전은 기대하지 않았다. 돈을 모으자 그는 파샤 관할구를 한 구 사서, 위엄으로 다스리는 한편 박차를 가해서 재산을 그러모았다. 그는 인근 파샤와 끊임없이 전쟁을 쳤으며, 콘스탄티노플에 유능한 책사를 보내 자신의 권익을 위해 활동케 하였다. 그는 마침내 술탄의 칙령에 의

알리 파샤

해 이오안니나와 그 소속 영토를 다스리는 파샤로 군림할 수 있었다. 발로나(Vallona)의 파샤를 소피아(Sophia)의 목욕탕에서 독살하고, 후계자인 그의 질녀들을 자신의 두 아들 무크타르(Mouctar)와 벨리(Veli)의 아내로 삼아 세력을 더 불릴 수 있었다. 『아비도스의 신부』(The Bride of Abydos)에서 바이런은 이것과 비슷한 살인사건을 다룬다.

그는 두 아들에게 파샤 관할구를 하나씩 마련해 주었는데, 작은아들 벨리에게는 모레아 파샤 관할구를 7만 5천 파운드 스털링에 사 주었다. 큰아들 무크타르는 호전적인 기질은 있었으나 동생보다 야심이 적었다. 알리 파샤의 통치의 가장 큰 장애는 영토 내의 반군이었다. 평원과 산골에 사는 주민 다수가 반군의 지배를 받았다. 이 반군은 일단 잡히기만 하면 잔혹하게 화형, 교수형, 참수형, 말뚝에 꽂아 죽이는 형을 가하여 보는 사람들을 온몸이 떨리게 만들었다.

바이런 일행이 이오안니나에 도착하기 조금 전에 그 근처에 준동하

던 반군이 그의 무크타르 파샤에 의해 궤멸되었다. 알리는 잡힌 반군 수백 명을 토막 내라고 명했다. 이 반군의 우두머리는 그리스인 사제였다. 그는 패배하자 콘스탄티노플로 가서, 자신이 보호받을 수 있는 칙령을 얻어 이오안니나로 되돌아왔다. 파샤는 그를 한 회담으로 유인한 뒤 체포하여 투옥하였다. 그러고는 그를 마음대로 처분할 수 있는 권한을 술탄으로부터 받도록 온갖 수단과 방법을 다 동원했다. 중앙에서 마침내 알아서 처분하라는 명이 떨어졌다. 그는 즉각 그를 죽여 그의 옆구리와 팔을 따로 떼어내 바이런이 오기 전에 이오안니나의 한 길목의 나무에 걸어두었다.

그는 사생활에서도 꼭 같이 잔인하였다. 그는 특히 큰며느리 즉 무크타르의 아내를 끔찍이 여겼다. 하루는 그 며느리가 울고 있어 그 연유를 물었더니 큰아들이 누구와 바람을 피운다고 했다. 며느리가 의심이 가는 이오안니나에서 가장 예쁜 그리스 여자 12명의 명단을 건네주자, 알리는 바로 그날 밤에 그 12명과 동료 16명을 잡아서 자루에 넣어 요새 성벽 아래 호수에 던져버리라고 명했다. 이때 이 일을 한 군인 중 한 사람이 바로 바이런의 호위무사 바실리였다.

그 당시 알리 파샤는 코린토스만에서 중앙 알바니아까지 서부 그리스를 평화롭게 통치했다. 그의 영국 손님에게 대한 예우는, 영국군이 프랑스군으로부터 이타카, 케팔로니아, 잔테 등 인근 이오니아 제도를 최근에 접수했기 때문에 더욱 극진했을 것이다. 훗날 1822년에 술탄은 알리 파샤의 세력이 너무 커지니까 군대를 보내어 그를 포위하였다. 그가 진퇴양난이 되자 제 스스로 화약고에 불 질러 폭사하면서 그의 제국은 막을 내렸다.

바이런 일행은 10월 19일부터 23일까지 알리 파샤의 숙소에 머물렀다. 바이런은 파샤의 요청에 따라 하루에 세 번씩 파샤에게 놀러 갔다. 노회한 파샤는 바이런이 아버지 없이 자랐다는 것을 감지하고는, 아버지에 취약할 것을 알았을 것이다. 바이런은 라이플 한 자루, 홉하우스는 총 한 자루와 망원경을 선물로 파샤에게 보내자, 파샤는 크게 기뻐하며 하인인 플레처에게 80피아스터의 선물을 안기는 것이 아닌가.

10월 22일 파샤의 말을 타고 고대 유적지 한 군데를 돌아본 뒤 파샤에게 하직을 고했다. 바이런은 바실리와 다른 하인 더비시 타히리(Dervish Tahiri)도 달라고 요청을 했다. 바실리는 중년의 나이이고 더비시는 바이런의 또래였다. 바실리에게 바이런 일행을 철저히 호위하라는 막중한 책임이 주어졌다. 파샤는 바실리를 특별히 불러서 만약 바이런 일행에게 사고가 나면 목을 베어버리겠다고 했다.

10월 23일 10시에 테펠레너를 출발하여 네 시에 산 중턱에 있는 리보카보에 도착하였다. 날씨는 멋졌다. 10월 25일 네 시 반에 지차에 도착했다. 수도원에 숙소를 정했는데 모든 것이 깨끗하고 정갈했다. 지차에는 300호 인구에 교회가 여덟 개나 되었다. 또 좋은 날씨였다. 그곳에서 하룻밤을 묵은 후 일행은 포도밭을 지나고 마을을 돌아 길을 재촉했다. 바이런은 고개에서 본 경치를 이렇게 묘사했다.

> *검은 아케론(Acheron) 강을 보라!*
> *한때 하계에 바쳐진 강.*
> *플루토여! 내가 보고 있는 이것이 지옥이라면*
> *부끄러운 엘리시움(Elysium)의 문은 닫아라. 내 망령이 거기는 찾지 않으리!*

이 시에서 바이런은 자기가 있는 곳이 아케론강 즉 지옥의 입구라고 생각했다. 그런데 그곳이 너무 아름다워 차라리 아케론강을 따라 하계 즉 지옥으로 가고 싶다고 했다. 이 아케론강은 지금은 칼라마스(Kalamas) 강이라고 부른다. 고대 그리스에선 이 이름의 강이 여럿 있었는데, 그 하나가 바로 이 강이며 이 강은 플루토가 다스리는 하데스로 이어진다고 믿었다. 당시 그리스인들은 이 에페이로스 땅이 세계의 끝이라고 믿었기 때문이었으리라.

갈 때에는 아흐레 걸렸으나 오는 데는 나흘밖에 걸리지 않았다. 이오안니나에서는 다시 니콜로 아르기리 집에 숙소를 정했으며, 그 주인이 플레처와 사랑에 빠졌는지 그를 보더니 대뜸 키스부터 하려고 덤볐다.

바이런은 별 희한한 일을 다 보겠다고 생각했다. 홉하우스는 남색을 이해는 할 수는 있겠으나 사람들이 보는 가운데 하인을 안으려는 행동은 도저히 납득할 수가 없었다. 그 지방에서는 남색은 공개적이며, 여성 없이 사는 남성들의 큰 단체에서는 소년을 이용한다고 했다. 그러나 플레처는 그 남색에 대한 불쾌감보다는, 이나 벼룩에 대한 불만이 더 많아 투덜거렸다. 그는 바이런의 셔츠를 벗겨서 이와 벼룩을 잡아 줬다.

10월 28일 그들은 커피하우스에서 인기리에 공연되는 튀르키예 인형극을 보았다. 이 인형극의 주인공은 약 90센티 정도 되는 두꺼운 종이를 오려 기름을 먹여 만든 남자의 인형이었다. 주인공은 머리가 크고 몸은 점점 가늘어 허리는 말벌 허리 정도가 되었지만 남근만은 90센티 정도로 툭 튀어 나왔다. 남근이 너무 커서 그것을 실로 따로 묶어서 인형의 목에 걸고 있었다. 다른 인형은 아무도 그것을 달지 않았다. 그 연극은 끝날 무렵 이 남자 인형과 한 숙녀 인형 사이에 벌어지는 코미디가 배꼽을 잡게 했다. 이때 악마가 내려와서는 그 거대한 남근을 앞에서 떼어다가 뒤에 갖다 붙이는 장면을 보고 관객은 자지러지도록 웃었고, 홉하우스는 저질이라고 기겁을 하였다. 바이런은 그보다 더 형편없는 연극도 자신은 노팅엄셔에서 보았다고 하였다.

10월 31일 바이런은 30세퀸이나 하는 베네치아산 황금비단을 떠서 니콜로의 여동생에게 선물로 보냈다. 그녀는 조지를 통해 쪽지를 전했다. 미혼이어서 바이런의 손에 감사의 키스를 할 수 없으므로 대신 통역 조지가 키스해줄 것이라고 했다. 바이런 일행이 니콜로 집에 있어도 그녀의 그림자도 본 적이 없었다.

10월의 마지막 날 바이런은 차일드 부룬(Childe Burun)의 모험과 생각에 대한 시를 쓰기 시작하였다고 홉하우스가 일기에 남겼다. 바이런은 나중에 주인공의 이름을 차일드 해롤드(Childe Harold)로 바꾸고 시 제목도 '차일드 해롤드의 순례'로 바꾸었다. 그는 이 알바니아 산 속을 여행할 때에도 사화집 『명문선』(Elegant Selections)을 통해 스펜서(Edmund Spenser)의 『선녀왕』(Faerie Queene)을 읽었고, 거기서 그는 9행의 스펜서의 연형(聯型)(Spenserian stanza)을 가져왔으리라. 그 후 그는 여행

중 쉴 때마다 그때그때 본 광경과 느낌을 그 연형으로 적어 나갔다.

이 시 제1, 2편은 대부분 10월 31일부터 1810년 3월 28일 사이 그가 동방에 있을 동안에 썼다고 표지에 적혀 있다. 제1편은 22살 먹은 시인 해롤드가 보고 체험한 것을 일어난 대로 기록한 것이다. 그는 방탕한 생활을 하다가 영국을 떠나 여행길에 올랐다. 포르투갈에 상륙하여 여러 전쟁터를 찾아본다. 스페인에서는 나폴레옹군의 학정을 종식시키는 데 큰 도움을 준 영국 이야기를 한다. 그는 나폴레옹군으로 황폐해진 리스본을 보고 애석한 마음 금치 못한다. 또 남자들보다 더 용감하게 싸웠던 아라곤(Aragon)의 여성 전사를 영국의 여성보다 더 아름답다고 칭송한다. 해롤드는 피 튀기는, 혐오스러우나 매력적인 투우 현장을 생생하게 그려내기도 한다. 이 시편은 이처럼 바이런이 보고 느낀 것을 솔직하면서도 객관적으로 묘사해 나가지만 군데군데 어둡고 울적한 감정이 뒤덮이기도 한다.

바이런 일행은 11월 3일에 이오안니나를 떠났다. 올 때 잤던 그 주막에서 하룻밤을 자고 11월 5일 다시 살로라 군막사로 돌아왔다. 레판토(Lepanto) 만으로 가는 길이 위험하다고 해서 11월 6일 바이런은 프레베사의 리크에게 그런 상황을 알리는 편지를 써서 바실리에게 주어 전하게 했다.

11월 7일 그들은 살로라를 출발하여 갤리선으로 암브로이카만을 건너 8일에 프레베사로 도착했다. 프레베사에 알리의 명령이 하달되어 있었다. 육로로 코린토스만까지 가는 것은 좋은 계획이 못 되었다. 프레베사 시장이 무장한 갤리선을 준비하고 40명으로 그들을 호위케 했는데, 4명은 그리스인이었다. 그들이 탄 배는 그런 이동에 꼭 맞는 배였다.

11월 8일 한 시경에 순풍이 불어 출발을 하였지만 항해 도중 위험천만한 일이 벌어졌다. 그 배의 선장도 선원도 배 다루는 법을 몰라서, 세찬 바람이 불자 그들은 공포에 떨기만 했다. 설상가상으로 더 강한 바람이 불었다. 그들을 믿고 레프카다(Lefkada) 섬의 남단 두카토(Doucato) 갑(岬)을 도는 것은 목숨을 담보로 해야 하는 일이었다. 배가 요동치자 선원이 손님보다 더 공포에 떨었다. 나중에 바이런은 어머니에게 이렇게 적어 보냈다. "플레처는 마누라 이름을 부르고, 그리스인들은 성인의 이름을 부르고, 회교도들은 알라를 불렀어요. 선장은 눈물을 펑펑 쏟더니 갑판 밑으로 달려가서는 하느님을 부르라고 말했어요. 돛은 찢기고, 대장(大檣)이 떨리고, 바람은 새로이 불어오고, 밤이 다가오고 있었어요. 우리들의 유일한 기회란 프랑스인 손에 들어있는 코르푸로 가는 것이고… 아니면 (플레처가 슬프게 말했듯이) '물 무덤'으로 갈 수밖에 없었어요. 저는 플레처를 안정시키려고 애썼으나 속수무책이어서, 나는 후드 달린 외투로 내 몸을 감싸고는 갑판 위에 누워 최악의 상태를 기다렸죠."

위기가 지난 뒤 사람들이 보니 바이런은 깊이 잠들어 천하태평이었다. 다행히 바람이 잦아들어 그리스인 몇 명이 어렵게 배를 통제하여 프레베사 북쪽에 있는 파나리(Fanari) 만에 배를 댈 수 있었다. 배는 정반대로 북쪽으로 불려 갔던 것이다. 거기서 말을 타고 술리(Sulli) 부족민이 인도하는 마을로 가서 하룻밤을 묵었다. 알바니아의 촌장이 그들을 맞았는데, 바이런은 이 사나운 술리오트인들이 보여준 긍지, 선심, 호의에 감명을 받았다.

아침에 날은 청명하기가 거울 같았다. 촌장은 프레베사까지 갈 때 안전하도록 또 호위병을 붙여 주었다. 술리의 낭만적인 경치가 아까워 바이런은 꼭 다시 오고 싶었다. 그들은 한 시에 육로로 출발하여 해가 질 때까지 해변의 아름다운 숲길과 유적지 니코폴리스도 다시 지났다. 프레베사에 도착하니 또 비가 내렸다.

11월 13일 37명의 호위병을 사서 다시 갤리선을 구해 타고 출항했다. 바람이 별로 없었지만 계속 바다를 갈라 보니차(Vonitza) 요새에 도착하였다. 선상에서 하룻밤을 자고 새 바람을 얻어 오후 네 시에 우트라이케(Utraikee)에 도착하였다.

우트라이케는 5일 전에 떼강도의 공격을 받아 튀르키예인, 그리스인 각각 한 명이 살해당했다고 했다. 거기서 저녁에 또 군 막사에 들어갔다. 숙소의 문을 다 걸어 잠근 뒤 알바니아 호위병들은 염소를 잡아 통째로 구웠다. 마당에 네 군데 불을 피워 먹고 마신 후 바이런 일행은 고참병들과 자리를 함께했다. 군인들은 제일 큰 불가에 모여 불을 돌면서 그들 노래에 맞춰 고산지대의 특유한 춤을 췄다. 그들의 모든 노래는 강도 행위를 예찬하는 내용이었다. 그 노래 중 하나는 한 시간 이상 걸렸으며, 그들 60명이 자행한 절도와 살인의 장면을 구체적으로 들려주었다.

이날 밤 노래 부르고 춤을 춘 병사는 이 진지의 병사를 합해 모두 67명이었다. 알리 파샤의 군대 대부분은 한때 산적이었다. 알바니아가 오래 튀르키예의 폭정 하에 놓이자, 이들은 폭정을 피해 산으로 올라가 산적이 되었고, 산적 행위는 튀르키예에 반항하는 행위, 즉 애국애족의 신성한 행위로 인식되었다.

우트라이케에서 하룻밤을 보낸 뒤 일행은 튀르키예 선원에게 목숨을 맡기기보다는 육로로 가는 것이 더 안전하다고 생각했다. 산적이 우글거리는 아카르나니아(Acarnania) 고개와 아에톨리아(Aetolia) 고개를 50명의 호위병과 같이 넘기로 했다. 먼저 선발대를 보내 안전을 시험한 후 바이런의 본대가 뒤따르기로 하였다.

숲을 지나자 확 트인 시골 풍경이 나타났다. 위험지대를 무사히 지났기 때문에 우트라이케에서 차출한 병사 10명을 돌려보냈다. 카투나(Catoona), 마칼라(Makala), 카르니아(Carnia)를 거쳤다. 11월 18일 울퉁불퉁한 참나무 숲길로 해서 위험한 클레프티칼(Kleftical) 고개를 넘었다. 새로 만든 무덤 세 개가 나오자 군인들은 강도들의 무덤이라고 소리쳤다. 호위병들은 일렬로 가다가 숲에서 희미하게 무엇이 비치면 재빨리 숲속으로 뛰어들었다. 그들은 종일 긴장하여 양쪽 숲을 엄중 경계하면서 나아갔다. 다섯 시간 만에 아르켈로우스(Archeloüs) 강변에 도달하였다. 그 강을 넘을 때 해가 빠졌고 아홉 시에 구리아(Gouria)라는 작은 마을에 도착하여 거기서 일박하였다.

11월 19일 12시에 나톨리코(Natolico)를 향해 출발하였다. 처음엔 아르켈로우스강의 진로와 비슷하게 가다가, 올리브농장 생울타리 사잇길로 가서 해안에 닿았다. 그 주변은 예전에 파라켈로이티스(Paracheloïtis)라고 불린 비옥한 땅이었는데, 신화에 따르면 그 땅은 헤라클레스가 죽을힘을 다하여 아르켈로우스강에서 물을 빼내고 만든 땅이었다. 그는 그 땅을 오에네우스(Oëneus)의 딸에게 결혼 선물로 주었다고 했다.

일행이 다다른 바다는 바다라기보다는 소금기 있는 늪이었다. 그들은 베네치아처럼 소금 늪 속의 섬에 건설한 나톨리코에 도착하였다. 늪지는 넓어 길이가 10km이나 되었으며 메솔롱기 너머까지 걸쳐 있었다. 친절한 유대인 의사의 집에 묵었다. 그곳의 촌장은 바이런 일행에게는 무관심했는데 아마도 알바니아에서 멀어질수록 알리 파샤의 영향력이 적어지기 때문이었으리라.

11월 20일 배로 먼저 짐을 보낸 뒤 일행은 알바니아인 호위병과 함께 두 시간 만에 무사히 메솔롱기에 도착하였다. 파트라 맞은편에 있는 이 읍에서 훗날 바이런이 죽음을 맞게 된다. 메솔롱기도 늪지에 뻗어 내린 곳 위에 건설되어 있었고, 양쪽으로 수 마일이 늪이었다. 이 곳 주변의 석호는 깊이가 30~60cm밖에 되지 않아 일정한 수로로만 작은 배로 접근이 가능하였다. 이처럼 바다가 얕으니까 어민들의 오막살이집은 바다 위 말뚝 위에 지어져, 작은 베네치아 같은 인상을 주었다. 인구는 5,000명으로 대부분 그리스인과 튀르키예인이었다. 바이런은 이 도시에 들어가기 전에 또 예복으로 갈아입었다. 그리스인 영국 부영사는 그를 영국 대사로 착각하였고, 이틀간 머물도록 자기 집을 숙소로 제공해 주었다.

바이런은 더비시를 돌려보내지 않았다. 더비시는 알리 파샤가 붙여준 하인 바실리와 함께 바이런이 그리스를 떠날 때까지 계속 바이런의 시중과 경호를 맡게 했다. 다른 호위병들은 더비시와 헤어짐을 섭섭하게 여겨 그를 안아 석별의 정을 표했고, 바이런 일행이 파트라로 가는 배를 타는 곳까지 따라와서는 바이런 일행에게 경의를 표하기 위해 총을 쏘아 주었다.

얕은 바다를 지날 때 스콜이 세게 불었지만 11월 22일 두 시간 반 만에 파트라에 도착하였다. 몰타에서 보았던 모레아 총영사 스트라네가 마중 나와 경례를 붙였다. 지저분한 거리를 지나 그의 사촌 폴 영사의 집으로 갔다. 폴 영사는 40년을 파트라에 살았으며 그의 집에서 일행은 훌륭한 만찬을 대접 받았다.

제8장
그리스를 거닐다
(1809년~1810년)

　파트라는 오렌지, 올리브, 씨 없는 포도, 그리고 목화를 수출하는 그리스 남부에서는 가장 번창한 항구 도시였다. 인구는 8,000명 정도이고 그중 튀르키예인이 1,000명 정도 되었다. 남쪽 평원에 있는 올리브와 오렌지밭이 아름다웠고, 포도덩굴이 주택을 아름답게 감아 올랐다. 그리스 태생인 영국 영사 스트라네와 오스트리아 영사 폴(Paul)은 사촌 간으로 바이런 일행을 서로 환대하려고 경쟁을 벌였다. 그곳은 성 앤드류스(St. Andrews)가 X형의 십자가에 못 박혀 순교한 곳이라는 기록이 외경(Apocrypha)에 나와 있었다. 맞은편 산꼭대기에서 기슭까지 난 깊은 협곡은 이 성인이 순교할 때 갈라졌다고 했다.
　파트라에서 바이런은 손버릇을 의심해 온 안내인 조지를 해고했다. 대신 동부 지중해 연안의 대부분의 언어를 말할 수 있는 그리스인 안드레아스(Andreas)를 고용했다. 안드레아스는 튀르키예어, 불어, 이탈리아어, 라틴어를 할 줄 알며, 콘스탄티노플에 산 적도 있었다.
　아침에 춥다 싶더니 파트라 뒷산에 하얗게 눈이 내렸다. 바이런은 무료하여 말을 타고 남쪽으로 작은 강 하구까지 내려가 해안을 구경하였다. 따뜻하고 하늘은 맑았다. 홉하우스는 폴과 함께 북쪽 해안을 산책했다. 그러나 파트라 평원에는 축축한 안개가 덮고 있었다. 하루는 해안에서 북쪽으로 모레아 요새까지 승마를 했는데, 그 요새는 양 우리로 사용되고 있었다.

12월 1일에는 네 마리 말로 바실리와 더비시와 함께 남쪽 해안으로 레우카스(Leucas) 강 너머까지 승마를 했다. 올 때 멱을 감았는데 물이 따뜻했다. 돌아와서 폴의 집에서 식사를 했다.

12월 4일 한 시 반에 바이런은 몸이 아팠지만 새 안내인 안드레아스를 앞세워 보스티자(Vostiza)로 출발하였다. 길을 모레아 요새 쪽으로 잡아가다가 동쪽으로 틀었는데 산에서 흘러내린 급류 때문에 도로가 여러 군데 유실되어 있었다. 향기로운 관목이 군락을 이룬 곳을 지나 해변으로 내려갔다. 그들이 여관에 도달할 때까지 집은 단 한 채뿐이었다. 그 목적지에 도착할 즈음 바다 너머 놀라워라! 파르나소스(Parnassus) 산이 하얗게 솟아 있었다. 파란 코린토스만 위 여러 봉우리 위로 외외하게 솟은 산. 꼭대기는 눈이 하얬다. 바이런은 온몸에서 일어나는 희열의 전율을 가눌 수가 없었다.

> 오, 그대, 파르나소스! 나는 지금 그대를
> 몽상가의 격앙된 눈으로가 아니라
> 노래 속에 나오는 우화의 경치로가 아니라
> 야성적이고 화려한 산의 장엄함으로
> 하늘에 솟은 눈 덮인 그대 모습을 보노라!
> 내가 이렇게 노래를 꾀하다니 얼마나 경이로운가?

보스티자는 오늘날엔 에조(Aigio)로 불리는 곳이며 그 당시 인구는 3, 4천이었다. 주로 그리스인이었고 코린토스만 펠로폰네소스 쪽 높은 지대에 건설되어 있었다. 이곳에 바이런 일행은 12월 5일에 도착하여 아흐레를 머문다. 그곳은 1571년 10월 7일 베네치아·로마·스페인 3국과 오스만튀르키예 사이에 벌어진 16세기 유럽의 최대 규모의 유명한 레판토 해전이 있었던 곳이었다. 승리한 기독교 국가들은 단합하여 튀르키예의 지중해 진출을 막는 데 성공했으며, 세르반테스는 총상을 입어 평생 왼손을 쓰지 못하여 '레판토의 외팔이'라는 별명을 얻었다.

일행은 알리 파샤의 아들 벨리 파샤의 예하에 있는 그 지방의 코지아 바샤(Cogia Basha) 즉 지방장관을 찾았다. 그 지방장관은 안드레아스 론도스(Andreas Londos)라는 자였으며 그의 집에서 며칠 묵었다. 그는 젊고 부유한 그리스인으로 푸짐한 식사를 제공하였다. 그는 식사를 할 때까지는 거의 말이 없었으나, 식사가 끝난 뒤부터 줄곧 그리스에 대한 이야기만 풀어놓았다. 그는 체스를 두다가 시인이면서 독립운동가인 콘스탄틴 리가즈(Constantine Rhigas)라는 이름이 언급되자 깜짝 놀라며, "양손을 맞잡고는 뺨 위로 눈물을 줄줄 흘리며, 그의 이름을 수천 번 힘차게 외쳐댔다." 리가즈는 20년 전에 튀르키예 지배에서 독립할 목적으로, 혁명 조직을 만들었던 그리스 독립운동가였다. 그는 유럽 각처에 있는 그리스 상인으로부터 독립자금을 모으던 중, 튀르키예와 동맹관계에 있던 오스트리아 관헌에게 체포되어 처형을 당했었다. 바이런은 여기서 론도스의 열렬한 독립정신과 그리스인들의 튀르키예에 대한 잠재된 증오를 확인할 수 있었다. 론도스는 나중에 그리스가 독립전쟁을 일으켰을 때 중요한 군 지휘관이 된다.

바다 건너 살로나(Salona)로 가려 했으나 역풍이 불었다. 대신 개를 여러 마리 데리고 사냥을 나갔다. 누른도요를 많이 보긴 했으나 겨우 토끼 한 마리만 잡았다. 저녁을 먹고 나니 이오안니나의 교장인 프살리다스(Psallidas)가 찾아왔다. 홉하우스가 그에게 호메로스의 첫 몇 행을 읽어줬더니 그는 자기들 조상이 알지도 못했을 먼 땅에서 온 자가, 그리스에서 자기들에게 모국어 발음을 가르치려 든다고, 같잖다는 표정을 지었다.

12월 9일에도 역풍이 불어 또 누른도요를 잡으러 해안에 나갔다. 바이런은 독수리를 쏘았는데 그 독수리가 다쳤고 며칠 후에 죽었다. 바이런은 그 독수리 때문에 매우 괴로워하였다. 그는 몇 년 후 이때를 회상하여 "내가 마지막으로 총을 쏜 새는 독수리 새끼였다. 그 새는 다치기만 해서 내가 그 눈이 초롱초롱한 새를 살리려고 애를 썼지만 며칠이 지나자 생기를 잃더니 죽고 말았다. 그 뒤 나는 다시는 새를 잡으려고 하지 않았고 앞으로도 안 할 것이다."라고 말했다.

바이런이 이때 첫눈에 반한 미청년이 있었다. 훗날 홉하우스에게 쓴 편지에서 이 미청년의 이야기를 잠깐 비친다. 그는 지오쥬(Eustathius Georgiou)라는 바이런보다 몇 살 아래 청년으로 대단한 미모였다. 특히 토라진 모습이 너무 예뻤다. 그 청년은 자신의 미모를 잘 알았기 때문에 꽤 비싸게 굴었다. 그는 외출할 때에도 꼭 양산을 써서 여자처럼 보얀 피부를 잘 가꿨다. 바이런이 아테네로 데려가려고 사람을 시켜 불러오라고 했더니 그는 아파서 못 가겠다고 튕겼다. 그는 편지로 다음 여행 땐 꼭 따라 다니겠다고 약속을 하였다.

바이런과 홉하우스는 뮤즈의 고향에 가서 뮤즈에게 바쳐진 카스탈리아(Castalia) 샘물을 마시고 싶었다. 그래서 그들은 코린토스만 남해안을 따라가는, 즉 코린트(Corinth), 메가라(Megara), 엘레우시스(Eleusis)를 경유하는 편한 길을 버리고 파르나소스산을 경유하는 험한 길을 택했다.

12월 14일 일행은 10개의 노가 있는 14인승 배를 빌려 코린토스만을 건너 살로나 즉 오늘날의 암피사(Amfissa)로 갔다. 살로나의 한 원(院)에 들렀더니 천장까지 양파를 쌓아놓은 형편없는 방이었다. 이튿날 산허리에 붙어 있는 크리소(Crisso) 마을로 가서 일박을 하였다. 12월 16일 말 다섯 필로 크리소를 출발하여 올리브나무 밭이 있는 골짜기를 타고 돌너덜길을 올라갔다.

파르나소스 산허리를 탈 때 바이런은 특이할 정도로 큰 새가 나는 것을 보았다. 바이런에게 일종의 시적 미신이라 할 수 있는 상상력이 작용하였다. 그는 그때 일을 이렇게 적었다. "1809년 델피(카스트리) 샘으로 가는 파르나소스산 위에서 나는 열두 마리의 독수리를 보고 [무슨 일의] 전조라고 느꼈다. 그 전날 나는 파르나소스에 대한 시(『차일드 해롤드의 순례』)를 썼으며, 이 새들을 보고 아폴로가 내 맹세를 받아들이기를 바랐다…. 그러나 나는 [그때] 그 신과 그 장소의 신도(信徒)였으며, 그 신이 나를 위해서 한 일에 대해 감사를 드렸으며, 내가 과거와 이별할 때 미래는 꼭 그 신의 손에 맡기려고 했다."

카스트리 마을

12월 15일 일행은 산허리를 한 시간 오른 뒤 첫 유적을 보았다. 그것은 거대한 암석덩어리 안에 무덤으로 파 놓은 굴이었다. 이런 무덤을 확인하며 더 올라가니 진흙 마을 카스트리(Castri)가 나왔다. 그 마을 전체가 원형 극장처럼 고대 성벽이 둘러싸고 있었다. 거기서는 그 산의 정상은 전혀 보이지 않았다. 이 마을 위로는 깎아지른 듯한 돌비알이 있었고 그 아래로는 골짜기로 이어지는 급경사면이 있었다. 골짜기는 올리브 나무가 뒤덮였으며 그 가운데로 플리스투스(Plistus)라는 시내가 흘렀다.

그 동네를 둘러본 뒤 일행은 이 언덕의 중간에 있는 동굴을 찾아갔다. 널문을 달아 놓은 것을 보면 가끔 소가 들어간다는 것을 알 수 있었고, 동굴 안에는 아치형의 천장, 아치형의 삼면 벽이 있었고, 벽에는 타원형으로 파인 데가 두 군데 있었다. 맞은편 문 위에는 말머리 같은 것이 조각되어 있었다. 이 동굴 아래 깊은 곳에 델피의 신탁을 들려주는 아폴로 신전의 여사제 옥좌가 있다고 했다.

일행은 아래위로 있는 두 샘을 구경했다. 한 카스트리 여인은 두 샘의 물이 같은 물이라고 하였다. 위의 샘은 아폴로와 뮤즈에게 바쳐진 샘으로 시적 영감의 원천이 되는 샘이었다. 바이런은 그 물이 시적 영감에 꼭 필요하다는 속설을 진지하게 받아들여, 여섯 물줄기의 물을 떠서 마시고 병에도 소중히 담았다. 그는 이렇게 기록했다. "카스트리 작은 동네가 부

델피의 카스탈리아 샘 입구

분적으로는 델피 유적지 위에 들어 있다. 크리소에서 산길을 따라오면 바위 속을 쪼고 만든 묘지 흔적[을 볼 수 있다]. 안내인은 '사냥하다 목을 부러뜨린 한 왕의 무덤'이라고 말했다. 그 왕은… 분명히 가장 적절한 묘 터를 고른 셈이다. 카스트리에서 조금 올라가면 피티아(Pythia) 동굴로 추정되는 엄청난 깊이의 동굴이 있다…. 카스트리의 다른 쪽에는 그리스 수도원이 서 있다. 수도원 조금 위에는 바위가 갈라진 곳과 일련의 동굴들이 있는데 그리로 올라가기는 힘들며, 이 동굴들은 분명히 산의 내부와 연결되어 있을 것 같다. 아마도 파우사니아스(Pausanias)가 말한 코리키아 동굴(Corycian Cavern)로 통할 것 같다. 여기에서 카스탈리아(Castalia) 샘물과 이슬이 되는 물이 내려간다."

바이런이 말한 "수도원 조금 위 바위 갈라진 곳"은 앞에서 말한 두 샘 중 아래 샘 있는 곳을 말한다. 그곳은 산꼭대기에서 갈라져 내려오는 깊은 협곡 같은 곳이고 그곳에는 파르나소스산 꼭대기에서 물이 바로 흘러 내려 오는데 그곳에 일련의 동굴이 있었다. 홉하우스도 그 협곡을 기어 오르니 "시적 영감"이 느껴지더라고 했다. 그 아래에 바이런이 수도원이라고 말한, 홈 파인 거대한 석주와 두 장의 대리석 석판을 이용해 지은 조그마한 오두막집은 성 요한에게 바쳐진 일종의 교회였다. 이 집을 들어

갈 때 오른쪽 아래에 파나기아(Panagia) 즉 성모교회가 있었다. 거기에는 11피트 높이의 석주가 둘 있었는데 그 한 곳에 "Aberdeen 1803년"과 "H. P. HOPE 1799"라고 새겨져 있었다. 전자를 쓴 자는 애버딘 백작 조지 해밀턴 고든(George Hamilton Gordon, fourth Earl of Aberdeen)이고, 후자는 토마스 호프의 동생 헨리 필립 호프(Henry Phillip Hope)였다. 바이런과 홉하우스도 그 기둥에 이름을 새겼다.

그 수도원에서 나와 마을 아랫길로 내려오면서 돌로 쌓은 거대한 성벽이 온통 명문으로 덮여 있는 것을 보았다. 카스트리에서 1.6km쯤 떨어진 곳에 원형의 평지가 있었는데, 그곳이 피티아(Pythia: 그리스 델피의 아폴로 신전의 무녀)를 위해 매년 열렸던 피티아 제전(Pythian Games)의 경기장으로 추정되었다.

다시 크리소에 돌아가서 가서 자고 12월 17일 두 시에 일행은 리바디아(Livadia)를 향해 출발하였다. 북동쪽으로 협곡을 따라 가면서 보니, 왼쪽으로는 밭과 옛 건물들과 델피 아래의 거대한 바위 낭떠러지가 나타났다. 파르나소스가 가장 잘 보이는 곳은 이 플리스투스 계곡이라고 했다. 고대 그리스 여행자들은 그곳이 신이 좋아하는 저택이고 우주의 중심이라고 믿었다. 그들은 이 장소에서 불타는 빛 속의, 구름에 싸인 파르나소스산의 정상을 보고는 경외심으로 전율했다고 했다. 네 시간 만에 리바디아에서 가장 큰 마을인 아라코바(Arakhova)에 도착하여 일박을 하였다. 공연 신청을 하여 드럼과 피리에 맞춰 추는 느린 코티용 같은 춤을 보았다.

그 이튿날 일행이 거기서 내려다본 것은 바로 테베의 평원이었다. 18일 10시 반에 출발을 하여 동쪽으로 골짜기를 바꿔가면서 내려가니 스키스트(Schist) 네거리라는 곳에 닿았다. 그곳은 테베(Thebes), 델피(Delphi), 다울리스(Daulis), 암브로소스(Ambrossos)로 가는 길이 만나는 곳이며, 오이디푸스가 모르고 아버지 라이우스(Laius)를 살해한 곳이었다. 오이디푸스는 태어났을 때 그는 아버지를 죽이고 어머니와 결혼할 것이라는 예언이 있었는데, 실제로 그는 이곳에서 아버지를 살해하였다.

1,500호가 사는 리바디아에 도착하니 저녁 여섯 시였고 발에 감기는 것은 파란 달빛이었다. 이 지방의 거친 구릉에는 히스가 나 있었고 들

에는 영국처럼 생울타리가 쳐져 있었다. 그곳에는 그리스인 부자가 많이 살았으며 일행은 그중의 한 사람인 로고세티(Logotheti)라는 사람 집에 방 두 개를 얻어 사흘을 머물렀다. 그는 튀르키예인들이 임명한 '아르콘'(archon) 직을 가진 자로서 큰 저택에, 서기 2~3명, 사제가 몇 명, 의사도 1명 등 모두 50명의 하인을 데리고 있었다.

12월 20일 카이로네이아(Chairóneia)를 탐방했다. 그곳은 마케도니아의 필리포스 2세(Philippos Ⅱ)가 기원전 338년에 그리스군을 쳐부순 곳이기도 했다. 언덕 위의 거대한 돌, 주두가 남아있는 원주, 암석을 파내어 만든 원형극장, 그리고 명문이 남아 있는 분수 등의 유적을 확인할 수 있었다. 또 그곳은 플루타르코스(Lucius Mestrius Plutarchus)가 태어난 곳이라고도 했다.

돌아오면서 리바디아를 다시 살폈다. 트로포니우스(Trophonius) 동굴을 구경했는데, 그곳엔 조브(Jove)와 케레스(Ceres) 신전이 있었다. 여기서 유물을 발견한 사람은 엘긴 경(Lord Elgin)이라고 했다. 엘긴 경은 엘긴 백작(Thomas Bruce, seventh Earl of Elgin)으로 콘스탄티노플의 대사를 지낸 사람을 말했다. 헤르시나(Hercyna)라는 아주 작은 강이 읍 한가운데로 흘렀는데 그것이 레테(Lethe)의 원형일지 모른다고 했다.

12월 21일 오르코메노스(Orchomenus)를 향해 출발하여 두 시간 만에 그 마을에 도착하였다. 짐은 바로 테베로 보냈다. 이 마을에서 한 시간 만에 평원을 넘어 테베로 가는 길로 들어섰다. 여섯 시 반에 마제(Mazee)라는 마을에 들어 숙소를 정했다. 한 여인은 머리를 세 갈래로 내려뜨렸으며 머리에는 동전을 꿰어 돌려놓았다. 바실리는 이곳 여자는 1,000피아스터가 없으면 남편을 구할 수 없고 이곳에는 일부다처제가 남아 있다고 이야기해줬다.

그 이튿날 12월 22일 억수 같은 비를 맞으며 속보로 달려 네 시 반에 테베에 도착하였다. 테베는 오백 채 목조 가옥과 초라한 모스크 두 곳, 그리고 소박한 교회 네 곳이 있는 가난한 읍이었다. 바이런은 도저히 밖으로 나갈 엄두를 못 냈지만, 홉하우스는 지칠 줄 모르고 우산을 받고 고대 도시의 유적을 찾아 나섰다. 그 다음 날 점심을 바깥에서 먹고 세 시에 디

르케(Dirce) 샘에서 멱을 감았다. 그 샘은 사실 작은 댐으로 물은 따뜻했고, 그 물로 물레방아를 몇 개 돌렸다. 돌아와 대리석 석주가 있는 교회의 유적과 성 누가(St Luke)의 무덤도 구경하였다. 아토스(Athos) 산 위에 있는 산타라우라(Santa Laura) 수도원에는 성 누가의 성골 일부를 보관하고 있다고 했다.

1809년 12월 24일 드디어 아테네로 출발하였지만 밤에 입성하는 것이 초라할 것 같아 스코우트라(Scoutra)라는, 사람이 거의 살지 않는 마을에서 크리스마스이브를 보냈다. 더 이상 알리 파샤의 영역은 아니고, 아그리포(Agrippo)의 바키르(Bachir) 파샤의 영역이었다. 그들은 아래에는 암소와 돼지가 있는 다락에서 잤으니 아기예수처럼 구유에서 잔 것이나 다름없었다.

12월 25일 크리스마스. 열 시에 출발을 하여 평원을 건넜다. 작은 마을과 포도밭을 지나 언덕배기의 소나무 숲에 들었는데 숲은 넓게 퍼져 있었다. 돌너덜길이어서 말들이 약속이나 한 듯이 넘어졌다. 돌비알 길은 높은 언덕으로 이어졌고 카케 스칼라(Kake Scala) 즉 '나쁜 계단'을 뜻하는 좁고 미끄러운 바위 위의 오르막길을 계속 올라갔다. 아래로는 급류가 흐르는 강이어서 대단히 위험했다. 산 정상에 오르자 안내인은 아테네가 보인다고 소리를 쳤다. 그들은 오른쪽에 높이 솟은 암벽 위에서 요새의 잔해를 보았는데 필레(Phyle) 요새로 추정되었다. 그것이 보이오티아(Boeotia)와 아티카(Attica) 사이의 고개를 지키는 요새이리라.

거기서부터 길은 낭만적이었다. 카파(Capha)라는 마을을 지나 작은 언덕을 돌아가니 아테네의 요새 아크로폴리스가 보였다. 길은 넓어지고 주변에는 밀, 포도, 올리브 등을 경작하였다. 여덟 시 반 바이런은 케피수스(Cephisus) 강을 건너 아치형의 성문을 지나 아테네에 입성하였다. 성문 안의 길은 좁고 나빴다.

당시의 아테네에는 호텔도 여관도 없었고 서너 집에서 손님을 받을 뿐이었다. 민박을 하더라도 일정 가격이 없어 알아서 기부하는 형식이었다. 타르시아 마크리(Tarsia Macri)라는 영국 부영사의 그리스인 미망인이 그녀의 곁집에 손님을 받았다. 일행의 숙소는 거실 한 개 침실 두 개였고 집

타르시아 마크리

앞 정원에는 레몬 나무가 대여섯 그루 서 있었다. 식사 준비는 마크리의 세 딸 마리아나(Mariana), 카틴카(Katinka), 테레사(Theresa)가 맡았는데 모두 열다섯 미만이었다. 바이런은 이들이 예뻐서 "세 미의 여신"이라 불렀다. 막내가 제일 예뻤고 언니보다 명랑했다. 이 자매는 교양이 있었으며 화술 또한 좋아 상당히 호감을 주었다. 그러나 그들은 아버지가 죽은 후 가구도 없는 한 방에서 기거를 해야 할 만큼 궁색하게 자라났다.

한 밤을 자고 난 12월 26일 아침. 바이런은 아크로폴리스의 그림자 밑에 있다는 사실만으로도 잔잔한 흥분이 일었다. 아테네의 좁은 골목, 지저분한 거리들. 찬란했던 아테네는 수 세기 동안 침탈과 약탈을 당해 볼품없는 도시로 전락해 있었다. 인구 만 명 정도의 성곽 도시였고, 아크로폴리스를 중심으로 북쪽과 서쪽에 튀르키예인, 그리스인, 알바니아인, 유대인이 모여 살았다. 물론 아테네는 대도시가 아니었으며 오토만 제국의 한 흑인 환관의 식읍(食邑)이라 할 수 있었다. 오토만 궁정에서 가장 중요한 인물은 흑인 상선(尙膳)이며, 그는 하렘과 흑인 환관의 첩자들을 통솔하며 또 음모에 가담하므로, 모든 고관뿐만 아니라 술탄까지도 좌지우지할 수 있는 권력이 있었다.

아테네에는 서유럽 여행자가 줄을 이었지만 영주하는 서유럽 사람은 통틀어도 일여덟 집밖에 되지 않았다. 지난 70여 년간 예술에서 조지 양식(Georgian style)을 창조한 영국인들이 고전 미술, 건축, 고고학에 관심이 높아 동호인, 예술가, 학자들이 떼를 지어 이곳을 답사·견학하고 돌아갔다.

영국 대사 엘긴이 고용한 나폴리인 화가 루지에리(Giovanni Battista

Lusieri)가 바이런 일행을 방문한 것은 바로 그들이 도착한 그 이튿 날이었다. 그는 1799년에서 1803년까지 엘긴의 수행 화가로 일한 인물인데, 그때까지도 여전히 엘긴이 수집한 수많은 예술품을 옮기는 일을 감독하고 있었다.

엘긴은 오토만 당국의 허락을 얻어, 아크로폴리스의 신전 등에 침식을 막을 구조물을 세우는 일을 했다. 그 일을 하면서 위험에 처해 있는 작품들을 영국으로 옮기는 쪽이 낫겠다고 생각해서 신전의 조각품을 떼어내기 시작했다. 1801년에는 튀르키예 정부로부터 신전을 위험하게 하지 않는다는 조건 하에서 조각품을 떼어

엘긴 경

가도 좋다는 칙허를 받았다. 그런데 그런 칙허를 내어줬다는 것이 이상하지 않은가. 오토만 제국에서 뇌물 없이 되는 일이 있던가? 그때 받은 칙허장은 애매해서 어떤 활동을 해야 했었는지는 아직도 논란이 많다. 그의 문화재 절취 만행은 1810년까지 계속되었다. 아크로폴리스의 조각품을 떼어내는 일을 튀르키예인의 일부가 반대를 했는데 그 이유는 딴데 있었다. 엘긴이 비계를 설치하면 인부들이 거기에 올라가서 아크로폴리스에 주둔한 군부대의 하렘을 내려다볼 수 있기 때문에 반대를 했던 것이었다.

엘긴은 영국으로 돌아가다가 도중에 나폴레옹에게 체포되어 3년간 옥살이를 했다. 귀국해서 런던의 파크 레인(Park Lane)과 피커딜리가 만나는 곳에 가건물을 지어 1807년 여름부터 그리스의 조각품을 전시했다. 예술에 대해 무덤덤했던 바이런도 그때 그곳에 가보고는 엘긴의 "절단된 예

제8장 그리스를 거닐다

술품 덩어리"라고 경멸적인 말을 남겼다. 후에 영국정부에서 그 조각품을 전부 사서 지금은 영국박물관(British Museum) 제 18호실에 전시하고 있다.

루지에리가 찾아오던 날 프랑스인 포벨(Louis François Sebastian Fauvel)도 찾아왔다. 포벨도 루지에리와 비슷한 일을 하고 있었다. 그는 콘스탄티노플의 프랑스인인 쇠죌 구피에(Choiseul-Gouffier) 백작의 조수로 일하다 아테네의 프랑스 영사가 되어 있었다.

현재 영국박물관에 전시 중인 엘긴 마블스

12월 27일 바이런과 홉하우스는 루지에리와 로고세티(Logotheti)를 대동하고 가서 이 도시의 총독을 만났다. 총독은 술레이만 아가(Suleyman Aga)라는 자였다.

그 이튿날 바이런과 홉하우스는 시내로 관광을 나섰다. 헤파이토스(Hephaestus) 신전은 그들 숙소에서 5분 거리였다. 아테네에서 유일하게 튼튼한 이 도리아식의 고대 건물은 소박하면서 힘이 넘쳤다. 서쪽 면에는 파르테논 신전처럼 켄타우로스(Centaurs)와 레피스(Lapith)의 전쟁 장면이 부조되어 있었다. 테세움(Theseum)이라고도 불리는 이 신전은 당시에 교회로 쓰이고 있었다.

남쪽으로 가니 아테네 민주집회의 장소인 프닉스(Pnyx) 즉 법정(法庭) 계단이 있었다. 이 장소 바로 위에서 보면 서쪽으로 피레우스

(Piræus) 항구가 보였다. 피레우스 너머에는 기원전 480년에 그리스군이 페르시아군을 패퇴시킨 살라미스(Salamis) 섬이 검게 보였다. 페르시아 왕 크세르크세스(Xerxes)가 살라미스전의 패전 장면을 지켜보았다는 노루막이도 거기서 보였다. 피레우스까지 파랗게 보이는 것은 올리브나무밭, 밀밭, 포도밭이었다.

아크로폴리스 암벽 바로 밑에는 특별한 전설을 가진 동굴이 하나 있었다. 이 아크로폴리스의 주인인 아폴로는 에렉테우스(Erectheus)의 딸 크레우사(Creusa)를 데려와 거기서 일을 저질렀다고 했다. 그때 낳은 아이가 이온(Ion)이고, 그 이름에서 이오니아해가 나왔다고 했다.

일행은 올림피아 제우스(Olympian Zeus) 신전의 석주를 보러 발걸음을 옮겼다. 16개가 남아 있었으나 하나는 기단석을 떼어가 다음 지진 때는 꼭 무너질 것 같았지만 석주들은 상상을 초월할 만큼 장엄했다. 하드리아누스(Hadrianus) 개선문을 구경한 뒤, 바이런은 루지에리 집으로 가서 어머니가 보낸 편지를 받았다.

12월 29일 발길을 '바람의 신전'(Temple of the Winds)으로 옮겼다. 원래는 안드로니쿠스 치레스테스(Andronicus Chyrrestes)의 아름다운 8각형의 기념비였지만 수피파(Sufism)의 지부 사무실로 사용되고 있었다. 다시 리시크라테스(Lysicrates)의 기념비인 '데모스테네스의 등불'(Lantern of Demosthenes)을 찾았다. 그것은 카푸친 수도원(Capuchin Convent) 안에 있었는데, 그 멋진 수도원에는 수도사 한 명이 살고 있었다. 바이런은 훗날 이

데모스테네스의 등불

수도원에도 머물게 된다. 지금은 수도원은 없어졌으나 이 기념비만은 카페 거리 한가운데에 남아 있다.

아크로폴리스의 남쪽 언덕으로 갔다. 두 석주가 있는 곳으로 올라갔으나 디오니소스상은 엘긴이 떼어갔고, 그 아래 극장의 흔적은 보이지 않았다. 왼쪽으로 발걸음을 옮겨 제우스 올림푸스 신전의 개선문을 지나 남쪽으로 내려가니 일리수스(Ilyssus) 하천이 바닥을 드러내놓고 있었다. 동쪽으로 조금만 올라가면 스타디움(Stadium)이 나오며, 정복당한 사람들이 도망을 갔다던 구멍도 보였다. 스타디움에서 내려오면 오른쪽으로 리시움(Lyceum) 언덕과 더 멀리 히메투스(Hymettus) 산이 보였다.

12월 31일. 바이런과 홉하우스가 도보로 아크로폴리스의 동쪽으로 갔다. 올리브나무 사이로 올라가서 수도원과 성 미카엘(St. Michael) 교회를 지나, 성 조지(St. George) 수도원이 있는 안케스무스(Anchesmus) 산기슭을 돌아보고 돌아왔다. 산이 온통 향기로 가득 차있어 보았더니 돌 많은 평원에는 도금향 같은 식물이 향기를 뿜고 있었다. 펜텔레(Pentele) 산 앞에서 다시 아테네를 내려다보고 언덕을 넘어가 맨 처음 아테네에 올 때 지나온 길과 성문을 통과해서 돌아왔다.

(1810년) 1월 4일 나중에 안내인으로 고용하게 되는 데메트리우스(Demetrios Zograffo)의 안내를 받아 말을 타고 주변 유적지를 둘러보았다. 아레오파고스(Areopagus) 북쪽으로 걸어가서 한 분수를 구경하고는 돌아와 엘레우시스(Eleusis)를 향해 올리브나무를 스치며 말로 달렸다. 협곡에서 대리석을 떼어낸 채석장과 2년 전에 발견된 우물을 보았다. 시내로 들어와 하드리아누스 시대에 정한 이 시(市)의 저울 추(錘)와 돌에 새긴 눈금을 살폈다.

그 다음날 바이런은 루지에리의 집에서 그와 식사를 하면서 그에게서 그리스인들이 믿는 기이한 미신에 대해서 들었다. 그리스인들은 그리스의 고대 석상은 마법에 걸려 있으며 언젠가는 다시 마법에서 깨어날 것이라고 믿는다고 했다. 얼마 전 엘긴의 인부들이 이상하게도 대리석이 든 대형 상자를 배에 실어주지 않으려 해서, 그 이유를 물었더니 그 상자 안에 '아라빈'(Arabin)이 있다고 말했다. 한 그리스인은 상자 안에서 아라빈이 내는 신음 소리와 비명소리를 직접 들었다고도 말했다. 아크로폴리스의 어떤 석상은 동료 석상을 떼어오니까 통곡 소리를 내더라고도 했다. 바이런은 이 이야기를 『미네르바의 저주』(The Curse of Minerva)라

아크로폴리스
'Classic view of Acropolis' by Alexander Popkov (engineerontour.com) via Wikimedia Commons under CC BY-SA 4.0.

는 풍자시에 백분 이용한다.

여러 가지 형식적 절차 때문에 지체되다가 1월 8일에야, 바이런은 홉하우스, 루지에리와 함께 그 유명한 아크로폴리스 언덕에 오를 수 있었다. 파르테논의 열주는 2열인데 둘째 열 위의 프리즈(frieze)에는 부조가 아직 남아 있었다. 어떤 곳에는 석주가 부서져 무더기로 쌓여 있었다. 내전(內殿)의 남쪽 면 벽 위에는 그리스 교회가 덧그려놓은 성화도 희미하게 남아 있지 않는가. 신전 한가운데의 모스크 자리는 원래 고대 그리스 교회의 제단이 있던 곳이었다. 엘긴은 이 신전의 동쪽 면에서 부조를 떼어가서 남아 있는 것이라곤 도리아식 기둥뿐이었다. 튀르키예인들은 이런 대리석을 접합하는 곳을 찾아 납도 알뜰히 채취해 갔다.

루지에리가 잠시 떠나 있을 동안 에렉테움(Erechtheum)의 남쪽 벽

의 반이 헐리는 만행이 있었다고 했다. 역시 엘긴이 동쪽 현관의 조각 중 미네르바(Minerva)와 포세이돈(Poseidon)이 경쟁하는 조각을 떼어내 버렸던 것이다. 규모는 작지만 가장 아름답고 잘 보존된 그 조각을 통째로 떼어내 가자 모든 아테네인들이 통탄하였다. 그는 또 여상주(女像柱, Caryatids) 중 하나도 가져갔다. 그는 이렇게 모은 대리석 조각, 꽃병, 동전 등 유물 253점을 두 번에 걸쳐 영국으로 실어 날랐는데, 이것도 바이런은 『미네르바의 저주』에서 지적하였다.

파르테논 신전은 기이한 운명을 겪어 왔다. 그것은 수 세기 동안 요새로 이용된 만큼 무너진 담벼락에는 총좌(銃座)의 흔적과, 에렉테움의 현관과 프로필라이아(Propylaia)의 문에는 바리케이드가 남아 있었다. 프로필레아란 파르테논 신전으로 올라가는 통로에 설치된 대문과 같은 구조물로서 파르테논 신전과 함께 피디아스(Phidias)가 세운 것이라고 했다. 파르테논 신전은 17세기에는 화약고로 사용되다가 1657년 베네치아군에게 점령될 때 화약이 폭발하여 그때 신전의 천장이 날아가 버렸다고 했다. 바이런과 홉하우스는 그때 땅에 파인 거대한 구덩이를 확인하였다. 저만치 공한지에는 하얀색의 천박한 군 막사가 보였다. 바이런은 이때의 침담힌 심징을 『사일느 해롤드의 순례』 제2편에 담는다.

1월 10일 바이런과 홉하우스는 말을 타고 피레우스로 갔다. 그들은 엘긴의 마지막 대리석을 선적한 200톤의 상선을 구경하는 것이 목적이었다. 돌아올 때 그들은 아크로폴리스를 서쪽에서 접근했는데 석주가 석양을 배경으로 하여 완벽하게 배열되어 있음을 보고 그 경이로운 조화미에 감탄을 금치 못했다.

1월 12일 그리스에서는 달력이 달라 이날이 그들의 설날이었다. 하숙집에서는 설날이라고 조촐한 저녁상을 마련하였다. 그리스인 바이올리니스트와 탬버린 연주자가 느린 음악을 연주했고 참가자는 단조로운 음악에 맞춰 느린 춤을 췄다. 홉하우스는 이날 우리나라의 각설이 같은 광대가 등장하는 모습을 일기에 상세히 묘사했다. 광대는 공단과 모피로 된 펠리스(pellice)란 옷에다 돈과 팔찌를 붙이고, 가발을 썼는데 그것은 등을 거의 다 덮고는 그 끝은 땋여 있었다. 가발에는 리본, 돈, 팔찌 등을 주렁주렁 달았고, 배꼽 아래에 헐렁하게 맨 벨트에는 커다란 원형 은 장식물을 여럿 달아 엉덩이 위로 흘러내리게 했다.

겨울에 아테네에는 즉흥적으로 벌어지는 이런 놀음이 많았다. 마크리 집에서는 자주 이런 춤판과 광대놀음에 곁들여 하숙집의 딸들이 손님들을 위해서 연기도 하고 노래도 부르고 춤도 췄다. 모두 미모의 아가씨들이라 바이런은 님프, 혹은 여신이라고 불렀다. 막내 테레사는 섣달 그믐날에는 설탕, 아몬드, 장미수로 만든 케이크를 선물로 가져다주었다. 열두 살이었지만 결혼해도 될 정도로 성숙한 처녀였다.

아침저녁으로 무서리가 내렸지만 한낮에는 햇볕이 내리쬐어 봄날 같았다. 바이런과 홉하우스는 말을 타고 유적지를 탐방하는 재미가 쏠쏠했다. 그러나 그들의 취향은 달랐다. 오전엔 바이런은 잠을 자거나 『차일드 해롤드의 순례』의 제2편 중 알바니아 편을 쓰고, 홉하우스는 유적지를 찾아가 고고학자처럼 석주의 길이를 열심히 쟀다. 홉하우스의 관심은 언제나 이런 산문적이고 학술적인 것에 있었다. 바이런은 그의 부산함을 보고 우스워서 쓸데없는 일을 한다고 놀렸다.

바이런은 나중에 트렐라니(Edward John Trelawny)에게 이렇게 말했다. "그리스를 여행하면서 홉하우스와 나는 매일 다투었다···. 그는 전설, 지형, 명문(銘文) 등에 관심이 높았다. 그는 핀두스산, 파르네스(Parnes)산, 파르나소스산 아래서 고대 신전이나 도시의 정확한 장소를 찾느라고 지도와 컴퍼스를 가지고 어정거렸다. 나는 노새를 타고 그 산에 올라갔다. 소나무, 독수리, 매, 올빼미는 어릴 때부터 내 꿈에 나타났었던 것들이었다···. 나는 별을 보고 생각에 잠기곤 했지만 기록을 하거나 질문을 하지 않았다."

1월 13일 바이런과 홉하우스는 케페수스(Cephessus) 강을 건너 확 트인 평원에 이르렀는데 그 평원은 왼쪽으로는 피레우스와 바다까지 뻗혀 있었다. 그들은 완만한 고개를 넘어 낭만주의자나 예술가가 극찬할 모습으로 퇴락하여 한갓진 다프네(Daphne) 수도원에 닿았다. 거기서 산을 안고 급회전하자 엘레우시스 평원이 펼쳐졌다. 이 엘레우시스는 케레스(Ceres)와 프로세르피나(Proserpina)에게 바쳐진 도시여서 케레스

(데메테르)의 사당이 있었다. 북쪽으로는 눈으로 하얗게 덮인 이스무스(Isthmus) 산이, 왼쪽으로는 살라미스 섬의 해협이 보였다.

1월 18일 바이런과 홉하우스는 말을 타고 나가 무니치아(Munychia)와 팔레룸(Phalerum)의 유적을 찾아보았다. 무니치아 원형 항구 주변으로는 바다까지 성터가 둘러졌던 흔적이 있었다. 그들은 아테네의 장군이고 정치가인 테미스토클레스의 묘도 찾았다.

『차일드 해롤드의 순례』를 보면 바이런의 이때 기분은 순간순간 바뀐다. 하늘을 나를 듯 명랑하고 활기차다가, 예전에 완벽한 아름다움을 지녔던 석조물이 쓰레기처럼 뒹구는 것을 보고는 금방 울적해졌다. 그리스의 황금기의 잔해들을 그에겐 모두 통분(痛忿)이고 비애이고 우수였다.

바이런은 엘긴의 절취 행위를 보고 더 우울해지고 분노했다. 엘긴은 원래 있던 판테온이나 에렉테움에서 조각품을 떼어냄으로써 그것을 "불구의 골동품"으로 망가뜨렸다고 생각하지 않고, 그리스문명의 최고의 유물을 보관하고 보존하는 데 헌신하였다고 생각했기 때문이었다. 바이런은 당연히 『차일드 해롤드의 순례』 제2편에서 이런 엘긴의 야만적 행위에 대한 참담한 심정을 토로하였다.

바이런과 홉하우스가 아크로폴리스를 두 번째 방문했을 때 거기서 일하는 한 인부의 이야기를 듣고서 더욱 절망을 느꼈다. 그 인부는 석주나 조각품 등을 불에 태워 생석회로 만들어 그것을 자기 집 짓는 데 요긴하게 썼다고 하지 않는가! 그들이 두 주 후 다시 그 자리에 가 보니 첫 번째 방문 때는 볼 수 없었던 파르테논의 거대한 돌덩어리가 땅에 떨어져 있었다.

바이런은 『차일드 해롤드의 순례』에서 엘긴이 스코틀랜드 출신임을 아주 냉소한다. 그러나 사실 바이런도 모계가 스코틀랜드인이니 그는 동향인을 야유한 셈이 된다. 바이런은 또 훗날 삭제해 버렸지만, 그 시의 한 구절에서 그는 머리에 뿔이 났다고도 했다. 머리에 뿔이 난 남성은 서양 사회에서는 오쟁이 진 남성임을 뜻했다. 바이런은 엘긴이 프랑스에서 옥살이를 할 때 그의 귀부인이 이웃남자와 정을 통했을 것이고 그래서 그의 머리에 뿔이 났을 것이라고 상상했던 것이다.

엘긴은 조각품을 절단한 것도 모자라 파르테논 신전의 석주 높은 곳에 자신과 자기 아내의 이름을 깊게 새겨 두었다. 바이런이 그 이름을 보고 그런 행위는 신성모독이라고 생각하여 그 자신이 그 높은 곳까지 올라가서 그의 이름을 없앴다. 그는 같은 귀족이지만 그의 코를 납작하게 할 생각으로 미네르바 신전[에렉테움]에 붙어있는 판드로소스(Pandrosos) 사당의 회벽에 이렇게 쓰도록 만들었다. "quod non fecerunt Goti Hoc fecerunt Scoti" 즉 "고트족(Goths)도 안 한 짓을 스코틀랜드인이 여기에 저질러 놓았다네."

바이런이 이때의 안타깝고 참담한 감정을 넣어 쓴 풍자시가 『미네르바의 저주』이다. 그는 이 작품을 그 이듬해 3월에 쓰기 시작하여 귀국한 해 11월에 탈고하였다. 미네르바는 그리스에는 팔라스(Pallas)로 불리는 지혜, 힘, 승전, 공예의 여신이다. 이 시는 바이런이 이 여신을 직접 만나서 대화를 나눈 이야기이다.

달이 떠서 파르테논 신전의 대리석 기둥이 하얗게 빛나는 것을 보고 바이런은 신비한 몽환적 분위기에 빠져들었다. 이때 미네르바 여신이 나타난다. 여신은 바이런에게 '영국 사람은 부끄러운 줄 알아라.'라고 한다. 그녀의 신전을 망가뜨려 놓은 사람이 영국 사람이기 때문이었다. 바이런이 그 여신에게 미리 엘긴의 고향 스코틀랜드는 미개한 사람들이 사는 땅이라고 욕을 했더니, 여신은 신전을 파괴한 에라토스트라투스(Eratostratus)처럼 엘긴도 신의 저주를 받을 것이라고 하였다.

바이런과 홉하우스는 1월 19일부터 25일까지 수니온과 마라톤의 탐사에 나섰다. 하인은 바실리, 데메트리우스 외에 두 명을 더 데려갔으며, 짐 말 두 필, 예비 말 두 필을 몰고 출발하였다. 맨 먼저 바리(Vary)에 도착하여 산 정상 부분에 있는 아르키다무스(Archidamus) 요정의 동굴을 탐사하였다. 동굴 안엔 석순과 종유석이 보였고 바닥에는 샘이 솟았다. 암벽에 실물 같은 거대한 인물 부조가 있었고 그 오른쪽 위에 또 엘긴의 이름이 보였다. 케레스 상 위의 돌에는 포벨의 이름도 새겨져 있었다. 바이런과 홉하우스는 이곳에 연필로 그들도 이름도 써넣었다.

이튿날 동남쪽으로 내려가 케라테아(Keratea)에 도착하였다. 그 마을에는 알바니아인 150호가 그리스인과는 섞이지 않고 전통을 지키며 살고 있었다. 그들은 비 때문에 그 마을에서 이틀을 보내야 했다. 날이 들자 일행은 파르네(Parne) 산의 동굴을 탐사하려고 동네에서 안내인을 사서 동굴에 들어갔다. 좁은 틈으로 한참 들어가면서 굉장한 광경에 감탄하느라 시간 가는 줄 몰랐다. 횃불이 얼마 남지 않은 것을 깨닫고 나오려 했을 때 나가는 길을 몰랐다. 미로에 갇혀 같은 곳을 뱅뱅 돌았다. 안내인은 벌벌 떨면서 동굴의 복잡한 구조를 잊어버렸다고 했다. 우연히 한 줄기 희미한 빛을 발견하고서야 가까스로 동굴을 기어 나올 수 있었다. 동굴 밖에는 장대비가 쏟아져 그 비를 맞으며 한 수도원에 들어가 돼지를 통째 구웠다.

1월 23일 9시 반에 콜로나(Colonna) 곶을 향해 출발하였다. 쾌청했다. 일행은 평원을 건너 몇 호만 사는 카타페케(Katapheke)라는 마을을 지나 계속 남하하였다. 숲이 우거진 산을 넘어 한 작은 낭떠러지에 올라서 보니 놀라워라! 곶 위로 하얀 석주가 보였다. 해변 길을 따라 내려가 12시에 콜로니에 도착하였다. 바다엔 파도가 끊임없이 바위를 때려 쳤다. 포세이돈의 신전은 진주색이 도는 흰빛이어서 검은 바위, 빛나는 하늘, 파도치는 바다와 선명한 대조를 이루었다.

먼저 14개의 거대한 돌이 일렬로 세워진 고대 성벽을 구경한 뒤 포세이돈 신전으로 올라갔다. 신전은 9개의 도리아식 하얀 대리석 석주만 남아 있었다. 그곳은 1762년에 출판된 패커너(William Falconer)의 소설 『파선』(The Shipwreck)에 들어 있는 그림과 꼭 닮아 있었다. 이 곳에서 한 시간 반 정도 머물다 동쪽 해안을 따라 출발했다. 그 지방에서는 가장 큰 항구 가이다로만드라(Gaidaromandra)를 지나 출발지인 케라테아 마을에 돌아왔다.

이튿날 그들은 아테네인들이 페르시아군을 패퇴시킨 마라톤 평원을 돌아보기로 하고 북행했다. 기원전 490년에 열세의 아테네 군대가 페르시아군을 물리치고 그 승리의 소식을 페이딥피데스(Pheidippides)가 35km를 달려 아테네에 알린 뒤 곧 쓰러져 죽었다는 유명한 이야기가 있는 곳이었다. 땅거미가 질 때 그들은 페르시아를 이겨 승리를 가져다준

192명의 "사라진 영웅의 높은 무덤"을 지나갔다. 그 이튿날 아침 바이런은 갑자기 마라톤의 과거가 놀랍게도 자기의 현실처럼 다가서는 것을 느꼈다. 덩달아 그리스의 애국심을 고취하는 시구가 떠올라 「그리스의 섬들」(The Isles of Greece)이란 시를 썼다.

1월 25일 언덕에 올라가 마라톤 평원을 내려다보니 그리스 영웅들이 묻힌 거대한 무덤이 다시 보였다. 무너진 탑루가 있는 곳이 마라톤이라는 마을이었다. 그들은 서쪽으로 가파른 산을 넘어 알바니아인 마을 스타마타(Stamata)를 지나 휴양도시 케브리나(Cevrina)를 구경한 뒤 아테네로 돌아왔다.

28일에 바이런은 홉하우스와 함께 코리달루스(Corydallus)라고 불리는 크세르크세스가 앉았던 자리를 찾아보았다. 그것은 살라미스 섬 맞은편의, 그리로 내닿는 한 산의 노루막이 위에 있었다.

2월 1일 바이런과 홉하우스는 말을 타고 펜텔레 수도원을 찾았다. 수도원답게 물이 많은 숲속 움푹한 곳에 자리 잡고 있었다. 수도원의 하인 한 사람을 데리고 펜텔레쿠스(Pentelicus) 채석장을 찾아가 구경하였다. 아테네에서 지은 건축물의 대리석을 그 산에서 캐냈다. 채석장 입구엔 돌집 두 채가 있었고 오른쪽 돌집에 들어가니 교회가 나왔다. 거기서부터 계속 동굴로 이어졌는데 그 동굴에는 특별히 장밋빛 대리석이 나온다고 하였다. 더 내려가니 돌에 많은 방문자 이름이 새겨져 있었고 더 깊은 곳에는 샘이 솟아났다. 이 동굴과 케라테아의 동굴은 훗날 바이런의 『섬』(The Island)이라는 작품의 뉴하의 동굴(Neuha's cave)의 모델이 된다.

2월 8일 출국한 이후 늘 붙어 다니던 홉하우스와 처음으로 헤어졌다. 홉하우스는 네그로폰테(Negroponte)를 답사하러 혼자 나섰고 바이런은 아테네에 남았다. 바이런은 그가 부산하게 돌아다녀 여간 신경이 쓰이지 않았다. 홉하우스가 돌아올 때까지 그는 열심히 써서 『차일드 해롤드의 순례』 제2편을 완성했다. 홉하우스는 2월 13일에 돌아왔다.

『차일드 해롤드의 순례』 제2편은 차일드 해롤드의 그리스와 알바니아의 여행기이다. 이 시편에서 그 주인공은 아테네와 그리스의 찬란한 고대 문명의 자취를 돌아보고 야만인들이 그 문명의 조각품을 파괴하고 절취한 것을 개탄한다. 자연히 엘긴에 대해서도 맹비난을 한다. 그는 알바니아에 들어가서 알리 파샤의 군인들과 섞이면서 진한 남자끼리의 동지애를 느낀다. 다시 억압받는 그리스의 애환을 노래하면서 그 민족의 독립을 진심으로 염원한다. 나중에 에델스톤의 죽음을 애도하는 연을 첨가하여 이 시편을 끝맺는다.

바이런은 루지에리의 조카 니콜로 지로드(Niccolo Giraud)에 애착이 갔다. 그들은 함께 필레까지 갔다 왔는데 일종의 데이트였다. 그 이튿날 날씨가 좋자 또 니콜로를 데리고 엘레시우스의 남쪽 해안으로 가 승마를 하고 같은 길로 돌아왔다. 2월 16일인데도 홉하우스는 "봄이 왔다. 아몬드 꽃이 눈처럼 희다."라고 일기에 적었다. 그러나 날은 따뜻하다가도 갑자기 밤에는 눈발이 날리고 바람이 불고 추웠다. 하루는 바이런은 홉하우스의 일기를 읽고, 홉하우스는 바이런의 시를 읽고 서로 틀린 것이 있다고 경쟁적으로 목소리를 높였다.

3월 3일 날씨가 좋아 바이런은 홉하우스와 또 한 친구 이브라힘(Ibrahim)을 데리고 엘레우시스까지 승마를 했다. 이때 이브라힘은 바이런이 테레사를 그리로 데려와 기회를 보아 꽃을 꺾어야 하지 않겠느냐고 말했지만, 바이런이 정색을 했다. 테레사가 보호자 없이 위험하게 방치되는 일이 있던가. 절대 그런 일은 없을 것이라고 했다.

바이런의 하숙집 세 "미의 여신" 중 막내인 테레사는 창백하고 사색에 잠긴 듯한 표정이어서 언제나 바이런의 주의를 사로잡았다. 그녀는 12살이었으나 홉하우스가 주석을 붙이기로 완전 '결혼적령기' 아가씨만큼 성숙해 있었다고 했고, 골트는 바이런의 열정이 어디까지나 순수하고 시적이었다고 했다.

3월 4일 바이런이나 홉하우스가 아테네의 편한 생활을 좀 접어야겠다는 생각이 들었을 때 기회가 왔다. 영국 포함 필라데스(Pylades) 호의 선장 퍼거슨(Fuguson)이 스미르나(Smyrna)로 가는 선편을 제공하겠다고 통고해 왔다. 그들은 하루 전에 하숙집에 알리고 떠나기로 했다. 그때도 바이런은 콘스탄티노플을 거쳐 페르시아와 인도까지 가려는 당초의 계획을 포기하지 않았다. 그는 튀르키예 수도에 있는 영국대사 로버트 어데어(Robert Adair)로부터 여행허가증을 이미 받아둔 상태였다.
  바이런이 그렇게 급히 떠나려고 한 것은 아마도 바이런과 테레사의 관계가 이미 부담스러워 그것에서 벗어나고 싶기 때문이기도 했다. 그러나 테레사와의 이별은 이상한 아픔을 주었다. 그는 그 아픔을 달래기 위하여 적어도 출발 전에 이 시를 썼을 것이다.

> 아테네의 아가씨여, 우리 헤어지기 전에
> 돌려 다오, 오, 내 마음을 돌려 다오!
> 아니면 내 마음은 이미 내 가슴을 떠났으니
> 지금 그걸 간직하되 그 나머지도 가져가 다오!
> 떠나기 전 내 맹세나 들어 다오,
> 나의 생명이여, 내 그대를 사랑하노니.
>
> 에게해 바람이 사랑하는,
> 풀어헤친 저 머리 타래에 맹세코
> 검은 속눈썹이, 꽃피는 그대 부드러운 뺨에
> 키스하는, 그 눈시울에 맹세코
> 노루 같은 그 야성적인 눈에 맹세코
> 나의 생명이여, 내 그대를 사랑하노니.
>
> 닿고 싶은 그리운 그 입술에 맹세코
> 그 벨트 두른 허리에 맹세코
> 말로 잘 표현해낼 수 없는 것들을
> 말로 잘 표현해내는 상징의 꽃에 맹세코
> 사랑의 다른 기쁨과 슬픔에 맹세코
> 나의 생명이여, 내 그대를 사랑하노니.
>
> 아테네의 아가씨여! 나는 떠나갔다오!
> 혼자일 때 그대어! 나를 생각해 다오.

내가 이스탄불로 날아가지만
내 마음과 영혼은 아테네가 쥐고 있다오.
내가 어찌 당신 사랑하기를 그만둘까? 아니라오!
나의 생명이여, 내 그대를 사랑하노니.

그는 두 달 남짓 아테네에 살았지만 떠나기가 진실로 가슴 아팠다. 사람들은 마음이 맞았고 그들과 부대끼긴 했지만 큰 갈등이나 마찰은 없었다. 지금까지 그렇게 조용히 살아본 적은 없었다. 기후와 환경 또한 그랬다. 겨울이었지만 영국의 겨울과는 완전히 달라 따스하고 청명하여 매일 교외로 나가고 싶은 유혹을 느꼈다. 멀리 갈수록 그만큼 그리스에 대한 향수에 목마를 것 같았다.

3월 5일은 밀린 계산서를 정리하느라 부산을 떨었다. 짐을 먼저 보내고 아테네의 하숙집 사람들과 지인들에게 작별을 고했다. 이별의 아픔을 감추려고 말을 일부러 속보로 몰아 피레우스항으로 달렸다. 살라미스 섬 가까이에 닻을 내린 필라데스호에서 보트를 보내주었다.

제 9 장
콘스탄티노플과 술탄
(1810년~1811년)

    3월 6일 오전에 강한 순풍이 불어 필라데스호는 금방 출항하였다. 12시경에 콜로나 곶을 돌더니 롱아일랜드(Long Island, 오늘날의 마르마록세라(Marmaroxera))의 남단을 감싸고 네 시경에 안드로스(Andros) 섬의 북단을 지났다. 밤새도록 강한 순풍이 불어 단숨에 스키오스(Scios)도 지났다.

    그 이튿날 오늘날 이즈미르(Izmir)인 스미르나(Smyrna) 항 입구에 도착하였다. 역풍이 불었다. 3월 8일 배에서 보니 오른쪽으로 수많은 포문이 있는 요새와 대리석 포탄이 보였다. 당시 튀르키예에서 가장 큰 도시 스미르나는 지중해의 중요한 국제 상업도시였다. 도시는 산 아래와 중턱에 건설되어 있었고 바닷가의 프랑스 타운은 온갖 유럽인들이 찾는 유럽 타운이기도 했다.

    닻을 내리고 살세트(Salsette) 호 선상에서 그 배의 배서스트(Walter Bathurst) 선장과 같이 식사를 했다. 바이런은 멋진 예복을 입었지만 홉하우스는 낡은 코트를 입어 무시를 당했다. 만찬 때 영국 총영사 웨리의 가족과 프레데릭스타인(Frederickstein) 호의 누어스 선장(Captain Nourse)도 만났다.

저녁에 상륙하여 웨리의 집으로 가서 그 집에 여장을 풀었다. 그의 집은 놀랍게도 완전 영국식으로 으리으리하였다. 검소했던 마크리 집의 식탁에 비하면 이 집의 음식은 진수성찬이었다. 바이런 일행은 4월 11일까지 에페소스(Ephesus) 유적을 보러 간 2~3일을 제외하고는 죽 그 집에 머물렀다.

3월 11일 비 오고 추웠지만 바이런 일행은 마상 경기 저리드(Djerid)를 구경하였다. 이 경기는 기수들이 경기장에 시장인지 군수인지 모를 지방의 고관들과 함께 성장한 말을 타고 등장함으로 시작

저리드 경기

되었다. 기수들은 수백 명으로 각기 1.1m의 짧은 창 즉 저드 한두 개와 끝이 굽은 지팡이를 들고 일종의 모의 전투를 벌였다. 콘스탄티노플의 고관들도 저리드 경기를 많이 즐긴다고 했다.

바이런과 홉하우스가 유명한 에페소스의 유적을 찾아 나선 것은 3월 13일이었다. 그들은 출발 한 시간 만에 웨리의 별장이 있는 부자(Boudjah) 마을을 지나갔다. 그 마을 주변은 완전히 영국의 시골처럼 보였다. 그리스보다는 더 광활하고 아름다운 경치가 펼쳐졌다. 낙타 대상의 사람들은 동양 옷을 입고 있었다. 세 시간을 더 가니 지금까지 본 어떤 목초지보다 더 아름다운 목초지가 나타났다. 다시 험한 돌길로 가다가 흙담집 커피하우스에 들어섰다. 황소개구리가 시끄럽게 울어댔다. 처음엔 그곳에 많다는 자칼 떼가 내는 소리로 착각하였다. 바이런은 에페소스의 폐허에서 자칼이 수백 마리씩 몰려다니는 소리를 들었다고 훗날 『돈 주앙』에 썼다.

거기서 일박을 한 뒤 이튿날 일찍 출발하면서 인상 깊은 광경을 목격했다. 커피집 가까이 한 나무 위에는 커다란 학 보금자리가 얹혀 있었다. 바이런은 『마제파』(Mazeppa) 끝에 붙인 산문 「단편」(A Fragment)에서

는 이때의 광경을 비슷하게 묘사한다.

　호수를 끼고 가다가 평원을 넘고 묘지를 지나고 낮은 언덕을 넘었다. 갈대가 자라는 광활한 에페소스 늪이 보였다. 그곳에는 고대 일곱 가지 기적 중의 하나인 아르테미스(Artemis) 신전과 제우스의 사당과 '잠자는 일곱 사람'의 동굴이 있었다. 그 신전은 263년에 고트족에 의해 파괴되었으나 훗날 1869년에 발굴된다. 그곳은 또 셰익스피어의 『실수연발』(The Comedy of Errors)의 배경이 된 곳이 아닌가.

　낙타치기와 염소치기의 검은 텐트에 가 보았더니, 일정한 거주지가 없는 터코만족(Turcomans)의 텐트였고, 그들은 스키타이족(Scythians)의 목동과 비슷하였다. 헐벗은 모습이었고 약탈과 절도도 서슴지 않는다고 하였다.

　늪으로 난 길을 따라 1.6km나 가서 삼각 뗏목을 타고 강을 건너 아이살룩(Aiasaluk, 오늘날의 셀추크(Selçuk))이라는 마을에 도착하였다. 한 우물의 판석에 둘러앉아 준비해 간 닭고기와 소시지를 먹으면서 보니 건너 쪽 사이프러스 나무 밑에 모스크와 묘지가 있었다. 그 마을에는 부조가 있는 거대한 대리석 영묘와 고대 우물도 남아 있었다.

　그러나 아이살룩은 황량하였다. 이 튀르키예 마을에 세 종교의 유적이 있었으니 이교도, 기독교, 그리고 이슬람교였다. 그리스 신전에서 약탈해온 대리석으로 무너져 내리는 기독교 교회를 꾸몄고, 그 교회 위에 이슬람교 첨탑을 세웠지만 그것마저 허물어져 있었다. 디아나(Diana) 신전도 거의 무너져 있었다. 깨어진 석주, 교회의 지붕 없는 벽, 더욱 최근에는 버려진 모스크가 역사가 속절없이 할퀴고 간 흔적이었다. 그곳에 사람이 살지 않으니 바울은 이제 전혀 에페소스로 편지 쓸 필요가 없어졌으리라.

　산 위의 폐성 아이아살룩도 마찬가지였다. 원래 교회였지만 모스크로 개조하면서 첨탑을 설치했다. 그러나 그 첨탑 위에는 학이 보금자리를 틀어 놓았다. 노을이 진 그곳 경치는 바이런에게 온몸에 젖어 오는 우수(憂愁)와 객수(客愁)에 다름 아니었다. 초라한 커피하우스에서 일행은 둘째 밤을 보냈다.

에페소스의 유적

3월 15일 아침 멘데레스(Menderes) 강을 건너 에페소스 유적지에 도착했다. 에페소스는 길게 뻗은 늪의 남쪽에 있었으며 그 유적의 남쪽은 산이 에워싸 있었다. 에페소스의 주된 유적은 주로 남쪽의 높은 가파른 산 밑에 모여 있었다. 동쪽에는 커다란 아치가 남아 있어 원형경기장임을 확인할 수 있었다. 남쪽 산을 둘러싸는 거대한 성벽의 돌들이 노출되어 있었고, 낮은 곳에는 벽돌덩어리, 작은 아치, 성벽, 인공 감실 등이 방치되어 있었다. 가장 큰 건물 아래에는 반암으로 된 석주가 네 개 서 있었다. 바이런에게 가장 충격을 준 것은 한때는 영화의 도시였으나 지금은 폐허가 된 그 에페소스에 들리는 자칼의 황량한 울음소리였다. 자칼이 "멀리서 구슬프게 짖을" 때 "곡성 같은 것이 섞여" 허물어진 대리석 더미에 슬픈 메아리를 일으켰다고 적었다. 관광을 마친 일행은 오던 길을 재촉했다. 종일 말을 타고 한 시간에 6.4km 정도를 이동하여 웨리의 집에 밤 11시에 도착할 수 있었다. 사흘 동안 날씨가 좋았기에 여행을 잘 마칠 수 있었다.

홉하우스는 한 가지 걱정이 생겼다. 웨리의 부인이 점점 바이런에게 마음을 뺏기고 있는 것이었다. 물론 바이런도 그 낌새를 모를 리 없었고 웨리도 그런 상황이 달가울 리 없었다. 웨리는 은연중에 바이런 일행이 나가주기를 바라서 홉하우스는 여러 군데 편지를 써서 거처를 찾았다. 웨리가 만찬 때 시무룩해져 버리면 바이런과 홉하우스는 그의 분위기를 끌어올리려고 노력해야 했다.

바이런은 빨리 콘스탄티노플로 가고 싶었지만 배편이 마땅치 못했다. 그는 외로워졌고 미래가 불확실해졌다. 이때 그의 최대 걱정은 영국에서 돈이 오지 않아 자금이 바닥이 난 것이었다. 그는 어머니에게 심경을 털어 놓았다. "제가 콘스탄티노플에 도착하면, 더 페르시아까지 갈 것인지 아니면 돌아갈 것인지를 결정해야 해요…. [영국으로] 돌아가긴 싫어요. 그러나 나는 H[핸슨] 씨로부터 아무 소식도 못 받고 어머니에게서만 편지를 받았어요. 나는 더 가든 돌아가든 송금이 필요해요. 그는 내 상황을 잘 몰라서 무심했다고 말할 것 같아서 그에겐 여러 번 편지했어요…."

바이런은 돈이 말라 우울해졌다. "멀리 가면 갈수록 내 게으름이 늡니다."라고 그가 어머니에게 편지한 것을 보면 그는 꽤 무기력해졌으리라. 그러나 그의 감정의 기복은 그의 창작에는 별 영향을 주지 않았다. 그는 매일 『차일드 해롤드의 순례』에 몇 연씩 착실하게 더 보태 나갔다.

3월 28일 바이런은 『차일드 해롤드의 순례』 제2편을 끝내고 원고를 일단 밀쳐 두었다. 그는 5개월 전에 시작한 『차일드 해롤드의 순례』 첫 두 편을 완성하여 원고에 "이오안니나, 1809년 10월 31일 시작, 제2편 완성 스미르나 1810년 3월 28일"이라고 적어 넣었다. 그 후 튀르키예 체험은 이상하게도 계속 쓸 만한 충분한 영감을 주지 못했다.

스미스 부인에 대한 사랑은 점점 빛을 잃어 갔다. 그녀에 대한 시 여섯 연을 보면 처음에는 부드럽게 시작하지만 참담한 감정에 떠밀리고 만다. "청춘은 허비되었고, 정신은 천해졌고, 명예는 사라졌다." 멜번 귀부인에게 말한 것처럼 "한 번은 내 목숨까지 위험했고 또 한 번은 내가 거의 미칠 정도로 향기로웠던 사랑에서" 그에게 남은 것이란 몇 통의 편지와 몇 가지 물건뿐이었다.

배서스트 선장이 어데어(Adair) 대사를 실어오기 위하여 콘스탄티노플로 가니, 살세트호에 승선하라고 전갈을 보냈다. 4월 11일 바이런 일행은 11발의 예포의 예우를 받으며 스미르나를 떠났다. 출항 전에 부두에서 환송회가 열렸는데 웨리 부인은 바이런에 대한 애정을 감추지 못했다. 그녀는 바이런의 머리카락 한 타래를 기념품으로 잘라갔으며 떠날 때는 눈물을 흘리며 흐느꼈다. 그녀는 쉰여섯 살이었지만 바이런의 매력 앞에서는 무력한 포로였다. 배가 항구 바깥에서 기다리다가 저녁 9시에야 순풍을 얻었다.

4월 12일 새벽에 레스보스(Lesbos) 섬을 지나고, 12시 반에 다르다넬스(Dardanelles) 해협에 들어섰다. 오른쪽으로 트로이(Troy)가 있는 알렉산드리아(Alexandria) 평원이 스쳐지나갔고 왼쪽으로는 긴 평지가 보였다. 이다(Ida) 산은 안개에 가려 보이지 않았다.

다르다넬스 해협에 들어갈 때에는 콘스탄티노플 입성 허가증이 필요했다. 그것 때문에 2주간 살세트호는 닻을 내리고 그냥 바다에 떠 있을 수밖에 없었다. 그곳은 테네도스(Tenedos, 오늘날의 보즈카아다(Bozcaada)) 섬의 수도(首都)에서 멀지 않은 곳이었다. 바이런은 홉하우스와 그 배의 고급선원과 함께 트로드(Troad)라고 알려진 전설적인 갑(岬)을 탐사해 보기로 하였다. 그러기 위해 살세트호를 10~11km 남쪽으로 끌어내렸다.

4월 13일 바이런 일행은 선장의 외대박이 돛배로 10km를 가서 항구에 상륙하였다. 바이런은 선장의 허락을 받고 수습장교 채미어(Frederick Chamier)를 데려갔다. 다르다넬스에서 알렉산드리아 트로이로 가는 길가에는 화강암 대포 포탄이 널려 있었다. 바이런에게 트로이 평원은 트로이의 영화를 상기시키는 신성한 장소였다.

그들은 덤불을 헤치고 트로이에 접근했다. 두 기의 거대한 대리석 영묘가 나타났다. 더 들어가 트로이의 폐허에 도착해 보니 많은 것들이 그 직전 지진에 무너진 것 같았다. 그들은 옛 성벽을 따라 한참 걸었다. 도마뱀이 재빨리 도망을 갔다. 바이런은 패트로클루스(Patroclus)의 묘관에 앉아서 정신을 집중하여 책을 읽었다. 근처에는 벽돌로 된 홍예와 건물 잔해가 있어 여행자들이 프리암(Priam)의 궁전이라고 부른다고 했지만 사실은 목욕시설이라고 했다. 한 네모난 방은 두 면이 남았는데 한 면에 아치가 각각 12개나 되었고 다른 면에도 큰 아치가 세 개나 되었다. 높고 멋진 현관과 아치, 거대한 석주의 주춧돌, 파손된 계단, 대리석 배내기가 무질서하게 쌓여 있었다.

그 목욕시설에서 바다까지는 3~5km가 되어 보였고 그곳까지 경사지에는 군데군데 밭이 일구어져 있었다. 북서쪽으로는 성벽을 1.6km 정도 찾아보았고 바다 쪽의 언덕에서 극장의 잔해도 확인하였다. 일행이 배로

트로이 유적

돌아오니 배는 곧 출항을 하여 자니사리(Janissary) 곶에서 2.4km 떨어진 곳에 정박하였다. 거기서 또 2주나 머물렀다.

바이런이 트로이를 탐사했을 때에는 그곳이 트로이로 증명되기 이전이었다. 하인리히 슐리만(Heinrich Schliemann)이 그곳을 고대 트로이로 확인한 것은 1880년대 초가 아닌가. 그러나 바이런이 그곳에 간 19세기 초 이전에도 그 장소에 대한 뜨거운 논쟁이 있었다. 제이콥 브라이언트(Jacob Bryant)가 트로이는 실제로 존재하지 않았고 트로이 전쟁도 없었다고 주장한 후, 많은 사람이 이 트로이의 실재 여부 논쟁에 뛰어들었고 바이런도 대단한 관심을 가졌다. 바이런은 『일리어스』작품이 역사의 일부라고 믿었음을 훗날 쓴 라벤나(Ravenna)의 일기를 보면 알 수 있다. "나는 1810년에 한 달 이상 매일 그 평원에 서 있었다. 만약 내 즐거움을 반감시킨 것이 있었다면 그 못된 브라이언트가 그 역사성을 부정한 것이었다…. 내가 거대한 무덤에 비스듬히 누워 있는데 누가 그 안에 영웅이 묻혀있지 않다고 내게 설득하려 드느냐?" 그는 그 역사의 잔해 속에서 역사의 덧없음 느꼈으리라. 그 영화와 번영의 자리에 양이 하염없이 풀을 뜯고 거북이가 느릿느릿 기어가다니!

제9장 콘스탄티노플과 술탄 **187**

바이런은 그리스 신화 레안드로스(Leandros)와 헤로(Hero)의 이야기에 매료되어 그 현실성 여부를 확인해 보고 싶었다. 신화의 주인공 헤로는 세스토스(Sestos)의 아프로디테(Aphrodite)의 처녀 여사제였다. 한 축제일에 아비도스(Abydos)의 레안드로스가 그녀를 보고는 그 둘은 사랑에 빠졌다. 밤에 높은 탑에 헤로가 등을 켜 놓으면 그 불빛을 보고 레안드로스는 헬레스폰트(Hellespont) 해협을 헤엄쳐 건너 그녀에게로 가곤 하였다. 어느 폭풍 부는 날 밤 그 등불이 꺼져 버리자 레안드로스는 헤엄쳐 가는 도중 물에 빠져 죽었고, 그 시체를 헤로가 보고 그녀도 역시 물에 몸을 던져 애인을 따랐다. 바이런은 이 신화의 레안드로스처럼 헬레스폰트 해협을 직접 헤엄쳐 건너보기로 했다.

4월 16일 바이런은 배서스트 선장, 홉하우스, 에켄헤드(William Ekenhead), 채미어, 플레처, 더비시와 같이 배를 타고 나가 차나칼레(Çanakkale, 다르다넬스)로 갔다. 채미어는 이때에는 수습장교이었으나 나중에 소설을 써서 소설가로 알려지는 인물이다. 이 해협 양쪽에 마주 보고 두 성이 있었는데 다 다르다넬스성이라고 불렀다. 그 성들 조금 아래가 차나칼레 있는 곳보다 해협이 더 좁아보였다. 그는 차나칼레에 가서 영국 영사 타로고나(Tarragona)를 만나 보트를 얻어, 그것을 타고 해협의 유럽 쪽으로 건너가 첼리트-바우리(Chelit-Bauri) 성 조금 위에서 도영(渡泳)을 시작했다.

바이런과 에켄헤드는 물에 들어갔지만 한 시간 만에 물이 너무 차가워서 포기하지 않으면 안 되었다. 그들은 반은 건넜지만 강한 해류에 2.4km 정도 성 아래로 떠내려가 있었다. 해류를 이기려고 발버둥치는 것이 부질없음을 알고 뒤따라오던 보트에 올라탔다. 그들은 찬 바닷물에 팔다리가 마비되어서 바로 서지도 못했다.

홉하우스는 이곳에서도 부산하기는 마찬가지였다. 하루는 배서스트 선장과 함께 페넬레우스(Peneleus)의 무덤 위에 올라가더니, 그 이튿날은 안틸로쿠스(Antilochus) 무덤까지 탐사했다. 4월 19일에는 바이런, 알바니아인 하인 두 사람, 그리고 장교들이 아킬레스(Achilles), 파트로클루스(Patroclus), 폼페이(Pompey)의 화장터를 찾아냈다. 또 배서스트 선장과 함께 아작스(Ajax) 무덤, 페넬레우스 무덤까지 밝혀냈다.

4월 30일 바이런이 셀림(Selim)이라는 인물을 만나서, 훗날 그를 『베포, 베네치아 이야기』(Beppo: A Venetian Story)에 주인공으로 써먹는다. 이날 바이런과 홉하우스는 미첼(Mitchell), 에켄헤드, 윌리엄스(Williams) 등과 총을 휴대하고 스카만더(Scamander) 천(川) 수원지로 가서 개울에서 뜬 물냉이로 호두나무 아래에서 점심을 먹고 있었다. 이때 아주 초라한 행색의 한 튀르키예인이 이탈리아어로 말을 걸어와 일행은 놀랐다. 그가 그들에게 라틴어를 아느냐고 물어서, 그들은 그에게 그 말을 어디서 배웠느냐고 물으니 집에서 배웠다고 했다. 그는 어떤 파샤의 집사(노예)였으며, 스카만더의 냉천과 온천 사이의 예쁜 정원이 딸린 한 별장에 살고 있었다. 그는 프랑스의 이집트군의 포로거나 탈영병이었을 것이며, 이슬람으로 개종한 것이 틀림없어 보였다. 잘 차려 입은 한 사람이 와서 그를 친근하게 '셀림'이라고 불렀다. 그가 그의 주인이었다. 그는 반쯤 벗고 있었으나 결코 구걸은 하지 않았다.

5월 1일 살세트호가 콘스탄티노플로 들어갈 수 있는 허가는 받았으나 바람이 없어 갈리폴리(Gallipoli) 언덕 밑에서 또 열흘을 더 정박해야 했다.

5월 3일 바이런은 헬레스폰트 해협을 다시 헤엄쳐 건너보기로 했다. 그는 유속을 세심히 관찰하고 최단거리를 고르지 않았다. 최단거리는 1.6km 정도인데 그곳은 유속이 그 위쪽보다는 2배로 더 빨랐기 때문이었다. 이번에 바이런과 에켄헤드가 입수한 곳이 첼리트-바우리(Chelit-Bauri) 성 위 2.4km, 마이토(Maito) 만의 서안 방파제 끝이었다. 바이런은 "해류는 강하고 물은 찼다. 해협 중간에는 커다란 물고기가 지나갔으며 한기가 들었지만 힘이 다 빠진 것은 아니었다."라고 나중에 이야기했다. 그들은 반 시간이 채 안되게 떠내려와 다르다넬스에 정박한 그들의 배 살세트호 아래쪽 2.4km 되는 곳에서 착지를 했다. 성공했던 것이다.

신화의 사실을 직접 확인한 역사적 도영이었다. 바이런은 이렇게 이야기했다. "그러나 (다르다넬스의) 우리 영사는… 그런 도전을 하지 말라고 설득했다…. 내가 놀란 유일한 사실은 레안드로스의 이야기의 진실성에 대해 어떤 여행객도 그 가능성을 확인하지 않았다는 것이다." "레

바이런이 헤엄쳐 건넌 헬레스폰트 해협

안드로스가 조류를 어떻게 거슬러 최단거리 직선으로 건넌지는 알 수 없다. 그러나 사랑과 종교에는 불가능이 없다. 건너 쪽에 나의 헤로가 있었다면 아마도 더 잘 했겠지."

이 도전이 성공한 지 엿새 뒤에 그는 가벼운 리듬으로 시 「세스토스에서 아비도스까지 수영하고」(Written after Swimming from Sestos to Abydos)를 썼다.

누가 가장 잘 갔는가를 말하기는 어려운 일.
신들은 이렇게 슬픈 인간을 여전히 괴롭혀서
그(레안드로스)의 노력은 헛되었고 나는 농담을 잃었네.
왜냐면 그는 익사를 했고 나는 오한에 걸렸으니.

그는 실제로 오한에 걸리지 않았고 추위 때문에 용기가 저하된 것도 아니었다. 바이런이 『돈 주앙』의 주석에서 그와 에켄헤드가 5월 3일 다르다넬스 해협 도영에 성공했음을 기록함으로써 그들의 이름도 작품에 영원히 남게 되었다.

살세트호가 다르다넬스항 바깥에 정박했을 때 바이런은 바다에 떠 있는 한 시체를 목격했다. 그 시체는 바다에 던져버리는 형벌을 받은 것으로 추정되었다. 그것은 파도 따라 출렁거렸으며 그 움직임으로 팔을 뜯어먹으려고 내려오는 새들을 내쫓았다. 이 모습을 그는 『아비도스의 신부』에서 충격적으로 묘사한다. "머리는 솟는 파도와 함께 솟았다가/ 불안한 베개 위에서 흔들릴 때/ 바닷새가 먹이 위에서 비명 같은 소리를 내고/ 그 먹이 위에서 새의 부리는 머뭇거린다./ 손의 움직임은 산 자의 것이 아니었지만."

5월 11일 기다리던 순풍이 비를 몰고 왔다. 살세트호가 한 요새를 지날 때 예포 열일곱 발을 쏘자 아시아 쪽 요새에서 답포를 쏘았다. 배가 좁은 다르다넬스 구간을 빠져나오자 해협 양쪽으로 낭만적인 동네가 띄엄띄엄 지나갔다. 유럽 쪽의 큰 도시 갈리폴리를 지날 때 수직으로 선 암벽과 등대가 보였다. 5월 12일 새벽 다섯 시인가 여섯 시에 마르마라(Marmara) 섬을 지나니 종일 번개가 치고 미친바람이 불었다. 저녁 여덟 시부터는 밤새도록 5노트의 순풍이 불었다.

5월 13일 오전 2시에 마르마라해에서 처음으로 바라다본 콘스탄티노플의 광경은, 안개 위로 천천히 나타나는 거대한 모스크의 첨탑과 돔, 그리고 높은 삼나무의 실루엣이었다. 그날 해 질 녘에 프리깃함은 세븐타워즈(Seven Towers, 오늘날의 예디쿨레(Yedikule) 요새)를 지나 세라글리오(Seraglio, 오늘날의 톱카프 궁전) 서편 한 곳 가까이에 정박했다.

5월 14일 정오에 찬비를 맞으며 바이런 일행은 배에서 내렸다. 13발 예포 소리가 울렸다. 경정(輕艇)으로 갈아타니 밧줄로 매어 배를 끌고 1.6km나 세라글리오 정원(Seraglio Gardens) 성벽을 따라 올라갔다. 그때 개 두 마리가 죽은 시체를 뜯고 있는 것을 보았다. 배를 금각만(金角灣, Golden Horn) 건너편의 톱하나(Tophana)란 곳에 맸다. 일행은 육지에 올랐고 가파른 계단을 한참 올라가니 말이 대기하고 있었다. 얼마간 말을 타고 언덕을 올라가 각국 대사관과 서유럽인들이 모여 있는 페라(Pera)라는 지구에 닿았고, 그곳에서 프랑스인이 운영하는 멋진 여관에 들었다.

그 당시 외국인은 톱카프 궁전이 있는 구시가 즉 스탐불(Stamboul) 성벽 안에는 살지 못하도록 되어 있었다. 그들은 구시가에서는 항구 너머의 교외 지역인 페라, 즉 오늘날의 베이올루(Beyoğlu) 지구에만 거주해야 했다. 그들이 금각만을 건너 고대 건물과 바자가 있는 구시가지를 구경하려면 예니체리(yeniçeri)의 안내를 받아야 했다. 예니체리란 호위, 안내, 또 비공식적으로는 스파이 활동도 하는, 교육수준이 높은 엘리트 병사들인데 튀르키예의 역사의 굴곡에는 언제나 그들이 등장한다.

5월 15일 바이런은 영국대사 어데어의 서기관 캐닝(Stratford Canning)을 방문했다. 어데어는 뒷날 바이런의 아내가 될 애너벨러 밀뱅크(Annabella Milbanke)에게 청혼을 하지만 뜻을 이루지 못하는 인물이다. 날씨가 좋아서 여관에서 보면 세라글리오궁, 보스포루스 해협 입구뿐만 아니라, 시가지 너머로 프린시즈 제도(Princes Islands) 도 훤히 내려다보였다.

어데어 대사는 1807년 2월에 영국이 콘스탄티노플을 공격하여 영국과 튀르키예 관계가 악화되었을

오토만제국의 대사 로버트 어데어

때, 그 앙금을 털어내리려고 보낸 인물이었다. 그는 1809년에 체결된 다르다넬스 조약으로 양국의 불편함을 털어내는 데 성공하였지만, 건강상 이유로 그즈음 이임할 준비를 하고 있었다.

홉하우스가 어떻게 알았는지 갈라타(Galata) 탑이라는 한 퇴폐업소를 알아 바이런을 안내해 갔다. 그곳에서는 법으로는 금지되어 있는 술을 팔고 있었다. 한 소년이 여자처럼 짙고 긴 머리카락을 내려뜨리고, 거의 제자리에서 허벅지, 허리, 배로 수천 가지 관능적인 동작의 춤을 췄다. 그는 풍성한 엉덩이를 이리저리 흔들어 남성들의 욕정을 최대로 자극하였

다. 머리가 희끗희끗한 호색가들이 침을 흘리며 그 장면을 지켜보았다. 이런 춤이 지루해지자 부드러운 류트와 졸리는 듯한 탬버린 소리가 더해졌다. 당시 이슬람 국가에서는 여성의 무용은 금지되어 있었다. 이 무용수에 착 붙어서 한 늙은 가수가 기타를 치며 노래를 부르다가, 절정의 순간에 그리스 말로 비명을 질러댔다. 바이런과 홉하우스는 그 후에도 '비역'의 집을 몇 번 더 가 보았다. 단골에게는 이 춤은 단지 시작일 뿐이고 춤이 끝나면 곧 "튀르키예 사람들은 소년을 골라 갈 데까지 가지요."라고 예니체리가 설명을 붙였다. 춤을 본 뒤 일행은 갈라타 탑의 계단을 올라갔다. 147계단이며 꼭대기에만 사람이 살고 다 비어 있었다. 탑에서 내려다보면 이 아름다운 도시가 그 속살을 다 드러내 보여줬다.

   5월 18일 바이런은 제복을 차려 입고, 살세트호의 선장과 다른 장교들과 함께 튀르키예 함대 제독 카푸단 파샤(Capudan-Pasha)를 예방했다. 바이런은 그 제독의 자개수염에 대해 이렇게 적었다. "화난 무슬림에게 자주 보는 현상… 외교적인 회견 자리에서 카푸단 파샤의 구레나룻이 분노로 큰 살쾡이의 수염 못지않게 까닥거려 통역관들이 지레 겁을 먹었다. 구레나룻이 불길하게 비틀리다가 제 스스로 꼿꼿이 서면서 매 순간 색깔을 달리 하고는 마침내 공손하게 내려앉아, 머리카락 수보다 더 많은 목이 달아날 뻔한 사고는 피하였다." 그의 사무실은 금각만 병기창 옆에 있었는데 그는 서지도 않은 채 일행을 맞아들였다. 바이런이 그에게 바람은 계속 오늘과 같은 방향에서 불 것인가, 배에는 나침반을 다룰 줄 아는 사람이 있는가 등을 물으니, 그는 자신은 결코 바다에 나가 본 적이 없다고 했다. 같이 간 젊은 영국 장교는 나침반을 사용할 줄 알고 고도도 측정할 줄도 안다고 했더니, 그는 "수염도 없는 것이 꽤 지혜는 있군."이라고 했다. 이날 일행은 대사관에서 저녁을 먹었다. 대사관에 가면 귀족인 바이런과 그 일행은 언제나 음식은 거저먹을 수 있었다.

   바이런은 한 유원지를 구경했다. 페라의 거리에서 내려가면 아르메니아인 묘지와 허름한 건물이 나왔다. 여러 군데 포장이 쳐져 있고, 소 두 마리가 끄는 마차, 안장까지 올려놓은 말, 시소, 셔벗 가판대, 사행성 게임업소, 팽이 돌리는 야바위, 씨름 등을 볼 수 있었다. 씨름은 몇 번 쓰러지느냐가 아니라 누가 위에 올라가느냐에 따라 승부가 가려졌다. 그곳은 보스포루스 해협을 내려다볼 수 있는 멋진 장소였다. 이날 바이런은 쉴레이마니예 모스크(Süleymaniye Mosque) 내부를 구경하고 가장 아름다운 모스크라고 감탄했다. 그러나 그것은 세비야의 고딕식 대성당이나 런던의 성 바울 대성당에는 미치지 못한다고 했다.

바이런은 5월 21일 홉하우스, 배서스트 선장, 잭슨(Jackson), 바이덜(Bidell), 채미어와 함께 예니체리를 앞세우고 구시가지 관광에 나섰다. 그는 바자에 가서 어머니에게 줄 장미유를 사고 홉하우스와 함께 튀르키예탕에도 들렀다. 1,001개 기둥의 지하저수지(Yerebatan Sarnıcı)를 돌아보면서 그 크기에 대해 놀랐다. 수많은 반라(半裸)의 노동자들이 횃불을 밝혀 만들었을 것이라는 생각이 들었다. 그들은 비단 세탁소, 직사각형의 경마장 아트메이단(Atmeidan), 테오도시우스 황제(Emperor Theodosius I)가 가져온 이집트의 화강암 오벨리스크, 콘스탄티누스 대제가 델피에서 가져온 뱀을 새긴 놋쇠 기둥, 블루 모스크(Blue Mosque)의 마당과 붉은 화강암 석주가 있는 바깥 건물, 술탄 아흐메트 1세(Ahmet I)의 능묘 등을 두루 구경하였다.

그들은 세라글리오 정원의 남상과 대문, 대문의 감실에 놓여 있는 사형수의 머리도 보았다. 몸뚱이는 근처 똥무더기에 던져 버렸다고 했다. 근처 한 건물의 쇠창살을 통해 술탄 무스타파와 셀림의 지하능묘도 살펴보았다. 셀림은 1807년에, 무스타파는 1808년에 각각 암살되었는데 뒤에서 자세히 이야기하기로 하자. 성 소피아(St. Sophia) 사원 바깥과 콘스탄티누스(Constantinus) 대제의 붉은 화강암 영묘도 구경하였다. 한 모스크 안에서 개최된 전통 의상 전시회도 관람하고 점심으로 케밥을 들었다.

바이런은 병기창 근처 갈레오지스(Galeogis) 부두에서 한 죄수의 참수 장면을 직접 목격했다. 참수형을 당한 사람은 그리스인 지방장관이었으나 러시아인과 밀거래 혐의로 붙잡혔고, 그의 재물을 탐낸 카푸단 파샤가 잔혹하게 그를 처형하는 것이라고 했다. 장형과 화형으로 다리와 팔의 살이 다 뜯겨 나간 뒤에 참수했다. 참수된 머리는 얼굴을 위로 하여 다리 사이에 끼워져 있었다. 참수는 교수보다 더 큰 모욕이지만, 머리를 다리 사이에 끼우는 것은 참수보다 또 더 큰 모욕이라고 했다.

참수 형장에서 채미어가 바이런을 보았다고 이렇게 이야기했다. "참수당한 시체는 형집행소 앞에 머리를 다리에 끼워 놓아두었으며 한 사람만이 가까이 지키고 있었다. 바이런 경은 참혹한 현장을 공포에 질린 채 보았다… 그 장소에서 멀지 않은 곳에 침울한 안색의 튀르키예인이, 개들을 쫓느라 애를 먹었으나 헛일이었다. 왜냐하면… 개들은 시체에 달려와서 목에서 스며 나오는 피를 핥았기 때문이었다. 나는 그때만큼 차가운 몸서리를 쳐 본 적이 없었다. 그리고 바이런은 갑자기 '착하신 하나님!' 하고 내뱉고는 획 돌아서 가버렸다."

바이런은 노예시장을 찾았을 것 같다. 그러나 『돈 주앙』의 묘사는 현실을 반영한 것이라기보다는 그의 상상에 의한 것이리라. 골트는 당시의 노예 시장은 사실 흥미 있는 것이 못 되었다고 했는데 왜냐하면 그땐 시장에 이미 노예가 거의 없었기 때문이었다.

바이런은 돌려보낸 러쉬턴이 그리웠다. 바이런은 오랫동안 성적 욕망을 해소할 길이 없었다. 어느 날 그는 살세트호 선장에게 대담하게 편지를 써서 물었다. 그는 위안거리가 너무 없으니까 선원 중에 러쉬턴을 대신할 제일 어린 녀석 하나를 보내 줄 수 없느냐고.

5월 22일 비가 와서 바이런과 홉하우스는 종일 무료하게 보냈다. 홉하우스의 일기를 보면 "그러나 만찬을 한 뒤 버포(Buffo) 씨가 사 온 두 balleures de pavé와 밤새도록."이라고 적혀 있다. 홉하우스는 자신이 음탕한 일을 저질렀을 때 그 내용을 감추기 위해 외국어로 자기만 알도록 기록을 한다. "balleures de pavé"는 '거리의 여자'이고 버포 씨는 그 지역을 잘 아는 영국인 거간꾼이었으리라. 바이런과 홉하우스는 그 사람을 통해 '거리의 여자'를 데려오게 했고 밤새도록 무엇을 했을까?

6월 9일 홉하우스의 일기에 또 그런 기록이 나온다. 그들은 "Two Χαμαιτυπες"를 맞이했다고 적었는데 이 역시 '갈보'라는 뜻이다. 그러나 손을 절대 댈 수 없었다고 한다. 하나는 치아가 검었고 하나는 완벽한 고르곤이었다고 한다. 또 이들에게 해웃값으로 40피아스터, 뚜쟁이에게 10피아스터를 줬다고 비용까지도 암호로 적어 두었다.

5월 23일 바이런은 대사관 만찬에 초청되었으나 가지 않았다. 이유는 몹시 삐쳤기 때문이었다. 5월 28일에 예정된 술탄이 베푸는 연회로 가는 행진에, 남작인 자신을 대사관 관리들 뒤에 따라가도록 해 놓았기에 자존심이 몹시 상했고 귀족 체면을 다 구겼기 때문이었다. 그래서 숫제 그 연회를 보이콧해버렸다. 그러나 7월 10일 리셉션에는 참석을 했다.

바이런은 스위트워터즈(Sweet Waters)란 곳에서 자주 승마를 했다. 스위트워터즈는 금각만으로 흘러들어오는 괵수(Göksu) 강과 퀴척스(Küçüksu) 강의 상류를 이르는 말이었고, 바이런이 특별히 좋아한 장소였다. 강 양편에는 큰 나무가 자라 있어 계획된 정원 같았다. 강 위에는 술탄의 말을 대규모로 방목하는 목장이 있었고, 여러 군데 텐트를 치고 초병들이 지켰다. 오른쪽 산에 올라가면 무크타 바이락타(Muchtar Bairacta)의 반란 때 타버린 막사가 나왔다.

무크타 바이락타(Muchtar Bairacta)의 반란이란 무슨 말인가? 무크타 바이락타는 한 지방의 파샤였는데 1807년 개혁 술탄이었던 셀림 3세(Selim Ⅲ)가 반대파 예니체리에 몰려 폐위되자, 불의를 못 참아 반란을 일으켰다. 그가 4만 군대로 궁성을 공격했더니, 제위 찬탈자 무스타파 4세(Mustapha Ⅳ)가 지레 겁을 먹고 그때까지 갇혀 있던 셀림 3세의 목을 가는 줄로 졸라 죽여 버렸다. 바이락타는 제위에 오른 무스타파 4세를 잡아 새장 같은 곳에 가두고 셀림의 사촌 마흐무트 2세(Mahmud Ⅱ)를 제위에 올렸다. 이때 바이락타가 한 시간만 일찍 왔더라도 셀림의 목숨은 구했을 것이다. 바이락타는 개혁에 반대하는 자들을 잡아내어 처형해 갔지만, 한쪽에서는 바이락타를 축출하기 위한 예니체리들의 반란도 일어났다. 바이락타와 그의 예니체리들이 결국 열세에 몰려 화약고에 숨어들었다. 그는 적들이 쳐들어오자 400명의 동지와 함께 스스로 폭사하고 말았다.

5월 25일 바이런은 일행과 함께 '맴도는 더비시'(Turning Dervishes) 즉 수피(Sufi) 춤을 보러 갔다. 바이런은 작품에 꼭 'h'를 빼고 "dervises"라고 쓴다. 더비시는 원래 "회교 금욕파 수도사"라는 뜻이지만 바이런은 '가난한 자'라는 뜻으로 썼다. 수피파의 신비주의자들은 무아경의 춤으로 신과 영적 교류가 이루어진다고 믿었다.

일행이 본 더비시는 페라의 메블레비 수도원(Mevlevi Monastery)의 수도사들이었다. 일행이 입장한 홀은 한가운데 8각형의 난간으로 구분되어 있었다. 더비시는 한 사람씩 등장하여 승정(僧正)의 빈자리를 향해 절을 하니, 맨 나중에 승정과 서기가 등장하였다. 특정 음악이 나오자 모든 더비시들은 갑자기 납작 엎드려 손뼉을 쳤다. 음악이 끝나자 승정은 기도를 하였다. 음악이 연주되자 더비시들은 일어섰으며, 20명 중 14명이 긴 무색 치마를 내리고 망토는 던져버렸다. 서기가 방 중앙으로 가자 한 더비시가 절하고 긴 치마를 날리면서 돌기 시작하였다. 다른 더비시도 뒤따라 원을 만들어 돌았고 한 큰 원 안에 3~4명이 들어갔다. 어떤 더비시는 굉장한 속도로 돌았고, 어떤 더비시는 완전히 몰아의 상태에 빠졌다. 이 춤은 25분간이나 계속되었다. 마지막으로 다시 10분을 더 돌자 음악과 춤이 끝나고, 서기가 기도를 한 뒤 승정이 마지막 기도를 했다. 일행은 거기까지 보고 코란을 읽는 동안에 조용히 퇴장했다.

5월 28일 영국 대사 어데어가 부총리급인 카이마칸(Caimacan)을 접견하는 행사가 있었다. 이임을 앞둔 대사가 이임 인사차 술탄을 알현하기 위해서, 카이마칸에게 먼저 공식적으로 그 알현을 신청하는 절차였다. 바이런과 홉하우스는 화려한 예복을 갖춰 입었는데, 홉하우스는 바이런의 옷을 빌려 입었다. 바이런은 홉하우스와 대사관으로 갔지만 행진 때 또 바이런의 서열 문제가 불거졌다. 협상을 벌였지만 바이런은 뜻을 이루지 못했다. 귀족인 바이런이 행진 때 일개 서기관인 캐닝 뒤에 갈 수는 없다고 생각했다. 그는 팽 돌아서 와 버렸다.

대사의 튀르키예 정부청사로의 행진은 장관이었다. 카이마칸을 만나는 행사도 온갖 예식을 갖춘 멋진 광경이었다. 카이마칸은 알리 파샤와 같은 등급인 말꼬리 셋의 파샤였다. 말꼬리 셋 위에는 말꼬리 넷의 술탄만 있었다. 카이마칸은, 만약 손을 약간 수평으로 젓기만 하면 그 방의 모든 사람이 다 죽어나가는 무서운 존재였다.

바이런에게 가장 영감을 주고 기억에 남는 체험은 5세기에 이루어진 테오도시우스(Theodosius) 성벽을 따라 말을 달리는 것이었다. 바이런은 6월 28일에 어머니에게 이런 편지를 썼다. "세라글리오의 성벽은 뉴스테드의 정원의 벽 같습니다만 더 높고 훨씬 더 정연합니다. 그러나 육지 쪽에서 이 도시의 성곽을 따라 말을 타 보면 참 아름답습니다. 담장이가 덮인 무수한 삼중 흉벽 위에는 218개의 탑루가 있고, 도로 건너 쪽에는 거대한 사이프러스나무가 서 있는 튀르키예 묘지(세상에서 가장 아름다운 곳)가 6.4km나 되는 것을 상상해 보십시오. 저는 아테네, 에페소스, 델피의 유적을 보았습니다만… 세븐타워즈에서 금각만까지 양 옆의 경치처럼 좋은 인상을 주는 자연과 인공의 합작품은 여태껏 본 적이 없습니다."

바이런은 비교적 자유분방한 그리스에 있다 온 터라 그곳의 튀르키예인들이 점점 더 마뜩찮아져 갔다. 튀르키예인들은 어떤 면에서 세속적인 삶을 경멸했고 독재를 자행함으로 인간성을 무시하고, 그런 만큼 사회는 대단히 경직되어 있었다. 인간의 다양한 속성이 존중되지 않으면 바이런은 언제나 화가 났다. 그는 그리스에서와는 달리 튀르키예인들과는 사교적인 만남을 거의 가지지 않았다. 바이런은 포도주집, 모스크, 그리고 시장(市場)을 돌아본 후 곧 그 도시에 염증을 느꼈다. 그는 튀르키예인을 만나기보다는 교외의 매력적인 장소로 말을 타고 나가는 것이 더 마음이 편했다. 이때는 금각만 주변의 공원과 별장에 봄이 완연했다. 바이런은 금각만의 머리맡에 있는 술탄의 유원지 중의 하나인 스위트워터즈 계곡으로 말을 타고 올라가 강물에 수영을 하거나, 보스포루스 해협의 유럽측 해안을 따라 벨그라드(Belgrade)라는 마을까지 승마를 했다. 벨그라드 마을은 오늘날의 벨그라드 숲(Belgrad Forest)일 것이다.

6월 6일 바이런은 허드슨의 편지를 받았다. 그 편지엔 "[바이런과 에들스톤의] 이야기가 퍼졌으며―에들스톤이 외설로 고발당했다."고 되어 있었다. 또 바이런과 홉하우스의 2인시집도 외설로 고소당했다고 적혀 있었는데, 시집 『모방과 번역』(Imitations and Translations) 이야기인 것 같았다. 그 저서에는 홉하우스의 글도 들어 있었는데, 그의 시 중 성애적인 부분이 검열에 걸린 것 같았다.

어머니에게서 온 편지에도 골치 아픈 내용만 가득했다. 어머니는 아들의 빚쟁이들에게 괴로울 정도로 졸리고 있었다. 노팅엄의 브라더스는 뉴스테드의 방을 개조하고 새 가구를 들여놓은 비용으로 1,600파운드를 청구했고, 내놓지 않으면 압류하겠다고 으름장을 놓는다고 했다. 핸슨은 핸슨 대로 빚쟁이를 달래느라고 진땀을 뺐다. 그에게 온 빚쟁이들은 10,000파운드를 요구했지만 근근이 3,000파운드를 막는 데 그쳤다고 했다.

5월 31일에 바이런은 종일 쏘다니다 들어온 홉하우스에게 어디에 갔다 왔느냐고 물었더니, 심플레가데스(Symplegades)에 다녀왔다고 했다. 바이런이 시무룩해졌다. 바이런은 그런 신화와 관계되는 곳은 꼭 자기와 같이 가야 하는데 친구가 배신했다는 생각이 들었다. 그 이튿날 아직 홉하우스가 잠자리에 있을 때 그는 그 친구에게 편지를 보냈다. 그런 유명한 곳을 자기에게 알리지도 않고 갔으니 더 이상 친구라고 할 수 없으니 절교하겠다고 했다. 홉하우스는 뜬금없는 소리에 놀랐지만 그는 속이 늡늡했다. 이유 곡직불문하고 그를 달래고 싹싹 빌 수밖에 없었다. 그는 자기 심정을 호라티우스(Quintus Horatius Flaccus)의 서간문에 있는 한 구절을 인용하여 표현했다. 변덕스런 귀족 친구 비위 맞추는 것도 진저리난다는 의미가 암시된 구절이었다.

바이런은 6월 17일에 스스로 심플레가데스를 찾았는데 홉하우스가 동행했는지는 알 수 없다. 아마 그는 홉하우스가 간 방법대로 갔다 왔으리라. 그는 먼저 살세트호로 가서 큰 보트를 한 척 내려 보스포루스 해협을 따라 북상하였다. 두 시간 동안 술탄들의 궁궐이나 부자들의 호화저택 앞을 지나갔다. 반 시간을 더 가서 뷔윅데레(Büyükdere)라는 마을에 도착하였다. 마을 왼쪽의 구릉들이 참으로 아름다웠는데, 그 주변의 집들은 대개 서유럽 사람들의 집이었다. 그는 루돌프 백작(Count Ludolf) 집에서 어데어 대사를 만나 그의 거룻배를 빌려 타고 유럽 쪽에 붙어서 흑해로 들어갔다.

뷔윅데레에서 두 시간 만에 키네이언 돌섬(Cynaean rocks), 즉 심플레가데스에 도착하였다. 심플레가데스는 유럽 쪽에서 보면 긴 섬이지만, 아시아 쪽에서 보면 암초로 되어 있었다. 그리스 신화에 따르면 이 바위 두 쪽이 제멋대로 움직이다가 그 사이로 배가 지나가면 착 들어붙어버린다고 했다. 거기서 살아남은 유일한 사람이 황금 양털을 획득한 이아

손(Jason)과 아르고(Argo) 선(船)의 선원들뿐이었다. 이아손은 피네우스(Phineus)의 조언을 듣고, 먼저 비둘기를 바위 사이에 날려 보니 꼬리 깃털만 잃고 무사히 돌아온 것을 확인하였다. 그래서 그는 그 사이를 힘차게 노질했더니 고물 쪽 장식 일부만 잃고 무사하게 통과하였다. 그 후 그 바위는 더 이상 움직이는 일이 없어졌다고 했다.

그 돌섬은 오늘날 루멜리페네리(Rumelifeneri)라는 마을 바로 앞바다에 있다. 지금은 육지와 시멘트 제방으로 연결되어 있고 꼭대기에 제단 흔적만 남아 있다. 바이런이 갔을 때에는 제단이 5피트 높이였는데 그 부근엔 화환과 양의 머리가 부조되어 있었고, 꼭대기에는 직사각형의 홈이 파여 있었다. 바이런이 이 섬의 꼭대기까지 올라간 것은 아르고선의 선원들만큼이나 위험했으리라. 바지는 찢어지고 등은 긁혔지만 그는 이때의 감동적인 체험을 시로 남겼다. "바람은 흑해 위로 불어오고 파도는/ 푸른 심플레가데스 위에 거품으로 부서진다./ 파도가 유럽과 아시아에 부딪혀 철썩거리고…." 다시 보트를 타고 노를 저어 해협으로 돌아오니 해협의 입구가 너무 갑작스럽게 나타나 마치 거대한 바다괴물의 입 속으로 빨려 들어가는 기분이었다. 양쪽의 하얀 요새는 거대한 이빨 같았고.

6월 19일 바이런과 홉하우스는 대규모 탐방단을 만들어 시내의 모스크를 탐방하였다. 먼저 성 소피아(St. Sophia) 모스크로 갔다. 이 모스크는 유스티니아누스(Justinianus) 황제 때인 537년에 건설되었으나, 튀르키예인들이 점령한 1453년 이후엔 모스크로 개조되었다. 바이런은 어머니에게 편지를 썼다. "물론 성 소피아 사원은 대단한 고대 사원이라 가장 흥미로우며, 유스티니아누스 황제부터 모든 그리스 황제가 거기서 대관식을 치렀고 몇몇이는 제단에서 시해되기도 했고, 게다가 튀르키예 술탄도 정기적으로 거기에 참석했다는, 그런 배경을 가지고 있지만, 아름다움과 규모 면에서는 몇몇 다른 모스크 특히 쉴레이마니예 뭐뭐보다는 못하고 성 바울과는 한 페이지 안에서 언급될 수 없을 정도지요."

그 다음으로 다시 블루 모스크를 찾았다. 넓은 바깥마당이 있고 화강암 석주로 된 주랑이 있었다. 돔은 성 소피아의 돔보다 작았으며 그 안에 들어가니 한 사람이 늘어져 잠들어 있었다. 그 다음으로 퀴취크 아야소

블루 모스크

피아 모스크(Little Hagia Sophia Mosque)으로 갔다. 527년에 유스티니아누스 황제가 세운 사원으로 전에는 세인트바쿠스 및 세인트세르기우스 교회(Church of St. Bacchus and St. Sergius)였으며, 큰 소피아 사원의 모델이 된 사원이라고 했다.

이어서 누루오스마니예 모스크(Nuruosmaniye Mosque)를 구경하였다. 1755년에 그리스 건축가가 흰 대리석으로 세운, 돔이 기둥이 아니라 측벽 위에 세워진 아주 우아한 모스크였다. 다음으로 쉴레이만 대제가 세운, 가장 장엄한 쉴레이마니예 모스크도 구경하였다. 에페소스에서 가져온 네 개의 거대한 반암 기둥이 돔을 떠받치고 있었다. 중앙통로 한쪽에는 도서관뿐만 아니라, 부속학교, 부속병원, 부속구빈원도 있었다.

예니체리의 탑 즉 바예지드 타워(Beyazit Tower)에 올라가서 시가지를 내려다보았다. 이 탑은 오늘날 이스탄불 대학교(Istanbul University)의 캠퍼스에 있다. 거기에는 카푸탄 파쇼(Caputan Pashaw : 해군참모총장)가 수병 차림으로 말을 타고 있었으며, 며칠 전에는 경찰청장 보스탄지 바샤(Bostandge Basha)도 변장하고 있었다고 했는데 그들은 왕실 스파이로 '외근'을 한 것이라고 했다.

6월 29일 바이런은 홉하우스와 지난 반란 때 폐허가 된 레벤트 치프틀릭(Levent Chiftlick)까지 승마를 했다. 이 반란은 우리나라의 임오군란처럼 현대화를 추진하던 술탄 셀림 3세에 반기를 든 보수 성향의 예니체리들이 일으킨 것이었다. 니잠 저디드(Nizam Djedid) 군(軍)은 1796년에 선포된 셀림 3세의 신헌법과 새 제도로 생겨난 신식 군대였다. 500명의 니잠 저디드군이 1807년 11월 18일에 바로 이 레벤트 치프틀릭 전투에서 구식 군대의 예니체리들에게 학살당함으로 셀림 3세가 제정한 개혁 신헌법은 종말을 예고했다. 이때 니잠 저디드군이 패배하자 레벤트 치프틀릭은 철저하게 폐허화되었다. 15,000명을 수용하던 막사가 화재로 내려앉았고, 사치스런 훈련장, 분수가 있는 대리석 키오스크도 쓰레기장으로 바뀌었다. 바이런과 홉하우스는 파괴된 목욕탕, 식당, 화약고, 편의시설, 병원 등을 비통한 심정으로 돌아보았다. 바이런은 『사르다나팔루스』(Sardanapalus)를 쓸 때 이때의 들은 이야기를 적절히 이용한다.

어데어 대사가 바이런 일행에게 그의 마지막 술탄 알현에 동참해 달라는 요청을 해왔다. 지난번 행사 때는 서열 문제로 기분이 나빠 참석지 않았으나, 주위에서 튀르키예인들은 행렬에서 서열을 따지지 않는다는 말을 해주어 다소 위안이 되었다. 외교 의전의 권위자에게 조회해 본즉 사실이라고 하였다. 그는 대사의 요청을 수락하는 편지를 보내되 분이 안 풀려 삐딱한 말투로 썼다. "저는 할 수 있는 모든 사과를 드리오며, 기쁜 마음으로 각하뿐만 아니라 각하의 하인 혹은 하녀, 각하의 소, 각하의 당나귀, 각하의 모든 것 뒤에 따라갈 것입니다."

바이런은 7월 10일 멋진 예복을 차려 입고 나타나 교양 있는 신민의 태도를 보였다. 새벽 4시 30분에 영국 사람들은 대사관에서 페라의 선착장으로 행진했다. 아시아 쪽에서 해가 올라오고 있었다. 금각만을 건널 때 술탄이 오늘날의 돌마바흐체(Dolmabache) 궁 쪽에서 세라글리오로 이동 중이어서 프리깃함에서는 예포를 쏘았다.

행렬 맨 앞에는 튀르키예 측 의전대장 바쉬(Chaoux Bashee)가 서고, 뒤에는 예니체리가 따르면서 반 시간 만에 시내를 통과하였다. 카이마칸도 자기 수행원을 거느리고 도착하였다. 그도 최상의 밝은 녹색 공단 궁중예복과 관모(官帽) 터번을 착용하였다. 세라글리오 첫 문을 말을 탄 채로 통과하니 큰 마당이 나왔으며, 왼쪽으로 유스티니아누스 황제가 537년에 세웠지만 병기창으로 쓰는 아야 이리니(Hagia Eirene) 기독교 교회가 보였다. 두 번째 정문 앞에서는 말에 내려 걸어 들어갔다. 거기서 필라우(pilau)(고기, 생선, 양념, 건포도 등이 있는 작은 쌀밥) 쟁반을 수도 없이 갖다 놓고 예니체리들이 달려와서 그것을 쟁취해 먹는 모습을 구경했다. 셋째 정문은 맞은편 오른쪽으로 있고, 세라글리오 주방이 왼편에 있었다. 이 주방 앞 너른 공간에는 분수와 장의자가 있는 회의실이 있었다. 이 회의실에 들어가니 카이마칸이 푹신한 장의자에 앉아서 영국 대사와 몇 마디 이야기를 주고받았다.

10시에 식사가 들어왔다. 대사만이 카이마칸과 겸상을 하였고, 캐닝, 선장, 바이런, 홉하우스는 같은 식탁에 앉았다. 만찬은 국을 곁들인 쌀밥과 떡 한 개가 전부였다. 손가락으로 쟁반의 음식을 떼어내어 먹게 되어 있었다.

술탄의 알현에 배석할 20명을 추렸는데 다행히 바이런과 홉하우스는 뽑혔다. 이 셋째 문은 높고 하얀 터번을 쓴 관리들이 막고 있었다. 대사 일행은 이 셋째 문을 통과해 돌 의자에 앉아 기다렸더니 관리가 두 자루의 펠리스(모피로 안을 댄 예복)를 가져와서 일행에게 나눠줬다. 마침내 카이마칸이 회의실에서 접견실 쪽으로 위의를 갖춰 행진해 오니, 그 앞에서 두 명의 관리가 황금빛의 지팡이로 바닥을 쿵쿵 쳤다. 카이마칸은 문 바로 앞에서 걸음을 멈췄다가 들어갔다. 일행은 펠리스를 입기 전에 모두 칼은 빼 놓았다. 바이런 일행이 들어갈 때 한 사람마다 두 사람이 옆에 붙어 한 손으로는 입장자의 어깨를 세게 눌렀다. 일행은 작은 마당을 지나 낮은 계단을 오르고 카펫이 깔린 통로를 거쳐 접견실에 입장했다. 비교적 작고 어둔 방으로 사방엔 은장식품, 진주, 보석들이 걸려 있었다. 사람들이 가득했고 백인 환관이 홉하우스를 술탄으로부터 9미터쯤 떨어진 곳에 밀어 앉혔다.

그때 술탄은 마흐무트 2세로 통치기간은 1808년부터 1838년까지이다. 그는 셀림 3세를 암살한 무스타파 4세(1807~08)를 새장 같은 곳에 가

둔 뒤에 제위에 올랐다. 벨벳 같은 검은 눈, 작은 이마, 수염을 가진 술탄은 등극한 지 2년밖에 되지 않았으며 실제 나이 25세보다 훨씬 늙어 보였다. 그는 집권 중에 그리스와 이집트를 잃었지만, 세력이 비대해져 위협이 된 알리 파샤를 파멸시키게 된다.

술탄은 침대 같은 자리에 앉아 있었다. 그 옥좌는 은과 진주로 장식하여 화려하고 우아하였으며 천개(天蓋)도 은과 진주로만 되어 있었다. 그러나 옥좌는 구석에 아무렇게나 밀쳐져 있었다. 카이마칸은 그의 오른쪽에 섰다. 술탄 오른쪽엔 반쯤 빼낸 사브르가 방석 위에 있었고, 왼쪽엔 영국 조지 왕에게 보낼 국서가 은 뚜껑이 있는 서류함에 들어 있었다. 술탄 자신은 검은 털로 단을 댄 노란 공단 펠리스를 입고, 가슴엔 다이아몬드가 박혀 있는

술탄 마흐무트 2세

단도와 장식물이 달려있었다. 희고 푸른 터번에는 커다란 다이아몬드별이 붙어 있었으며, 그 별에서 극락조의 깃털이 높이 솟아 있었다. 그는 새까만 눈동자를 굴리면서도 영국대사를 바로 보지는 않았다. 그렇게 하는 것이 그들의 예의였다.

대사가 손을 가슴에 얹어 작은 절을 하고 낮은 목소리로 말을 하니, 더 작은 소리로 통역이 되었다. 술탄은 몇 마디를 곱송그리는 카이마칸에게 하니 그는 다시 그 말을 대사에게 전하는데 더듬거렸다. 술탄은 영국 왕에게 줄 서한을 집어 몇 마디를 하면서 카이마칸에게 주었다. 그는 술탄의 소매에 키스를 하고, 그 편지를 받아 이마에 대고 몇 마디를 한 뒤 통

역관에게 주니, 통역관은 그것을 경건하게 받아 통역한 뒤 대사에게 주었다. 대사는 절하고 그것을 받아 곧 물러나왔다.

술탄은 이때 바이런의 젊고 인상적인 용모와 그 헐렁한 펠리스 사이로 보이는 화려한 의상에 호기심을 가졌다. 1823년 바이런이 그리스 독립운동에 참가하여 실제적으로는 그에게 반기를 들었을 때, 그는 이 알현 때 본 그 멋진 남자가 바이런일 리 없다고 말했다. 술탄은 그때 그를 남장한 여자로 인지했다고 말했다.

알현 동안 환관은 홉하우스의 팔을 강하게 누르고 있었고 나올 때 문 바깥 계단에서 약간 밀치며 그를 놓아주었다. 카이마칸이 먼저 출발하고 그 뒤를 따라 좀 더 가까운 길로 해변으로 내려왔다. 거기서 예포 소리를 들으며 물을 건너 대사관에 도착하였다.

바이런과 홉하우스는 어데어 대사와 함께 콘스탄티노플을 떠나기로 하였다. 7월 14일 홉하우스는 오후 두 시에 살세트호에 승선하였고, 바이런은 자신을 위한 예포의 예우를 받느라 세 시 반에 승선하였다. 대사도 17회의 예포 예우를 받으며 승선하였다. 선상에서 만찬을 들었으나 밤 열 시 되어서야 닻을 올리고 콘스탄티노플항을 떠났다.

홉하우스는 집에서 소환했고, 바이런은 애초의 계획처럼 페르시아나 극동까지 갈 자금을 도저히 확보할 수 없어 그 계획은 포기해야 했다. 항해 도중 바이런의 기분은 저하되어 괴로울 정도였다. 그에게 여행을 계속할 힘도 남아 있지 않은 듯했다. 트로이와 콘스탄티노플을 체험했지만 그것을 『차일드 해롤드의 순례』에 써 넣을 의욕마저 사라져 버렸다. 하루는 후갑판을 걸어가면서 아타간 한 자루를 칼집에서 꺼내서 날을 살펴보고는 "살인하고 난 뒤의 기분이 어떨까 알고 싶군."이라고 말했다. 이때 바이런은 살인한 후 느끼는 것보다 더 강한 후회를 느껴보고 싶었으리라.

이 놀라운 말에서 이 후에 나올 『이교도』(Giaour)와 『라라』(Lara)의 씨앗을 찾아볼 수 있다. 그의 경우 감정의 어두운 측면을 들춰보려는 강한 욕망이 상상력의 힘을 얻어 멋진 작품으로 결실을 맺는 일이 빈번하였다. 그가 나중에 "어두운 가슴의 탐색자"라고 불리게 된 것도 이런 생각의 흐름과 관계가 없지 않다.

　17일 프리깃함은 콜로나 곶 가까운 제아(Zea) 항 즉 오늘날의 케아(Kea) 항에 정박하였다. 바이런은 알바니아인 두 명, 타르타르인 한 명, 영국인 한 명의 하인을 데리고 하선하였다. 그는 적어도 그 순간만은 혼자 된 것이 기뻤다. 일 년 동안이나 홉하우스와 같이하는 여행에 피로가 쌓였기 때문이었다. 자신과 그는 추구하는 것은 같았지만, 어쩐지 그 친구는 그에게는 부담을 주었다. 홉하우스 때문에 바이런은 성적 모험에 제동이 걸렸었다. 일행은 피레우스를 거쳐 아테네로 돌아왔다.

　아테네는 무더위였다. 그는 마크리의 숙소로 돌아갔지만 분위기는 옛날과는 달랐다. 딸들의 순진한 매력이 사라졌다. 마크리는 그리스 관습에 따라 바이런에게 보상을 해 주든지 아니면 법적인 결혼을 하든지 해야 한다고 했다. 바이런에게 책임을 묻는 말이 아닌가?

　아테네에는 그를 기다리는 한 친구가 있었다. 슬라이고 후작이라는 캠브리지에서 알고 지냈던 친구였지만 그는 동성애자이고, 무정부적이고, 무지막지하고, 더린 데가 있어서 바이런이 기피해 온 인물이었다. 그는 고물이 다 된 쌍돛대 범선 한 척을 빌려 놓고 같이 펠로폰네소스를 여행하자고 바이런을 찾아왔다. 바이런이 솔깃했는데 자신의 우울증을 없애려면 그 방법도 나쁘지 않았다. 그러나 그들은 경비를 줄이는 데는 그 범선보다는 육로로 가는 것이 낫다는 결론을 내렸다.

　7월 21일 그들이 함께 여행을 떠났다. 이 여행을 보면 그들보다 더 비경제적, 비능률적인 사람은 없을 것이다. 바이런 쪽에서는 하인이 6명이고 거기 따른 짐과 동물이 있었다. 그러나 슬라이고 쪽에서는 화가, 통솔자, 엉터리 통역사, 느려터진 영국 하인 몇 명이 한 부대를 이루었다. 양쪽의 말이 총 29필이나 되었다.

　슬라이고는 더위에 맥을 못 추었다. 그는 살집이 많은 데다 말을 제대로 못 탔다. 그의 하인들도 그 염천에 가죽 바지를 입고 설쳤다. 그러나 그런 불편과 비능률은 오히려 두 사람이 더 가까워질 계기를 마련해 주었다. 바이런은 자기의 콤플렉스인 발에 대해 이야기를 했다. 훗날 무어에게 실토한 것을 보면 이런 말을 했을 것이다. "내가 발 때문에 병신이 된 것은 날 때 어머니가 세심하지 못했기 때문이야. 내가 기억하는 한 어머니는 끊임없이 이것으로 나를 조롱하고 욕을 했어. 그러나 내가 마지막으로 영국을 떠나기 며칠 전에 어머니는 감정에 북받쳐 애원하면서, 내 정신적인 불구가 육체적인 불구 정도로만 끝나기를 빌었어!"

코린트까지 같이 가보니 그 후작과 도저히 함께할 수 없다는 것을 알았다. 바이런은 시원한 바다 여행을 더 하자는 그의 청을 사절하고 그와 헤어져 파트라로 향했다. 후작은 펠로폰네소스 반도 한가운데 있는 트리폴리짜(Tripolizza)로 내려갔다.

슬라이고 후작

7월 25일 바이런이 보스티자를 다시 찾은 것은 예쁜 지오쥬를 다시 만나기 위해서였으리라. 바이런은 이때의 일을 홉하우스와 매슈스에게 다 이야기했다. 지오쥬는 녹색 파라솔을 들고 나왔는데 샐쭉한 표정이 어떻게 그렇게 매혹적인지! 그 소년은 그 전에 다음번에는 영국뿐만 아니라 어떤 미지의 땅이라도 따라가겠다고 약속했었다. 나흘 뒤 바이런과 그 소년은 그리스 옷을 말쑥하게 차려 입고 말에 올랐다. 그는 여자처럼 귀엽게 생긴 등 뒤로 곱슬곱슬한 머리카락을 내려뜨렸다. 바이런은 참으로 묘한 영감이 떠올랐다. 파트라로 가서 이 두 연인은 또 스트라네의 새 집에 머물렀다. 그러나 이 낭만적인 분위기는 금방 깨어지고 말았다. 심한 언쟁이 벌어졌고 소년이 토라져 버렸기 때문이었다. 아무리 달래도 풀어지지 않자 바이런은 그를 아버지에게로 돌려보냈다. 헤어지면서 바이런은 수없이 키스와 포옹을 하고 눈물까지 흘렸다.

바이런이 혼자 지내는 것에 익숙해졌을 때 그 소년이 제 발로 찾아왔다. 파라솔을 든 그 연인은 뉘우쳤다고 하면서 하루에 세 번이나 왔다. 바이런은 자신이 생각해도 그와의 관계가 도깨비놀음 같아 홉하우스에게 이렇게 물었다. "[자네는] 이 모든 짓거리가 가관이지 않은가?"

8월 초에 바이런 일행도 지오쥬를 데리고 트리폴리짜로 향했다. 오늘날은 트리폴리스라고 부르는 곳이다. 그곳에는 알리 파샤의 아들 벨리(Veli)가 모레아(현재의 펠로폰네소스)의 파샤로 있었다. 벨리는 아버지에게 러시아전에 파병할 군대를 보낼 일로 바빴지만 바이런을 그의 아버지보다 더 융숭하게 대접했다. 그는 바이런의 매력에 빠져 그에게 멋진 종마까지 한 필 선물하면서, 바이런을 '형님'으로 모실 테니 의형제를 맺자고 했다. 바이런이 벨리의 호의에 정신이 팔려 있는 동안 지오쥬에 대한 애정이 식어버리자 그는 다시 집으로 돌아가고 말았다.

아르고스(Argos)에서 슬라이고와 잠깐 만난 뒤 8월 19일경 바이런은 아테네로 돌아왔다. 우편물을 챙겨보니 '신사' 잭슨은 잔뜩 좋은 말을 써서 보내놓았고, 무용가이면서 뚜쟁이였던 데그빌과, 바이런의 십대 때 애인이었지만 지금은 거리의 여자로 변한 카메론(캐롤라인)의 편지도 와 있었다.

8월 19일 바이런은 카푸친 수도원으로 숙소를 옮겼다. 짐과 하인을 마크리가에서 빼냈는데, 그때 바이런은 마크리와 상당히 긴장관계에 있었다. 그런 분위기에서 그는 더 이상 자유롭게 아가씨들과 까불며 놀 수 없었으리라. 마크리도 마크리대로 확실한 보상 없이는 종전처럼 그에게 안식처를 제공할 수 없음을 분명히 했으리라. 아크로폴리스 기슭에 있는 그 수도원은 몇몇 서유럽인 자녀의 기숙학교로 사용되었고, 아테네에 여관이나 호텔이 없을 때에는 여행자를 위한 숙소로도 사용되었다.

바이런은 이 기숙학교의 여섯 명의 검은 눈의 "소년들"과 친해졌다. 그들 중에는 열다섯 살 먹은 루지에리의 처남 니콜로 지로드가 있었음을 앞에서 이야기하였다. 그는 홉하우스에게 이렇게 이야기했다. "그러나 내 친구는 자네는 쉽게 상상하겠지만 니콜로였는데, 그는 말이 났으니 말이지, 내 이탈리아어 선생이고, 우리는 이미 매우 철학적이 되었네. 나는 그의 '주인'이고, 그의 '연인'이며, 그 밖에는 하느님만 알지." 니콜로는 바이런에게 세상 끝까지 바이런을 따라가겠다고 알리고는, 같이 살고 같이 죽겠다고 맹세했다. 그러나 바이런은 같이 죽는 것까지야 어떻게 같이 하겠느냐고 농을 던졌다.

바이런은 사실 마음을 기댈 곳이 없었다. 그때 그는 우울하고 외롭고 감정은 날카로워져 걷잡을 수 없었다. 그는 그럴 때 방탕해졌다. 그는 8월 23일 친구에게 쓴 편지에서 그들만의 은어로 "나는 "pl & opt'를 잡아야 하며…."라고 쓰고, 다른 편지에서도 'pl & opt'를 언급했다. 이 말은 페트로니우스(Petronius)의 『사티리콘』(Satyricon)이라는 작품에 나오는 "coitum plenum et optabilem"의 약어로 '완벽하고 충분한 교합'를 뜻했다. 그는 몇 주 후 친구에게 이렇게 썼다. "M.(매슈)에게 내가 이백 번 이상 'pl & opt C'를 했으며 거의 그 일에 지쳐 빠졌다고 말해 줘." 바이런이 이때 아테네의 여성 혹은 모든 국적의 여성과 무분별한 사랑을 나누었으리라. 그는 홉하우스에게 솔직히 이렇게 이야기한 적이 있다. "나는 그리스, 튀르키예 여자를 많이 대했지. 그리고 영국 여자들은… 운이 좋았다고 믿는데, 왜냐면 우린 모두 매독에 걸렸기 때문이야."

그것은 성적인 방종이고 자포자기의 암시였다. 그에게 소년 시절에 꿈꾸었던 이상적인 사랑에 대한 자기파멸적 환멸이 다가왔으리라. 주변에는 그의 행동을 지켜보고 진지하게 충고해 줄 사람도 없었다. 그는 홉하우스가 부산하여 자신의 달콤한 우수와 사색에 방해가 되긴 했지만, 그가 옆에 있었을 동안에는 그 정도의 방종에 빠지지는 않았다. 바이런에게 그 친구는 영국 양심의 상징이었으리라. 그는 여성과의 '묻지 마' 모임에도 나갔고, 그 사실을 일일이 홉하우스에게는 이야기했다.

8월 24일 바이런은 피레우스항을 가로질러 수영을 했는데 이때 니콜로가 동행했다. 니콜로는 수영을 못했지만 그는 그 점을 팬츠를 입지 않음으로써 보상해줬다. 그러나 니콜로가 바이런을 받아주는 데는 한계가 있었다. 그는 어떤 행위는 도저히 할 수 없어서 그를 데리고 'pl & opt C'의 절정에는 이를 수가 없었으리라.

9월 어느 날 바이런은 피레우스에서 멱을 감은 후 집에 오다가 한 아가씨를 구해 줬다. 그 아가씨는 불법 연애를 한 현행범으로 체포되었었고, 아테네 총독은 형을 집행하는 중이었다. 그 아가씨를 자루에 넣고 입구를 꿰맨 후 바다에 던질 참으로 해안으로 끌고 가고 있었다. 공교롭게도 그녀는 바이런이 아는 튀르키예 아가씨였다. 바이런은 재빨리 그 상황을 파악하였다. 그는 고의로 그 관헌들에게 먼저 시비를 건 후 자기와 같이 총독의 관사로 가서 시비를 가리자고 했다. 그 관헌들이 우물쭈물하는 것을 보고 바이런은 피스톨을 빼내 쏘겠다고 위협했다. 관헌들은 하는 수 없이 돌아서서 바이런과 같이 가자고 하였다. 이때 바이런은 위협과 뇌물로 그 관헌들을 설득시켜 아가씨는 곧 아테네를 떠나게 한다는 조건으로 그녀를 인도 받았다. 그는 아가씨를 그날 밤 테베의 안전한 도피처로 도망가게 해줬다. 이 사건은 나중에 나올 『이교도』에 멋진 아이디어를 제공하게 된다.

9월 12일 영국의 전 총리 피트(William Pitt the Elder)의 질녀이자, 탐험가이고, 고고학자인 헤스터 스탠호프 귀부인(Lady Hester Stanhope)이 아테네에 왔다. 그녀는 수행원으로 의사와 애인까지 거느리고 근동지방을 호화판 여행을 하는 중이었다. 그녀는 여성답지 않게 대단한 강심장이었으며 바이런을 대놓고 조롱하였다. "저 치는 성격이 이상해…. 한때는 침울하여 아무에게도 말을 걸지 않다가, 또 어떤 때는 어떤 누구도 다 웃기는 성격이거든. 그리고 저 치는… 한 여성을 위해 경찰과도 맞장 뜨는 돈키호테란 말야…." 그녀는 후에도 바이런의 가식적인 행동을 잘 흉내 내어, 특히 그리스어로 하인들에게 호통을 치는 행동을 잘 흉내 내어 좌중을 웃음바다로 만들었다. 바이런은 그녀 앞에서는 주눅이 들 수밖에 없었다. 그러나 그녀가 데리고 다니는 애인은 오히려 바이런의 매력에 완전히 빠져서 막무가내 친구가 되자고 애원하다시피 했다.

9월 중순에 바이런은 니콜로 지로드, 루지에리, 그리고 알바니아 하인 둘을 데리고 두 번째 모레아 여행을 떠났다. 헤스터 스탠호프 귀부인을 피하고 싶기도 했으리라. 루지에리는 이제 더 이상 엘긴 사람이 아니라 바이런의 사람이 다 되었다.

그 여행은 참으로 운이 나빴다. 코린트에 가닿기 전에 배는 바람에 불려 살라미스 섬으로 갔다. 그러곤 올림피아에서 풍토병 열병에 걸려 파트라에서는 거의 죽음의 문턱까지 갔다. 호지슨에게 쓴 편지에서 이야기한 증상을 들어보면, 이 병은 그가 죽을 때의 병과 비슷하고 장소도 가까운 곳이었다. "닷새를 침실에서 앓다가 의사와 열병에서 막 벗어났으며…. 이곳에는 풍토병이 있고 코린토스만에서 바람이 불어올 때 (여섯 번 중에 다섯 번은) 대소인을 막론하고 이 병에 걸리며, 여행객들은 슬픈 지경에 빠지네. 의사가 두 명 있는데…. 내가 병에 걸려 이 두 살인자들과 싸워야 했어…. 3일이 지나자 [의사들은] 토하게 하고 관장을 시켜서 마지막일지 모르는 숨을 헐떡거렸어."

이때 바이런은 죽음을 눈앞에 두고 묘비명까지 지었다. 바이런에게는 자기를 꼭 살려내려는 세 가지가 있었으니 곧 "젊음, 자연, 그리고 가엾어 하는 조브"였다. 그러나 바이런을 치료한 의사 "로마넬리가 너무 완강하여/ 그 셋을 이기고" 바이런을 죽음으로 끌고 갔다고 했다. 그러나 결국은 자연과 조브가 화가 나서 마침내 그 의사를 물리쳤다고 했다. 의사의 진료는 그를 빨리 죽도록 만드는 것 이상은 아니었다. 바이런은 두 의사보다 하인 바실리와 더비시를 더 신뢰했다. 그는 그 알바니아인들이 "나를 고쳐내지 못하면 의사의 목을 따 놓겠다고 위협함으로써 내 생명을 구했다네."라고 말했다. 그가 살아난 것은 순전히 그 하인들 덕이라고 하였다.

그가 병에서 겨우 회복하자 10월 2일엔 그를 간호하던 니콜로가 같은 병에 걸렸다. 바이런은 니콜로가 여행할 만큼 충분히 회복되도록 극진히 보살폈다. 10월 13일에 니콜로가 일어나서 그들은 아테네에 돌아왔지만, 바이런은 그 죽을병을 치르느라 힘과 살이 다 빠져 버렸다.

아테네에 돌아오니 재미있는 외국인이 와 있었다. 그에겐 지적인 대화가 그리울 때였다. 그 외국인은 덴마크 고고학자인 피터 브뢴스테드(Peter Brønsted) 박사와, 야콥 린크(Jacob Linckh)라는 바바리아의 화가였다. 모처럼 신선한 이야기를 나눴으리라. 그는 화가에게는 풍경화를 그려달라고 부탁하였다.

11월 1일 핸슨의 편지를 받아보니 돈을 구하지 못해 쩔쩔맨다는 내용뿐이었다. 이제 한마디로 바이런은 파탄 상태였다. 그렇지만 그의 사교 활동은 전혀 위축되지 않았다. 그는 루지에리, 포벨과 그들 가족뿐만 아니라 튀르키예인 지도층과도 돈독한 우의를 다졌다. 그는 호지슨에게 편지를 썼다. "그저께 웨이워드(아테네 총독)는 테베의 무프티(회교 주교)와 여기서 저녁을 같이하면서, 고래같이 원액 럼주를 마셨어. 우리 수도원 원장도 우리만큼 취하여 우리 그리스 연회는 대성공이었어." 이슬람 국가에서 독주를 같이 마셨다는 것은 보통 친한 사이가 아니면 불가능한 일이 아닌가.

바이런에게 돈을 빌려줬던 데이비스가 재정적 압박을 받아 공황 상태라는 소식을 들었다. 그 친구는 바이런이 아직 미성(未成)이었을 때 바이런이 매싱버드 부인을 통해 4,500파운드를 빌리도록 보증을 섰었다. 그 이듬해 동방으로 떠나왔고 바이런이 없는 동안 채권자들은 보증인 데이비스에게 몰려갔던 것이다. 그는 바이런이 이자조차도 낼 수 없다는 핸슨의 말을 듣고 온몸에 힘이 빠졌다. 그는 불안과 불면에 시달리고, 광기마저 느낀다고 바이런에게 이야기했다. 또 편집증에 사로잡혀 '자살'을 들먹거리면서, 그 극단의 경우가 현실화될 때 바이런이 원인제공자가 될 수 있음을 비쳤다. 그는 매일 체포될 위험에 처해 있으며 바이런이 돌아오는 것만이 그의 고통을 덜 수 있는 유일한 방법이라고 했다.

바이런은 자신의 행위가 그에게 '누'가 아니라 죄가 되었다는 생각이 들었다. 11월 25일에 홉하우스에게 편지를 써서, 데이비스의 짐을 덜어주기 위해 몇 달 뒤엔 귀국하겠으니 그에게 전해 달라고 했다. 바이런은 그가 고통을 받는 것은 핸슨 때문인데, 왜냐하면 그가 거의 일 년 이상 바이런에게 답장을 쓰지 않아 로치데일과 노포크의 부동산이 팔려 빚이 청산된 줄로만 알았다고 했다. 그는 핸슨에게 편지를 써서 돈을 더 송금해 주지 않으면 영국에 돌아갈 여비조차 없다고 했다.

바이런은 다시 수니온 탐방단을 만들어 12월 5일 그곳으로 출발하였다. 그때 큰 목적 중의 하나가 동굴 탐험이었다. 파란 에게해와 섬들을 배경으로 하얀 열주가 서 있는, 그 산뜻한 풍경과 그것에서 솟아나는 영감을 그는 마음껏 핏속에까지 흡입했다. 그는 네모난 한 석주에 이름을 새겼다.

아테네로 돌아와서 그는 한 그리스인 사공이 들려주는 이야기를 들

바이런이 석주에 새긴 자신의 이름
Graffito Byron at Sounion via Wikipedia under Public Domain.
https://en.wikipedia.org/wiki/Sounion

고 깜짝 놀랐다. 그 사공은 바이런이 수니온을 여행할 때 마이노트(Mainot) 해적(아티카 해변에 출몰하는 해적)의 포로로 잡혀 있었다고 했다. 그는 그때 해적들에게서 엿들은 이야기를 해 주었다. 그 25인조 해적은 신전 밑 동굴에 숨어 있다가 바이런의 일행을 보고 납치 계획을 세웠다고 했다. 그러나 해적들이 계획을 포기한 것은 바이런이 거느린 알바니아인 호위무사의 당당하고 위협적인 태도 때문이었다고 했다. 그 알바니아인 해적은 그 지방에서는 가장 무서운 폭력배로 소문나 있었다.

바이런은 이 여행에서 신비한 현상을 목격했다. '제2의 들림'의 현상으

수니온의 포세이돈 신전
'Temple of Poseidon at Cape Sounion' by Berthold Werner via Wikipedia Commons under CC BY-SA 3.0.

로 더비시에게서 그것을 직접 보았다. 그들이 콜로나 곶으로 가면서 좁은 협곡을 지날 때 그 하인은 길에서 이탈하더니 고통스러운 듯이 머리를 손바닥에 묻었다. 바이런이 다가가서 그 연유를 물으니 그는 자신들이 위험에 처했다고 하면서 귀에선 오전 내내 총소리가 들렸다고 했다. 그 총소리가 바이런이 하는 말소리만큼 확실했다고 했다. 그들이 돌아올 때 바이런 일행은 여러 인종이 모인 집단이라 바벨탑 만들 때만큼 각자 제 언어로 지껄여댔지만, 이때 그 하인은 그 신전의 석주에만 온 관심을 쏟고 있었다. 바이런이 왜 그러냐고 물었더니 그는 "적을 막는 데 저 석주들이 쓸모가 있어서죠."라고 말했다. 그는 머릿속으로 닥쳐 올 적의 공격에 대비하고 있었던 것이었다. 실제로 그 시각에 앞에서 이야기한 그 해적들이 공격 준비를 하고 있었다. 그 알바니아 호위무사는 그것을 예견했기 때문에 해적들의 공격을 사전에 피할 수 있었던 것일까. 『이교도』에서 바이런은 제2의 들림 현상을 다음과 같이 노래한다. "어두운 전조를 듣는 귀 깊은 곳에서/ 죽음의 총성이 살인의 울림으로 다가왔다네."

바이런은 차츰 아테네 사교계가 재미있어졌다. 영국 사람들과 같이 식사를 하고 무도회에 가거나 아테네 여자들을 데리고 여러 가지 싱거운 장난을 벌였다. 수도원의 학생들과의 뜀박질이나 게임은 상대적으로 시시해졌다. 그는 남는 시간에는 서재로 가서 『차일드 해롤드의 순례』제1, 2편에 엄청난 양의 주석을 붙였다.

이 주석을 붙이는 데 도움을 준 사람이 마르마라토우리(Marmaratouri)였다. 그는 그 당시 바이런의 그리스어 스승이었는데 그를 통해 바이런은 그리스 문학을 일부나마 접할 수 있었다. 그는 작가이면서 번역가이며 독립운동가였다. 그 스승은 바이런의 그리스어 전쟁 노래나 발라드의 번역을 도와주어 바이런은 그리스 시의 아름다운 구절을 그대로 시에 인용하기도 하였다. 그는 한편으로 그리스인들에게 독립 정신을 고취시키는 데도 열정을 쏟았다.

(1811년) 바이런은 1월에도 계속 카푸친 수도원에 있었다. 그는 모레아 여행을 다녀온 후 플레처를 귀국시켰는데, 1월 14일자 편지에서 왜 플레처를 귀국시켰는가를 어머니에게 설명했다. "끝없이 쇠고기와 맥주를

찾고, 우둔하고 고집스럽게 외국 것을 경멸하고, 외국어는 몇 낱말도 습득하지 못하는 숙맥이고, 그렇다 보니… 거추장스런 존재밖에는 안 되었습니다." 그는 또 자신에게 일어난 엄청난 변화를 설명했다. 즉 자신은 이제 세계시민이 됨으로써 무한한 것을 얻었다고 했다. "여기서 저는 프랑스인, 이탈리아인, 독일인, 덴마크인, 그리스인, 튀르키예인, 아르메니아인 등을 보고 또 이야기도 나눴어요…. 영국의 우월성을 보게 되면… 우쭐해지고, 열등성을 보게 되면 적어도 깨닫는 것이 많지요. 제가 [외국에 나와 보지 않았으면] 이런 것도 모르고… 본국의 연기 덮인 도시나 안개 낀 시골에만 처박혀 살았겠지요." "만일 어머니의 건강과 사업 [문제가 해결되어] 꼭 영국에 가지 않아도 된다면 저는 꼭 제 여생을 튀르키예에서 보내고 싶어요. [귀국하더라도] 그리스로 꼭 돌아오고 싶을 것이고 아마도 여기서 죽을 거예요." 그는 이때 한 말이 씨가 될 줄은 꿈엔들 알았겠나.

바이런은 그리스 민족에 대해 생각해 보았다. 그들이 진정 자유를 원한다면 자신들의 노력과 용기를 믿어야 하지 않겠나? "세세손손 노예들이여, 그대들은 모르느냐?／ 자유를 원하는 자가 타격을 가해야 함을." 그러나 바이런은, 그리스인들은 수백 년 동안 노예라는 멍에를 자력으로는 벗어던질 수 없었다는 것을 잘 알았다. 외세의 개입 없이 그리스인은 절대 독립할 수 없었지만 한심하게도 그들은 사분오열되어 있었다.

바이런은 그들이 패배감 내지 무력감에 빠져 자신들의 처지를 모른다고 생각했다. 그들은 자신들에게 해를 끼치는 사람들에게 오히려 감사했다. 튀르키예인에게는 자기들에게 족쇄를 채워줘서 고맙다고 감사하고, 서유럽인들에게는 약속을 어기고 거짓 충고를 해주어서 고맙다고 감사하고, 그들의 유적을 그리는 화가와 유물을 훔쳐 가는 고고학자에게는, 그 귀중한 것을 그리고 훔쳐가 줘서 고맙다고 감사하였다. 모든 사회구조가 그렇게 고마움을 느끼고 감사하도록 조직화되어 있었다. 이런 것을 바이런은 『차일드 해롤드의 순례』 제2편의 주석에서 암시했다.

1월 말경 시리아와 이집트 여행허가증이 도착했다. 바이런은 새로운 호기심이 발동하여 핸슨에게 송금하라고 졸랐다. 그러나 점점 더 돈이 궁해져 갔다. 핸슨은 돈을 구할 수 있는 방법은 뉴스테드를 파는 것뿐이라고 했지만 그는 끝까지 조상의 얼이 깃든 그것은 팔지 않겠다고 했다. 그는 어머니에게 이렇게 편지에 썼다. "저와 영국을 잇는 유일한 끈은 뉴스테드뿐입니다. 그것도 없으면 제가 [영국으로 가는 것에 대한] 관심도 의욕도 없을 것입니다…. 저는 세계시민인 만큼, 영국에서 대학 다닐 때 쓰는 돈보다 적은 돈으로 온화한 기후와 모든 사치를 누릴 수 있는 곳이라면, 언제나 [그곳이] 내 조국이 될 것입니다. 사실 에게해의 여러 해안이 바로 그런 곳입니다." 핸슨이 바이런의 돈을 보내라는 요청에도 꿈쩍하지 않았던 것은 뉴스테드를 팔지 않고는 다른 방도가 없다는 뜻을 그에게 새겨주고 싶었기 때문이었으리라.

바이런은 핸슨이나 데이비스의 고통을 그렇게 심각하게 받아들이지 않았다. 그에게는 더 너른 세계, 더 이국적인 곳이 유혹하고 있었기 때문이었다. 홉하우스에게 쓴 편지이다. "봄 되면 나는 시온(Sion) 산, 다마스쿠스(Damascus), 티레(Tyre)와 시돈(Sidon), 카이로(Cairo), 테베로 떠나네." 그러나 송금이 늦어지는 바람에 그는 조금씩 호기심을 잃어갔다. 다시 글쓰기에 관심이 쏠렸고, 2월과 3월에 영웅체이연구로 급히 두 편의 시를 썼다. 그 한 편이 앞에서 말한 『미네르바의 저주』였다.

다른 한 편은 『호라티우스의 힌트』였다. 이 작품은 호라티우스의 유명한 『피소 가족에 부친 시학에 관한 편지』(Epistle Ad Pisonem de Ars Poetica)의 내용을, 당시 영국의 극단과 시단에 관련지어 창의적으로 번역한 것이었다. 바이런은 학창 시절에 호라티우스의 이 고전에 감명을 받았기에 다시 손을 대기 시작하였다. 시학에 관한 부분, 즉 고전의 이론적인 부분은 대체로 그대로 번역하였으나, 그 이론적인 부분의 예를 영국 시인과 극작가, 또는 공연의 사례에서 자유롭게 끌어와 평가해 넣었다. 그렇다보니 이 작품은 단순한 번역이 아니라 하나의 풍자시가 되고 말았고, 그런 만큼 그는 이것을 『영국 시인과 스코틀랜드 평론가』의 후속편이라고 하였다. 아테네의 카푸친 수도원에서 1811년 3월 12일에 썼다고 못 박고 있지만 영국에 돌아와서도 계속 퇴고를 거듭했다.

이 작품에서 바이런은 시는 워즈워스처럼 쓰라고 하고는, 그는 호숫가에 사느라 머리가 헝클어지도록 이발을 하지 않는다고 비꼰다. 유명한 런던의 이발사인 블레이크(Blake)를 일 년이 다 되도록 찾지 않고, 책을 찍기 위해서만 런던에 나오게 되면 아이들만 졸졸 따라다닌다고 풍자한다. 사우디도 매섭게 욕을 한다. 그의 최근 저서 세 권은 지금이라도 불살라 버려야 한다고 했다. 왜냐하면 그 책이 "패스트리 과자 요리사"나, 에콰도르까지 갈지 모르기 때문이라고 하였다. 이 시집에 그는 「포프에 대한 주석」(Note on Pope)이라는 글을 별도로 넣었는데, 그것은 영국 시단 전반에 대한 그의 진단이었다. 거기서 그는 영국의 시가 현재 개탄할 정도라고 전제하고, 그 큰 원인 중의 하나가 포프를 불합리하게 또 조직적으로 가치 절하했기 때문이라고 하였다.

여러 가지 여건을 고려하니 귀국하지 않으면 안 되었다. 지난겨울은 "매우 사교적이고 환상적"이었지만 불규칙적인 생활과 무절제한 성 생활로 그는 몇 가지 병을 얻었다. "나의 건강은 가장 이상한 방법으로 바뀌고 있어. 살은… 빠졌고… 기침을 하고, 카타르에 걸렸고, 치질이 나타났고, 이런 것들로 죽을 지경이야." 3월 5일에 홉하우스에게 털어놓았다.

귀국 출발 날인 4월 11일이 다가오자 바이런은 마음이 무거워 고통스러웠다. 목숨 걸고 나를 지켜 준 저 충실한 알바니아인 하인들과 어떻게 헤어지지? 더비시도 작별을 참기 어려워했다. 그는 바이런이 작별 선물로 준 돈을 던져버리고는 "두 손을 껴서 이마 위로 올리고는 애통하게 울면서 방에서 뛰쳐나갔다." 그는 평생 바이런을 모시고 살고 싶었을까? 바이런은 어떤 피붙이를 떼어놓는 것도 이처럼 가슴 아프지는 않았으리라. "그 순간부터 출항 때까지 그[더비시는] 슬픔을 감추지 못했고, 그를 달래려고 아무리 노력해도 '저분은 날 버렸다.'라는 말만을 돌려주었다." 그의 타고난 포악성과는 참으로 어울리지 않았다. '아테네의 아가씨'와의 이별도 그만큼 심각하지 않았다. 그러나 하마터면 테레사를 데리고 올 뻔했다. 그녀의 어머니는 3만 피아스터(600파운드)를 요구했다. 수중에 그 돈이 있었다면 어떻게 됐을까? 그러나 마지막 순간에 가까스로 자제를 했다고 홉하우스에게 털어놓았다.

참 아이러니한 일이 벌어졌다. 바이런이 승선한 귀국연락선 히드라

(Hydra) 호에는 엘긴의 마지막 대리석 조각품과 그 조각품을 몰타로 호송할 책임을 진 루지에리가 함께 타거나 실렸다. 그런데 그 엘긴을 맹비난하는 바이런의 『미네르바의 저주』의 시고(詩稿)가 함께 실리다니!

바이런이 데리고 가는 사람과 싣고 가는 짐도 기묘했다. 사람은 몰타의 학교에 넣을 니콜로 지로드, 그리스 하인 한 명과 또 다른 하인 한 명이었고, 짐은 "고대 아테네인 해골 네 개, 그리스 독당근의 약병, 산 거북 네 마리, 그레이하운드 한 마리"였다. 그 배는 4월 11일에 출항할 예정이었으나 순풍을 못 얻어 22일까지 출항하지 못했다.

배가 부두에 묶여 있자 바이런의 친구들이 음악 환송회를 열어 주었다. 그들은 지붕 없는 배로 히드라 호 고물 밑으로 지나가면서 바이런이 좋아하는 노래를 불러주었다. 배가 출항하여 4월 24일에 케이프 콜로나를 지날 때 바이런은 마지막으로 하얗게 빛나는 수니온을 보고 마음에 고이 그려 두었다. 그는 여러 가지 병에 시달리면서 무사히 몰타에 상륙했다.

히드라호

바이런은 스미스 부인이 그때까지 자기를 기다리고 있으리라고는 꿈에도 생각하지 못했다. 그녀는 재회의 약속을 잘 지켰지만 바이런은 그녀에게 한 번도 소식을 전하지 않았었다. 그녀는 지난해 11월 12일에 원망 섞인 편지를 썼지만 답장을 받지 못했다. 3월 1일에 또 배신당한 연인 운운하는 편지를 썼지만 역시 답장을 받지 못했다. 그녀의 자존심의 상처는 컸다. 어떻든 그녀는 믿음을 가지고 그를 애타게 기다리고 있었다.

훗날 바이런은 멜번 귀부인에게 천연덕스럽게 이렇게 이야기했다. "열풍이 불어오는 복더위였어요. (나는 지금 생각만 해도 땀이 나요.) 내 열병은 도졌다가 가라앉았다가 했지요. (내 애인도 나와 같은 병으로 고생했어요.) 나는 분명히 맹위를 떨치는 학질과 욕정 그 두 가지가 두려웠어요. 그러나 나는 이 두 가지를 이겼고 그녀는 아드리아해로 떠났고 나는 지브롤터로 떠났지요."

그는 이때 삼일열에 걸려서 한 달 동안 몰타를 떠날 수가 없었다. 5월 15일에 홉하우스에게 이렇게 썼다. "발작은 하루건너 왔는데, 처음에는… 덜덜 떨리다가, 베수비오(Vesuvio) 산처럼 열이 차오르다가, 끝내 땀으로 흠뻑 젖으면 떠나는데…." 이때 그는 열병과 학질에서 섬망상태가 왔고 거기 따른 우울증도 심했다.

바이런에게 사랑을 구하는 여성은 거기서도 예외가 아니었다. 미모의 페들리(Pedley) 부인이 그에게 접근하였다. 그녀는 의사의 부인으로 자색은 아름다웠지만 경박했다. 그녀의 가벼운 처신은 군인들의 무료한 병영생활에서 좋은 안줏거리가 되었다. 무슨 이유인지 모르지만 그녀는 남편으로부터 쫓겨 나와 바이런의 숙소 대문 계단에 펑퍼져 앉아서는 돌아가지 않겠다고 했다. 바이런은 남편에게 편지를 써서 그녀를 어떻게 하면 좋겠는가를 물었다. 그 의사는 그녀의 옷과 다른 물건을 몽땅 싸서 바이런에게 보내 주면서 쪽지에 바이런이 탐험하는 재미를 누리기를 바란다고 적었다. 미친 새끼! 바이런은 그녀를 귀국시키려고 같은 배에 태우긴 해도 그녀를 피해 다녔다. 귀국하자 곧 헤어졌다.

바이런은 볼리지(Volage) 호로 유월 초에 몰타를 출항할 준비를 했지만, 시간이 더디게 흐르고 병적인 우울증은 떠날 줄 몰랐다. 6월 2일에 출항했을 때 가장 가슴 아픈 것은 니콜로 지로드와의 이별이었다. 바이런은 니콜로를 훗날 사업상 필요할 언어를 습득하도록 제수이트(Jesuit) 학교에 넣었다. 에들스톤에게 해 주지 못한 것이 가슴에 한으로 남아 있었으리라. 그는 유언장에도 한 조항 그를 위해 남겼다. 니콜로는 잔꾀를 부리지 않고 자신을 사랑한 유일한 사람으로 보였다.

몰타에서 영국까지 가는 데 6주가 걸렸다. 그는 그동안 선상에서 몇몇 친구에게 자신의 귀국을 알리는 편지를 썼다. 6월 17일엔 지브롤터항에 잠깐 기착하였다. 홉하우스는 아직 아버지와 화해를 하지 않았고 입대를 고려 중이라고 하면서 그를 위로했다. 그는 헤어질 때 바이런에게 818파운드 3실링, 4펜스의 빚을 졌지만 그 빚은 절대 걱정하지 말라고 했다.

바이런은 헨리 드루리가 친구처럼 만만하여 그에게 익살을 떨었다. "[몰타에서] 그[헨리 드루리]가 아는 의사는 [나의] 세 가지 불평을 듣고 약을 지어줬는데, 그 세 가지란 임질, 격일열(隔日熱), 치질이었습니다. 나는 이 병을 문자 그대로 동시에 가졌어요. 그 의사는… 이들 세 병 중 한 번에 하나씩만 나타나게 하겠다고 했어요…. 그래서 그 병들은 보초병처럼 정확하게 교대를 한답니다."

제 10 장
에들스톤과 『차일드 해롤드의 순례』
(1811년~1812년)

　바이런이 다시 템스강 어귀의 쉬어니스(Sheerness) 항에 발을 내디딘 것은 팔머스를 떠난 지 2년이 조금 넘는 1811년 7월 11일이었다. 그는 배에서 내려 관세를 내고 나니 런던으로 갈 마차비조차 없었다. 바이런은 중간지점인 시팅번(Sittingbourne)에서 홉하우스를 만나 근처의 캔터베리(Canterbury)를 관광하면서 이틀간 회포를 풀었다. 이때 바이런은 조그라포스(Demetrios Zograffos)와 사라키(Spiro Saraci)라는 두 사람을 데려왔는데 그들은 홉하우스의 여행기 중 알바니아어에 관련된 부분에 도움을 줄 수 있었다. 바이런은 홉하우스가 아테네에서 구한 대리석 조각품을 그에게 전달했다.

　홉하우스는 결국 아버지 뜻을 거역하지 못해, 도버(Dover)의 정예민병연대 훈련소에 대위로 입대해 있었다. 그는 어떤 종류의 폭동이나 소요도 진압할 민병대 훈련대장의 임무를 수행해야 했다. 훈련 뒤 아일랜드의 평화 유지군으로 떠난다고 했다. 바이런이 보니 홉하우스는 이미 토리당의 분위기에 젖은 듯했다. 그는 바이런과 여행에서 대체로 같은 경험을 했기 때문에 친구와 경쟁도 피할 겸 동방여행에 관한 기행문을 쓰고 있었다. 그는 여행 중에 있었던 자신의 여자관계에 대해서는 절대로 발설해서는 안 된다고 하면서, 만약 매슈스에게 이야기하면 그는 금방 사방팔방에 나팔을 다 불어버릴 것이라고 했다.

7월 14일 바이런은 런던에 도착하였다. 출판업자 코손은 『영국 시인과 스코틀랜드 평론가』를 4판까지 찍어 거의 다 팔고 5판을 준비 중에 있다고 자랑을 했다. 여행 중 그를 괴롭혔던 격일열, 임질, 치질이 거의 나아 그는 곧 업무에 복귀했다. 출판, 부동산, 재정 상황을 살피고 친구들은 만나는 족족 회포를 풀었다.

맨 처음 달려온 사람이 제일 답답했던 데이비스였다. 그는 맨 정신으로 올 수 없었는지 거나하게 취해서 왔다. 농담하는 체했지만 말 한마디 한마디가 절망의 호소였다.

바이런이 없는 동안 그의 집안일은 엉망진창이 되어 있었다. 그 실내 장식업자 브라더즈에게 1,500파운드를 주지 못해 그 큰 건물이 저당 잡혀 있었다. 늙은 하인 머리는 저택 문에 그 저택을 판다는 공고가 붙은 것을 보고 크게 실망을 했다. 그는 이것이 이 귀족 가문에 큰 오점이라 여겨 떼어 버리려다가 그렇게 할 경우 틀림없이 법적 책임을 져야 할 것 같아, 고민 끝에 누런 종이를 가져와 그 위에 덮어 두었다.

바이런은 글 쓰는 작업을 영원히 포기할까도 생각했지만, 영국 땅에 발을 내디디자 외국에서 쓴 시 몇 편은 꼭 발표해야겠다는 생각이 들었다. 그는 항해 중에 댈러스에게 호라티우스의 『시학』을 모방한 작품이 있다고 암시를 줬더니, 그는 부리나케 바이런을 찾아왔다. 바이런은 여행에 관한 시를 쓸 생각은 전혀 없고, 풍자가 자기 장점이고, 외국에서 쓴 『호라티우스의 힌트』가 『영국 시인과 스코틀랜드 평론가』의 훌륭한 후속 작품이 될 것이라고만 이야기했다.

댈러스는 그 원고를 보더니 실망감을 감추지 못했다. 2년이나 외국을 여행했으면 영감이 넘쳐나야 하는데 겨우 이거란 말인가, 그는 혀를 찼다. 바이런은 그의 표정을 보고 여행한 나라에 관해 스펜서의 운율로 짧게 쓴 것이 있긴 있으니, 원하면 가져가서 읽어 보라고 했다. 이때 댈러스가 본 것이 『차일드 해롤드의 순례』의 원고뭉치였다. 바이런은 이미 한 사람에게 그 작품을 읽혔는데 칭찬은 별로 없고 비난만 들었다고 했다. 그 한 사람이 바로 홉하우스였으리라.

댈러스는 그 원고를 읽고 그 아름다움을 금방 알아차렸다. 당일 저녁에 그는 속달 편지로 이렇게 말했다. "당신은 내가 읽은 시 중에 가장 멋진 시를 썼습니다…. 너무 매력적이어서 원고를 내려놓을 수가 없었습니다." 그러면서 몇 군데 수정과 삭제는 불가피하다고 말했다. 이처럼 그는 『차일드 해롤드의 순례』의 진가를 발견한 공로를 바이런에게 인정받고 싶어 했지만, 바이런은 그의 호평에 확신이 서지 않았다.

댈러스는 라이트(Waller Wright)라는 사람에게 그 작품을 보인 후에야, 대중적인 성공 가능성을 더욱 확신하게 되었다. 라이트는 이오니아 제도의 7개 도서의 총영사를 역임하고서 1809년에 시집 『호래 이오니캐』(Horae Ionicae)를 냈다. 이 시집은 바로 이오니아 제도와 그 인근 그리스 해안을 다루었기 때문에 바이런의 작품과 비슷한 데가 있었다. 바이런도 그 시집을 보았고 『영국 시인과 스코틀랜드 평론가』에서 "라이트, 저 영광의 해변[뮤즈가 사는 곳]을 보고 그것을 노래한 것은/ 그대의 행운이려니."라고 칭찬하였었다.

바이런은 『차일드 해롤드의 순례』를 발표하려니까 찜찜한 데가 있었다. 그 시의 주인공이 바로 자신의 특징과 모습을 투명하게 보여주기 때문이었다. 그러나 출판해 보자는 댈러스의 주장이 바이런에게 먹혀들어갔고 시기를 놓치지 않고 『차일드 해롤드의 순례』부터 상재할 준비를 했다.

바이런은 외국에서 다양한 외국 체험을 한 까닭으로, 보수적인 영국 사람들을 보면 웃음부터 나왔다. "내가 자네에게 회교도 10명만 데려다 주면, 그들의 인간에 대한 착한 마음, 신에게로의 기도, 이웃에 대한 의무 등에서, 자네는 자네가 [오히려] 부끄럽다고 느끼게 될 걸세."라고 호지슨에게 편지에 썼다. 그의 이질 문화에 대한 포용력과 정신세계는 넓어졌고, 그림처럼 아름다운 환경에서 회교도와 살 비비며 산 것이 아름다운 추억이 된 만큼, 그의 마음은 끊임없이 따뜻한 삼나무와 도금향의 나라로 날아갔다.

바이런은 자신의 여행이 자신의 시 정신에 큰 도움이 되었음을 기쁘게 생각하였다. 동방에서 그는 풍부한 경험을 했고 또 다양한 문학적 소재를 구해 오지 않았는가. 그것이 시를 쓰는 데나 사회 진출에 큰 자산이 될 것이 분명했다. 훗날 트렐라니에게 이렇게 말했다. "내가 만약 시인이라면… 그리스의 공기가 그렇게 만든 것이네." 그 외에도 그의 정신 속에 세계주의가 들어앉은 것이 큰 소득이었다. 그는 이제 작은 나라의 편견과 도그마와 규범을 뛰어넘을 수 있는 역량을 갖췄고, 나아가 어떤 상황이라도 문제를 세계적으로 판단할 넉넉한 안식을 갖추었다.

재미있는 소식이 들려 왔다. 캠브리지 동창 웹스터가 마운트노리스(Mount-norris) 백작의 딸인 아름답고, 부유하고, 교양 있는 프란시스 애너슬리 귀양(Lady Frances Annesley)과 결혼했다는 소식이었다. 웹스터는 아내 자랑도 할 겸 바이런에게 꼭 시골 별장에 오라고 했으나 바이런이 갈 수 없어 극장에서 만나자고 했다. 거기서 그 신혼부부를 만나보니 그의 부인은 연극에 너무 감동되어 눈물을 흘렸다. 그러나 바이런의 눈에는 이미 그 젊은 부인이 남편을 어느 정도 무시하고 있는 것이 보였다. 바이런은 다른 친구들 앞에서 웹스터를 이렇게 놀렸다. "저 친구 마누라는 대단한 미인이지…. 나더러 자기와 함께 비극 구경 가서, 자기 마누라 우는 것부터 같이 관람하자는 거야!"

바이런은 굿올(Goodall) 마차제작회사에서 마차 비자비(vis-à-vis) 한 대를 주문했다. 그러나 그 마차는 자기에게는 너무 초라할 것 같아 200기니 웃전을 얹어 웹스터의 큰 마차와 바꾸기로 했다. 정작 그의 마차를 받아보니 내부가 형편없이 낡아 기분이 상해 웹스터에게 그 마차를 "넝마와 쓰레기"라고까지 말해 버렸다. 그는 곧 그 말을 후회하고 웹스터가 꽁한 마음이 들지 않게 해 주었다. 그는 자기가 주문한 마차는 그 회사에 되팔고 친구에게는 마차를 제대로 개조해 쓰라고 웃돈을 얹어 돌려주었다.

댈러스가 보니 바이런은 원고에 대해서는 이상한 고집이 있었다. 그는 바이런에게 종교와 정치에 대해서 회의주의를 보이는 연을 삭제하거나 수정하면 좋겠다는 말을 했으나 그는 노골적으로 반발하고 나섰다. 그러나 그의 기분을 잘 맞춰 주면서 위험한 부분은 꼭 수정하라고 애원하듯이 말하니까 마지못해 받아들이긴 했다.

처음엔 바이런이 알버말가에 있는 밀러(Miller)에게 출판 의향을 물었더니, 그는 바이런의 시에서 엘긴을 너무 신랄하게 다루어서 출판을 못 하겠다고 했다. 밀러는 이미 엘긴의 저서를 출판했기 때문에 그와의 관계를 악화시킬 이유가 없었다. 바이런은 불안해져서 애초의 생각처럼 출판을 하지 말까 하는 생각까지 들었다. 그때 출판을 하겠다고 자청하고 나온 사람이 있었으니 플리트(Fleet) 가 32번지에 출판사와 서점을 가진 존 머리(John Murray)라는 사람이었다.

출판업자 존 머리

바이런이 언제 머리를 알았는지는 정확히 알 수는 없다. 어떻든 이때부터 거의 모든 바이런의 작품이 머리에 의해 출판된다. 머리는 바이런보다 열 살 위였는데, 원래 출판업을 시작한 사람은 그의 아버지였다. 아버지가 죽었을 때 그는 열다섯 나이로 출판업에 투신하여 그 업종에서 잔뼈가 굵었다. 1811년에는 출판업자로서의 기반은 아주 견실하였다.

그는 당시의 일류급 문인을 자기 출판사로 끌어들였다. 『가정 요리』(Domestic Cookery)라는 책을 내서 대박을 터트렸고 인기 작가 스코트, 디즈라엘리(Isaac D'Israeli), 사우디, 기포드의 책도 출판하였다. 1808년에 그들을 필진으로 하는 계간지 『쿼터리 리뷰』까지 출범시키면서 스스로 발행인이 됐다. 당시의 최고의 평론가로 바이런이 존경하던 기포드가 『쿼터리 리뷰』의 편집인이면서, 머리의 문예물 출판의 자문이 되어 있었다. 머리는 그 자신이 문학적 감각이 있었으며 거기다가 경영수완과 근

제10장 에들스톤과 『차일드 해롤드의 순례』 *225*

면성을 갖추어 출판계에서의 기반은 누구보다도 탄탄했다.

그 후 십 년간 머리는, 바이런의 책을 출판도 하고 그가 해외에 있는 동안에는 온갖 연락과 잔심부름도 도맡았다. 그는 토리계였지만 그 점 때문에 바이런과 관계가 어색해진 적은 없었다. 바이런의 작품 출판은 머리에게는 상당한 재정적인 이익뿐만 아니라 큰 명예가 되었다. 당시는 정치적 격동기여서 정치적 탄압이 심했던 시기였지만 그는 영리하여 필화를 입지 않고 잘 빠져 나갔다. 그는 토리계의 『쿼터리 리뷰』뿐만 아니라 나중에는 휘그계 여론의 발표장이 되는 『에든버러 리뷰』(Edinburgh Review)의 런던 출판도 맡았으니 영업상 양다리를 걸친 꼴이 되었다.

바이런은 머리의 출판사를 제 집처럼 들락거렸다. 그는 그의 시집이 제작되는 동안 펜싱을 연습하고, 이 출판사에 와서는 지팡이를 칼인 양 그것으로 서가의 책을 쿡쿡 찌르면서 조금 전에 연습한 '카르데 에 티에르스'(Carte et Tierce)를 연습해 보였다. 한쪽에선 머리가 바이런의 시를 읽으면서 연거푸 감탄하였다. 바이런은 "그 구절이 좋다고 생각하시는 모양이죠?" 하고 물으면서 필요한 책은 지팡이로 쿡쿡 찔러 골라냈다. 머리는 바이런의 그런 무례한 행동에 신경이 곤두서서 그가 안 나타나면 좋겠다고 생각할 때도 있었다.

머리는 『차일드 해롤드의 순례』 원고를 받아서 그것을 기포드에게 주어 감정을 받아 보았다. 기포드가 긍정적인 답을 내놓았다. 이때 댈러스는 출판 경비는 바이런이 다 댈 테니, 이득이 발생하면 그것만 머리와 공평하게 나눠 갖자고 했다. 나중에 머리가 그 조건이 너무 이상해서 바이런에게 그 조건의 진위에 대해 확인해 보았더니 그는 그 조건에 크게 만족해했다. 그리고 판권 문제는 출판 성공 여부를 보고 결정하자고 했다. 다만 판을 거듭하게 되면 시를 더 추가할 것이라고만 했다. 이런 계약을 하고 댈러스는 눈에 거슬리는 곳을 하나하나 고쳐 나가기 시작했다. 순서를 바꾸고, 거친 곳은 매끄럽게 하고, 오만한 문체는 더 겸손한 문체가 되도록 수위를 조절했다.

바이런은 『영국 시인과 스코틀랜드 평론가』의 재판이 나왔을 때 후기에서 또다시 클라크를 거칠게 조롱했었다. 그는 클라크를 매우 슬픈 견공(犬公)이라고 하고는, 그 견공이 바이런의 반려동물인 곰과 개인적인 이유로 싸운 것 외에 다른 이유가 없는데도, 그 곰을 보면 못 잡아먹어 난리를 피운다고 하였다.

  이것을 읽은 클라크가 가만있지 않았다. 그는 이번에는 반경을 넓혀 바이런의 할아버지와 부모까지 들먹거리며 인신공격을 하였다. 아직 바이런이 해외에 있는 동안 『스커지』 1811년 3월호를 통해, 바이런의 큰할아버지를 은근히 떠올린 뒤 바이런을 "살인자의 불법적 후예"라고 암시하고는, 그의 아버지는 파락호이고 어머니는 밤낮 술로 해롱해롱하는 주정뱅이 여편네가 아니냐 하고 물었다.

  바이런은 피가 거꾸로 솟았다. 그것은 부모, 자신의 귀족 가문, 그 가문의 정통성에 대한 모독이고 중상모략이었다. 그는 클라크를 명예훼손으로 고소할까를 깊이 생각하다가 뒷날을 위해서 일단 『스커지』 3월호를 법무장관에게 증거로 제출해 두었다.

  댈러스와 출판 문제로, 또 핸슨과 여러 가지 법적 문제로 머리가 복잡했을 때인 8월 1일, 바이런은 어머니가 위독하다는 연락을 받았다. 그는 귀국하고도 여태 어머니를 보지 못했다. 그는 귀국 선상에서 편지로 런던에서 급한 불을 끄는 대로 어머니를 뵙겠다고 하면서 이렇게 말했었다. "저는 어머니에게 드릴 숄 하나와 다량의 장미향수를 샀습니다." 그러나 이 편지는 영국에 도착해서 7월 14일에야 부쳤으니 어머니가 타계하기 불과 보름 전이었다.

  사실 그는 어머니와 떨어져 있는 것이 더 편했기 때문에 만남을 상당히 두려워했다. 급히 가려고 했으나 수중에 돈이 있어야. 그는 핸슨을 찾아갔으나 그가 없어 그의 수표로 40파운드를 인출해냈다. 그는 4두마차를 전세 내어 급히 뉴스테드로 달려갔다. 그러나 그가 뉴스테드 애비에 도착하기 전에 어머니는 숨을 거두고 말았다. 결국 어머니는 숄과 장미유를 생전에는 받아보지 못했다. 그는 가슴이 먹먹해졌으며 깊은 회오가 그를 옥죄기 시작하였다.

  바이런이 해외로 나갈 때 어머니는 다시는 아들을 못 볼 것이라는 예감이 들었나고 했다. 7월 말에 빙세가 위독해졌을 때 설상가상으로 실내 장식업자가 2,100파운드나 되는 계산서를 가져왔고, 집행관의 빚 독촉도 빗발쳤다. 그녀는 화가 치밀었고 그것이 화근이 되어 8월 1일에 마흔여섯을 일기로 세상을 등졌던 것이다. 그녀를 진찰한 의사는 비만과 알코올 중독으로 신장, 간, 순환기, 심장에 문제가 있었다고 말했다.

어머니의 죽음에 대한 충격은 느리게 왔다. 뉴스테드에 도착하자 명명한 회오가 천근의 무게로 엄습했다. 그는 심한 후회와 자기연민의 구렁텅이에 빠진 듯했다. 성질은 급하고 행동이 촌스럽긴 했지만 아들에 대한 애정이 남달랐던 어머니. 살아생전에 주체 못 할 걱정과 급한 성질 때문에 늘 어머니 앞에서 불안에 떨었지만 어머니의 죽음이 그토록 슬프고 애달플 줄은 몰랐다.

바이런은 어둠 속에서 회오의 한숨을 쉬면서 어머니 시신을 지켰다. 하녀가 들어가 보니 바이런이 침대 곁에 앉아 있다가 왈칵 눈물을 쏟으며 소리쳤다. "오 미시즈 바이, 나는 세상에 꼭 한 친구가 있었는데 그분이 가시다니!" 하녀는 망연자실한 아들을 보고 어른답지 못하다고 책망을 하고 나갔다. 그는 슬픔을 숨기려고 애를 썼으나 그 격한 슬픔은 자제할 수가 없었다.

어머니를 잃은 슬픔도 벅찬데 또 다른 부음이 들려왔다. 캠브리지 대학 동창 매슈스가 8월 3일에 캠강에서 수영하다 수초에 걸려 비명횡사했다는 비보였다. 바이런은 그가 죽기 하루 전에 쓴 그의 편지를 받고 그를 뉴스테드로 초청하려는 편지를 막 쓰려던 참이었다.

음울한 기분이 깊은 수렁을 이루었고 바이런은 거기에 빠져 거의 말을 잃었다. 그가 조문객의 출입에 전혀 무관심하자 사람들은 그의 정신상태를 의심하였다. 어머니 장례식 날 아침에 상주인 그는 허크널토카드(Hucknall Torkard) 교회로 영구를 따라가지 않았다. 그는 집 문간에서 장례 행렬이 멀리 사라질 때까지 말뚝처럼 서서 바라만 볼 뿐이었다. 그는 러쉬턴을 보고 복싱 글러브를 가져오게 하고는, 그 애와 평상시 하던 운동을 했다. 그는 말이 없었고 줄곧 멍한 상태에서 슬픔의 덩어리를 주먹질로 부수겠다는 듯이 주먹을 수없이 날렸다. 그 하인은 주먹의 세례가 평소 때보다 훨씬 강한 것을 느꼈다. 그러나 주먹을 날릴 힘도 부치자

나중 바이런도 묻히게 되는 허크널토카드 교회

그는 글러브를 던져버리고 자기 방으로 들어가 버렸다.
　그가 없을 때 그의 어머니는 지출을 줄이기 위하여 하인을 내보내고 그의 토지를 지켜왔다. 시인 아들에 대해 대단한 긍지를 느꼈으며 꼭 위대한 시인이 될 것을 자신했다. 그녀는 점쟁이로부터 들은 바이런의 위대하고 영광스런 장래에 대한 예언을 한 번도 의심한 적이 없었다. 바이런은 어머니의 유품 속에서 자기 시집 평과 시집 출간을 알리는 기사를 모은 스크랩북을 발견했다. 그녀가 그 여백에 상당히 일리 있는 여러 가지 평을 적어 놓은 것을 보고 아들은 뚝뚝 눈물만 흘렸다.
　왜 사람은 연달아 죽는 것일까? 8월 10일에 또 한 절친한 친구가 죽었다는 소식이 더 없었다. 해로스쿨의 절친했던 존 윙필드(John Wingfield)의 부음이었다. 홉하우스에게 그는 이렇게 말했다. "죽음은 너무나 불가해하여서, 그것에 대해 무슨 말도, 생각도 못 하겠어. 사실 내가 나온 그 부패의 덩어리[어머니의 시신]를 볼 때, 내 내부에서 내가 [실제로] 존재했던 것인지, 어머니는 [원래] 존재하지 않았던 것은 아닌지 의심이 생겨."
　바이런은 오거스터와 연락이 닿았다. 여행 떠나기 몇 달 전부터 오거스터를 전혀 보지 못했고, 『영국 시인과 스코틀랜드 평론가』에서 칼라일 경에 대한 비난 때문에 누나가 속상해한다는 이야기를 듣고도, 해외

제10장 에들스톤과 『차일드 해롤드의 순례』　*229*

에 있는 동안 한 번도 소식을 전하지 못했었다. 그러나 그녀가 어머니의 죽음에 대한 위로 편지를 보내와서, 그는 자상한 답장에 농담을 섞어 보냈다. 그는 누나의 가족 수가 급히 불어나는 데에 대해 맬더스(Thomas Robert Malthus)의 말을 적당히 인용하여 그녀가 인구를 늘이는 데 큰 봉사를 했다고 능청을 떨었다.

바이런은 슬픔에서 천천히 회복하여 8월 말에는 출판업자들과 마주 앉을 수 있었다. 머리는 『차일드 해롤드의 순례』를 출판하면서 표지에 저자를 밝히기를 원했다. 바이런은 여전히 그 시가 자신의 내면을 너무 많이 드러내는 것은 아닐까, 또 자신의 풍자시 『호라티우스의 힌트』에 대해 평론가들이 또 걸고넘어지는 것은 아닐까 하는 걱정이 앞섰다. 그러나 바이런은 마지못해 표지에 이름을 밝히도록 허락했다.

댈러스는 『차일드 해롤드의 순례』를 『호라티우스의 힌트』보다 먼저 출판하자고 하였다. 『호라티우스의 힌트』는 시로서 『차일드 해롤드의 순례』보다 못했을 뿐만 아니라, 그 풍자시가 가져올 폭풍이 두려웠기 때문이었으리라. 그러나 『차일드 해롤드의 순례』를 먼저 발표를 하고 나면, 그 명성에 눌려 많은 사람이 바이런에게 걸고 들지 못할 것이라는 계산이 끼어 있었다. 기포드는 『차일드 해롤드의 순례』를 그 풍자시보다 더 높게 평가하지는 않았다. 바이런은 여전히 『차일드 해롤드의 순례』로써 성공을 확신할 수 없고, 『영국 시인과 스코틀랜드 평론가』가 그럭저럭 5판까지 나왔으니, 그 후속편이 더 안전할 것 같았다. 어떻든 댈러스는 바이런에게 풍자시는 천천히 내자고 계속 설득을 했다.

댈러스는 기포드의 말을 바이런에게 이렇게 전해 주었다. "[기포드가] 당신의 풍자시를 높게 평가했어요. 그러나 그는 그 시(『차일드 해롤드의 순례』)에 대해 완성된 작품을 보지 못해 섭섭해했지만, 그 점을 감안하더라도, [그 시는] 당신이 쓴 최고의 작품일 뿐만 아니라 현 시대의 어떤 작품과도 맞먹을 것이라 말하더군요." 기포드가 이 시가 미완성이라 유감이라고 한 말은 바이런에게는 그 작품을 꼭 완성하라는 말로 들렸다. 아니면 바이런이 다시 그리스와 아시아로 가서 그런 시를 더 쓰라는 말일까.

오거스터에게 아이들이 태어나자 재정적인 문제가 불거지고 엉뚱한 소문까지 퍼졌다. 오거스터의 남편 리 대령은 왕세자의 말을 관리해 주는 사복시(司僕寺)의 무관이었다. 그는 말을 매매하면서 돈을 속였다는 혐의를 받아 그 직장마저도 잃을지 몰랐다. 바이런은 누나에게 이렇게 말했다. "어떤 상황이든 누나는 내게서 동생을 찾을 것이고, [누나의] 친정은 내 안에 있어요…. 지금부터 크리스마스까지 내게 놀러 오도록 꼭 신경 써줘요…. 장소는 유쾌할 정도로 넓어서 두 사람이 함께 살아도 아무도 보지도, 듣지도, 만나지도 못할 거예요…. 요컨대 가장 편안한 결혼 부부의 저택이 될 거예요…. 내 아내와 나는 너무 행복할 거야—서로의 날개 속에 서로를 품고서." 이 편지에서 바이런은 자기의 미래의 신부를 염두에 두고 하는 말 같지만 놀랍게도 누나를 미래의 신부로 착각하는 말로도 들리지 않는가.

그즈음 바이런은 댈러스와 자주 접하다 보니 신학적 논쟁에 빠져들 때가 많았다. 댈러스와 호지슨은 늘 바이런의 회의주의가 걱정스러웠다. 댈러스는 『차일드 해롤드의 순례』의 주인공의 방종한 행위를 계속 걸고 들었다. 그는 신학적으로 차근차근 이야기해도 안 먹혀 들 때에는, 그의 명예가 훼손될 수 있다는 심각한 우려를 표하였다. 바이런은 한번은 호지슨에게 솔직하게 이렇게 대답했다. "나는 자네의 그 영생과는 아무 관계가 없네. 내세에 대해 어처구니없는 생각들을 안 해도, 우리가 이승에서 충분히 비참해지면 되는 거 아니냐."

9월 말경 바이런은 뉴스테드에서 "작은 관능적 위안"을 위한 조치를 취했다. 뉴스테드를 관능적 위안을 줄 몇 명의 여성으로 채웠다는 뜻이다. 바이런의 아들을 낳아 준 루시를 워릭셔(Warwickshire)에서 찾아와서 "집안에서 잠자리를 마련하고 거두는 일을 전담하는… 지배인"으로 승진시켰다. 그는 그녀의 시중을 받고 싶었으리라. 그가 없는 동안 들여놓은 못생긴 얼굴들은 다 내보내고 반반한 얼굴들로 채웠다. 그는 하녀들에게 그들의 매력을 극대화할 수 있도록 새로운 복장에 관한 "가이드라인"도 마련하였다. 캡은 쓰지 말고, 머리는 자르지 말고, 코르셋은 착용할 수 있지만 앞이 너무 내려오는 것은 안 되고, 저녁엔 완전한 제복을 착용해야 한다는 것 등이었다. 그는 하녀들을 일종의 후궁처럼 생각하는 듯했다.

바이런은 9월 25일 오래 미뤄 왔던 로치데일을 방문하려고 떠났다. 그의 부동산 중 중요한 부분이었지만 직접 방문한 적은 없었다. 핸슨은 런던의 일이 바빠 동행하지 못했다. 그는 잠깐 다녀오겠다고 나섰지만 긴 방문이 되고 말았다. 홉우드홀(Hopwood Hall)이라는 저택에 체류했는데, 몰타에서 바이런에게 스미스 부인을 소개한 프레이저 부인이 그를 거기로 초청했던 것이다. 그 집 홀은 매력적인 젊은 여자들로 가득하였고 다들 바이런을 존경하였다. 바이런은 탄광 근처에는 가보지 않았고 그곳에서 이 아름다운 여인들과 많은 시간을 보냈다.

그 저택에서의 첫날밤에 그는 단식한다고 저녁 먹으러 내려오지 않았다. 그 뒤에도 격일로 다이어트를 해서 비스킷과 과일만 먹고 식사 시간에 내려오지 않았다. 라브데이(Loveday)가 심한 다이어트나, 식초를 많이 먹는 것이 위험하다고 하니까, 그는 뚱뚱해지느니 차라리 죽어버리겠다고 했다. 그때 그곳의 여성들이 본 바이런은 단식으로 허약하고 상당히 여성화되어 있었다. 그는 여성적인 나약함을 일부러 강조하여, 당시에 유행하던 검은색 짧은 바지와 스타킹 대신, 하얀 린넨 바지를 입고 목에는 긴 금줄을 걸고 다녔다. 그러나 바이런은 어딘가 불안해 보였고 자신을 많이 의식하는 듯했다.

10월 9일 뉴스테드로 돌아오니 또 부고가 와 있었다. 에들스톤이 결핵으로 넉 달 전인 5월 16일에 세상을 떠났다는 부음을, 그 여동생이 9월 26일에야 편지로 알려 주었다. 그는 죽을 때 스물하나였다. 그가 죽었을 때 바이런은 항해 중이었고 자신도 아파 고생을 했다. 에들스톤은 런던에서 병이 너무 위중하여 고향으로 돌아왔지만 곧 세상을 떠났다고 했다. 그는 그레이트세인트매리즈 교회(Great St. Mary's Church)에 묻혔는데 바이런은 그의 가족 묘역을 쉽게 찾을 수 있었다.

에들스톤의 죽음에서 오는 슬픔으로 바이런은 많은 고통을 느꼈다. 바이런은 그를 추모하러 캠브리지로 추억 여행을 떠났다. 먼저 10월 16일 킹스 칼리지(King's College)에 특별연구원으로 자리 잡은 데이비스를 불러내어 만났다. 그를 제외하고는 옛 친구가 모두 어딘가로 가버렸고, 정든 캠퍼스의 안뜰은 이제 쓰린 추억만이 쌓여 있었다. 롱과 같이 수영하던, 또 매슈스가 익사한 캠강가도 거닐었다. 온갖 추억이 가슴을 파고들었다. 트리니티 교회의 성가대의 합창소리는 이제 괴로운 소리가 되었다. 발길 닿는 곳마다 에들스톤과 하던 산책과 뱃놀이의 기억이 새록새록 살아났다. 매일 저녁 감각이 없을 때까지 술을 마셨지만 데이비스는 조금도 그의 슬픔을 어루만져 주지 못했다.

바이런은 에들스톤이 살았을 때 그에 관해서 시를 쓴 적이 없는 것이 이상했다. 그가 죽은 후에는 여러 편의 시가 쏟아져 나와 10월부터 연속적으로 그를 추모하는 만시(輓詩)를 썼다. 그는 전통적으로 '전원 만가'(pastoral elegy)에 꼭 등장하는 여자 목동의 이름 '서자'(Thyrza)를 가져와 에들스톤을 지칭하였는 데 썼다. 그렇게 함으로써 사랑의 상대가 남성임을 어느 정도 감출 수 있었으리라.

「음악을 위한 시」(Stanzas for Music, "There be none"으로 시작하는 시)는 클레어 클레어먼트(Claire Clairmont)를 염두에 두고 쓴 시라고 하지만 이 시 첫머리를 보면 여자에게 부친 시는 아니다. 에들스톤의 노래의 아름다움은 고요한 바다의 아름다움에 비유되어 있다. 에들스톤의 「초상화 아래서 쓴 시」(Written Beneath a Picture)에서 "지금은 사랑의 신과 그대는 떠나갔지만… 그대의 이미지와 내 눈물이 남았구나."라고 슬퍼했다.

그러나 그에 대한 그리움은 10월 11일에 쓴「서자에게」(To Thyrza)를 보면 더욱 절절하게 다가선다. 그의 추억은 마치 달그림자에 비친 슬픔처럼 아련하다. "(잠든) 장소를 표시할 묘비 하나 없이/ 삶의 진실을 적을 묘비 하나 없이/ 이 사람을 제외하면 아마 기억할 사람도 없을 텐데/ 그대는 아! 어찌하여 이 낮은 곳에 누워 있느냐?" 그러곤 은밀히 사랑을 나눴던 학창 시절을 추억한다. "옆에 있어도 아무도 알아보지 못했을 우리들의 눈짓,/ 우리밖엔 누구도 이해 못 했을 미소,/ 마음에서 마음으로 이어진 심장들이 속삭이는 소리,/ 떨리는 손의 눌림… / 지극한 결백과 순정의 입맞춤"

그들은 서로에게 선물로 반지를 주고받았으며, 바이런이 그때까지 그것을 끼고 있음을 암시한다. "우리가 끼고 있는 맹세—'나'는 여전히 끼고 있는데/ 그러나 그대의 것은 어디 있나?—아! 그대는 어디에 있나?" 바이런은 한 맺힌 말로 이렇게 맺는다. "혼자 무덤 속에 있는 것이 편안하다면/ 내 그대 다시 여기 불러내지 않으리."

「시」(Stanzas)에서 서자가 바이런에게 들려 준 노래는 이제 괴로움일 뿐이라고 했다. 오히려 침묵이 더 견디기 쉬웠다. 옛날엔 하모니(harmony)였던 것이 이제는 부조화보다 더 못한 것이 되어버렸다. 그리고 이제 서자는 덧없는 아름다운 꿈일 뿐이었다.

> 아름다운 서자! 잘 때나
> 깨어 있을 때나 그대는 아름다운 꿈일 뿐이어라.
> 바다 위에서 떨던 별 하나
> 지상에서 그 부드러운 빛을 거두려나.

그는 그 애인이 죽은 줄도 모르고 에게해를 항해했을 때를 생각하니 어처구니가 없었다. 밤에 하늘을 쳐다보는 것이 위로가 됐다. 하늘의 빛이 에들스톤의 눈에도 아름답게 비추리라는 생각을 해 보았다. 그러나 슬픔과 그리움은 쉽사리 사라지지 않았고, 그의 아름다운 모습이 더욱 간절하고 애달팠다. 오히려 그를 거부하고 싶어졌다. 「그리고 그대는 젊고 아름다울 때 갔네」(And Thou Art Dead, As Young and Fair)에서는 "나는 그대가 어느 낮은 자리에 누웠는지 묻지 않고/ 그 자리를 눈여겨 보지도 않으려네."라고 썼다.

에들스톤은 이승에 살 때 그는 이미 신성한 인물이었다. 「그대 영혼의 자리는 빛나도다」(Bright Be the Place of Thy Soul)라는 시에서는 에들스톤이 성인들의 천국에 당연히 들어가 있다고 믿는다. 그래서 그의 무덤에는 꽃과 상록수가 피어나야지 애도를 뜻하는 사이프러스나 주목이 있어서는 안 된다고 한다. 그런데 우리는 왜 축복 받은 그 사람을 그렇게 슬퍼하는가 하고 묻는다. 에들스톤은 바이런과 헤어질 때 선물로 홍옥수를 주었다. 바이런은 그것의 의미에 대해 시「찢어진 홍옥수 심장에 대하여」(On a Cornelian Heart Which Was Broken)를 썼다.

바이런이 죽은 자들의 추억에 가슴 아파하고 있을 때 전혀 예상치 않은 결투 신청이 들어왔다. 도전자는 토마스 무어(Thomas Moore)라는 시인이었다. 그는 바이런이 어렸을 때 토마스 리틀(Thomas Little)이라는 가명으로 시를 썼고, 바이런이 캠브리지에 있을 때 그의 시를 열심히 읽어 익히 아는 시인이었다. 무어는 우리나라

토마스 무어

에서 즐겨 불리는 「한 떨기 장미꽃」(The Last Rose of Summer)이라는 노래의 가사를 쓴 인물이다. 그는 몸피가 하도 작아 미국에 가서 제퍼슨(Thomas Jefferson) 대통령을 만났더니 그 대통령은 그를 '아이'로 착각하였다고 한다. 그는 그렇게 작았지만 재주는 넘쳤다. 시인이면서 노래 잘 부르는 엔터테이너였고, 가수로서 초대 받으면 그는 피아노포르테를 직접 연주하면서 실연(失戀)의 슬픔을 서정시에 담아 읊조렸다. 여성들은 눈물 없이 들을 수 없었다.

1806년으로 거슬러 올라가자. 1802년 시월에 발간된 『에든버러 리뷰』는 영국 비평계에 혜성처럼 등장하였다고 앞에서 이야기하였다. 그만큼 그것은 영향력이 컸다. 무어는 1806년 그곳에 익명으로 실린 한 글을 읽고 놀랐다. 자신이 가장 음란하고 부도덕적이고 타락을 조장하는 원흉으로 되어 있었다. 그 글은 그 평론지의 편집자 제프리의 것이 틀림없었다. 무어는 도저히 참을 수 없어 결투를 신청하였다. 그 결투 신청서에서 그는 제프리가 평론가로서 자기 시를 얼마든지 비난힐 수는 있겠으

나, 자기가 독자를 타락시키려는 고의적인 의도가 있었다는 내용은 도저히 용납할 수 없다고 밝혔다. 그 유명인의 결투 신청은 당연히 문단을 발칵 뒤집어 놓았다. 무어는 최고의 인기 시인이었고 제프리는 일류 평론가가 아니었던가. 둘 다 명예를 지키려고 목숨까지 걸었던 것이다.

이 두 사람은 각각 조수 한 명과 함께 결투 장소로 유명한 초크팜(Chalk Farm)으로 갔다. 무어는 친구에게 유서를 맡기고 나왔다. 둘 다 권총이 없었기에 빌려서 나왔다. 무어가 나가 보니 이미 상대는 나와 있었다. 처음으로 그를 보니 그도 자기보다 더 크지도 않는 단신이어서 그야말로 도토리 키 재기였다. 제프리는 빈 권총 케이스만 들고 서 있었다. 둘은 겸손하게 날씨 이야기를 하면서 인사를 나누고, 무어는 여유 있게 우스갯소리까지 했다. 조수 두 사람이 나와 거리를 측정한 뒤에 신호에 따라 결투를 시작하라고 일반적인 준칙을 알려주었다. 그들이 정해진 장소에서 장전된 총을 들었을 때 언제 왔는지 경찰이 나타나 지팡이로 제프리의 권총을 떨어뜨려서는 멀리 날려 버렸다. 무어의 권총도 같은 방법으로 날려버렸다. 그들은 각각 다른 마차에 실려 경찰서로 잡혀 갔다. 이 두 단신은 같은 방에 수감되었는데 곧 작은 우정이 싹트기 시작하였다. 둘 다 처음 보는 순간 우정이 느껴지더라고 했다. 총을 빌리고 조수를 구할 때 그들의 결투를 우려한 친구가 미리 경찰에 귀띔했던 것이었다.

문단에서는 이 사건이 우습다고 두고두고 씹으며 거짓말을 보태가며 재생산해 나갔다. 그들에 대한 조롱과 야유가 거의 모든 잡지에 실렸다. 아무도 진실을 알려고도 하지는 않고 적당히 농을 섞어가며 사실을 멋대로 부풀려 나갔다.

바이런도 『영국 시인과 스코틀랜드 평론가』에서 이 사건을 들어 그들을 조롱하였다. 그것이 그런 풍자시의 일류 메뉴가 아닌가. "리틀[무어]의 탄알 없는 권총", "자세히 보니 권총의 실탄은 결투자의 용기처럼 증발해 버렸네."라고 약을 바짝 올렸다. 무어는 그 시집을 읽고 익명이어서 그냥 넘어가려고 했으나, 그 시집의 재판에서 바이런이라는 이름이 나와 있었다. 요놈이! 그는 바이런에게 해명을 요구하는 서신을 보냈다.

그러나 바이런은 외국에 있어 이 서신을 받지 못했다. 무어는 그 편지에서 바이런 시집의 한 주석에서 모욕을 느꼈다고 적었다. 아무 소식이 없자 일 년 반 뒤에 다시 편지를 냈다. 그때 무어는 열일곱 살의 영국계 아일랜드 무용수와 결혼한 신혼 때였다. 바이런은 여행에서 돌아와서 그 사실을 처음 알았다.

두 문장가 사이의 수많은 편지가 오갔다. 물론 바이런은 자초지종을 해명했지만 자신의 명예에 관한 한 한 치도 양보하지 않았다. 무어도 마찬가지였다. 무어는 자기 같은 아일랜드인은 적의와 우정 사이에 절대 타협 같은 것은 없으며, 우정 쪽으로 기울게 하는 것은 오직 "남작님"에게 달려 있다고 했다. 바이런은 어이없다는 듯이, 오해하는 자에게 우정은 무슨 짝의 우정인가 하고 되물었다. 그러나 바이런은 상황이 달랐다면 무어의 지인이 되는 것이 자랑이 될 수도 있었으리라고 여운을 남겼다. 무어도 자신도 경솔한 데가 있었던 듯하다고 한 발짝 물러섰다.

이 일련의 편지를 주고받으면서 바이런은 적의를 우정으로 바꾸어 나갔다. 무어가 바이런과의 접촉을 '영예'라고 한 만큼, 바이런은 언제, 어디, 어떤 방식이든 그를 만나면 기쁨이 될 것이라고 하면서 깊은 마음까지도 열어 보였다. 그 결과 11월 4일 로저스 집에서 이 두 시인은 만나 정찬을 함께하기로 했다. 이 정찬에는 로저스 외에 캠벨(Thomas Campbell)이 참석하여 모두 네 명이 되었다. 로저스는 바이런이 문에 들어올 때까지 그를 본 적이 없었고, 신생 가수며 시인인 무어도 이때가 휘그 사교계의 첫 등장이었다. 이 모임은 흥미롭지 않을 수 없었다. 무어는 처음 바이런을 만나고 나서 감명을 받았다. 특히 그의 고결한 풍모, 점잖은 목소리와 친절한 태도 등이 매력적이었다. 특히 상중(喪中)이었지만 윤기 나는 곱슬머리와 순수하고 문약한 그의 용

사무엘 로저스

모가 그를 더욱 애처롭게 만들었다. 그는 바이런이 마음의 문을 연 순간부터 그의 솔직한 심성이 아름답다고 느꼈다. 바이런도 무어를 이해하고 만나기로 한 이상 더 이상의 특별한 배려나 예절은 필요 없었고, 상대를 믿는 부드러운 심성으로 바뀌었다.

바이런이 로저스 집의 초대에 응한 것은 무명의 바이런이 휘그 사교계에 데뷔한다는 의미가 있었다. 로저스는 사람을 열심히 모으고, 끊임없이 명사는 재사에게, 재사는 명사에게 소개시키는 인물이었다. 그의 작고 아담한, 골동품과 조각품과 서책이 가득한 집에로의 초대는 중요한 정치적, 문화적 모임의 회원이 되었다는 의미를 띠었다. 뒷날 바이런은 이 로저스라는 인물을 존경하게 되는데, 그는 무어에게 쓴 한 편지에서 이렇게 말하였다. "나는 그[로저스]를 내 시의 아버지라고 생각합니다. 당신(무어)은 그의 적자이고 나는 그의 사생아입니다."

바이런과 무어는 비슷한 점이 많아 둘은 곧 의기가 투합했다. 나중에 무어는 이렇게 회상했다. "처음 만나는 날부터 바이런 경과 나는 만나지 않는 날이 거의 없었고, 우리의 우정은 거의 유례를 찾아 볼 수 없을 정도로 돈독해져 갔다." 이후 무어는 바이런이 가장 편지를 많이 보낸 인물 중에 한 사람이 되있고, 바이런은 중요한 순간마다 그의 조언을 구하였다. 바이런은 무어를 실제로 '형'이라고 부르고 싶다고 말한 만큼 두 사람은 명실공히 호형호제하는 사이라고 해도 좋으리라.

당시 휘그 사교계는 아름답고, 영리하고, 매혹적인 여성들이 이끌어갔다. 이 여성들의 영향력이 정치적 타협의 배경이 되는가 하면 숱한 사랑의 교량이 되기도 했다. 당시 대표적인 호스티스로는 멜번 귀부인, 홀랜드 귀부인(Lady Holland), 저지 귀부인(Lady Jersey)으로 모두 고(故) 데본셔 공작부인 조지아나(Georgiana Cavendish, Duchess of Devonshire) 밑에서 노하우를 배운 휘그계 주요 안주인들이었다. 데본셔 공작부인은 휘그계 호스티스의 원조라고 말할 수 있으며, 그녀는 30년간 자신의 저택을 휘그계의 사교장으로 내어놓았다. 그녀는 동시에 정치가 찰스 폭스(Charles James Fox)의 정치적 입지를 키우기 위해, 자신의 사교 능력을 다 바쳤다. 조지아나에 대해서는 뒤에서 더 자세히 이야기하기로 하자.

로저스 외에 또 다른 사교계의 핵심인물이 셰리던(Richard Brinsley Sheridan)이었다. 그는 극작가면서, 드루리레인 극장의 사장, 국회의원, 해군 장관 등을 역임한 학사, 문사, 재사였다. 그는 술에 푹 젖어 빛을 잃어 갔으니 휘그 살롱에서는 그를 대신할 차세대의 새 아이돌을 찾지 않으면 안 되었다.

바이런은 이때 만난 새 친구들이 좋았다. 그는 처음으로 명색이 "일류급" 문인들과 어깨를 나란히 하게 되었고, 그들과의 모임을 자주 하고 싶었다. 그래서 하루는 로저스와 무어를 정중하게 저녁 식사에 초대했지만 그 모임은 완전 실패였다. 그가 초대한 호지슨이 "과음"으로 깽판을 쳤기 때문이었다. 그는 곤드레만드레 되어서 친구들에게 바이런의 동성애 내력을 시부렁거려 바이런의 신경을 곤두서게 했다. 뿐만 아니었다. 그는 논다니 하나를 어디서 주워 왔는데, 그 여자 때문에 사달이 났다. 호지슨은 그 여자를 두고 용기병 장교와 서로 차지하려고 다투다가 결국 결투까지 벌이겠다고 했다. 같이 온 호지슨의 한 신부(神父) 친구도 "발정 난 수사슴처럼" 미

데본셔 공작부인 조지아나

리처드 셰리던

제10장 에들스톤과 『차일드 해럴드의 순례』

쳐서 그 여자와 꼭 결혼하겠다고 목청을 높였다. 세 남자가 똑같이 미쳐서 그녀와 꼭 결혼하겠다고 덤비자, 그녀는 17년 전의 자기 첫 남자가 자기와 꼭 결혼하겠다는 말을 제일 먼저 했다고 했다. 바이런은 속으로 이 망할 것들이! 하고 혀를 찼다. "그 '물건'은 7실링 가치도 안 되었어."라고 나중에 친구에게 말했다.

이 호지슨은 성속(聖俗)의 극과 극을 오가는 친구였다. 그는 성직자의 길을 걸었지만 바이런과 비교하면 여자와 술에는 전혀 세련되지 못했다. 그는 갈보 중에도 가장 천한 갈보를 상대했고 술도 무지막지하게 마셨다. 그러나 바이런은 그의 직업과 학문을 존경했다. 그가 강요해서 바이런은 리처드 와츤(Richard Watson)이 에드워드 기번(Edward Gibbon)에게 쓴 서간문을 읽은 적이 있었다.

바이런은 런던에서 12월 9일부터 14일까지 다양한 연극을 보고 또 배우들을 직접 만났다. 그는 해로 때부터 연극에 취미가 있었지만 이제는 대단한 팬이 되었다. 그는 시돈스(Siddons) 부인을 만났고 『코리올라누스』(Coriolanus)에서는 켐블(John Kemble)의 명대사를 들었다.

바이런은 런던에서 가장 존경받은 문인들에 낄 수 있다는 것이 대단히 기뻤다. 12월 15일자 편지에서 하니스에게 이렇게 말했다. "내일 로저스와 저녁 같이 먹고, 콜리지를 들으려고 해." 콜리지 문학 강연에 갔던 것이 그의 첫 주요한 문학 행사의 참여였다. 콜리지의 셰익스피어와 밀턴에 관한 15회 연속 강의는 12월에서 1월까지 런던 협회(London Institution)에

사무엘 테일러 콜리지

서 있었으며, 200명이나 참가하는 대성황을 이루었다. 참석자는 대부분 상류층, 정계, 문화계 인사들이었다.

그러나 바이런은 콜리지의 강연 내용에 불만이 있었다. 콜리지는 한 강연에서 캠벨의 시 「희망의 기쁨」(The Pleasures of Hope)에 대해서 캠벨이 그 강연을 듣고 있는 가운데서도 그 시를 비난하였다. 바이런은 콜리지가 또 다른 자기 친구에게도 꼭 같은 상처를 줄 것 같아, 걸고들어 반격을 해버릴까 하는 생각을 잠깐 해봤다. 그렇게 한다면 그런 큰 모임에서 그 노시인을 걸고 든 것만으로도 유명해질 수 있었으리라. 그러나 그는 이미 '꼴통'이 되어버린 콜리지를 "종파분리주의자"로 무시해 버리기로 하였다.

노팅엄에는 직기를 부수는 폭동이 일어났다. 11월 14일엔 폭동을 진압할 군대가 동원됐고 12월 9일에는 다시 기병대와 보병대가 투입되었다. 그러나 바이런이 12월 19일에 호지슨과 하니스를 데리고 뉴스테드에 내려갔을 때 그곳은 별천지였다. 무어도 초청했으나 오지 않았다. 눈이 내려 사원과 주변 숲은 조각의 풍경에 새 하얀 솜옷을 입은 모습이었다. 쌀쌀한 날씨였으나 실내는 화려하였다. 이 두 친구는 지난번 친구들과는 성격이 달라 전번처럼 난폭하게 놀지는 않았다.

바이런은 저녁에는 시와 종교에 대해 호지슨과 하니스가 벌이는 뜨거운 논쟁을 듣거나 거들기도 하였다. 호지슨이 바이런을 올바른 신앙인으로 만들려고 애쓰는 것을 보고, 오히려 나이 어린 하니스가 감명을 받았다. 바이런은 어릴 때 스코틀랜드에서 주입 받은 캘빈주의의 영향으로, 이 두 친구들에겐 상당한 독선을 지닌 것처럼 보였다. 학문이 높았던 호지슨이 "현명한 애정과 열성으로 (심지어 눈에 눈물을 흘려가면서)" 바이런을 바른 길로 인도하려고 했다. 그러나 바이런의 정신은 딴 데 가 있었다. 그는 시간이 나는 대로 『차일드 해롤드의 순례』를 수정하고 그들과의 논쟁이 끝나면 꼭 하녀 수전(Susan Vaughan)의 추운 방으로 가서 그녀의 따스한 살로 몸을 녹였다.

바이런은 수전의 방에 출입하기 전에는 루시를 안았다. 그녀에게서 아기까지 얻었었고, 또 검은 눈의 베스와도 잠깐 가깝게 지냈다. 이 여성들은 주인의 총애를 입으면 승은(承恩)을 입은 상궁처럼 다른 하인들에 겐 곧 상전처럼 굴었다. 이 세 여성은 바이런이 그해 9월에 런던에서 데려다 놓은 세 아가씨들이었으리라. 그는 이 세 아가씨에게 금줄이 달린 로켓(locket: 사진·머리털·기념품 등을 넣어 목걸이 등에 다는 작은 금합(金盒))을 선물했는데, 수전은 바이런의 머리카락이 들어 있는 자기 로켓이 얼마나 신성한 것인지를 바이런에게 속삭여 주었다. 바이런의 머리카락은 그녀에게는 일종의 성물(聖物)과 같았다.

바이런이 당시 수전에게 상당히 빠져 있었음을 그녀의 이런 구절을 보면 알 수 있다. "당신은… 그날 밤을 잊지 않았겠지요…. 지금은 그 애[조지 플레처]가 저와 함께 있죠…. 그 애가 나를 뚫어지게 보더니 이렇게 말했죠. '어 유모, 바이런 경이 우리들 침대로 오는 것을 잊었을까요?… 유모, 그분이 유모의 가슴에 멋지게 손을 얹던 것을 기억 못 하나요?'" 수전이 분명히 플레처의 아들의 유모 역할을 하느라 그 아이를 데리고 잘 때 바이런이 들어왔던 것이리라.

(1812년) 1월 8일 노팅엄의 직기 파괴 폭동을 막기 위해 다시 두 개 연대가 투입되었지만 뉴스테드에는 아무 영향을 주지 않았다. 그 대신 바이런의 '후궁'들이 문제를 일으켰다. 1월 28일 바이런은 러쉬턴의 이야기를 듣고 수전을 의심하기 시작하였다. 다른 두 아가씨와 러쉬턴이 이 수전을 '통지기년'이라고 입을 모았는데 이 세 명의 남녀가 다 사실상 바이런의 애인이었기 때문이었다. 1월 말에 러쉬턴은 수전이 다른 남자에게 보내는 편지를 가로채 바이런에게 결정적 증거로 제시했다. 바이런은 배신을 당하니 묘한 기분이 들었다. 그는 그녀에게 마지막 편지를 쓰면서 분노와 절망, 지금까지 느껴보지 못한 자기 연민, 그리고 깊은 자기증오에 빠졌다. 그는 하녀들의 웃음거리가 된 것이 생각할수록 분했다.

이런 큰 충격을 받으면 바이런은 꼭 시로써 그 고통을 삭였다. 수전에게서 영감을 얻어 네 편의 연작시를 썼지만 발표는 하지 않았다.

그 절망이 다시 그를 에들스톤의 아픈 추억으로 끌고 갔다. 호지슨에게 이런 고백을 한다. "나를 진실로 또 전적으로 사랑한 단 한 사람은 캠브리지 사람이었는데…. 그 사람이 요절을 하자 나는 거의 희열을 느낀

다네. 왜냐하면 그가 늙어서 추한 모습으로 죽는 것을 보는 것은 참을 수 없는 일일 테니까."

그러나 바이런의 마음 한구석에는 또 탈출 계획이 싹 트고 있었다. 호지슨에게 쓴 편지에서 이렇게 말했다. "1813년 봄에 영원히 영국을 떠날 거야. 내 모든 일이 그 쪽으로 기울어져 가고, 내 성향이나 건강도 길을 가로막지는 않아. 이따위 관습과 기후로는 내 습관이나 건강이 절대 나아지지 않아. 내 스스로 동방학 학자가 되도록 할 일을 찾을 거야. 가장 동화나라 같은 곳에 별장을 짓고 틈나는 대로 동방의 가장 재미있는 부분을 다시 찾아낼 거야."

그는 1월 11일 상원의 개원에 맞춰 런던으로 돌아왔다. 장차 정치가로 입신해 볼까 하는 생각이 고개를 들어 1월 15일에 다시 등원했다. 정치지도자에겐 외국 체험은 앞으로 영국의 미래를 여는 데 이수해야 할 필수 과정처럼 느껴졌다.

당시 의회에서는 가톨릭의 해방 문제와 직기를 부순 폭도를 극형으로 다스리는 문제가 뜨거운 감자였다. 2월 14일에는 직기 파괴자를 극형으로 다스리자는 토리당의 법안이 하원에 상정되었고 2월 21일에는 하원을 통과하였다. 바이런은 감동적인 연설을 하여 그 흐름을 바꿔놓고 싶었다. 시에 매료되어 있긴 했지만 정치는 이때 그에게는 운명과 같아 보였다.

그가 상원의 연설자로 나서기로 했을 때는 『차일드 해롤드의 순례』의 출판이 임박했을 때였다. 1809년에 그는 양당과는 일정 거리를 두고 싶었으나 이제는 홀랜드 경(Henry Vassall-Fox, 3rd Baron Holland)과 같은 길을 걷고 싶었다. 그는 가톨릭의 해방을 위한 연설을 하기로 마음먹었으며 그들에게 헌법적 권리를 주는 것은 휘그당의 오랜 숙원이었다. 그것은 작고한 폭스가 추진했지만 조지 3세가 완강히 반대하여 진전이 없었다.

그 문제에 관한 한 작은 희망이 보였다. 그 전해 2월에 왕이 정신이상 증세를 보여 왕세자가 대리청정을 시작했을 때 휘그당에서는 기회가 왔다고 기뻐했다. 가톨릭에게 헌법적 권리를 주자는 개혁안이 의회에서 우세했다. 그러나 예상과는 달리 왕세자가 변절하여 토리당의 입장으로 돌아서는 바람에 휘그당은 뒤통수를 얻어맞은 꼴이 되어버렸다. 그들은 왕세자도 제 아버지와 다르지 않음에 분노했다.

바이런은 이 가톨릭 문제보다는 더 다급한 문제가 직기 파괴자 처벌에 관한 문제라고 생각하여 그 문제에 대한 연설을 먼저 하기로 했다. 그는 2월 27일 저녁에 양원(兩院)에서 직기노동법안(Frame Work Bill)에 대해 첫 연설을 했다. 노팅엄의 양말 제조 직공(織工)의 데모를 가혹하게 처벌하기보다는 그 고통을 덜어주는 조처가 더 바람직하다고 인간적인 호소를 했다.

그 연설에서 그는 극적인 사실들을 나열하였다. 그는 가장 억압받고 있는 튀르키예의 한 지방을 보고 왔다고 한 뒤, "본 의원은 귀국한 이후 이 기독교 국가 한가운데서 본 의원이 본 것만큼 불결하고 불쌍한 광경은, 그 어느 사악한 정권[튀르키예]에서도 본 적이 없었습니다."라고 하였다. 그러고는 물었다. "그 법안을 어떻게 시행할 것입니까? 전 국민을 교도소에 넣을 작정입니까? 들녘마다 교수대를 세워 허수아비처럼 인간을 교수할 것입니까?" 그는 수사적 질문, 유려한 문장, 아이러니한 대조 등의 방법으로 청중의 인간애에 호소했다. 그러나 "목소리가 크고 유창한" 그의 연설은 아마도 해로의 연극 대사를 외던 때처럼 상당히 연극적이었으리라.

연설을 다 하고 나니 몇몇 자당 의원들이 따뜻한 말로 격려해 주었다. 그러나 그의 데뷔 연설은 수사와 과장이 있었지만 비유에는 반짝이는 재주가 보였다. 이 연설은 『차일드 해롤드의 순례』가 나오기 두 주 전에 이루어져서, 바이런은 그것이 새 시집의 좋은 광고로 이어지기를 은근히 바랐다.

그러나 그의 의회 연설문은 『모닝 크로니클』(Morning Chronicle)에 보낸 시에 비하면 온건한 편이었다. 바이런은 사형을 벌금형이나 징역형으로 바꾸는 법안 수정 소위원회에도 참가하여 노력했지만, 바이런이 주장한 법안은 결국 부결돼 버렸다. 그는 그것에 대한 앙갚음으로, 3월 2일에는 풍자시 「직기 법안의 입안자에게 부치는 송시」(Ode to the Framers of the Frame Bill)를 써서 익명으로 그 신문에 발표하였는데, 이 시는 그의 연설보다 더 독단적이고 오기에 차 있었다.

    3월 7일에 그는 같은 신문에 몇 편의 시를 더 보냈다. 그중 한 편은 대리청정하는 왕세자의 딸 캐서린이, 아버지가 휘그당의 의리를 배신하는 행동을 질타하는 내용이었다. 당연히 그 시는 왕실에 불편한 심기를 불러일으켰다. 이 「젊은 귀부인에게 드리는 동정의 말씀」(Sympathetic Address to a Young Lady)은 그의 전 작품보다 더 불경스러웠다. 뒤에 가서 더 이야기하자.

    그는 첫 등원을 했던 1809년부터 장기여행을 떠나기 전까지는 모두 일곱 번 등원했었다. 여행에서 돌아와 1812년에는 1월에서 7월까지 빚 문제, 수전 문제, 『차일드 해롤드의 순례』 출판 문제 등으로 정신이 없었지만, 전부 스물네 번 등원을 하여 연설을 세 번 했다. 그는 로마 가톨릭 문제, 영국 해군이 자행한 해적행위와 납치 행위에 관련된 문제를 다루었다. 이처럼 바이런은 기성세력에 대한 반항이 자신의 기질에 맞으므로 휘그와 같이 가는 것이 옳을 것 같았다. 그는 그때부터 자신은 25년간 권력에서 밀려난 휘그당원이라고 자부하고 "나는 야당 하려고 태어났다."는 말을 했다.

    그가 이런 연설로 해서 홀랜드 경을 잘 알게 된 것은 하나의 소득이었다. 바이런과 그와의 관계를 열어준 사람은 역시 로저스였다. 홀랜드는 신참 바이런에게 자기 능력껏 모든 정보와 충고를 줄 수 있다는 통상적인 예의를 갖췄다. 그는 바이런이 가장 존경하는 정치가 폭스의 친조카이면서 그의 정치적 후계자였다. 그는 마음이 넓으면서 대범한 인물이었다. 그의 아내 홀랜드 귀부인(Elizabeth Fox, Baroness Holland)은 휘그

홀랜드 경

계 인사들이 모이는 살롱의 호스티스였고, 그의 저택이 휘그계 정치인과 문인들의 사교의 구심점이 되었다. 일류급 멋쟁이 귀족과 내로라하는 재사(才士), 문사들은 다 그 집을 들락거렸으며 단골이 로저스와 무어였다. 홀랜드 귀부인은, 나폴레옹이 군대를 통솔하듯이 일사불란하게 명사들의 대화를 리드하는, 아무리 똑똑한 명사라도 뛰어난 기지로 압도해버리고 마는, "가공할 만한" 화술을 지닌 여성이었다. 처음 그녀의 초대에 응하는 손님은 지레 겁을 먹어 우리의 우황청심환 같은 약을 먹고 그녀의 저택에 들어갈 정도였다. 이 집의 분위기는 종전 휘그계의 본부라고 할 데본셔(Devonshire) 가와는 완전히 대조적이었다.

홀랜드의 저택은 오늘날까지도 런던의 홀랜드 공원의 한가운데에 일부 남아 있다. 그 공원이 홀랜드가의 소유였고 그 저택의 일부가 2차세계대전 때 독일군의 공습으로 파괴되었다. 공원 한가운데에는 홀랜드의 동상도 서 있다.

이 홀랜드 귀부인의 전설적인 이야기를 해 보자. 미색이 뛰어난 그녀는 젊었을 적 난질이 심했기 때문에 결국 남편 웹스터 경(Sir Godfrey Webster)으로부터 이혼을 당했다. 그러나 이혼당한 지 이틀 만에 나폴리에서 홀랜드와 보란 듯이 결혼식을 올려 주변을 깜짝 놀라게 했다. 새 남편과 같이 나폴레옹을 존경하여, 그가 세인트 헬레나에 유폐되었을 때 그가 필요한 양식과 책을 보내는 극성을 보였다. 나폴레옹이 죽은 뒤 그의 유언에 따라 그의 측근이 직접 그녀를 찾아와 금제 코

홀랜드 귀부인

현재 남아 있는 홀랜드 경의 저택

담뱃갑을 전달한 사실, 다알리아를 영국에 도입한 사실 등으로 해서, 그녀는 여러 사람들의 화제에 오르면서 유명세를 탔다. 바이런은 이런 호랑이 같은 부부를 『영국 시인과 스코틀랜드 평론가』에서 부아 나게 다루어 놓았으니 절대 무탈하게 넘어갈 것 같지 않았다. 그러나 홀랜드는 대범하여 신출내기 무명 시인이 쓴 것을 두고 이러쿵저러쿵 말하지 않았다. 그가 내민 것은 따뜻한 화해의 손길이었다.

바이런이 홀랜드가의 만찬에 초대된 것은 의회에서 첫 연설을 하던 날이었다. 그가 그 초대에 응한다면 그는 휘그계 정치인과 지식인들에게 소개되어, 정계에 정식으로 입문하는 의미가 있었다. 문제는 바이런이 그 호랑이 홀랜드 귀부인을 어떻게 만나느냐였다. 그녀의 유명한 둥근 테이블로 초대할 수 있는 인원이 16명을 넘을 수 없어서, 초대를 하고 접대를 하는 데도 엄격한 절도가 있었다. 손님은 활발하고도 식견 있는 이야기만 하다 보니, 이 홀랜드가의 모임은 재미있다기보다는 약간 겁나게 하고 긴장되게 만들었다. 홀랜드 귀부인은 초대받은 인사가 자기 앞에서 주눅 드는 것을 즐겼을지도 몰랐다.

바이런은 몇 가지 간단한 준비만 하여 이 초대에 응했다. 그는 자기 가문의 문장이 그려진 멋진 마차로 홀랜드가의 현관까지 다가갔다. 집 안으로 들어서자 왕실 도서관보다 훌륭한 도서관으로 안내되었다. 방 가운데는 내받이 창이 하나 있었고 홀랜드가 직접 나무를 심어서 만든 네덜란드식 정원이 보였다. 그 도서관은 냉방이었다. 겨울에는 허약자나 임산부는 초대에 응하지 않는 쪽이 낫다고들 했다. 당연히 식사 때 뜨거운 음식과 고급 포도주를 기다리게 되었다. 손님은 옆의 황금의 방으로 안내되는데 방 가운데 17세기의 큰 둥근 회전 테이블이 있었다.

바이런은 귀족의 범절을 지켜 이 댁에 입장하여 자연스럽고, 가식이 없고, 장난기 있는 성격을 있는 그대로 내보였다. 장엄한 실내 장식이나 호스티스의 고압적인 태도에 전혀 주눅 들지 않았다. 매료된 쪽은, 고슴도치처럼 온몸에 가시를 꽂고 고압적으로 노려보던 그 집 호스티스였다. 그녀는 금방 가시 무장을 내려놓고 그 속의 따뜻하고 다정한 마음씨를 꺼내 보여 주었다. 바이런은 홀랜드 부부가 멘토나 부모같이 느껴졌다. 그는 거기서 자기 연설에 대한 여러 사람의 찬사를 들었다. 그러나 홀랜드는 솔직한 평가를 일기에만 적었다. "그의 연설은 상상력, 위트, 독설이 많았고, 가식이 없지 않았고, 추리 과정도 좋지 않아서, 의회 연설의 개념에는 전혀 맞지 않는 것이었다."

이즈음 바이런은 옷에 사치를 하였다. 사교계를 출입하다 보면 의상에 신경을 써야 했고 그러다 보니 엄청난 돈이 들어갔다. 당연히 재정석인 문제가 심각하였지만 그는 경제적 감각이 거의 없었다. 그는 옷 잘 빼입는 이른 바 '댄디' 중의 한 사람이었다. 1812년 1월부터 새 옷을 주문하기 시작하는데, 이때부터 1813년 9월까지, 신발, 모자, 보석, 칼, 피스톨을 제외하고 양복값만 900파운드 나갔다고 존스(Christine Jones)가 재미있는 계산을 하였다. 그는 하얀 퀼트 조끼를 특히 좋아했는데 어머니 초상 때에는 일종의 상복으로 그것을 입었다. 1812년 6월 그는 이런 조끼를 24벌 이상 주문하였다. 그는 또 하얀 남경 무명이나 실크로 된 바지를 좋아하였다. '남경 바지'는 중국 남경산의, 노르스름한 무명으로 만든 바지로 그 당시 영국에 유행했다. 그는 이런 옷들을 꼭 한 번만 입고 빨기 전에 버리므로 어떤 때는 한꺼번에 몇 타스씩 주문하곤 했다. 가장 돈 많이 든 의상은 왕세자를 만나기 위하여 예복을 주문했을 때였다. 뒤에서 이야기하자.

1월에 『차일드 해롤드의 순례』의 두 시편의 인쇄가 끝나자, 바이런은 이 작품을 로저스와 무어에게 보내서 정독을 하고 평을 해 달라고 부탁을 했다. 2월과 3월에 『차일드 해롤드의 순례』가 인쇄 중인데도 그는 계속 원고를 고치거나 첨삭하였다. 작품의 가장 아름다운 구절은 이때 수정하거나 가필한 것이었다.

이 시집 출판을 전적으로 책임지고 있던 댈러스는 2월 초에 이 시집의 평을 쓰게 만들었는데, 그것은 시집이 나오자마자 서평이 나오면 좋은 효과를 가져올 것이라고 생각했기 때문이었다. 그런데 3월 1일에 시집은 아직 시중에 나오지 않았는데 시집 평이 먼저 나와 버렸다. 댈러스는 바이런이 화를 낼 것 같아 마음이 편치 않았다. 그런데 마침 3월 1일이 일요일이라 바이런은 해로의 은사 드루리 박사에게 인사를 하러 가서 월요일 저녁까지는 돌아오지 않았다. 댈러스는 화요일에 시집 한 권을 가지고 바이런에게 가서 새로 나온 시집이라고 보여줬더니 바이런은 이미 발렌셔 경(Lord Valentia)이 쓴 서평을 받아놓고 있었다. 댈러스는 자초지종을 이야기하고 사과를 했다.

광고로는 『차일드 해롤드의 순례』가 3월 1일에 나올 것이라고 했지만 머리는 3월 10일에 서점에 깔았다. 깔끔한 4절판 책 500부, 초판 전부가 사흘 만에 완전 매진되는 기록을 세웠다. 바이런은 그동안 아는 사람들에게는 교정본을 보여주면서, 그 책이 나오기를 기다리게 해놓기도 했었다.

이 『차일드 해롤드의 순례』에 대한 반응은 한마디로 놀라움과 환희였다. 그 시대의 권태와 공허감에 젖어 있는 일반 시민에게 낭만

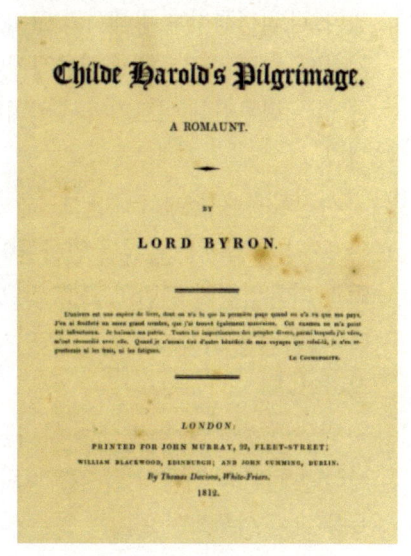

『차일드 해롤드의 순례』 초간본

적 모험과 이국적인 풍광은 일종의 신선하고도 기상천외한 충격이었다. 독자들은 가벼운 흥분과 전율마저 느꼈다. 당시 영국 사회는 독창적이고 강렬하고 아름다운 작품을 받아들일 준비가 되어 있었기 때문에 그 반응은 뜨거웠다. 그달 중순에 바이런이 한 메모에서 "나는 어느 날 깨어보니 유명해져 있었다."라고 말하였다. 그 말은 한 치의 과장도 없었다.

사방에서 바이런의 시집 출판을 축하하는 편지가 답지했고, 머리는 출판사로 온 편지를 댈러스에게 보여줬다. 기포드는 원고 상태로 제1편만 보았으나 그때까지 못 보았던 제2편을 보고는 최고의 찬사를 아끼지 않았다. 댈러스가 바이런의 집에 가 보니 거기도 평론가, 시인, 작가, 다른 영역의 유명인들로부터 온 편지가 쌓여 있었다. 다들 그의 시를 읽고 짜릿한 환희를 맛보았다는 내용이었다. 홀랜드는 바이런을 월터 스코트와 동등한 레벨이라고 추켜올렸다. 사람들은 이때 풍자가로서 바이런은 잊어버렸으니 구원(舊怨)을 모두 까맣게 잊어버린 셈이 되었다. 저명한 사람들이 바이런에게 소개 받기를 원했고 그를 만나면 먼저 명함부터 꺼내놓았다. 일개 무명의 문사가 이렇게 모든 사람이 만나보고 싶어 하는 인물로 바뀐 예는 일찍이 없었다. 온 사방이 다 그에게 돌아올 영광뿐이었다. 대리청정하는 왕세자와 그의 딸에서부터 서점 주인과 점원에 이르기까지, 월터 스코트에서 삼류작가에 이르기까지, 제프리에서 문단의 이름 없는 평론가에 이르기까지 바이런을 칭찬하지 않는 사람을 보기 힘들었다.

사람들은 곳곳에서 『차일드 해롤드의 순례』와 바이런을 화제로 삼았다. 그의 문 앞에는 일류급 인사들이 성시를 이루었다. 며칠 전만 해도 사막과 다름없었던 런던이 그를 맞으려고 문을 활짝 열지 않는 곳이 없었다. 바이런은 상류층과 유명한 인사들 사이에도 가장 빛나는 스타로 부상하였다.

만연체 문장을 즐겨 쓰는 무어는 이 시집이 그 시대가 무의식적으로 바라던 권위와 기존의 질서를 파괴한 점, 이성보다는 열정을 동경한 점 등을 그가 선풍적인 인기를 얻은 원인이라고 분석하였다. 그는 바이런의 종교적 회의론까지도 종교적 자유를 바라는 독자들의 "숭엄한 관심의 대상"이라고 칭찬하였다.

바이런의 명성이 하늘로 치솟자 그는 사교계의 총아가 되었다. 세인트제임스(St. James) 가에 있는 바이런의 집 앞에는 초청장을 가져오는 마차 때문에 길이 막힐 지경이었다. 4월에 재판, 6월에 3판, 9월에 4판, 12월에 5판, 1813년 8월에 6판, 1814년 2월에 7판을 찍었고, 1819년까지는 총 11판을 찍었다.

머리가 그 시집의 출판에 인세 600파운드를 지불했다. 댈러스가 바이런에게 판매 부수를 이야기하고 그 인세를 내밀자 바이런은 이렇게 말했다. "나는 [시집이 많이 팔리면] 기쁠 것이고, 그것[인세]이 두 배, 세 배 되면 좋겠지만, 돈 이야기는 하지 마세요. 나는 내 글에 대한 돈은 절대 받지 않아요." 바이런은 우아하고도 겸손한 태도로 댈러스에게 돈을 도로 내밀었다. 그 결심엔 댈러스에 대한 선심과 자신의 자존심이 섞여 있었다.

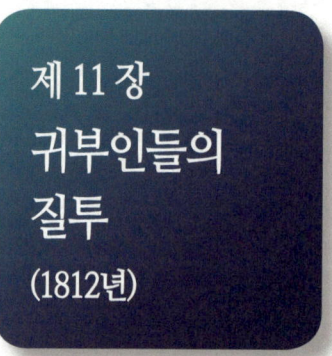

제 11 장
귀부인들의 질투
(1812년)

　미남 청년 시인 바이런은 쉽게 런던 상류층에 편입되었다. 그 주변에는 "별을 쳐다보는 무리"가 계속 모여 들었다. 그가 어디를 가든 그를 추켜세우는 말을 피할 수 없었다. 그럴 경우 그는 아는 사람이 많지 않으면 오히려 우울해졌다. 그는 좋아하는 사람들과는 즐겁게 웃으며 놀았지만, 마음 한가운데에는 언제나 서늘한 우수(憂愁)의 덩어리가 자리 잡고 있었다.
　그의 유명세 뒤에는 "은밀한 시선"이 그를 따라다니며 지켜보고 있었다. 귀부인들은 바이런에게서 척추를 타고 내려오는 감미롭고 짜릿한 전율을 느꼈다. 바이런이 자신도 모르게 그들의 세계로 떠밀려 들어간 것은 운명적이라고 해야 하리라.
　3월에 한 젊은 귀부인이 바이런의 낭만적 여행에 매료되어서 어떻게 하면 그 시인을 만날 수 있을까, 그것만으로 가슴이 달았다. 그녀는 멜번 가의 며느리로 변덕과 기행과 기괴한 박력으로 소문이 난 캐롤라인 램(Caroline Lamb) 귀부인이었다. 그녀는 그해 봄 스물일곱으로 바이런보다 세 살 위로, 친정이나 시집이 당시 최고의 귀족 가문이었다. 베스보로 백작(Earl of Bessborough)의 딸이고, 멜번 경(Lord Melbourne)의 둘

캐롤라인 램

훗날 총리가 되는 윌리엄 램

째 아들 윌리엄 램(William Lamb, 2nd Viscount Melbourne)의 아내였는데, 그녀의 남편 윌리엄은 나중에 빅토리아 여왕 때 영국의 총리가 될 인물이었다. 그녀는 결혼한 지 7년이나 되는, 정신지체아 아들까지 하나 둔 기혼녀였다. 이 여성은 결혼이나 아이 낳아 키우는 일 따위는 아예 멀리 내팽개친, 어린애처럼 철없고, 천진난만하고, 좌충우돌하고, 모든 게 제멋대로인 여성이었다. 그녀가 예뻤느냐보다 더 문제 되는 것은 그녀의 정신이 정상이었느냐였다. 정식 교육이라곤 받은 적이 없어서, 10대 때까지도 독서가 거의 불가능했으나, 시를 쓰고 그림을 그리는 일에는 이상하게 문리가 터져 있었다.

먼저 그녀의 시가(媤家) 즉 멜번가부터 이야기하자. 오늘날 런던의 중심지인 트라팔가 광장에서 국회의사당으로 가다 보면 오른쪽에 스코틀랜드청(Scotland Office)이라는 관공서가 있다. 웅장한 건물이고 지척에 영국 총리 공관도 있다. 이 스코틀랜드청 건물이 원래 멜번가의 저택이었다. 그런 만큼 그 가문은 런던의 대표적 권문세가 중 하나였고 앞에서 이야기했듯이 훗날 영국 총리가 이 가문에서 나온다. 바이런에게도 이

멜번가 저택 도버 하우스, 오늘날의 스코틀랜드청

집은 각별한데 왜냐하면 캐롤라인의 시어머니 즉 멜번 귀부인이 훗날 바이런의 처고모가 되기 때문이다.

조지아나(왼쪽)와 헨리에타 자매

또 캐롤라인의 이모가(姨母家) 즉 데본셔 공작(Duke of Devonshire)의 가문도 함께 이야기 하자. 앞에서 데본셔 공작부인이 휘그계 호스티스의 원조였다는 말을 하였다. 이 가문은 16세기부터 영국에서 가장 부유한 귀족 가문이고 명망이나 정치력에 있어서 영국의 3대 귀족가문 중 하나라고 오늘날까지도 이름나 있다. 데본셔 공작 4세는 18세기 중반에 영국 총리를 지냈다.

그 맏며느리가 유명한 미인으로 바로 사교계의 원조가 된 조지아나 귀부인이었다. 이 전설적인 공작부인이 바로 캐롤라인의 이모여서, 캐롤라인은 그녀를 "데본셔 이모"라고 불렀다. 데본셔의 저택은 당시 궁궐만큼 호화로운 건축물로서 휘그 사교계의 중심지였다. 이 저택은 지금은 없어졌으나 그 정문만이 남아 있는데 오늘날 그린 파크(Green Park)의 정문이 되어 있고, 우리나라 관광객이 꼭 들르는 곳이다.

조지아나 주변에 정객과 지식인들이 구름처럼 모여 들었다. 그녀는 자신의 우상이고 애인이면서, 또 자신의 정치적 이상을 실현시킬 사람으로 찰스 폭스를 늘 가까이서 섬겼다. 조지아나는 30년간 데본셔 저택뿐만 아니라 자신의 모든 재력과 정열을, 폭스를 통해 자신의 정치적 이상을 실현시키는 데 바쳤다.

조지아나의 응접실이 휘그계의 의회나 다름없었다. 데본셔가에서 벌어지는 사교계는 귀족 남녀의 은밀한 사교장인 동시에 정치적 논쟁과 음모를 뜸들이고 가닥 지우는 곳이기도 했다. 묘하게 배치한 소파에서나 아니면 더 은밀한 방에서 갖가지 유혹과 밀담과 정치적 흥정이 이루어졌다.

데본셔가 저택

그 집의 호스티스와 폭스는 노름 중독자였다. 그녀와 노름 한 판 하고 싶은 한량은 언제든 한 판 붙을 수 있었다. 조지아나 귀부인과 폭스는 파산할 때까지 노름을 즐기고 사랑했다. 그 집의 특징은 누구든 밤낮 자유롭게 놀 수 있었고, 그것만이 그 집의 유일한 규범이었다. 손님들은 내기를 하고, 춤을 추고, 희롱을 하고, 샴페인을 따르고, 정치적으로 밀고 당겼다. 식사는 어느 때나 가서 할 수 있었다. 멜번 귀부인, 홀랜드 귀부인,

저지 귀부인 등은 이 데본셔 공작부인 밑에서 호스티스의 역할을 배워 가서 각자의 집에 살롱을 연 '새끼마담'이나 다름없었다.

캐롤라인의 이모가 노름에 미쳤던 만큼 그녀의 어머니 베스보로 백작 부인(Countess of Bessborough) 헨리에타(Henrietta)는 평생 남자에 미쳤다. 세상에는 서방만큼 좋은 것이 없었다. 캐롤라인의 친할머니 스펜서 귀부인(Lady Spencer)이 보니 이 며느리에게 문제가 많았다. 헨리에타는 아예 하인들에게 아이들을 돌보라고 맡겨놓고는 자신은 딴 데 거처를 정해서 거기서 지냈다. 그곳이 그녀의 갖가지 추문의 발원지였다. 그래서 할머니는 네 살 먹은 캐롤라인을 하녀 하나를 붙여 멀리 이탈리아에 보내 5년간 거기서 교육 받게 했다.

캐롤라인이 이처럼 "유배"를 가 있을 때 어머니가 데본셔 이모와 함께 나폴리로 딸을 보러 갔다. 그녀의 어머니는 거기서도 서방 타령이었다. 그녀는 딸보다는, 엉뚱하게도 13살 연하인 부유한 귀족 그랜빌 레버슨 가워 경(Lord Granville Leveson-Gower)을 먼저 만났다. 그녀는 그와 눈이 맞아 17년간을 그에게서 빠져 나오지 못했다. 그러나 그녀는 이 가워 경과의 밀애를 잘 감추었기에 품위를 크게 잃지 않았다. 훗날 또 주정뱅이 극작가 셰리던과도 염문을 일으켰지만, 그것은 여자 쪽보다는 남자 쪽에서 서털구털 지껄이고 다녔기 때문이었다. 죽기 전 셰리던의 마지막 말이 그녀의 관 뚜껑을 뚫고라도 그녀를 보고 싶다는 말이었다나.

캐롤라인은 그런 피를 이어받았다. 그녀가 자기의 자전적 소설에서 자기를 묘사하면서, 본 데 없는, 언제나 폭력, 변덕, 광기에 물든, 장난을 마다하지 않는 소녀로 그린 것은 어지간히 맞는 묘사이다. 그녀는 남들과 너무 달라서 늘 다른 사람들로부터는 소외되었다. "내 교육, 내 관습, 내 감정은 달라요. 나는 미개한 야만인 같아요."

캐롤라인은 런던 근교의 베스보로가 별장에서 잠깐 할머니와 같이 살다가, 이모가인 데본셔가에 가서 거기서 자랐다. 그때 데본셔가에는 데본셔 공작이 첩실을 들여놓아, 서양에서는 아주 특이한 일부이처(一夫二妻)의 집이었다. 그 첩실은 이모의 아주 절친한 친구이기도 한 엘리자베스 포스터 귀부인(Lady Elizabeth Foster)이었다. 이모가 죽자 이미 공작의 아이를 둘이나 낳은 이 첩실이 안방을 차지했다. 그러나 전실 후실의 아이들을 책임지고 교육시키는 어른이 한 명도 없었다. 아이들이 한 부대가 되었는데, 아들, 딸, 배다른 아들, 딸, 사촌, 배다른 사촌, 그중에는 부모가 묘연한 아이까지 섞여 있었다. 이 아이들은 먹고 입고 자고 노는 데에는 부족한 것이 없었으나 잡초처럼 모두들 제멋대로 자랐다. 아이들은 그 큰 저택이나 공원으로 쏘다니다가, 일류 은제 식기에 나오는 식사만 챙겨 먹으면 되었고, 전혀 훈육이라곤 없었다.

캐롤라인도 그런 집에서 번스(Robert Burns)의 시나 읽으며 수년간 야생마처럼 자랐다. 그녀는 안장을 얹지 않고 맨 등의 말을 타고 돌아다녔다. 공원을 방랑했으며 자기 주변을 상상으로만 인식하였다. 그녀는 버터 바른 빵은 나무에서 열리는 열매이며, 말은 쇠고기만 먹고 사는 동물이라고 알았다. 이 세상에는 두 계층이 있는데 하나는 공작이고 다른 하나는 거지이며, 공작은 돈으로 무엇이든지 할 수 있는 부자라고 알았다.

캐롤라인은 멜번가의 윌리엄 램(William Lamb)이 청혼했을 때, 결혼 따위는 때려치우고, 자신은 남장을 하여 비서 노릇 할 테니 도망이나 가자고 부추겼다. 캐롤라인의 주특기는 변장이었고, 걸핏하면 하녀나 하인 복장을 하여 주변을 감쪽같이 속였다. 윌리엄이 정식결혼을 해야 한다고 밀어붙이자, 결혼식 때 그녀는 주례를 맡은 한 주교에게 갖은 욕설을 퍼부으면서 웨딩드레스를 갈가리 찢어버리고 실신하여 벌렁 드러누워 버렸다. 그런 캐롤라인 부부가 신접살림을 차린 곳은 시가였다.

그녀의 남편 윌리엄도 깨끗지 못했다. 그가 캐롤라인에게 사랑의 눈길을 주기 전에 그녀의 어머니 헨리에타와 먼저 연애를 하였다. 이런 사정을 다 아는 시어머니 멜번 귀부인으로선 며느리 모녀가 고약한 피를 가진 종자라고 느끼면서도, 그들에 대한 멸시와 증오심을 드러내지 않으려고 애썼다. 아들이 약혼했다는 이야기를 들은 시어머니는 안사돈이 될 헨리에타에게 "어머니보다는 딸이 낫기를 바라며, 그렇지 못하면 윌리엄은 자기가 한 선택을 후회할 것"이라고 아주 뼈 있는 말을 해주었다. 이때 그 말을 들은 아들은 자기의 연애가 죄밑이 되어서 얼굴이 벌게졌으리라.

시어머니 멜번 귀부인은 메꿎은 데가 있었다. 그녀는 며느리의 신접살림을 보고, 그 깨소금 같은 재미에 재를 뿌리고 싶어 못 견뎠다. 그녀는 아들 내외에게 2층 방을 주었으며 자신은 1층에서 그들의 출입 하나하나를 문틈으로 지켜보았다.

캐롤라인은 어떤 때에는 남편에게 죽는시늉으로 애정을 폭발시키다가도, 어떤 때에는 그를 조롱의 대상으로 삼았다. 그녀의 감정의 기복은 예측 불가능하였다. 한번은 누가 보니까 이 부부는 격렬하게 싸우고 있었다. 남편 윌리엄이 안락의자에 앉자 캐롤라인이 갑자기 변해서 간살을 부리며, 그의 무릎에서 발까지를 미끄럼틀로 여기고 주르르 미끄럼을 탔다. 그러고는 애절한 표정으로 그의 얼굴을 올려다보았다. 남편이 무슨 말을 하자 캐롤라인이 다시 표변하여 불같이 화를 냈다. 그녀가 일어서서 방을 뛰어다닐 때 남편은 틀림없이 욕정에 휩쓸렸으리라. 거울, 촛대, 도자기 등을 쓰러뜨리며 그녀를 잡으려고 빙빙 돌았다. 얼마 후 그들은 블라인드를 내렸다.

로저스가 캐롤라인의 문학 멘토여서 3월 초 『차일드 해롤드의 순례』가 서점에 나오기 전에 교정쇄를 한 부 얻어 그녀에게 주었다. 어머, 세상에! 이럴 수가 있나! 그녀는 온몸에서 갑자기 황홀한 열기가 뻗쳐올랐다. 이 시가, 이 주인공이 이렇게 신비롭고 낭만적일 수 있을까. 그는 누구든 남모르는 상처를 꼭 씻어주는, 훌륭한 귀족일 것이 틀림없었다. 이런 방탕과 화려한 변덕의 사내가 있다니! 시인은 틀림없이 자기와는 쌍둥이일 것 같았다. 아무리 꼬집고 물어봐도 바이런이 자신의 숙명일 것 같았다.

그녀는 이름은 숨기고 한 서점 주소로 꼭 답장해 달라고 부탁하는 편지를 바이런에게 썼다. 그러면서 자신은 귀부인이고, 기혼이고, 외도는 하지만 예절은 잃지 않는다고 하였다. 그녀는 바이런을 꼭 독점해야겠다고 생각했다. 그러나 그 일을 은밀하게 하기보다는 스캔들을 일으켜 가며 많은 사람이 다 알도록 하는 쪽이 더 효과적일 것 같았다. 그녀는 로저스에게 "나는 그를 봐야 합니다. 죽도록 보고 싶습니다."라고 악을 쓰듯 쪽지를 써서 보냈다. 로저스는 "그 애, 평발로 고생하는, 손톱 물어뜯는 애야."라고 손톱을 뜯을 만큼 불안하고 초조한 사람임을 암시했다. 뭐, 손톱이 문제이랴!

그녀는 이미 상상의 바이런과 사랑에 빠져 있었다. "이솝처럼 못생겨도 그를 알아야겠어요." 『차일드 해롤드의 순례』가 나온 지 얼마 안 되었지만 벌써 바이런의 인기가 하늘을 찔렀다. 아마 그녀를 바이런에게 소개한 사람은 홀랜드 귀부인이었으리라. 그녀를 바이런 앞에 데려갔더니 왠지 그녀는 푹 기가 죽어 버렸다. 그녀는 발꿈치를 축으로 빙 한 바퀴 돌더니 슬그머니 다른 데로 새버렸다. 그녀가 특별한 존재임을 런던의 아이돌 바이런 쪽에서 먼저 알아주지 않았기 때문에 자존심이 풍선처럼 바람이 빠져버렸기 때문이었으리라. 그날 저녁 그녀는 일기에 바이런을 "알려는 것은 미친 짓이고—나쁜 짓이고—위험해."라고 적었다. 어머니의 미친 난질에 자신의 가슴까지 멍이 들었기 때문에 남자를 사귈 때 엄청난 위험이 따른다는 것을 잘 알았다.

두 번째 만남은 홀랜드가에서 이루어졌다. 그때 캐롤라인은 피커딜리에서 켄싱턴까지 먼 거리를 남성 승마복을 입고 말로 달려와서 머리는 헝클어지고 온몸은 땀투성이였다. 그러나 금방 돌아오면서 먼지를 씻고, 열기도 가라앉혀서, 다소곳한 귀부인이 되어 있었다. 수녀처럼 완벽하게 두건을 쓰고 드레스를 입었는데 그 드레스가 투명하여 알몸이 비쳤다. 이처럼 그녀는 남성과 여성의 경계를 자유자재로 넘어 다녔다. 이때부터 몇 달 동안 그녀는 바이런을 죽을힘을 다하여 사로잡으려고 갖은 술책을 썼다. 그녀는 바이런에게 결론을 털놓았다. 자기는 미완성품이니 그가 꼭 완성을 시켜 주어야겠다고 하였다. 캐롤라인을 완성시킨다? 바이런은 그녀를 완성시키는 작업을 아무리 바빠도 내치지 않기로 하였다.

3월 25일 바이런이 처음 멜번가의 초대를 받았다. 그 집에 들어가니 사람들은 독일에서 들어와 한창 유행하는 왈츠(Waltz)를 정신없이 추고 있었다. 몸에 착 들어붙은 드레스를 입은 캐롤라인은 몸이 하도 재빨라 몸이 보이지 않을 정도였다. 바이런은 다리를 절기 때문에 춤은 추지 못하고 한쪽 구석에 머물러 있자니, 캐롤라인의 발 빠른 동작에 최면이 걸릴 지경이었다. 서로 껴안은 남녀가 음악에 맞춰 한 덩어리가 되니 참 보기에 민망하였다.

이날 바이런은 이 집에서 윌리엄 램의 외사촌이며 훗날 아내가 될 앤 이사벨라 (애너벨러) 밀뱅크(Anne Isabella (Anabella) Milbanke)를 처음 보았다. 그녀는 멜번 귀부인의 오빠인 랠프 밀뱅크 경(Sir Ralph Milbanke)과, 처녀 적 이름이 주디스 웬트워스(Judith Wentworth)인 밀뱅크 귀부인의 무남독녀였다. 애너벨러는 자식이 없는 외숙부 웬트워스 경(Lord Wentworth) 및 외숙모의 재산을 물려받을 상속녀였는데, 그 외가 쪽에는 재산이 많았고 또 돈이 나올 데가 괜찮게 있었다.

애너벨러가 태어났을 때 부모는 마흔을 넘긴 터라 늦둥이 사랑에 푹 빠졌다. 그녀는 크면서 학문에 대한 호기심이 남달랐기 때문에 그 어머니가 신동이 났다고 믿고 딸의 호기심을 잘 살려주었다. 그녀는 여자답잖게 수학에 특출한 재주가 있었다. 유클리드 기하학에서는 가정교사를 능가하였고, 어려운 기하문제도 막힘없이 척척 풀어냈다. 혼기가 다가오자 그녀 부모는 좋은 신랑감을 만나도록 그녀를 런던의 결혼 시장에 내놓았다. 런던에도 집이 있었지만 애너벨러는 고모가 더 좋아 거기서 기거하였다.

멜번 귀부인의 둘째 아들 조지의 아내도 역시 캐롤라인이었는데, 그 며느리는 데본셔가의 조지아나가 죽고 새로 안방을 차지한 첩실 엘리자베스 포스터의 딸이었다. 큰며느리 캐롤라인이 그 이모 집에 살 때 이 캐롤라인과 한솥밥을 먹고 자랐다. 피 한 방울 섞이지 않은 이종사촌이었지만 이제는 동서 간이 되었다.

애너벨러는 뉴캐슬(Newcastle) 남쪽의 시햄(Seaham)이란 곳에서 외로이 자랐다. 그녀의 집 시햄홀(Seaham Hall)은 그 읍에서 떨어진 황량한 곳에 외따로 있었고 거기서 1km 정도만 걸어 나가면 북해였다. 그녀는 일찍이 그 외딴 곳에서 베이컨(Francis Bacon)의 『학문의 진보』(Advancement of Learning)를 읽었고, 카울리(Abraham Cowley), 쿠퍼(William Cowper), 호라티우스, 매싱저(Philip Massinger), 스위프트(Jonathan Swift), 볼링브로크(Henry St John, Viscount Bolingbroke), 흄(David Hume), 로슈푸코(François de La Rochefoucauld)의 저작까지 광범위하게 섭렵하였다. 1811년에 처음으로 런던 사교계에 왔을 때에는 거의 세상 물정을 몰랐다. 그때부터 그녀는 런던의 휘그계의 유행에 빠져들어 무도회, 사교모임, 승마, 리셉션, 극장연회 등에 참가하였고, 당시 일류 초상화가에게 초상화도 한 점 그리게 했다.

1812년부터는 그녀에게 구혼자가 나타나기 시작하였지만 어느 누구도 그녀의 관심을 끌지 못했다. 바이런이 한 친구에게 『차일드 해롤드의 순례』를 한 권 증정했는데, 그는 곧 그 책을 애너벨러에게 빌려 줘서 그녀도 그 시집을 읽고 있었다.

처음 멜번가에 갔던 그 이튿날 저녁에 바이런은 다시 초청을 받아 멜번가로 갔다. 그 집은 2중구조로 되어 있었는데 대접견실은 천장이 높고 넓고 밝은 곳이며 거기에서는 정중한 만남이 이루어졌다. 그러나 그 홀 뒤엔 좁은 계단이 있고 그 계단을 올라가면 어둡고 은밀한 공간이 있었다. 바이런은 그리로 안내 받아 올라갔다. 일층에는 그녀의 시어머니가 방문객 몰래 모든 손님의 출입을 다 볼 수 있는 틈이 있었다. 캐롤라인의 방은 아마 그 건물의 가장 높은 곳에 있는 다락방이었을 것이고, 그만큼 외부와는 단절되어 있었다. 그녀가 그를 그런 곳으로 인도해야 할 이유가 있었으리라. 그 방은 아주 작았으며 침대, 의자, 책상, 그리고 러브시트라고 불리는 의자가 있었다. 창으로는 세인트제임스(St. James) 공원의 호수 위를 노니는 백조가 보였다. 지금도 세인트제임스 공원 쪽에서 보면 그 다락방의 창을 볼 수 있다. 이 첫 방문 후 바이런은 그녀에게 장미와 카네이션을 보냈다.

그 후 몇 주 동안 바이런은 매일 멜번가를 방문했다. 캐롤라인은 왈츠를 출 때 다른 남자의 품으로 들어갈 수 있었지만 정작 바이런의 품으로는 못 들어가는 것이 안타까워, 왈츠 추는 무도회 시간을 완전히 없애버렸다. 바이런이 계단을 올라가면 2층 접견실에는 언제나 사람이 없고 어두웠다. 그가 매번 신간 한 권을 들고 간 것은, 캐롤라인이 정신적인 허기를 느꼈기 때문이었으리라. 대중 소설을 많이 보아 온 그녀는 사랑의 개념이 신파조 같은 것이었다. 바이런은 그것을 놀렸다. "내가 가져다주는 책을 열심히 읽고 세련된 취향을 가지세요."

당시 영국에서는 캐롤라인과 같은 신분의 여성은 한 가지 조건만 충족시키면 마음대로 행동할 자유가 있었다. 그 한 가지 조건이 추문을 내지 않는 것이었다. 같이 초대받은 모임에서 그녀는 꼭 바이런에 붙어 다녔다. 바이런이 다른 여자와 이야기라도 하려고 하면 빨리 마차로 가자고 바이런을 끌어당겨 그 대화를 끊어버렸다. 바이런은 초대받고 캐롤라인은 초대받지 못한 모임에서는 집 바깥에서 마부들과 이야기하면서 그가 나올 때까지 기다렸다.

그러나 캐롤라인은 철없이 행동했으며 그녀의 사랑은 언제나 아슬아슬했다. 그녀는 누구에게나 당혹감을 안겼으며, 바이런도 막무가내로 덤비는 그녀의 원시적 에너지 앞에서 무력해질 수밖에 없었다. 캐롤라인은 그를 만나자마자 서신교환을 시작했다. 첫 편지에서 만약 바이런이 돈이 필요하다면 자기 보석을 다 줄 테니 처분해 쓰라고 했다. 그녀는 바이런의 마음을 사로잡기 위해서 만날 때부터 온갖 간살을 부리고 아양을 떨었다.

캐롤라인의 애칭은 '카로'였다. 바이런은 "불쌍한 나의 카로 (얼마나 작은 화산인가!), 그대 심장은 혈관에다 용암을 퍼부어 둔 것이군요. 나는 조금이라도 [그 용암이] 식었으면 하는 생각은 없다오. 당신이 지금 살고 있거나 2,000년 전에 살았을 [사람들 중에] 가장 영리하고, 싹싹하고, 엉뚱하고, 귀엽고, 사람을 난처하게 만들고, 위험하고, 매력적인 귀염둥이라고 내가 생각한다는 걸 알고 계시죠. 당신에게 아름다움에 대해 말하지 않겠어요."라고 써서 보냈다.

바이런은 캐롤라인이 유부녀임을 잊지 않았다. 그녀의 남편 윌리엄은 예술애호가이긴 하지만, 도박이나 경마에만 빠져 여편네가 무슨 짓을 하고 돌아다니는지 전혀 모르는 '반편이'라고는 생각하지 않았다. 그 남편은 자기 아내가 바이런에게 빠져 있지만 곧 지나갈 바람이라고 생각하는 듯했다. 그녀에게 바이런은 남편으로서는 채우지 못하는 허한 곳을 채워 줄 것 같았다. 그는 카리스마가 있었고, 유명했고, 또 자신의 도착된 성벽을 틀림없이 이해하고 만족시켜 줄 것 같았다. 윌리엄은 정중하기만 하여, 아무리 캐롤라인이 옷을 바꿔 입고 여우처럼 둔갑을 해도, 무덤덤하게 먼 산 보듯 하지 않는가.

그러나 한번은 캐롤라인이 자기 남편은 언제나 자기 가슴의 한 부분을 차지하고 있다고 말하자, 바이런은 그녀에게 불같이 화를 냈다. 남편보다 자기를 더 사랑한다고 맹세하라고 윽박질렀다. 그녀는 단호히 거절했다. 바이런은 "저런… 저 고집스런 작은 심장을 볼끈 짜버릴 거야."라고 씩씩거렸다.

그녀의 목소리에는 마법이 들어 있었다. 부드럽고 낮고 달래는 듯한 그 아름다움이 그를 사로잡았다. 캐롤라인은 일기장에 바이런에 관한 글귀를 남겼다. "저 창백하고 아름다운 얼굴이 내 운명이야." 바이런도 상당히 그녀에게 빠져서 멜번가에 가고 또 갔다. 그러나 완전히 정신을 잃지 않았던 것은 그녀가 파티에서는 너무 경박스러워서, 고운 정만큼 싫은 정도 다분히 있었기 때문이었다.

바이런은 한동안 캐롤라인의 편지를 읽고 답장을 쓰는 일밖에 다른 일이 없었다. 댈러스가 한번 방문해보니까 그가 온 줄도 모르고 무얼 쓰고 있어서 그냥 일어서서 와 버렸다. 그는 혼자서 이상한 미소를 지으며 머릿속에서 끝없이 아름다운 상상을 만들어 그것을 종이 위에 쏟아 넣고 있었다. 댈러스는 그 이튿날 다시 그를 찾았다. 바이런은 기분이 좋았으며 편지 쓴 상대가 어떤 숙녀인지를 이야기해 줬다.

바로 그때 그 숙녀의 급사라고 하면서 한 소년이 바이런에게 편지를 한 통 가져왔다. 열서넛쯤 되어 보이는 수려한 얼굴이어서, 댈러스는 그가 급사가 아니라 그 숙녀 자신이 아닐까 하는 감이 들었다. 진홍색 상의와 판탈롱 바지를 입었는데 가슴엔 은색 단추와 은색 수가 놓여 있었다. 손에는 깃털 달린 멋쟁이 모자를 쥐고 있었다. 댈러스가 다시 보고 그 소년은 변장했다는 것을 알아차렸다.

Lady Caroline Lamb in her Page's Costume
From a Miniature in the possession of John Murray, Esq.

시종 옷으로 변복한 캐롤라인

제11장 귀부인들의 질투 *263*

그러나 바이런은 이즈음 캐롤라인만 상대한 것은 전혀 아니었다. 캐롤라인도 그것을 눈치로 알았으며, 자기 외의 여자가 있다면 그녀에 대해 알아내야 한다고 생각하여 바이런 거처에 한 여자를 묻어두기까지 했다. 그리고 한번은 스스로 마부로 변장을 해서 바이런의 집에 직접 찾아왔다. 플레처는 그 변장을 전혀 알아보지 못하고 들여보냈다. 그러자 그녀는 금방 남장을 벗고 여장으로 갈아입었는데 그때서야 플레처가 보고 하도 놀라서 다리가 다 후들거렸다.

이처럼 캐롤라인은 바이런에 대한 자기의 지배력은, 하인 소년으로 변장할 때 배가된다는 나름대로의 계산을 했다. 그녀는 "내 펜은/페이지 밑에 있지요(My pen/is at the bottom of the page.)"라고 했는데 이 영어 문장을 자세히 뜯어보면, 페이지 밑에 있는 것은 "pen/is" 즉 페니스이다. 그녀는 페이지 밑에, 즉 내부에 페니스를 숨기고 다니다가 필요하면 그 남성을 드러냈다. 그래서 바이런은 그녀에게는 성(性)이 없다는 말까지 하였다.

그녀의 남편은 아내 때문에 시끄러워지는 것이 싫었기에 어지간한 일이면 그녀의 기분을 맞추어 주고 넘어갔다. 그런데 시어머니 멜번 귀부인은 그냥 넘어갈 수 없었다. 며느리와 바이런에게 경고를 줬다. 바이런은 멜번 귀부인에게 며느리가 자기에게 오는 것은 아무 일 없으니까 절대 걱정하지 말라고 했다. 그러나 분명한 것은 그녀가 진실로 사랑에 빠져서 그 사실이 스캔들로 급속히 퍼져 나갔으며, 그녀는 사람들이 그 스캔들을 많이 알면 알수록 그만큼 더 좋아한다는 사실이었다.

그녀는 한 무도회에서 바이런에게 다가와 함께 춤을 추자고 했다. 바이런이 같잖다는 듯이 무시하자 옆의 탈의실로 들어가 창문을 올리고 밖으로 뛰어내리려고 했다. 간신히 누가 그녀의 스커트 자락을 잡아 살려놓으니, 가서 물을 가져오라고 했다. 그녀는 유리컵의 한 부분을 물어뜯어 그 유리조각으로 자신의 살을 가르려고 했다. 겨우 말리고 한쪽에서는 싹싹 빌어서 그녀 집으로 보낼 수 있었다.

캐롤라인이 집에 와 보니 무던하던 남편이 이 날은 달랐다. 별거를 하자고 했다. 캐롤라인도 성난 김에 동의를 해 버렸다. 이 집 변호사를 불러

당장 이혼합의서를 작성하라고 하여 변호사가 그것을 작성하여 서명을 받으러 갔더니, 캐롤라인은 남편의 무릎에 앉아서 버터 바른 빵을 한 조각씩 떼어 남편 입에 쏙쏙 밀어 넣고 있었다. 변호사만 머쓱해졌다. 이들의 실제 별거는 12년 뒤에 이루어진다.

이제 캐롤라인의 시어머니 멜번 귀부인의 이야기를 할 때가 되었다. 바이런이 며느리 방에 들락거리는 것을 다 알고 있던 그녀는 우선 질투가 났다. 왜 저 꽃미남은 나를 방문해주지 않나? 바이런은 그녀 몰래 들락거린 것이 죄밑이 되어서, 그녀가 자기를 쌀쌀맞게 대해줄 것이라고 생각을 했다. 바이런이 멜번 귀부인을 처음 만나자, 그는 제발이 저려 앞으로 2층에서는 절대 아무도 만나지 않을 것이라고 말하여 시어머니의 걱정부터 풀어주었다. 또 그는 시어머니가 캐롤라인을 자기에게서 떼어내 주면 고맙겠다고 말했다. 자신은 앞으로 전적으로 그 시어머니의 말만 듣겠다고 하니, 멜번 귀부인은 내심 '그럼 그렇지!' 하면서 그 귀여운 꽃미남이 도움을 요청해 오기를 기다렸다.

예순두 살의 이 시어머니 엘리자베스 램(Elizabeth Lamb) 즉 멜번 자

왼쪽에서부터 멜번 귀부인, 그녀의 아버지, 오빠, 남편

작부인(Viscountess Melbourne)도 런던의 손꼽히는 여걸이었다. 그녀를 런던의 영국국립미술관에서 만나 볼 수 있다. 거기 걸린 그녀 친정 가족 그림을 보면 그녀는 뛰어난 미색을 갖춘 인물이다. 그녀의 얼굴을 뜯어보면 그리스의 이상적인 아름다움이 아니라, 남성에게는 감칠맛 나는 아름다움, 다소 요염한 아름다움이 깃들어 있다. 그녀도 미모, 지성, 자질이 출중하여 주변엔 늘 남자들이 모여들었다. 온화하고 합리적이며 유쾌한 성격에다, 재치가 빛나고 특히 사리가 밝았다. 그녀가 사교계에서 중추적인 역할을 한 25년 동안, 정치가, 귀족, 예술가, 지식인들에게 가장 비밀이나 고통을 털어놓고 싶은 여성이 누구냐고 설문했다면 다들 그녀라고 답했을 것이다. 그녀는 자신의 화려한 남자 편력을 모두 살 속에 기록했지 뇌리에나 노트에 새기지 않았다. 그래서 어떤 남자와 사귀었는가는 전혀 확실한 것이 있을 수가 없었다. 그렇다고 남성의 명단이 결코 짧은 것은 아니었다. 이 여자와의 밀애는 철저하게 다른 사람에겐 비밀이었기에 그녀와의 연애는 절대 뒤탈 없이 끝난다는 것을 모르는 런던 한량은 없었다.

 그녀의 연애에 대한 루머는 정황에서 나온 것뿐이어서 사람들도 정황으로만 숙덕거렸다. 캐롤라인의 남편인 윌리엄 램의 생물학적 아버지는 램 경이 아니라, 명석하고 미남인 에그리먼트 경(Lord Egremont)이라고 많은 사람이 결론지었다. 멜번 귀부인은 오랫동안 에그리먼트 경과 특별한 친구 사이였음이 이 결론을 가져왔다. 법적 아버지가 그를 두고 친자임을 부정한 적이 있었다는 소문도 돌았다. 그 동생 조지는 당시 대리청정하고 있던 왕세자 조지의 아들이고, 그 아버지의 이름을 따서 이름을 조지라고 지었고, 그 왕세자가 아기를 보러 온 적도 있었다는 소문이 돌았다. 그 외에도 특권층의 정부(情夫)가 한둘이 아니었으나 아이는 없었다. 그 귀부인은 모든 애인들의 사후(事後) 관리를 잘하여 헤어진 후에도 좋은 관계를 유지했고, 그 덕택으로 그들의 충고와 호의를 쉽게 구하였다. 가문의 명예에 위해 되는 일은 언제나 슬기롭게 피해나갔다.

 조지아나 자매가 사교계를 이끌면서 스스로 노름이나 남자에 빠졌지만, 멜번 귀부인이 궁극적으로 지향한 것은 권력이었다. 그녀의 아들

멜번 귀부인

이 훗날 총리가 된 것은 그녀의 이런 식의 인맥 쌓기와 무관하지 않으리라. 멜번 귀부인은 열여섯에 스무 살인 페니스턴 램 경(Sir Peniston Lamb)과 결혼했지만, 결혼 몇 달 안 되어 남편이 애인을 달고 다닌다는 것을 알았다. 분했다. 그 후부터는 세상과 윤리를 냉소하였다. 마음이 비뚤어져 어디든 순수한 사람이나 행복한 사람이 있으면 내심 복수부터 하고 싶었다. 그녀는 모든 사람에게 공포감을 불어 넣어 그들을 굳어지게 만드는 특별한 재주가 있었다. 그것은 거미의 생태와 비슷하기 때문에 남자들은 그녀를 '거미'라고 불렀다.

바이런이 멜번가의 고부(姑婦) 둘 다와 절친한 것은 분명 불길한 징조였다. 멜번 귀부인은 바이런을 데리고 앉아 몇 마디 묻지 않고도 스펀지가 잉크를 빨아들이듯 그의 가슴에 들어 있는 비밀을 몽땅 빨아들였다. 물론 며느리와의 연애 사실도 예외가 될 수 없었다. 사실은 바이런이 그 관계를 지나가는 말로 암시만 했겠지만, 그 방면에 대선배인 그녀는 그들이 어디까지 갔는지, 이 꽃미남이 무엇을 원하는지, 손금 들여다보듯이 훤히 알았다. 그리고 바이런이 여자 친구에게서 얻고 싶은 것을, 비록 몸은 늙었지만 자기도 내줄 수 있음도 은근히 내비쳤으리라. 바이런은 바이런대로 그녀의 사랑에 대한 감각과 순발력에 놀랐고, 그녀의 질투심을 적절히 이용하면 좋은 결과를 얻으리라는 생각을 잠깐 하게 되었다.

'거미'가 마법을 걸어 왔다. 그녀는 모성애를 못 느껴 본 꽃미남 시인을 응석받이로 감싸 주었다. 동시에 그녀는 바이런이 자기 자신의 속을 다 들추어내도록 어머니같이 푸근하게 자리를 깔아주었다. 바이런은 한창때가 지났지만 그런 여성에게 해 줄 수 있는 것이 무엇인지를 잘 알았

제11장 귀부인들의 질투 *267*

다. 그는 꾸준히 은밀한 편지를 쓰면서, 세월을 모르는 여마법사 같다고 잔뜩 추켜올렸다. 그때까지도 바이런은 분명 고부간에 양다리를 걸치고 있었으며 양쪽을 다 안심시켜야 하였기에 말이 헛나가지 않도록 나름대로 신중을 기했다.

훗날 블레싱턴 귀부인에게 바이런이 이런 말을 했다. "멜번 귀부인은 내 어머니가 되었으면 좋았을 분인데, 다른 젊은 여자들이 아직 깨워내지 못한, 내 감정의 한 가닥을 잘 깨워냈지요. 그녀는 매력적인 분-현대판 아스파시아(Aspasia, 아테네의 재색을 겸비한 여인, 페리클레스의 애인)라고 해야겠지요…. 가끔 이런 생각이 들어요, 조금만 그녀가 젊었더라면 내 머리는 팽 돌아버렸을 것이라는."

바이런이 3월 25일에 애너벨러를 처음 만났을 때 그녀는 조금 전에 바이런의 시집을 읽어보았기 때문에 그에게 쉽게 마음을 열 수 있었다. 촌뜨기 애너벨러는 고종올케의 현란한 왈츠 춤을 보고 내심 혀를 내둘렀다. 애너벨러는 통통한 사과 같은 얼굴에 장밋빛 뺨, 작은 몸피였다. 캐롤라인은 이 시외사촌(媤外四寸)을 기회 있을 때마다 초대를 했다. 그러나 애너벨러는 캐롤라인의 평판이 좋지 않아 그녀와 어울려도 좋은지는 매번 부모에게 물어 보고 초대에 응했다.

바이런은 이날 무도회 때 애너벨러를 만났던 기억을 훗날 이렇게 메드윈에게 이야기했다. "그날은 운명적인 날이었어요…. 방에 들어서자 나는… 소박하게 입고 소파 위에 앉아있는 한 젊은 아가씨를 보았는데, 가난한 친구 같은데 내 추측이 맞느냐고 [무어에게] 물어 보았어요. 그[무어]는… '저 여자는 대단한 상속녀라오. 당신은 [그녀와] 결혼해서 낡은 뉴스테드를 수리하면 좋겠네요.'라고 말하더군요. 애너벨러에게는 우리가… 보통 예쁘다라고 말하는 그 무엇이 있었지요. 이목구비는 고르지는 않았으나 작고 여성다웠어요. 피부는 상상 가능한 가장 아름다운 것이었고요. 체형은 키와 완벽하게 어울렸으며, 소박미에다, 다소곳하고 얌전하다는 감을 풍겼는데… 인위적인 격식과… 일부로 꾸미는 경직된 태도와는 참 대조되는 태도였지요. 그녀에 대한 나의 관심이 커졌지요."

애너벨러는 도덕주의자의 눈으로 왈츠 무도회를 보았고, 또 만약 자

바이런의 아내가 될 애너벨러 밀뱅크

신이 나서면 바이런의 지저분한 평판을 깨끗하게 만들 수 있을 것 같았다. 그녀의 눈에는 캐롤라인이 정점에 서서 물을 흐려 놓고 바이런이 그 흐린 물을 뒤집어쓰는 것처럼 보였다. 그녀의 고모는 바이런이 듣는 곳에서 애너벨러보다 더 착하고 지각 있는 아가씨를 보지 못했다고 그녀를 침이 마르도록 칭찬했지만, 그 유명한 시인의 품에 미쳐서 뛰어드는 여자는 그 질녀가 아니라 자기 며느리라는 것을 어찌 몰랐겠나.

바이런이 소박한 애너벨러에게 감명을 주는 것은 어렵지 않았다. 그는 자기와 이야기를 나누는 사람이면 누구든지 매료시킬 수 있다는 것을 잘 알았다. 그것이 홉하우스, 무어, 댈러스, 데이비스, 직업 권투선수, 하녀, 공작부인 등 성격이 전혀 다른 친구들을 그 주변에 머무르게 하는 이유였다. 4월 26일 애너벨러는 어머니에게 편지를 썼다. "그가 저를 앎으로써 얻을 수 있는 잠깐의 만족도 [제가] 거부한다면, 그것은 인간적인 행동도, 기독교인의 도리도 아니라고 생각합니다…. 그분은 제게 위험한 인물이 아니에요."

4월 19일에 캐롤라인은 파티를 열어 가까운 사람만 초대를 했다. 가족 외에 애너벨러, 지인으로는 로저스와 바이런만 특별히 초대하였다. 바이런이 애너벨러에게 약간의 관심을 보이니까 캐롤라인이 눈치를 채고 질투를 했다. 캐롤라인의 강샘을 전혀 눈치채지 못한 애너벨러는 그 올케를 통해 몇 편의 자기 시를 바이런에게 보여주고 평을 받아 달라고 했다. 이런 주제넘은 것이 있나!

바이런이 애너벨러의 시를 보더니 캐롤라인의 기대 이상으로 시와 시 쓴 사람을 칭찬해 주었다. 캐롤라인의 질투가 불같이 일어났다. 바이런은 솔직하게 이렇게 이야기했다. "분명 그 여자는 아주 특이한 인물이에요…. 나는 개발만 했다면 훌륭하게 되었을 재능이 있다는 것을 주저 없이 인정해요." 그러고는 바이런은 딴전을 피웠다. "나는 밀뱅크 양[애너벨러]을 알고 싶은 마음은 없습니다. 그 아가씬 타락한 인간이 알기엔, 또 알고 싶어 하기엔 너무 착하며, 그녀가 덜 완벽하다면 더욱 알고 싶어질 거예요." 캐롤라인은 애너벨러의 바이런에 대한 헛된 기대를 완전히 뿌리 뽑는 것이 제일 먼저 해야 할 일 같았다. 그녀와 단둘이만 있을 때 바이런은 자기가 벌써 점찍어 두었으니, 더 열 올리지 말라고 에둘러 침을 놓아 줬다.

4월 21일 바이런은 또 상원에 등원하여 두 번째 연설을 했다. 11명의 연사 중의 8번째로 등단한 그는 아일랜드의 가톨릭교도에게 동정심을 불러일으킨 뒤, 궁극적으로는 가톨릭을 해방시켜 주어야 한다고 강조하였다. 아일랜드에 있는 4백만 가톨릭들도 여타 지역에서 국민들이 향유하는 모든 권리를 꼭 같이 누려야 한다고 목소리를 높였다. 그 내용의 의

안은 이미 1805년에서 1811년까지 네 번이나 중요한 의제로 발의되었으나 다 부결되었다. 그는 신문에 익명으로 왕세자가 토리당과 새롭게 연대하는 것을 공격해 왔는데, 이때 의회에서 그들에게 정면으로 공격을 가했다. 그는 아일랜드에 배치받아 근무하고 있는 홉하우스를 통하여 가톨릭들이 탄압받는 다양한 사례를 잘 알고 있었다.

상원의원들은 한창 인기를 누리는 『차일드 해롤드의 순례』의 저자의 연설을 전보다는 더욱 진지하게 들었지만, 그렇다고 연설 그 자체가 그들에게 깊은 인상을 남긴 것은 아니었다. 그리고 칭찬의 말도 없었다. 휴가차 와 있던 홉하우스는 밤늦게 바이런의 연설을 듣고는 바이런이 의회를 웃음바다로 만들었다고 전했다. 그 후 그는 의회에 대한 관심이 점점 옅어졌다.

바이런은 사형 집행 현장 같은 끔찍한 장면을 보기 좋아했다. 그는 그런 장면은 찾아서라도 보고 온몸에 짜릿하게 흐르는 죽음의 전기를 느껴 보기를 원했다. 당시 영국에서는 존 벨링엄(John Bellingham)이란 자가, 자신의 사업실패는 정부에 책임이 있다고 생각하여 국회 하원 로비에서 당시 총리였던 스펜서 퍼시벌(Spencer Perceval)을 저격 살해했다. 바이런과 그의 두 친구는 5월 18일에 그 살인자의 공개 교수형 집행 현장을 구경하기 위해서 뉴게이트(Newgate) 교도소 앞에 세워진 교수대 맞은편에 창문 하나를 자릿세를 내고 얻었다. 그날은 자릿세가 엄청나게 비쌌다. 벨링엄의 교수형이 있던 바로 전날 밤 그는 창백했고, 몹시 흥분된 상태에서 "나는 그가 죽는 것을 봐야겠어."라고 캐롤라인에게 말했다. 교수형 집행일에 구름 같은 인파가 골목과 창문을 가득 메웠다. 새벽 세 시에 그는 자기 자리에 가서 그 처형을 보고 다시 캐롤라인에게 돌아왔다. 그때 그는 조용하고 평온해 보였다.

멜번 귀부인이 바이런더러 이제 결혼을 해야 하지 않겠느냐고 말하자, 그는 결혼을 해야만 캐롤라인을 영원히 떼어낼 수 있을 것이라고 말했다. 그녀는 친정 질녀를 그에게 시집보내면, 며느리의 미친 정을 잠재우는 효과도 있고, 친정 질녀에게 멋진 짝을 지어주는 효과도 있어 일거양득이라고 생각하였다.

캐롤라인은 바이런이 조금씩 뒤로 빠지려고 한다는 것을 눈치로 알고는, 어떻게 해서라도 그를 꼭 잡으려고 했다. 그러나 바이런은 자신이 꼭 그녀에게만 빠져 있는 것이 아니라는 것을 보여줄 필요가 있었다. 그래서 그는 다른 귀부인과도 의식적으로 재미있게 놀았더니, 그녀는 그에게 범같이 덤벼들어 다른 귀부인과의 대화나 관계를 사정없이 비틀거나 단절시켜 놓았다.

유월 중순 바이런이 홉하우스와 사촌 조지를 데리고 뉴스테드로 갔다. 수전이 나간 후 다른 예쁜 하녀들이 들어와 있었다. 뉴스테드에서도 홉하우스는 바이런이 크게 걱정이 되었다. 그가 보기에 바이런은, 캐롤라인에게 너무 빠져 있고 바이런이 은연중에 내뱉는 그녀와의 사랑의 도피가, 틀림없이 큰 재앙을 가져올 것 같아서 도저히 마음을 못 놓았다. 그들은 6월 13일 런던으로 돌아왔다.

캐롤라인의 가족들은 그녀가 바이런과 멀어지도록 그녀를 브로켓 별장에 '유배'시키기로 결정했다. 바이런은 캐롤라인이 그 별장으로 떠난 바로 그날 그녀에게 편지를 써서 부디 이성을 되찾으라고 말했다. 그곳에서 겨우 두 주를 보내고 그녀가 미친 듯이 돌아왔다. 이때 친정어머니가 딸을 보니 사랑의 고민으로 몰골이 형편없었다. 캐롤라인은 바이런이 자기를 멀리하려는 속내를 알게 되니 분하기 짝이 없었다. 어떻게 손 놓고 있으란 말인가.

6월 29일 세인트제임스가 8번지 바이런의 집에서 한바탕 소동이 일어났다. 캐롤라인은 일을 쉽게 풀기 위해 플레처에게 이런 쪽지를 보냈다. "플레처…. 바이런 경을 만나도록 내가 보내는 작은 외국인 시종을 당신이 잘 맞이해 주기 바라오. 그분께는 사전에 말하지 마시고, 그가 꽃을 가지고 갈 터이니 안으로 안내해 주시오…. 그 아이가 나라고는 생각하지 마시오. 또 당신은 그 시종이 아이임을 곧 알 것이고, 나는 그 아이가 나리를 [직접] 만나기를 바라니, 어느 시간이 가장 좋을지 알려 주시면 일은 수월해질 것이오."

그때 바이런은 홉하우스와 저녁 식사 중이었다. 물론 이날 바이런의 집에 나타난 그 외국인 시종은 캐롤라인 본인이었다. 그녀는 시동 복장으로 플레처를 감쪽같이 속이고 안으로 들어왔다. 그녀가 출현한 목적은 이제 마지막 방법으로 바이런과 함께 도망을 가기 위해서였다. 캐롤라인은 바이런을 데리고 침실로 들어가서 남자 옷 한 꺼풀을 벗겨냈다. 그 안에도 또 시종의 옷을 입고 있었다. 바이런이 흥분한 캐롤라인에게 집으로 가야 한다고 설득했지만 그녀는 포달지게 죽었으면 죽었지 그 침실에서 꼼짝도 하지 않겠다고 했다. 바이런이 하녀 옷을 가져와 갈아입히자 그녀는 거실로 나왔다. 그녀는 다시 그 집을 절대 떠나지 않겠다고 버텼다.

다급해진 것은 홉하우스였다. 어떻게 하든지 그녀를 내보려고 갖은 애를 썼지만 허사였다. 그녀는 신경질을 내면서 "피를 볼 거야."라고 위협했고, 홉하우스가 "안 나간다면 어쩔 수 없지 않소!"라고 응수했다. 그녀는 소파 위에 있는 예식용 검을 집으려고 하자 바이런이 말렸다. 바이런이 그녀의 청을 들어주려는 행동을 취하자 홉하우스가 절대 안 된다고 정색을 했다. 캐롤라인은 부디 두 사람만 그 집에 같이 있게 해 달라고 홉하우스에게 애원을 했다.

그녀를 돌려보내기 위해 캐롤라인에게 다시 하인 옷을 입혀 바이런과 함께 전세마차로 홉하우스 집으로 갔다. 거기서 여자 옷을 갈아입혀 애걸복걸하여 집으로 보냈다. 시가에서 모두가 용서할 것이라고 홉하우스가 싹싹 빌며 설득했기 때문에 가능했다. 홉하우스는 이때 자기가 개입하지 않았더라면 그녀는 바이런을 데리고 도망을 갔을 것이라고 믿었.

8월 9일 그녀는 다음의 글과 함께 선물로 자기 거웃을 몇 오라기 넣어 바이런에게 보냈다.

  캐롤라인 바이런—
 서자(Thyrsa) 다음으로 가장 사랑스럽고
 가장 진실한—당신에게 신의 축복을
 자신의 사랑—리코르다티 디 비온데타(ricordati di Biondetta)
  당신의 야성의 영양으로부터

연인들이 자신의 머리카락을 베어 편지에 동봉하는 것은 흔한 일이지만 거웃을 잘라 넣는 성애적(性愛的)인 행동은 상당히 이례적인 것이었다. "캐롤라인 바이런"은 캐롤라인이 바이런의 아내가 되었을 때 쓸 이름이므로 부부관계임을 선언하는 의미가 있다. "서자"는 아마 바이런이 죽은 애인 에들스톤에 관한 이야기를 해서 "서자"가 누군지 알았을 것이고, 그 애인 다음으로 "가장 사랑스럽고/ 가장 진실한" 애인이 바로 자기라고 밝혔다. "자신의 사랑" 앞에는 '나의'(My) 혹은 '당신의'(Your)를 넣어 읽으면 뜻이 통한다. "리코르다티 디 비온데타"는 '비온데타를 기억하라'라는 뜻이다. '비온데타'는 자크 카조트(Jacques Cazotte)의 소설 『사랑에 빠진 악마』(Le Diable amoureux)라는 소설에 나오는 여자 주인공 이름이다. 이 소설의 귀족 남자 주인공 돈 알바로(Don Alvaro)의 사랑을 얻기 위해, 사탄이 여자로 변신하여 그를 유혹한다. 그 여자는 자주 시종 차림을 하는데 아마 캐롤라인도 이 소설을 읽고 바이런에게 자주 시종 차림으로 나타난 것이리라. 자신의 서명 "당신의 야성의 영양으로부터"는 야성으로 가득 찼지만 영양처럼 온순한 사람이란 뜻으로 썼으리라.

그 아래 편지에는 이렇게 쓰여 있었다. "저는 당신에게 피는 보내지 말라는 말씀을 드렸지만, 지금은 [피를] 보내 주십시오—왜냐면 그게 사랑이라면 피를 갖고 싶어요. 저는 털을 바싹 잘라서 당신이 필요로 하는 이상으로 피를 흘렸어요—같은 짓을 하시지 말고 남성 거웃이 자라는 곳에 가위 끝을 갖다 대지 마세요—겨드랑이나 팔에서 자르는 것이 더 빠를 것이오—부디 조심하시압."

8월 12일 또 한 번 "작은 화산"이 폭발하여 주변을 바짝 긴장시켰다. 친정어머니인 베스보로 귀부인은 캐롤라인에게 부디 아일랜드에 있는 자기 별장에 남편과 같이 좀 가 있어라, 또 아일랜드까지는 자기가 직접 데려다주겠노라고 달래보았다. 그러자 캐롤라인은 화를 내면서 꼭 바이런과만 같이 도망가겠다고 했다. 그때 시아버지 멜번 경이 들어와서는 몹시 화를 내며 꾸중을 했다. 속이 뒤집힐 대로 뒤집힌 그녀는 모자도 쓰지 않고 뛰쳐나가, 바이런을 만나지 않고 한 외과 의사 집에 숨어버렸다. 친정어머니와 시어머니가 진동걸음으로 바이런에게 달려왔지만 바이런인들 그 미친 여자의 행방을 어찌 알았겠나.

약방 앞에서 그녀를 태워다 준 마차의 마부가 그녀의 편지를 바이런에게 전해 줬다. 읽어 보니 그녀는 영국을 떠나겠다고 했다. 포츠머스로 가는 마차를 예약해 두었고 거기서 어디로 가는 배든 첫 배로 출국해버리겠다고 했다. 바이런이 마차 주인에게 돈을 찔러 주고 다그치니 그 마부는 그녀를 켄싱턴의 어느 외과 의사 집에 데려다주었다고 실토했다. 바이런은 그 집을 밀고 들어가 반 강제로 그녀를 자기 마차에 실어다가 친정어머니에게 끌어다 주었다. 남편이 모든 것을 다 용서하겠다는 확답을 들은 뒤 그녀는 삐죽삐죽 집으로 들어갔다.

8월 14일 바이런은 멜번 귀부인에게 편지를 써서 며느리는 아무 잘못이 없으니 부디 용서해 주라고 했다. 책임은 자신에게 있고 가장 비난 받아야 할 사람은 자신이라고 말했다. 아주 신사다웠다. 그러나 멜번 귀부인 눈에는 며느리는 한없이 밉고 바이런은 행동거지 하나하나가 다 귀엽고 사랑스러웠다.

바이런은 캐롤라인이 9월에 남편과 어머니와 함께 아일랜드로 '유배'를 떠나는 것을 보고 한시름 놓았다. 이때 바이런은 이별의 편지를 써 보냈는데 그녀는 죽을 때까지 그 편지를 소중히 간직하였다. 그것이 그가 그녀를 사랑했다는 사실을 입증하는 증거가 되기 때문이었다. 그러나 그녀가 도저히 이해할 수 없는 것은, 왜 그가 그토록 자기를 사랑하는데 왜 자기를 떼어놓으려 하는가였다. "나는 이승의 모든 것과 무덤 너머의 모든 것도, 기꺼이 당신을 위해 포기하리라는 것을 알고 계시지 않소…. 나는… 당신의 것이었고 당신의 것입니다…. 그리고 당신 자신이 과거에 정하셨거나 지금 정해주시면 언제든, 어디든, 어떻게든 당신과 같이 떠날 것이오."

바이런은 캐롤라인이 유배지로 일단 가긴 갔지만 그녀의 광기의 폭발이 언제 일어날지 몰라서 계속 편지를 띄워 안정시켜야 했다. 베스보로 귀부인이 왕세자를 만났더니 그도 자기 딸 이야기를 잘 알고 있어서 얼굴이 화끈했다. 그에게 이야기해준 사람은 캐롤라인의 시아버지 멜번 경이었으리라.

마침내 뉴스테드가 팔렸다. 8월 14일 경매에 내놓았는데 그 이튿날 랭커셔의 변호사인 토마스 클로턴(Thomas Claughton)이 목재 및 3,200 에이커의 공원과 농장, 가구 등을 포함하여 전 부동산을 140,000파운드에 사겠다고 했다. 그러나 곧 클로턴은 후회하고, 몇 가지 구실을 대면서 25,000파운드의 계약금마저 지불을 연기했다.

한여름에 런던의 휘그계 귀족들은 휴가를 첼트넘(Cheltenham)에서 많이 보낸다. 바이런은 신장(腎臟)에 생긴 돌로 자주 고생을 했는데, 그곳의 염분 섞인 온천수가 그 칼슘 덩어리를 녹이는 데 효과가 있다고 하여 그도 8월 24일에 그리로 갔다. 그는 열세 살 때 어머니와 같이 그곳에 와서 멜번 언덕에 해가 지는 것을 감명 깊게 본 적이 있었다. 그때를 회상하니 젊음은 이미 지나간 것 같아 허전했다. 그곳 고급 온천장에서 저지, 홀랜드, 멜번 및 다른 런던의 친구들의 가족과 어울리니 새로운 기분을 느낄 수 있었다.

바이런은 9월 초 홀랜드 부부가 기한 전에 귀경하여 그들이 임대한 별장에 들어갔다. 바이런은 그곳의 유명한 의사에게 가서 진찰도 받았다. 그곳에 온 사람들은 약수를 마시고 구불구불하게 흐르는 첼트(Chelt) 강을 따라 난 올레길을 걸었다. 저녁마다 거리에는 무도장의 음악소리, 웃음소리, 카드 섞는 소리, 주사위 달그락거리는 소리가 났다. 여러 군데서 유랑 음악가와 인형극단을 불러 동네가 시끌벅적했다. 첼트넘에도 호스티스들이 경쟁적으로 바이런을 데려가려고 했다. 저지 백작부인은 거기서도 정기적으로 백 명 이상이나 되는 사람을 초청하여 대형 파티를 열었다. 그 외에도 연극 파티, 산책 모임, 승마 모임, 야회, 무도회 등이 열렸지만 바이런은 그런 모임은 공허하다는 생각이 들어 발을 들여놓지 않았다.

바이런은 모처럼 여자들에게서 해방되니 홀가분하여 정기간행물을 살펴 보기로 했다. 머리에게 최근 정기간행물을 부쳐 달라고 해서 『차일드 해롤드의 순례』에 관한 계간지 서평을 훑어보았다. 놀랍게도 거의 모든 평론가들이 호의적으로 평가해 주었다. 5월호 『에든버러 리뷰』가 그의 새 시집을 칭찬하였다. 제프리는 "전체적인 작품에는… 독립성과 독창성의 목소리"가 있어 신선한 감이 있다고 평했다. 바이런은 제프리에 대한 적대감도 어느 정도 풀렸다. 머리의 출판사에서 나오는 『쿼터리 리뷰』는 "시집에는 부주의한 변덕의 자취뿐만 아니라 진정한 천재의 흔적도 보인다."라고 했다. 토리 성향이 더 강한 『앤티재커빈 리뷰』는 직설적으로 차일드 해롤드의 성격상 결점, 정치적 편견, 비애국적 태도를 비난하고, 거기에다 상상력이 만들어 낸 양아치에게서나 볼 수 있는 불신자(不信者)의 성격이 들어 있다고 꼬집었다.

또 『새터리스트』도 훑어보았지만 그 저널이 휴슨 클라크에게 더 이상 원고 청탁을 하지 않았기 때문에 그의 글이 없어 얼마나 다행인지 몰랐다. 그 잡지는 이제 제대로 돌아와 있었다. 그 잡지마저 "『차일드 해롤드의 순례』에는 어떤 시인에서도, 어떤 시대에서도, 어떤 나라에서도 영예가 될 수 있는 많은 구절이 있다."라고 오히려 칭찬하고 있지 않는가. 바이런은 저절로 웃음이 나왔고 클라크가 불쌍하고 고소했다. 아무도 자신의 사생활을 들쑤시지 않아서 바이런은 마음 놓을 수 있었다.

그곳에서 바이런은 「왈츠」(The Waltz)라는 시를 썼다. 그는 그 시에 그 춤이 성적 방종으로 이어지지는 않을까 하는 걱정을 담았다. 내용은 시골 양반 호러스 호넘(Horace Hornem)이 가지는 그 춤에 대한 느낌과 정서를 주로 추적했다. 그 춤을 "라인강에서 수입한 제국의 왈츠!"라고 찬양하면서도, 그 춤이 영국 왕족을 상스럽게 만듦을 지적하였다.

그러나 첼트넘에서 조용한 날은 며칠 가지 못했다. 이탈리아 여가수가 나타나 그녀와 희롱하느라 정신을 다 뺏겼기 때문이었다. 바이런이 생각하기로 애너벨러에 장가들려면 시간이 있어야 하고 기본적인 인품을 꼭 갖춰야 하겠지만, 이 두 가지를 요구하지 않는 사람이 있으면 훨씬 더 편할 것 같았다.

홀랜드가 바이런에게 원고 청탁을 했다. 1809년 2월 24일에 드루리레인 극장(Drury Lane Theatre)이 화재로 홀랑 내려앉아서 그 자리에 새로 건물을 올렸는데 그 개관식 때 읽을 축시를 쓰라는 것이었다. 그는 그 먼저 축시를 공모해서 뽑되 당선된 사람은 20기니를 수여하고 10월 10일 개관식 때 로버트 엘리스턴(Robert Elliston)이 낭송할 것이라고 공고를 냈었다. 일주일 후 홀랜드는 112편의 응모작을 받아 보았지만 제대로

드루리레인 극장의 화재를 그린 그림

된 축시가 없자, 바이런더러 꼭 도와 달라는 편지를 보냈다. 그의 편지는 과공(過恭)이라고 할 만큼 겸손한 말투로 되어 있었다. 그는 바이런이 전에 보여 준 화재(火災)에 대한 놀랄 만한 시적 표현은, 누구에게나 갈채를 받을 것이라고 하면서 그를 한껏 띄워 놓았다. 당선되지 못한 시인들의 행짜가 보통이 아닐 텐데, 문학적 명성으로 그들의 입을 틀어막게 할 사람은 바이런밖에 누가 있겠느냐고 하였다.

바이런은 이때 쓴 축시만큼 다른 사람의 철저한 감독을 받아서 쓴 작품은 없었다. 바이런은 첼트넘에서 런던의 홀랜드에게 초고를 다섯 번 보냈고 그때마다 그는 수정하여 돌려주었다. 바이런은 어떤 곳은 두 가지로 써서 홀랜드로 하여금 고르게도 했을 뿐만 아니라, 그가 제안하는 것을 눈 딱 감고 그대로 받아들였고, 나아가 휘트브레드(Sir Samuel Whitbread), 셰리던, 랜즈다운(Lord Lansdowne) 등이 입 댄 것까지도 받아들였다. 10월 10일의 이 극장 개장식에는 애너벨러가 참석하여 바이런의 시가 낭송되는 것을 들었다. 그녀는 엘리스턴의 낭송이 형편없었다고 촌평했다.

애너벨러는 그즈음 대부분의 시간을 고모 집에서 보냈다. 고모는 바이런에게서 받은 편지를 모두 보여 주고 바이런에 대해 많은 이야기를 해주었다. 이때 애너벨러는 고모에게 바이런은 가정생활에서는 자기를 행복하게 만들어줄 것 같지 않다고 말했다. 그래서 그와는 '결혼'이 아니라 '우정'만 나누면 좋겠다고 했다.

고모는 질녀가 한심했다. 저 촌 것이 기회를 발로 차니 바보가 아닌가. 멜번 귀부인은 꼭 질녀만 좋게 하려고 바이런과 일을 벌이는 것은 아니었다. 자신을 애모하는 꽃미남을 질녀 문제를 핑계 삼아 자기 곁에 묶어두려는 속셈도 작용했다.

그는 멜번 귀부인에게 자기 삶은 모두 그녀의 손에 맡긴다고 했다. 자기에게서 캐롤라인을 걷어내 주는 일을 그녀가 해결한 만큼 자기의 결혼도 해결해 달라고 했다. 그러면서도 그는 몰래 캐롤라인에게 편지를 쓰는 이중성을 보였다. 그 이중성은 아일랜드에서 "작은 화산"이 언제 분화할지 모르기 때문에 사전 분화 방지용이었다. 캐롤라인은 '귀양'을 살면서 우편마차와 정기여객선을 탈 차비 8기니만 있으면 언제든 런던 어디라도 쳐들어갈 수 있다고 위협성 경고를 날리지 않았던가.

멜번 귀부인은 캐롤라인의 미친 소동은 바이런이 결혼을 해야 진정될 것이라고 생각했다. 그러나 바이런이 애너벨러를 사랑한다고 한 말이 진담일지, 또 착하기 이를 데 없는 질녀가 바이런의 변덕을 감당해낼 수 있을지가 최대 의문이었다. 그 점에 대해 바이런에게 묻자 그는 이렇게 대답했다. "제가 밀뱅크 양을 존경하는 이유는, 그녀가 영리하고, 상냥하고, 좋은 혈통을 이어받고 있기 때문입니다…. 사랑 말입니까, 그건 (아가씨만 제몫만 해준다면) 일주일이면 가능하죠. 게다가 결혼은 낭만보다 존경과 믿음이 있어야 되지요. 그리고 그녀는 남편 사랑을 받을 만큼은 아름답지만, 너무 많은 경쟁자를 끌어올 만큼 휘황찬란한 아름다움은 아니지요." 바이런의 그 말 속에 '청혼'의 의미가 있다는 생각이 그 '거미'의 머릿속을 스쳐지나갔다.

이때 멜번 귀부인은 질녀에게 편지를 쓰면서 신랑감의 이름은 대지 않고, 그녀는 어떤 자질의 남자를 좋아하는지를 물어보았다. 그녀는 오래 심사숙고해 10월 8일에 그 내용을 고모에게 공개했다. "그분은 의무감이 강하고, 감정을 통제하는 변하지 않는 원칙이 있고, 또 자기감정을 이성의 명령 하에 둘 수 있어야 해요…. 의심이 없어야 되겠고, 고질적인 나쁜 기질도 없어야 해요-또 사소한 일에 갑작스럽게 뜨거웠다 냉담해졌다 하는 격렬한 애정이 아니라, 제게 한결같이 흐르는 그런 애정이 있어야 해요."

애너벨러는 고모에게 적어 보낸 원칙에 스스로 바이런을 대입해 보았다. 그녀의 분석으로는 '그는 아니다.'라는 명쾌한 결론이 나왔다. 그러나 그는 참 재미있는 사람이라는 변수 때문에 그를 미련 없이 버릴 수가 없었다. 마음이 두 갈래였다. 고모가 바이런에 대한 그녀의 의견을 요구했기 때문에 고모에게 답장을 하기 전까지, 그녀는 그의 좋은 점 나쁜 점을 다 열거하다가 이런 결론을 내려 고모에게 보냈다. "그는 자기 생각에 좋다 싶으면… 스스럼없이 마음을 활짝 여는 쪽이죠. 자기가 존중하는 인품을 가진 사람들에게는 대단히 겸손하고, 그들에게 아마 자기 잘못까지 고백할걸요."

그러나 10월 12일 애너벨러는 이성적으로 돌아섰다. 고모를 통해 받은 바이런의 간접적 청혼을 정식으로 거절했다. 그렇지만 "일단 알면 자신에게 꼭 명예가 되고, 또 이성적인 즐거움을 주는, 그런 사람으로부터 멀어지기는 싫어요."라고 하여 상대의 마음을 비참하게 만들지는 않았다. 바이런은 그 거절을 기분 좋게 받아들였다. 그 거절하는 마음은 아직 "그런 일에 크게 관심을" 가지지 않았고, 또 순진하기 때문이라고 믿었다.

바이런이 다시 생각해 보니 그 "깜찍한 수학자"가 자기를 거절한 것에 대해 오기가 생겼다. 그런데 그 오기 때문에 오히려 더 마음이 끌렸다. 그는 멜번 귀부인에게 편지를 써서 이렇게 결론을 내렸다. "직각삼각형의 사변(斜邊)보다 더 어려운 저의 평행사변형의 공주를 데리고 애써 주신 데 감사드리고요…. 그녀의 행동은 직사각형이거나, 아니면 우리는 영원히 나란히 가긴 하지만 결코 만나지 못하는 평행선이에요." 그는 그 뒤 멜번 귀부인에게 "나는 다른 사람이 제 청혼을 받아들인 것보다 애너벨러가 거절한 것을 더 자랑으로 여긴다고 애너벨러에게 전해 주십시오."

라고 했다. 그는 다시 도전해야겠다는 생각이 들었고 재도전하면 성공할 것을 낙관했다.

애너벨러 이야기는 좀 미루고 이 해 6월로 거슬러 올라가서 다른 이야기를 하자. 바이런이 뉴스테드에서 6월 13일에 상경해서 보니 그가 없는 동안에 친구들이 그를 런던햄프던클럽(London Hampden Club)이라는 모임의 회원으로 추천하여 놓았다. 이 단체는 프란시스 버데트 경(Sir Francis Burdett) 같은 자유주의자 귀족들로 구성된 일종의 개혁지향 정치클럽이었다. 바이런을 6월 12일에 그 클럽에 끌어넣은 사람은 옥스퍼드 귀부인(Jane Harley, Countess of Oxford and Countess Mortimer)이었다. 이 클럽은 "점잖은 개혁자"들의 모임이지만, 노동계급 사람들을 옹호하다 보니 그 "불한당" 같은 사람들과 자주 어울려야 했다. 노동계급의 이익을 조정하는 것이 그들의 주된 임무였지만 그들 자신들이 상류층의 특권을 포기하면서까지 하층민을 돕는다는 것이 이율배반이었다. 바이런은 사실 이 모임이 불편했다. 그러나 옥스퍼드 백작부인을 보니 마음이 달라졌다. 그녀는 그에게 영감을 불러일으키는 뮤즈 같은 데가 있었다. 바이런은 쉽게 회원이 되었으나, 홉하우스는 토지 부동산에서 연수 300파운드 이상이 되어야 한다는 조건에 걸려 입회가 보류되었다.

6월 중순 그와 홉하우스는 옥스퍼드 귀부인의 무도회와 파티에 참석한 것을 계기로 그녀와 가까워졌다. 옥스퍼드 귀부인은 어떤 인물이었

옥스퍼드 귀부인

제11장 귀부인들의 질투 *281*

나? 그녀도 학식이 높고, 미모에다 매력적인 화술로 남성들의 인기를 모았고, 남성 편력도 누구 못잖게 화려하였다. 처녀 적 이름이 제인 엘리자베스 스코트(Jane Elizabeth Scott)였으며, 국왕에게 설교한 한 교구신부의 딸이었다. 그녀는 프랑스혁명사상을 호흡하면서 프랑스혁명의 이상주의에 빠졌다. 기질적으로든 이념적으로든 같은 의기(義氣)를 가진 잘생긴 남성을 보면 오금이 저렸다. 스물두 살 때 옥스퍼드 및 모티머 백작(Earl of Oxford and Mortimer)과 결혼했으나, 사실은 강제로 결혼을 당했었다, 아니 심지어는 팔려서 결혼 당했었다는 소문까지 돌았다. 그만큼 완전히 기운 결혼이었으리라. 궁합도 맞지 않았다. 그녀는 아주 똑똑하고, 이상적이고, 낭만적이었지만, 남편은 정치에 무덤덤하였다. 그 남편은 새 애인이 생기면서 아내는 돌아보지 않았다. 그러면서 이렇게 말했다. "[아내가 미처] 여자가 되기도 전에… 마음과 몸이 몹쓸 남자들에게 희생되어 수많은 아이를 낳았으며, 법에 따라 내 자신이 그 아이들의 아버지가 될 권리를 부여받았다." 그 말인즉 그녀는 아버지가 확실치 않은 예쁜 아이들을 5명 낳아 데리고 산다는 뜻이었다. 누가 옥스퍼드가 서재의 원고를 정리하여 『할리의 잡문(雜文)』(Harleian Miscellany)이라는 책으로 출판한 적이 있어, 사람들은 그 아버지 모르는 아이들을 통틀어 '할리의 잡종'이라고 불렀다.

그녀는 혁명 사상으로 가득 찬 이상형의 남자를 만나면 온몸을 바쳐 사랑하였다. 그 첫 대상이 당대의 최고의 개혁가이면서 국회의원인 프란시스 버데트 경이었다. 그는 아일랜드의 가톨릭 해방, 선거권 확장을 주장하였고, 피털루 학살(Peterloo Massacre)에 대해서도 정부 시책에 대해 맹공을 퍼부었다.

버데트는 성격이나 정치적인 비중에서 바이런이 꼭 닮고 싶은 사람 중의 하나였다. 그는 폭스보다 훨씬 더 과격했다. 그는 은행가 집안의 딸과 결혼하여 두둑한 처가 재산을 배경으로, 재물과 높은 관직에 초연했고 또 청렴결백했다. 그것 때문에 상류층에게는 가장 무서운, 또 대중들에게는 가장 존경받는 인물이 되었다.

그도 결혼생활에 불만이 있어 아내 대신에 찾아가 정치적인 회포를 푼 곳이 곧 옥스퍼드 백작부인이었다. 그와 옥스퍼드 귀부인 사이의 사랑은 일단락되었지만 계속 정치적인 동지로 남아 있었다. 옥스퍼드 귀부인은 그와 헤어진 후, 다른 멋진 남자 즉 그렌빌 경, 귀먹은 미남 해밀턴 경(Lord Archibald Hamilton)을 거쳤고 그 다음에 시야에 들어온 인물이 바이런이라는, 눈에 넣어도 안 아플 꽃미남이었다. 저 꽃미남을 잘 조련하면 개혁의 전사가 될까?

프란시스 버데트 경

이때 바이런이 열여섯 살 연상인 옥스퍼드 귀부인을 과연 사랑했을까? 어떻든 그녀와의 연애의 파장은 컸다. 멜번 귀부인은, 바이런이 자기 또래의 옥스퍼드 귀부인과 사랑에 빠졌다는 내용의 바이런의 편지를 읽고 속이 뒤집힐 대로 뒤집혔다. 바이런은 자신의 모든 연애를 미주알고주알 다 이야기해 주면서도, 자신과의 연애감정도 아주 소중하게 가꿔가던 청년이 아니었던가. 그녀는 바이런이 옥스퍼드 귀부인에게 빠졌다는 것이 생각하면 할수록 샘이 나서 못 견딜 정도였다. 그녀는 바이런에게 마침내 그의 애인은 다름 아닌 개혁의 "갈보"라고 심한 욕을 하는 고약한 심사를 드러냈다. 그러고는 일체 소식을 끊어버렸다. 괘씸한 자식! 하도 화가 나서 그녀는 두문불출도 해버렸다.

바이런은 멜번 귀부인의 침묵의 의미를 눈치챘고 그녀의 자존심을 꼭 원상 복구시켜야 한다는 것을 잘 알았다. 그녀가 쉽게 속을 풀 수 있는 계기가 찾아왔다. 바이런이 10월 4일 저지 부부의 미들턴(Middleton) 별장으로의 초대를 받아 갔더니 멜번 귀부인도 초대받아 와 있었다. 바이런은 그 별장에 1주일을 머무르면서 그 침묵의 귀부인과 처음으로 깊은 밤을 가졌다. 그는 그녀의 살 속에 쓰인 왕세자를 비롯한 기라성 같은 명사들의 긴 명단 끝에 정식으로 이름을 올렸다. 서로는 반지를 교환하고 믿음의 차원을 넘어서 "사랑에 빠진 우정"이라는 성숙한 단계, 그 야릇하고도 알 듯 말 듯한 단계로 함께 나아가기로 굳게 약속하였다.

첼트넘에서 옥스퍼드 귀부인이 전세 낸 별장은 바이런이 거처하는 별장에서 수 분 거리에 있었다. 그 집에는 늘 사람들이 북적거렸고 귀부인의 자녀 5명도 뛰어다니며 놀았다. 10월 중순에 접어들자 그곳이 바이런에게는 안방이나 다름없었다. 다른 방문객들이 돌아다니고 잡담을 해도 그는 거실 한쪽 구석에서 웅크리고 앉아 계속 편지를 썼다. 캐롤라인은 이때 바이런에게 편지 세례를 퍼부었다. 바이런은 따뜻하게 또 기계적으로 답장을 보내 주지 않으면 큰 곤욕을 치를 것을 잘 알았으리라.

이런 궁색한 바이런을 보고 옥스퍼드 귀부인은 그를 옥스퍼드가의 별장인 에이우드(Eywood)로 초대하였고 그는 물 흐르듯이 그리로 흘러갔다. 그는 10월 24일 옥스퍼드 귀부인의 '정식 기사(騎士)'의 자격으로 에이우드에 정착하였다. 누가 봐도 그는 그녀의 애인이고 기둥서방이었다. 에이우드는 인공 호수가 있는 25에이커나 되는 잘 가꾼 정원으로 영국에서 가장 낭만적이고 목가적인 곳이었다. 날씨는 아직 온화하여 그들은 많은 시간을 밖에서 보냈다.

에이우드의 옥스퍼드가 저택

'Brampton Bryan Hall' by Peter Evans via Wikimedia Commons under CC BY-SA 2.0.

바이런은 열여섯이나 연상인 아름다운 그녀를 두고 "가을의 매력"이 있다고 표현했다. 그는 훗날 메드윈에게 이렇게 말했다. "그 당시 나의 나이 두 배나 되고, 천사 같은 여러 명의 아이들을 거두는 어머니가 있었는데, 나는 여덟 달 동안 죽 그녀의 외간남자로 지냈습니다. 그녀의 '가을 같은 아름다움'이 나에게는 다른 여성의 '봄 같은 아름다움'보다 더 좋았습니다. 그녀가 내게 말하기를 그녀는 서른 살이 되기까지 사랑에 빠진 적이 없었다고 했습니다…. 그녀를 상대하기 이전에 나도 사랑에 빠진 적이 없다는 생각이 들었습니다. 나는 그때보다 더 뜨거운 사랑을 느껴보지 못했고, 그녀는 똑같은 뜨거운 열정을 돌려주었습니다. 나는… 그런 여성이 [당연히] 받아야 할 정도의 호감을 [보여주었으며], 사실은 그 이상의 사랑도 퍼부었습니다. 그녀가… 나보다 훨씬 훌륭한 남자들을 버리고 내게 온 것을 생각하면 나는 우쭐해졌습니다…. 이상하게 들릴지 모르나 그녀의 영향력은 대단하여… 그녀가 나 이외의 남자가 있다는 것을 내가 알았는데도, 나는 그녀와 헤어지기가 어려웠습니다. 한번은 그녀와 외국으로 애정도주를 할 뻔했습니다. 나는 가까스로 그 어리석은 행동을 억제했습니다."

바이런이 겪어 보니 옥스퍼드 귀부인은 결코 타락한 여인이 아니었다. 그녀가 바람을 피우는 원인은 오히려 남자 쪽에 있었다. 그녀도 변덕스럽긴 했지만 결코 누구를 속이지는 않았다. 바이런은 최근에 정복한 이 여성에 대해 홀랜드 같은, 둘 다 친구 되는 사람들에게 소식을 전했더니 모두들 너무 놀라서 입을 다물 줄을 몰랐다.

한번은 왕세자가 "젊고 아름다운 아내가, 잘생기고 멋진 남자와 일주일 이상 시골 별장에 가 있게 한" 것을 두고 옥스퍼드 경을 나무랐다. 옥스퍼드 경이 아내가 바이런과 별장에서 여러 날을 보낸 것을 알았을 때, 오히려 옥스퍼드 귀부인이 선수를 쳐서 남편에게 모든 것을 다 털어놓았다. 남편은 "아내의 솔직함과 고백이 너무 귀여워서 모든 것을 다 용서하기로 했다."고 말하고 더 이상 왈가왈부하지 않았다.

바이런에게 이 그림 같은 별장의 분위기는 낭만을 꿈꾸게 했다. 매력적인 정부(情婦) 외에도 그녀의 딸들과 친하게 지낼 수 있는 것도 빼놓을 수 없는 재미였다. 11살인 샬럿 할리 귀양(貴孃)(Lady Charlotte Harley)이 마음에 들었다. 그 애를 위한 찬사는 그 어머니를 위해 썼던 어떤 말보다도 더 따뜻하고 순수한 마음에서 우러나왔다. 그는 『차일드 해롤드의 순례』의 제7판의 서문에 '아이안시'(Ianthe)라는 이름의 "서녘의 젊은 요정"에 바치는 시를 썼는데 사실 그 대상은 바로 이 소녀였다.

캐롤라인은 바이런의 마음 뒤쪽으로 물러나 있었다. 바이런이 변덕이 생겨 캐롤라인에게 더 이상 사랑하지 않는다고 선언을 해버렸다. 그녀는 예상한 대로 폭발했다. 선언도 선언이지만 더 직접적인 뇌관이 된 것은 바이런이 쓴 편지지가 옥스퍼드 백작부인이 쓰는, 그 귀족 가문의 문장이 찍혀 있는 편지지라는 사실이었다. 캐롤라인과 옥스퍼드 백작부인도 친구 간이고 자주 편지 내왕을 하는 사이였다. 어떻든 간에 바이런이 여덟 달 동안 "가을의 매력"과 그림 같은 분위기 때문에 빠져 있었기 때문에 캐롤라인은 그의 마음에서 밀려나 있을 수밖에 없었다.

바이런은 1812년 11월부터 다음 해 6월까지 여섯 달 중 네 달은 완전히 에이우드의 낭만과 사랑만 파먹고 살았다. 그리고 그곳에 정이 듬뿍 들었다. 그는 세상이 더없이 번잡하여 교류를 끊었다. 이 기간 동안 그가 출타한 것은 런던 혹은 첼트넘에 가거나, 며칠을 미들턴의 저지 부부와 같이 지내거나, 해로나 핸슨의 집에 간 것이 전부였다. 그는 매번 떠날 때는 섭섭했고 돌아오면 자기 집처럼 푸근했다. 이처럼 세상의 번뇌에서 물러나 옥스퍼드 귀부인의 품에 안기면 더 이상 찾아야 할 행복이 없었다. 에이우드는 그에게 성적 만족과 안락한 가정생활 두 가지를 다 가져다주는 데 전혀 모자람이 없었다. 옥스퍼드 귀부인은 우유부단한 바이런을 부추겨 토리당과 전쟁을 벌이도록 자신의 몸과 가정을 내놓았던 것이었다. 그녀는 휘그계의 여성 사령관으로 바이런의 고충을 잘 읽고, 바이런이 의회에서 겪은 좌절과 캐롤라인과의 관계 때문에 생긴 고민부터 치유해야 했으리라. 나아가 그곳의 목가적 삶이 그에게 영감을 주어 그가 재충전하고 재무장하기를 바랐으리라.

바이런은 그녀와의 사랑을 작품에 거의 언급한 적이 없었다. 그녀는 바이런을 즐겁게는 했지만 시적 영감을 불러일으키지는 못한 것일까. 그녀와 친한 시기가 문학적으로는 거의 불모의 기간이었다.

바이런은 에이우드의 서재에 고서(古書)가 많이 묵혀 있는 것을 보았다. 그는 거기서 한 긴 시의 원고를 발견하였다. 그 시는 풀크 그레빌 브룩 남작(Fulke Greville, 1st Baron Brooke)의 시였는데 그 남작은 유명한 필립 시드니 경(Sir Philip Sidney)의 친구로서 그의 전기를 쓴 사람이기도 했다. 바이런은 그 원고를 기포드에게 감정 의뢰하되, 첫째 출판된 적이 있는가, 둘째 출판되지 않았다면 출판할 가치가 있는가를 판단해 달라고 했다. 그 원고는 원래 『할리의 잡문』 속에 있었지만 별다른 주목을 받지 못했었다.

이 목가적인 생활은 오래 지속될 수 없었다. 걱정했던 대로 캐롤라인의 편지가 왔다. 그러나 이제 바이런은 그녀에 대한 애정은 남아 있지 않았다. 멜번 귀부인에게 쓴 편지를 보면, 그는 그녀에게서 "구역질"을 느끼며, "비록 내가 다른 사람을 사랑하지 않는다 해도 다시는 그녀에게 말 거는 일은 없을 거예요."라고 했다. "나는 사랑할 대상 없이는 못 사는 사람이에요. 나는 완전한 만족을 누릴 수 있는 한 사람을 만났고…. 이젠 돌아서기에 너무 멀리 왔고 후회는 하지 않아요." 그의 삶 속엔 오직 옥스퍼드 귀부인만 있었다.

바이런이 멜번 귀부인에게 캐롤라인을 떼어내 줄 사람은 시어머니뿐이라고 했더니, 그녀는 그 일은 자기 혼자서는 안 되니까 바이런이 먼저 절교의 편지를 한 통 직접 쓰라고 했다. 그런데 그가 그녀에게서 온 편지를 읽으니 그 편지 글이 너무 애절하여 오히려 자신이 절교하자는 편지를 쓰려고 한 것이 부끄러워졌다. 그래서 그는 다시 캐롤라인이 실망시킬 편지는 도저히 쓸 수 없다고 멜번 귀부인에게 말했더니, 그녀는 지금 절대로 냉정해야 하니까 친절한 티는 눈곱만큼도 보이지 말라고 했다.

캐롤라인은 자신의 멘토였던 옥스퍼드 귀부인이 바이런을 채 갈 줄은 꿈에도 몰랐다. 그녀는 바이런에게서 소식이 오지 않으니 곧 광기가 도졌다. 그녀는 마지막으로 꼭 한 번만 만나자고 편지를 썼다. 답장이 없자 직접 편지를 들려 사람을 보냈다. 그것도 소용이 없으니까 직접 가겠다고 위협을 했다. 바이런이 공황 상태에 빠져서 도움을 청한 곳은 또 멜번 귀부인이었다. 11월 2일 부디 캐롤라인을 잡아 달라고 편지를 보냈다.

캐롤라인은 11월 9일 옥스퍼드 귀부인에게 직접 편지를 보냈다. 내용은 그 두 귀부인이 어떤 관계인지를 분명히 밝히자는 장문의 편지였다. 바이런은 옥스퍼드 귀부인에게는 그런 편지에 답해 줄 필요가 없다고 말하고, 자신이 짧지만 극도로 자제하여 편지를 썼다. "캐롤라인 귀부인 – 우리의 애정은 이제 우리 능력 안에 있는 것은 아니라오 – 내 사랑은 임자가 있소. 딴 여자를 사랑한단 말이오…. 당신에 대한 생각이 완전히 바뀌었소. 무엇이 이런 확신을 갖게 했냐면 말이오, 당신의 경솔, 당신의 변덕, 또 요새 미쳐서 [나를] 좋아할 때 이용한 그 비열한 핑계… 등이 모두 내 눈을 뜨게 했던 것이오. 난 이제 당신의 것이 아니라오."

캐롤라인은 약이 오를 대로 올랐다. 그녀는 영국으로 달려왔지만 바이런을 만날 수 없었다. 바이런에게 만나자고 졸랐지만 만나 줄 바이런이 아니었다. 그는 이미 옥스퍼드 귀부인에게 캐롤라인 따위는 절대 만나지 않겠다고 철석같은 맹세를 해놓은 터였다. 또 우연히 만날까 봐 런던 갈 일도 최대한 줄였다. 그는 에이우드가 더없이 좋았다. 화기애애한 분위기 속에서 "독서하고, 웃고, 아이들과의 까막잡기 놀이를 하면서" 즐거운 시간을 보냈다. 애너벨러와 결혼이 성사되지 않았던 것도 얼마나 다행한 일이던가.

11월 21일 바이런은 에이우드를 떠나 상경 길에 미들턴의 저지가에 잠시 머물렀다. 저지 귀부인을 좋아했지만 에이우드의 여주인만큼 매력적이지는 않았다. 그는 이 별장에서 홉하우스에게 그들의 골칫거리인 캐롤라인과는 결별하고 유부녀와의 사랑에 푹 빠져 있다고 편지를 썼다. "캐롤라인 귀부인과의 관계는 완전히 끝났네…. 나는 아직 결혼과는 거리가 멀고…. 결혼을 어느 때 하든, '공평한 정의의 신'께서 유부녀와 연애하는 꿀 재미만 풍성하게 내려 주실 것이라는 생각만 드네."

그러나 조용히 사라져 줄 캐롤라인이던가. 그녀는 내쳐진 것이 분하고 분했다. 첫째 그녀는 바이런이 자기 편지를 돌려줄 것을 바랐다. 바이런이 곧 돌려 줬는데 자신은 바이런의 편지를 돌려주지 않았다. 둘째 자기가 준 선물을 몽땅 돌려 달라는 것. 이미 옥스퍼드 귀부인에게 가 있을 테니까 돌려받으려면 꽤나 체면을 구길 것이라는 계산을 해서였다.

바이런은 11월 30일 런던 도버(Dover) 가에 있는 바츠(Batt's) 호텔에 와서 우선 자기 발등의 불부터 꺼야 했다. 서른여섯 통의 편지가 기다리고 있었다. 캐롤라인의 끈질긴 편지와 빚 독촉에 관한 것들이었다. 뉴스테드를 산 클로턴은 계속 계약금을 지불하지 않다가 겨우 5,000파운드를 가져왔다. 바이런은 그 일부로 미안하기 그지없는 데이비스의 장기 부채부터 갚았다. 여행 갈 때 빌린 돈을 그때서야 갚은 것이다. 빚쟁이들은 그 부동산이 매각되었다는 이야기를 듣고 벌떼처럼 몰려 왔다. 핸슨은 바이런에게 2차 매매에도 그 정도 값을 받기가 힘드니, 클로턴이 가급적이면 그 부동산을 포기 못 하도록 하면 좋겠다고 일러주었다. 친구들도 끊임없이 도움을 청하러 찾아왔는데 그들을 다 도울 수 없는 것이 안타까웠다. 그는 마지못해 호지슨에게 500파운드를 빌리고 채무증서에 서명해 주었다. 그러나 그 돈으로도 자형의 노름빚을 못 갚아 고생하는 누나는 도저히 어쩔 수가 없었다. 바이런은 재정적인 상황이 어렵다는 것을 보여주려고 말을 팔고 마부도 내보냈다.

세자빈 캐롤라인

바이런이 세자빈을 만난 것은 이즈음이었으리라. 세자빈이란 대리청정하는 왕세자 조지의 아내 캐롤라인(Caroline Amelia Elizabeth)을 말한다. 많은 친구가 그녀를 알고 또 그녀의 은혜를 입었고 옥스퍼드 귀부인도 세자빈의 켄싱턴궁을 자주 출입하였다. 그녀는 왕세자의 독일 고모의 딸 즉 여고종이니, 그녀로서는 외사촌과 결혼한 셈이었다. 그녀는 1795년에 결혼하였으나 그 이듬해부터 소박 당했다. 그녀가 결혼해 와서 보니 왕세자는 이미 불법

제11장 귀부인들의 질투 289

적으로 결혼한 마리아 피처버트(Maria Fitzherbert)라는 정부가 있었다. 세자빈은 딸 하나를 낳았는데 샬럿 공주(Princess Charlotte of Wales)였다. 그러나 그 세자빈은 딸을 평생 못 보도록 억울한 규제를 받아야 했다.

1811년부터 1820년까지
정신이상증세를 보인 조지 3세

왕세자는 바이런이 태어나던 그 해에 부왕이 광증을 보여, 잠시 대리청정하다가 부왕이 정상을 되찾자 권력을 돌려주었다. 그런데 1811년부터 다시 부왕이 정신이상 증세를 보이자, 그때부터 부왕이 승하하는 1820년까지 대리청정을 하였다. 그는 사치스럽고 방탕하여 궁정의 분위기를 흐려 놓았다. 그는 음주, 노름, 엽색에 빠져서 조야간에 큰 물의를 일으켰다. 그로 인해 상류사회가 화려한 사치, 환락, 방탕, 악덕의 세상으로 변했다고 해도 과언은 아니었다. 특히 이 특이한 시대를 섭정기(Regency)라고 했다. 이 시기의 불안하고, 관능적이고, 우울하고, 충일(充溢)하는 정서는 그 뒤에 올 세기말의 그것과 비슷하였다.

바이런도 휘그계 사람들처럼 소박당한 세자빈을 동정했다. 그녀가 생전에 기거했던 궁이 켄싱턴 궁이었고 그곳으로 그녀를 동정하는, 주로 휘그계 인사들이 많이 들락거렸다. 거기서는 또 휘그계의 본부라고 할 홀랜드의 저택도 멀지 않았다.

그러나 바이런에게 왕세자를 만날 기회가 생기자, 그는 어떤 토리당원보다 더 강하게 그 기회를 잡으려 했다. 1812년 6월에 존슨 양(Miss Johnson)이 주최하는 연회에서 그는 섭정 왕세자에게 소개되었다. 이 파티에서 왕세자는 『차일드 해롤드의 순례』의 저자가 왔다는 소식을 듣고,

측근에게 만나고 싶다는 의향을 전하여 그를 만났다. 왕세자가 문학 이야기를 꺼내자 바이런의 스스럼은 사라졌다. 월터 스코트에 대해 둘은 신이 나서 이야기를 나누다 보니 여러 가지 격식과 신분의 차이가 사라졌다.

왕세자는 『차일드 해롤드의 순례』에 대해 칭찬을 잔뜩 하면서 바이런에게 너무나 정중하게 대해서, 바이런은 왕세자의 궁중 아침 인견 때 인사를 올리겠다고 했다. 인견이 예정된 날 아침 댈러스가 우연히 그의 방을 찾아가 보니, 그는 놀랍게도 최고급

훗날 조지 4세가 되는 왕세자

궁중 의상을 준비해서 입고 있었다. 머리에는 하얗게 분까지 발랐다. 화려하게 수놓은 궁중 예식용 조끼와 검은 실크 바지 위에 25개의 멋진 단추가 달린 최고급의 올리브 색 코트를 입고, 체인과 실크 벨트와 화려한 예식용 철검을 착용했다. 버클이 있는 구두를 신고 삼각모를 써서 그 궁중 의상 일습을 갖추는 데 엄청난 돈이 들었을 것 같았다. 이때가 바이런이 가장 신경 써서 가장 화려하고 값비싼 옷을 입었을 때였으리라. 이렇게 완전 정장을 했지만 이날 알현은 불발로 끝나고 말았다. 왕세자가 접견 시간을 연기시켜버리자 갈 마음이 싹 사라져 버렸다. 그 후 그는 왕세자에 대해서 불경스럽게 말하는 종래의 습관으로 되돌아갔다.

사교계 사람들을 풍자하고 냉소하기 좋아하던 바이런이 태도를 바꾼 것은 이즈음이었다. 그는 그들을 받아들였고 밀려오는 초청에 점점 더 많이 응했다. 새 친구들이 『영국 시인과 스코틀랜드 평론가』를 더 출간하지 않으면 좋겠다고 이야기하자, 바이런은 출판업자 코손에게 통고를 하여 그 시집 5판을 전부 소각하라고 통고했다. 물론 5판 인쇄비용과 다

른 두 작품 출판에 든 경비를 다 떠안기로 했다. 그렇지만 코손으로선 그 전의 4판까지의 수익이 있었기 때문에 전혀 더 보상을 요구하지 않아도 되었다. 『영국 시인과 스코틀랜드 평론가』가 절판되자 이미 나와 있던 책의 가격이 뛰었고, 아일랜드에서는 해적판이 나돌았다.

바이런은 12월 3일과 7일에 의회에 등원했다가 알버말가 50번지로 이사한 머리에게 가서 몇 가지 일을 본 뒤, 크리스마스 한 주 전에 다시 에이우드에 가서 달콤한 은거에 들어갔다.

캐롤라인은 다시 브로켓의 별장으로 내려갔다. 사실상 바이런을 만날 길이 막히자 브로켓 공원에서 바이런의 제웅을 만들어 화형에 처하는 굿을 했다. 동시에 바이런에게서 받은 모든 편지를 불태웠다. 그러나 원본은 나중에 봐야 하기 때문에 잘 간직하고 사본을 한 부씩 만들어 태웠다. 흰옷을 입힌 일군의 아가씨들이 불 주위를 돌면서 그녀가 지은 바이런의 죽음을 애도하는 만가를 부르게 했다. 그녀는 은단추가 있는 멜번가의 하인 제복을 입었는데, 거기에는 바이런가의 모토 '바이런을 믿어라' 앞에 'Ne'를 넣어서 "바이런을 믿지 말라."(Ne Crede Byron)가 쓰여 있었다. 런던 장안의 사람들은 이 이야기를 듣고 웃음을 참을 수가 없었다.

제 12 장
오거스터와 애너벨러 사이
(1813년)

(1813년) 바이런은 아름다운 에이우드에서 새해 1813년을 맞았다. 그는 열정, 욕망, 갈등의 속세를 떠난 은자처럼 평화와 자유와 행복을 누렸다. 그러나 옥스퍼드 귀부인을 찾아오는 손님이 없는 조용한 날에는 독서와 음악 감상으로 보냈다. 그는 1월 3일 옥스퍼드 귀부인의 초상화를 주문했고 그것이 완성되면 사람들이 "안 보도록" 잘 싸서 머리에게 맡겨달라고, 핸슨의 100기니 수표를 끊어 홉하우스에게 보내어 부탁하였다.

그러나 그 낙원에도 뱀은 있었다. 아무런 답장을 주지 않아도 끊임없이 보내오는 캐롤라인의 편지가 그것이었다. 그녀는 가탈을 부리고 바이런에 조애를 보였다. 바이런의 필체를 모방한 편지를 한 통 써서 머리에게 보내면서, 머리가 보관하고 있는 옥스퍼드 귀부인의 초상화는 사실 캐롤라인이 맡긴 것이니까, 그녀가 찾으러 오거든 내주라고 했다. 그 후 그녀는 직접 출판사에 가서 그 그림을 받아서는 유유히 사라졌다. 물론 머리는 조금도 의심치 않고 내주었으리라.

바이런은 옥스퍼드 경이 와서 같이 지내니 불편했으리라. 바이런과 옥스퍼드 부부는 에이우드를 함께 떠나기로 했는데 1월 7일 옥스퍼드 경

1813년경의 바이런

이 먼저 떠나자, 그 연인들은 얼씨구나 하면서 열흘을 더 같이 보낼 수 있었다. 옥스퍼드 귀부인은 1월 17일 아이들과 하인들을 데리고 떠나고 바이런은 따로 떠났다. 아이들을 바로 런던으로 보내고 그들만 도중에서 만나 같이 런던으로 갔다.

바이런은 베네트(Bennet) 가 4번지에 숙소를 정하고는, 모든 궤도를 옥스퍼드 귀부인과 같이했다. 제일 큰 걱정은 캐롤라인이 어디서 불쑥 튀어나올지 모르는 것이었다. 당연히 그는 멜번가에는 발걸음을 끊고 멜번 귀부인의 극장 초대에도 응하지 않았다. 바이런이 바늘 가는 데 실 가듯이 옥스퍼드 귀부인을 따라다니다 보니 세자빈 모임에도 참석하게 되었다. 처음에 그는 세자빈이 다소 지겨웠다. 2월 3일 켄싱턴궁의 세자빈의 모임에는 바이런, 옥스퍼드 부부, 제인 할리 귀부인(Lady Jane Harley), 버데트 등이 참석하여 만찬을 함께했고 바이런은 그 이후론 세자빈의 사교 모임에 자주 갔다.

세자빈이 바이런을 대단히 좋아하였다. 그녀는 소탈했고, 음담패설도 잘 했고, 독일에서 왔기 때문에 말에 독일어 억양과 낱말의 오용이 들어 있어 바이런은 그것이 꽤나 재미있었다. 그녀는 아직도 'th' 발음을 못 내어 'd'로 발음했다. 그녀는, 바이런이 기분에 따라 예측 불가능한 행동을 잘 한다면서 그런 행동을 왜 자기에게는 보여 주지 않느냐고 지분거렸다. 그녀는 한번은 이런 말을 했다. "옥스퍼드 귀부인은 과거 어떤 때보다 더 폭 사랑에 빠졌어요. 그녀는 어느 날 저녁에 나와 함께 있었는데 바이런이 너무 화를 내니까… 옆방에 가서 혼자 울잖아요."

옥스퍼드 귀부인이 다른 잘생긴 젊은 남자에게 추파를 던지는 듯했다. 다시 버데트를 만나는 것 같기도 했다. 그러나 바이런은 그런 것은 아무 문제가 안 되었다. 그는 옥스퍼드 귀부인의 분노를 산 적이 딱 한 번 있었지만, 그 이야기는 바이런이 과장한 이야기일 수 있다. 바이런이 당시 열세 살이었던 옥스퍼드 귀부인의 딸 샬럿 할리 귀양을 덮치려다 그녀에게 발각이 되었다는 것이었다.

『차일드 해롤드의 순례』 제7판을 찍을 때 바이런은 그 판을 샬럿 귀양에게 바쳤는데 이 서시에서는 앞에서 이야기했듯이 이름을 샬럿에서 '아이안시'로 바꾸었다.

샬럿 할리

아이안시는 그리스 신화에 나오는 아가씨로 이피스(Iphis)와 사랑에 빠져 결혼하게 되는 인물이다. 그녀를 찬양하는 일곱 개 연에서 시인은 그 아이에 대한 연정을, 그 애에게 뮤즈가 되어 달라는 간청으로 바꿔둔다. 그 애의 존재는 "지상의 날개 없는 사랑의 신의 이미지"를 띠게 한다.

옥스퍼드 귀부인은 6월에 출판될 그 『차일드 해롤드의 순례』에 아이안시의 초상화를 넣고 싶어 그 딸의 초상화를 주문했다. 그 당시 바이런은 옥스퍼드 귀부인과의 관계는 끝냈다고 말은 했지만, 3월 말에 또 에이우드에 옥스퍼드 부부와 같이 들어가서 4월을 그곳에서 보냈다. 그리고 초여름에 그 가족이 시칠리아로 여행을 떠날 때 같이 따라갈 생각도 가졌다. 그가 거기 있을 때 그는 멜번 귀부인에게만 은밀하게 옥스퍼드 귀부인이 자기의 아기를 가졌다는 놀라운 소식을 전했지만 그 후에는 전혀 더 언급이 없었다. '할리의 잡종'이 한 명 더 늘 뻔했다.

3월 28일 바이런은 캐롤라인에게 옥스퍼드 귀부인의 초상화를 돌려 달라고 했지만 순순히 돌려 줄 캐롤라인이 아니었다. 캐롤라인은 바이런이 런던에 있을 동안 꼭 한번 만나자며 떼를 썼다. 바이런은 옥스퍼드 귀부인이 보는 가운데 만나자고 하니, 그녀는 바이런의 머리카락 한 타래라도 꼭 보내달라고 애원을 했다. 그는 옥스퍼드 귀부인의 머리카락을 한 타래 잘라 보내 주었다. 이미 마음이 떠났으니 남은 것은 그런 싱거운 짓뿐이었다.

캐롤라인이 가짜 머리카락 한 타래 받았다고 달라지는 것은 없었다. 그녀는 다시 그림, 편지, 장신구 등을 몽땅 돌려 달라고 했다. 바이런은 그녀에게서 선물 받은 반지를 이미 샬럿 할리에게 줘 버린 후였다.

바이런은 4월 20일 이전에 혼자 런던에 돌아왔다. 그는 캐롤라인에게 옥스퍼드 귀부인이 면회 금지령을 거뒀으니 그녀를 만날 수 있다는 편지를 써서 멜번 귀부인을 통해 전달케 하였다. 시어머니를 통하는 것은 캐롤라인에 관한 모든 일은 그녀와 함께 도모한다는 것을 보여주기 위해서였다. 그 편지에 "당신은 '나를 파멸(ruin)시키겠다.'고 했지요. 고맙지만, 나는 이미 내 스스로 파멸시켜 놓았소. 파괴(destroy)시키겠다고요? 그러면 아마 당신은 내가 할 수고를 덜게 해 주는 셈이지요."라고 썼다.

바이런이 그녀를 만났을 때 화해도 하지 않았을 것이고, 그렇다고 모질게 대하지도 않았으리라. 그는 절대 여자에게 모질게 대하지 못했다. 오히려 마음이 약해져서 동정을 보였으리라. 캐롤라인이 훗날 메드윈에게 한 말이 이를 뒷받침했다. "우리의 만남은 그가 말한 것과는 달랐어요. 그는 용서를 빌었어요. 미안한 표정이었고요. 그러곤 울었어요."

옥스퍼드 귀부인이 시골에 있는 동안 바이런은 옛 친구를 찾아보았다. 로저스와 무어와 자주 어울렸다. 4월 20일에는 무어가 그를 데리고 리 헌트에게 면회를 갔다. 헌트는 유명한 주간 신문 『이그재미너』(Examiner)의 편집인이었는데, 그와 그의 형은 그들의 신문에서 섭정 왕세자를 모욕하여 불경죄로 걸려 2년형을 받고 복역 중이었다.

리 헌트

헌트는 어떤 신문에 발표된, 왕세자에게 입이 닳도록 아첨하는 글을 보고 뱃이 꼴려 도저히 가만있을 수 없었다. 「성 패트릭스 데이의 왕세자」(The Prince of St. Patrick's Day)라는 글로 직격탄을 날렸다. 그는 왕세자에 대해 "사랑스런 아도니스라는 자가, 쉰 살이나 먹은, 살이 뒤룩뒤룩 찐 자라니! 요컨대 이 유쾌하고, 행복하고, 현명하고, 같이 즐길 수 있고, 존경할 만하고, 덕성스럽고, 진실하고, 영원하다는 왕세자가, 스스로 식언하는 자이고, 빚과 치욕을 뒤집어 쓴 난봉꾼이고, 가정을 파탄 내는 파락호이고, 노름꾼과 갈보의 친구이고… 단 한 번의 자기주장도 없이 반세기나 나라를 폐색게 한 자가 아닌가."라고 인격모독성 독설을 속 시원히 퍼부었다. 그는 서리 교도소(Surrey Gaol)에 갇혀 있었다. 그러나 그는 오히려 그 글로 휘그당 쪽 사람들에겐 영웅이 되었고, 자유주의의 순교자라고 많은 사람의 존경을 한 몸에 받았다.

제12장 오거스터와 애너벨러 사이 *297*

교도소는 놀랍게도 호화판이라 교도소라 할 수 없었다. 바깥에는 꽃 장식한 정원, 안에는 책, 흉상, 그림, 피아노까지 있었다. 헌트는 바이런 같은 유명한 귀족 시인이 면회 오니 황송했다. 그는 꽃으로 장식한 감방에서 『리미니 이야기』(Story of Rimini)라는 책을 쓰고 있었는데 바이런은 그 글에 참고가 될 만한 책을 가져다주었다. 나중에 헌트는 이렇게 고백했다. "나는 귀족에 이전보다 더 많은 가치를 두게 됐어."

헌트는 자기와 같이 식사를 하고 가라고 요청했고 바이런이 흔쾌히 받아들였다. 콜드바스필즈 교도소(Cold Bath Fields Prison)는 1813년 6월에 그 높은 담벼락 안에서 유명 시인 바이런 경을 영접하는 영예를 기록했다. 이 식사에는 헌트 가족 외에도 몇몇 문인이 참석하였다.

옥스퍼드 귀부인은 5월 27일에 런던에 왔고 아마 바이런이 6월 1일에 한 등원은 그녀가 권해서 이루어졌으리라. 그는 카트라이트(John Cartwright) 소령 대신으로 청원서를 한 통 상원에 접수시켰다. 그 청원서는 199,000명의 서명이 든 의회를 개혁시키자는 내용의 것이었다. 바이런은 카트라이트와 같이 공포와 편견에 맞서 헌법에 보장된 언론의 자유를 찾자고 부르짖어 왔다. 바이런은 그런 내용으로 연설을 했으며, 그의 유일한 지지자는 과격자유주의자라고 당에서 출당 당한 스탠호프(Standhope) 백작뿐이었다. 그는 마침내 "나는 세 번이나 연설을 했지만—내가 연설가가 되는 데에는 의문이 들어."라고 말했다. 정치가로서 한계를 느꼈고, 수호 여신처럼 열정과 영감을 쏟아 넣어준 옥스퍼드 귀부인만 눈앞에 어른거렸다. 그는 결국 더 이상 영국의 정계에 머뭇거릴 이유가 없었다.

바이런은 애너벨러를 다시 만났다. 그는 지금까지 유일하게 그에게 퇴짜를 놓은 여성임을 잊지 않았다. 그녀는 후에 「비망록」에 이렇게 썼다. "나는 그를 보자 온 가슴이 떨렸다—그러곤 처음으로 내 손을 내 주었다. 그는 그것을 지그시 누르면서 창백해졌다. 아마—의식은 못 했지만—내 쪽의 약혼은 [그때 그렇게] 이뤄졌다."

바이런이 아무리 이중, 삼중의 사랑에 빠져 정신이 없어도 밤으론 꼭 시를 썼다. 신통했다. 그의 손가락에는 언제나 잉크가 묻어 있었다. 그는 동양 이야기 『이교도』를 그 전해 11월에 시작하여 계속 몇 행씩 써 보태어 3월 하순 그가 에이우드로 가기 전에 초고를 완성하였고, 서점에 나온 것은 6월 5일이었다. 이 시의 원제목인 "Giaour"는 원래 튀르키예어로 '이슬람이 아닌 이교도'를 뜻하는, 또 악마나 무신자(無信者)를 지칭하는 욕에 가까운 말이었다. 이 작품의 부제(副題)를 한 "튀르키예 이야기의 단편"("A Fragment of a Turkish Tale")이라고 한 만큼, 세 사람의 화자가 각자 자기의 제한된 관점에서 이야기하고 있다. 따라서 전체 내용을 얽어 꿰어 맞추자면 독자의 추리와 상상력이 필요하게 되어 있다. 특히 주인공인 이교도 청년과 그가 사랑한 레일라(Leila)에 관한 사랑의 이야기는 자세하지 않을뿐더러 상당 부분 어스름에 가려 있다.

이 『이교도』의 첫머리는 홉하우스와 피레우스 근방의 올리브나무 사이를 말로 다닐 때 본, 석양에 물든 바다와 살라미스 섬 등을 선명하게 떠올린다. 라마단이 끝날 무렵 한 이교도가 검은 말을 타고 왔다가 사라지는데 그는 분위기로 볼 때 고통과 슬픔에 찌든, 신비하고 위험한 기독교도 청년이다. 이 인물이 곧 '이교도'이며, 레일라라는 아가씨와 위험한 사랑을 한다. 레일라는 하산(Hassan)이라는 권력자의 하렘에 속한 아가씨이다. 그녀는 결국 이교도를 사랑한 죄로 큰 자루 속에 넣어져 바다에 던져진다. 하산은 레일라를 처치한 뒤 많은 병사를 데리고 한 여성에게 구애를 하기 위해 나선다. 이때 그 이교도 청년과 그 수하들이 매복해서 기다리다가 하산의 일행을 공격하여 쓰러뜨린다.

그 이교도는 한 수도원에 들어가 수사가 된다. 그는 수도원의 어떤 의식에도 참여하지 않고 멍하니 바다만 보고 혼자 중얼거리고 돌아다닌다. 드디어 이 이교도는 자신의 회오와 고통과 실연의 과거를 신부 앞에 고백한다. 그는 레일라가 자신에게 다가오는 것을 보지만 환상이다. 그런데 이 이교도의 우울과 회오가 바이런 자신의 우수와 절망과 닮아 있어 그 주인공은 '바이런형 주인공'(Byronic hero)이라 할 수 있으리라.

이 장시는 문학적으로나 상업적으로 대성공을 거뒀다. 1813년 5월의 최초의 원고는 407행이었으나 6월 5일 초판은 685행으로 늘어났고, 재판, 3판 판을 거듭함에 더 늘어나 11월 27일 7판에는 1,334행이 되었다.

14판까지 총 12,000부가 팔려나갔고, 1815년에 15판이 나왔으며 그 후로는 전집에 포함되었다.

이 작품이 크게 성공하자 이른 바 후속 "튀르키예 이야기"라는 일련의 작품이 2년에 걸쳐 발표된다. 1813년에는 『아비도스의 신부』, 1814년에는 『해적』(The Corsair)과 『라라』가 발표되는데 모두 하나같이 성공을 거둔다. 특히 『해적』은 출판 첫날에 만 부가 팔리는 기적이 일어난다. 이들 작품 속에는 꼭 회오에 몸부림치는 우울한 '바이런형 주인공'이 등장한다.

바이런은 옥스퍼드 가족의 외국 여행에 동참하려고 했으나, 막상 그들의 출국이 가까워지자 그들과 같이 가는 것이 서먹할 것 같아 포기했다. 옥스퍼드 귀부인과 헤어져야 한다고 생각하니 가슴이 텅 비는 것 같았다. 그 연인들은 6월 3일 메이든헤드(Maidenhead) 근처 솔트힐(Salthill)에서 주말을 함께 보내면서 석별의 정을 나눴다. 그리고 6월 13일엔 옥스퍼드 귀부인을 포츠머스(Portsmouth)에 와 있는 가족에게 데려다주고 20일까지 런던에 돌아왔다. 바이런은 따로 떠나 늦여름에 그들과 합류하기로 계획을 바꾸었다.

6월 20일 저녁 저지 귀부인 집에 초대받아 갔더니 유럽 대륙의 유명한 여류 문인 마담 드 스타엘(Mme de Staël)이 와 있었다. 영국에 도착한 바로 그 이튿날, 그녀는 영국의 첫째가는 휘그당 정치인에게 영국 정치에 대해 강의와 '설교'를 했다. 그만큼 그녀는 권위가 있었다. 셰리던과 다른 참석자처럼

마담 드 스타엘

바이런도 이 특이한 여자의 재주에 놀라움을 금치 못했다. 처음에 바이런은 그녀와 논쟁을 벌여 그녀에게 꼭 흠집 하나 내 주고 싶었으나 끝내는 그녀를 존경하기에 이르렀다. 그러나 그런 거물을 보면 언제나 내부에선 신랄한 말과 냉소가 고개를 치밀었다.

바이런은 훗날 블레싱턴 귀부인(Lady Blessington)에게 어떻게 결국 그 마담에게 한방 먹였는지를 들려주었다. 그는 그녀가 막 열변을 토하고 있을 때, 그녀의 소설 『델핀』(Delphine)과 『코린』(Corinne)은 "젊은 여자 손에 들어가면 매우 위험한 작품이다."라고 뜬금없이 툭 튀어 나와 일단 그녀의 열변을 끊어 놓았다. 그녀가 긴장하는 표정이었다. 바이런은 『코린』에서 미덕이 많은 사람이 하나같이 재미없고 평범하고 지루한 사람으로 묘사된 것은, 미덕을 가장 음흉하게 공격하는 것임을 알 만한 사람은 다 안다고 날카롭게 찔러주었다. 미덕이 왜 재미없고 지루해야만 하느냐, 그것이 과연 제대로 돼먹었느냐는 뜻이었다. 그녀가 뜻하지 않은 복병을 만나서 어쩔 줄 몰라 손짓 발짓까지 하면서, 그의 말을 막았다. 바이런은 스타엘 같은 대가에게 미덕에 관한 도덕적 설교로 한 방 먹였다고 생각하니 저절로 웃음이 터져 나왔다.

7월 5일 캐롤라인은 기어이 또 한 번 사람을 기겁시켰다. 그녀는 이날 히스코트 귀부인(Lady Heathcote)의 왈츠 파티의 초대장을 받았을 때 바이런이 올 것을 예감했다. 바이런은 캐롤라인이 나비처럼 춤을 잘 추고 자신은 춤을 못 추니까, 그녀에게 춤을 추지 말아달라고 미리 부탁을 해 두었다. 저녁 식사를 마친 손님들이 한두 명씩 무도장으로 흘러들어갔다. 캐롤라인은 바이런을 스쳐 지나가면서 자기는 춤을 꼭 추겠다고 했다. 바이런은 "춤을 잘 추니까 왈츠를 추는 게 더 낫겠소—그리고 만약 당신이 춤을 안 춘다면—다 내 탓이 아니겠소."라고 말했다. 그러나 그녀가 듣기에 그 말은 전적으로 자기에게 빈정대는 말이어서 속이 뒤집혔다. 캐롤라인은 바이런을 데리고 춤을 리드하며 췄지만 바이런이 또 자기를 비꼰다고 생각했다. "모든 사람과 차례로—누구보다도 더 잘하지 않소. 나는 구경만 할 테니." 이 말에 캐롤라인이 폭발했다. 그녀는 바이런이 랜클리프 귀부인(Lady Rancliffe)과 같이 저녁을 먹으러 가는 것을 보고는, 칼을 움켜쥐었다. 바이런이 지나가면서 또 비꼬았다. "당신 심장이나 겨누시오, 내 심장이 아니라ㅡ내 심장은, 당신이 벌써 다 찔러놓았잖소." 귀부인들이 그 상황을 보고 놀라서 비명만 질렀다. 멜번 귀부인이 그녀를 잡았지만 놓쳐 버렸다. 곧 그녀가 며느리를 쫓아 위층으로 올라가 보니 손목의 정맥을 끊으려고 했다. 그녀는 피범벅이 되었고 몇 번 기절을 하였다. 시어머니가 억지로 끌고 내려와 마차에 태워 보냈다. 이 사건은 다음날 신문 스캔들 난에도 올랐다.

캐롤라인의 입장에서는 소기의 목적을 어느 정도 성취했다. 왜냐하면 바이런은 혼이 났기 때문에 그녀를 완전히 내칠 수 없을 것이고, 그런 위험한 자해행위의 재발 방지를 위해 분명히 '거미' 몰래 편지연락을 재개해 올 것이기 때문이었다. 그러나 이 사건이 캐롤라인 주연의 멜로드라마의 최종회인 것만은 분명했다. 그 이튿날 자 『새터리스트』지에서는 캐롤라인의 행동을 조롱하는 기사가 났고, 그녀의 남편은 또 그녀를 또 다른 곳으로 '유배' 보내기로 했다.

이런 환란 중에도 바이런은 해외로 갈 준비를 했다. 그것이 가능한 것은 클로턴이 뉴스테드를 판 잔금을 내놓을 것 같았기 때문이었다. 바이런이 그간 준비한 장비, 선물, 의복만 해도 어마어마하였다. 장검, 총 등 무기류, 마호가니 옷장, 책상, 침대 등 가구류, 수십 벌의 제복, 수십 벌의 남경 무명 바지, 홍청색의 참모장교 코트, 장교정복의 견장 등 의류 등이 한 살림을 이루었다. 양복점에서 896파운드 19실링 6펜스의 계산서가 날아왔고, 외국 군주에게 줄 선물로 황금 상자 일곱 개, 그 계산서가 315파운드나 되었다.

돈 나갈 데는 그것이 전부가 아니었다. 그때까지의 빚 갚을 돈과 2주간 연 주연의 비용 800파운드가 있어야 했고, 거기다가 순환신용장에 3,000파운드, 옛 스페인의 금화(金貨) 구입비 300파운드가 곧 필요했다.

오거스타가 6월 27일 3주간 머물 계획으로 런던에 와서 바이런은 기뻤다. 여태까지 그는 한 번도 누나와 다정한 시간을 보내지 못했으나, 이제 누나와 제대로 남매의 정을 나눌 여유가 생겼다. 그는 누나를 데리고 스타엘을 보러 데이비 귀부인(Lady Davy) 집으로 갔다. 거기에 가면 그

1813년경의 바이런

들은 "새로운 느낌"이 들 것이라고 누나에게 말했었다.

그는 누나를 눈여겨보았다. 그녀는 잘생긴 자신의 옆모습을 빼닮았으나 얼굴과 체형은 그리 아름답진 않았지만 관능미가 물씬 묻어났다. 입술을 말면서 쑥 내미는 모습이나, 찡그리는 얼굴은 자신을 그대로 빼닮았다. 자신의 재담에 조심성 없이 껄껄 웃어대는 버릇까지 남매는 속일 수 없었다. 그녀는 동생이 너무나 익살맞아서 웃을 일밖에 없었다. 누나가 조심성 없이 바보처럼 수다를 떠니까, 바이런은 거위가 대중없이 꽥꽥거리는 것 같아 웃음이 나왔다. 그는 누나를 꽥꽥거리는 거위를 뜻하는 '구스'(Goose)를 변형하여 '거스'라고 불렀다. 그러나 바로 그 거위 웃음이 이 남매가 처음으로 동기의 우애를 확인하는 웃음이었으리라.

오거스터는 동생이 미남에다 재치가 넘쳤지만 "애기 바이런"이라고 불렀다. 그 말에는 동생에 대한 모성적 본능, 그의 변덕을 감싸주고, 그의 약점을 기꺼이 덮어주려는 넓은 도량이 묻어 있었다. 누나의 목소리에는 어머니와 보낸 불행한 어린 시절과 또 절름발이에 대한 콤플렉스를 치유하는 깊은 울림의 성조(聲調)가 들어있었다. 그녀는 가족 이상이었으며 그녀를 만나면 전혀 조심할 필요가 없었다. 아무리 버릇없이 굴어도 그녀는 그를 웃어주고 귀엽게 보아 넘겼다. 그들이 서로를 이해하는 것은 머리가 아니라 가슴에서 이루어졌다. 그러나 서로 오래 떨어져 산 데서 오는 차이와 서먹함이 없지 않았지만, 그것이 오히려 매력이 되어 그들을 서로에게 더욱 이끌리게 만들었다. 이것을 바이런은 '애착'이라고 말했지만, 그에게 그것이 연인의 '애착'으로 이행하는 데에는 긴 시간이 걸리지 않았다.

바이런 쪽에서 보면 오거스터는 연민의 대상이었다. 바이런은 아이들을 떼어놓고 나온 그녀가 애처로웠다. 그녀의 남편은 경마장에 들락거리며 빚을 키웠고, 오랜만에 집에 오면 아내에게 아기나 들어서게 하고는 바람처럼 사라졌다. 그녀는 압류 집행관이 갑자기 들이닥칠까 봐 겁이 나서 식스마일보텀 집에서 도망 나와 있었으며, 동생에게 도움이라도 얻을 수 있을까 싶어 런던에 온 것이리라. 모처럼 바이런은 모든 여자들로부터 해방되어 7월 한 달 그녀를 데리고 극장, 무도회, 집회 등 어디든 함께 쏘다녔다.

바이런은 누나와의 혈연이 참 신비하고 또 무섭다고 느꼈다. 그것은 육체와 정신적 유대에서 오는, 깊이를 알 수 없는 '친밀'이었다. 바이런은 누나에게는 누구에게서도 느끼지 못한, 신비로움과 자유와 평화와 안락이 있음을 감지했다. 바이런은 오거스터를 평생 곁에 두고 같이 살고 싶어졌다.

오거스터도 역시 가족을 모르고 자랐다. 더더구나 그녀는 요새 정신분석학자들이 말하는 일렉트라 콤플렉스(Electra Complex)를 느껴볼 기회조차 없었다. 그녀도 부성(父性)에 대한 동경심이나 남성에 대한 욕망이 바이런을 통해 깨어났으리라. 그녀도 그 신비로운 '친밀'이 어디서 오는지 신기하기만 했다.

바이런은 멜번 귀부인에게 그녀를 정복하는 것이 그렇게 쉬울 수가 없었다고 자랑했다. 그는 몇몇 장애물만 넘으니 아무 저항 없이 어떤 늪으로도 들어갈 수 있었다. 그녀의 늪은 깊고 신비로웠다. 의뭉스런 늪 밑에는 넘어서는 안 되는 선이야 분명 희미하게 쳐져 있었으리라. 바이런은 그 선을 전혀 의식하지 않고 넘나들면서 오거스터의 성을 깨워냈다.

오거스터의 재정적 위기는 바이런의 동정을 사기에 충분하였다. 바이런은 고생하는 누나를 생각하면 밤낮 연민의 정만이 깊어갔다. 그녀는 그로부터 큰돈을 얻어냈으며, 일 년 만에 3,000파운드에 달하는 분에 넘치는 막대한 선물도 받았다.

오거스터는 바이런을 안전하고 행복하게 만들어주고 싶었고 어떻게든 몸과 마음으로 헌신하고 희생하고 싶었다. 그가 무엇을 요구하든 일체 거절이 있을 수 없었다. 둘 다 자아의 경계가 없었거나 있다 하더라도 잘 인식하지 못했으리라. 두 사람이 공유하는 늪으로 흘러 간 데에는 깊은 연민과 정뿐만 아니라 몸도 있었다. 근친상간이 '금기'임을 둘 다 의식하지 못했으리라. 오거스터가 바이런의 접근을 물리치는 것은 '자연'을 거스르는 행위였을 것이었다. 그녀와 함께 있으면 바이런은 아기가 되어 모든 욕망을 다 채울 수 있었다. 바이런의 고질이나 다름없는 울기(鬱氣)도 그녀에게 자신을 맡기면 눈 녹듯 사라졌다. 그녀도 바이런을 위해서라면 아낄 것도, 감출 것도, 해서 안 될 것도, 챙겨 둬야 할 것도 전혀 없었다.

바이런은 그녀와 어디든 함께 가고 함께 머물고 싶었다. 그러나 런던에서는 사람들의 눈이 신경이 쓰였다. 8월 1일 그는 누나와 함께 식스마일보텀으로 가서 8월 5일에 런던으로 돌아왔다. 이때 그가 멜번 귀부인에게 보낸 편지가 남아 있다. "나와 함께 해외로 가려고 했던 제 누나는 뉴마켓에서 돌아와 지금 나와 함께 런던에 있어요. 그녀의 가장[남편]이 전전긍긍하는 현 상황에서 달리 더 좋은 방법이 없어요. 그리고 그녀의 이 나라를 떠나고 싶은 마음이 심지어 나보다도 더 강한 것 같소." 멜번 귀부인이 읽으니 누나와 함께 해외로 간다는 말이 아주 불길한 여운을 남겼다.

아마 바이런은 누나에게 오직 누나 자신만을 위해, 남편과 아이들과 영국을 다 포기하고 같이 해외로 나가 살자고 설득했으리라. 어릴 때 고아가 된 가련한 누나. 제대로 사랑 한 번 못 받고 있다가 그런 제안을 들었을 때 온몸이 불타올랐을 것이다. 그 제안은 그 어떤 연애편지보다 더 뜨거운 사랑이 아니던가. 오거스터는 정신을 가다듬고 생각했다. 저 변덕스런 동생과 해외에서 유랑하는 패륜적 죄인이 된다? 이 황홀한 사랑을 내 평생 언제 다시 만나랴. 그러리라. 동생을 따라가리라. 해외가 아니라 지옥이라도 같이 가리라.

바이런이 열세 살이나 연상인 매슈 루이스(Matthew Gregory Lewis)를 알게 된 것은 이때쯤이었다. '수사'로 알려진 그는 자메이카 대농장주의 아들로 태어나, 다섯 달을 독일 바이마르(Weimar)에 가 있는 동안 괴테(Johann Wolfgang von Goethe)를 만났고, 독일 문학 특히 독일 소설과 드라마에 심취하였다. 그는 헤이그 대사관에 근무할 때 『수사 암브로시오』(Ambrosio, or The Monk)이라는 고딕 소설을 써서 1795년에 출판하였다. 1798년에는 『성(城)의 유령』(The Castle Spectre)이라는 드라마를 썼을 때 유령의 전 족보를 잘 정리했다는 평가를 받았다. 바이런은 그에 대해 『영국 시인과 스코틀랜드 평론가』에서 "오 기적을 일으키는 루이스! 수사가 됐든 시인이 됐든/ 파르나소스를 기꺼이 교회의 뜰[묘지]로 만드는 자"라고 읊었었다.

바이런은 사교계에 출입하면서 재능과 개성이 뛰어난 몇몇 사람을 만났다. 그중에도 셰리던이 가장 인상 깊었다. 바이런이 그를 알았을 때에 그는 이미 술에 찌들어 총기를 잃은 후였다. "불쌍한 친구, 나는 그[셰리던]와 로저스와 무어와 함께 보낸 날을 잊지 못할 거야. 그가 이야기하면, 우리는 여섯 시부터 새벽 한 시까지 하품도 하지 못하고 그의 이야기에 빠졌어." 바이런은 의회에서 그의 연설을 딱 한 번 들었지만 깊은 인상을 받았다. 그러나 그 재주는 다른 여러 가지 재주에 비하면 일부에 불과하였다.

바이런은 셰리던과 고주망태가 되도록 술을 마셨던 적이 있었다. "불쌍한 늙은이, 그는 철저히, 또 너무 빨리 술이 취하거든. 가끔 그를 집에 데려다주는 일은 내 몫이었어—그 일은 결코 한가로운 일이 아니었어. 너무 비틀거려 그의 삼각모를 [내가] 대신 써 줘야 했어…. 그렇다고 나도 그 삼각모를 주울 정도로 정신이 말짱한 것도 결코 아니었고."

오거스타는 런던에서 동생을 자주 보다가 8월 20일 다시 식스마일보텀으로 내려갔다. 바이런이 두 번이나 그 시골집에 가 보아도 그녀의 남편은 경마에 정신이 팔려 집에 있지 않았다. 둘째 방문 때에는 그녀를 런던으로 데리고 와버렸다.

바이런은 멜번 귀부인에게 못 털어놓을 이야기가 없었지만 오거스타에 관한 이야기는 예외였다. 두려웠다. 그가 그녀와 얼마나 깊이 갔는지 눈치 빠른 멜번 귀부인도 처음에는 짐작을 못 했다. 몇 번 그는 비밀을 털어놓으려다가 그 무서운 덩어리의 변죽만 울리고는 셔터를 내려버렸다. 오거스타가 집으로 내려가자 바이런은 마음의 갈피를 잡을 수 없었다. 모든 계획이 점점 더 깊은 미궁 속에 빠지는 것 같았다. 세상이 다 의미가 없었다. 그의 가슴에 들어와 앉은 죄악의 멍멍한 덩어리가 벌겋게 달아오르기 시작하였다. 참을 수 없었다. 어떻게 하든 그 뜨거운 것을 토해 내야 살 것 같았.

오거스타도 한 메모에서 "우리 삶에 새로운 기쁨이 태양처럼 떠올랐고, 우리에게 다가올 [어려운] 시간이나 황혼을 생각하지 않고, 아침의 광휘에 기뻐한다."라고 적었다. 그녀의 말엔 죄악에 대한 두려움이 전혀 묻어 있지 않았다. 태양의 광휘만 있을 뿐이었다. 바이런은 누나와의 이 관계를 누구에게든지 발설만 하면 곧 무서운 재앙이 올 것이라고 믿었다.

바이런은 고민을 혼자 마음에 담아두고 있으려니 폭발할 것 같아 용기를 내서 멜번 귀부인에게 털어놓았다. 그녀는 부르르 살을 떨었다. 그녀는 갑자기 바이런이 무서워졌다. 이복 누나와의 "친밀한 관계"라고 말했을 때 그것을 상식적으로 생각하였었다. 생전 듣도 보도 못한 망측한!

그러나 바이런은 가사에 골몰하고 지불청구서 막는 데 골치를 썩일 오거스터를 한순간도 잊을 수가 없었다. 아마 9월 11일에 바이런은 누나에 대한 불안이 열병처럼 달아올라 식스마일보텀으로 갔으리라. 무슨 일이 있었을까. 아마 그녀와 외국으로 가는 문제에 대해 하루 낮밤을 이야기를 했으나 쉽게 결론을 내지 못했으리라. 그녀는 단지 동생과 함께 살기 위해, 가족을 다 버리는 일이 어떻게 가능하겠느냐고 했으리라. 그녀도 앙가슴이 찢어졌으리라. 13일에 그는 캠브리지로 가서 또 데이비스를 불러내어 하루 저녁에 포도주 여섯 병을 마셨다. 15일 새벽 세 시에 런던에 도착했지만 곧 어딘가로 떠나지 않으면 가슴이 터질 것만 같았다. 머리에게 빨리 선편을 알아 봐 달라고 했다. 승객은 그와 친구 하나와 하인 세 사람이고 행선지는 지브롤터(Gibraltar) 혹은 미노르카(Minorca) 혹은 잔테라고 했다. 오거스터를 강제로라도 납치하고 꼭 필요한 하인만 데리고 외국으로 날아버릴 심산이었다.

누가 착하다는 말은 분별력을 가질 때 통하는 말이다. 마음이 여린 오거스터는 자기가 좋아하는 남동생의 기쁨이 되면 그것이 곧 자기의 기쁨이 되었다. 선악에 대한 분별이 왜 중요하랴. 자신이 제공한 쾌락을 동생이 즐기는 것을 보면 더 이상 바랄 것이 없었다. 그녀는 성경 구절을 많이 알고 있었고 가족과 친구에게는 성경을 선물도 했지만, 현실적인 문제를 성경 말씀에 비추어 선악을 구별하는 것은 체질 상 전적으로 남의 이야기였다. 그러나 바이런은 번뇌했고 번뇌에서 오는 고통을 고스란히 앓았다. 그는 전혀 보상을 바라지 않는 누나의 애정이 애처로웠다. 이때 그녀를 해외로 데려가려던 계획은 멜번 귀부인도 한사코 만류하였다.

이때 바이런은 애너벨러도 생각하였다. 그녀는 전혀 다른 세상에 핀 외롭고 청초한 꽃이었다. 그 꽃은 아직 어떤 악이나 번뇌에 물들지 않은 딴 시간 속에 피어 있었다. 8월 22일 애너벨러가 이제 고모를 통하지 않고 처음으로 직접 편지를 하였다. 그녀의 긴 편지를 받고 보니 그녀는 까마득한 기억 속에 있었다. "오래, 깊이, 은밀히 무엇을 느끼는 것이 제 성격입니다. 그리고 제 가슴의 가장 강한 애정에는 희망이 없습니다."라고 그녀는 적어 보냈다. 이 말이 애매하지 않는가. 그녀의 가장 강한 애정은 누구를 향한 애정일까? 바이런은 그 편지를 읽고 그녀에게 다른 구혼자가 있어서, 바이런의 청혼을 거절할 수밖에 없었다고 변명한 말은, 지어낸 말이란 것을 대번에 알았다. 그녀도 앙큼한 데가 있구나. 그녀는 바이런에게 몇 가지 충고를 했다. "더 이상 순간의 노예가 되지 마세요. 또 고결한 충동이 삶의 요행에 의해 좌지우지되는 일이 없도록 하세요. 영원히 당신의 감정을 다잡고 당신의 이성을 연마할 목표를 세우세요. 잘 하세요." 그녀는 그 편지를 꼭 고모에게 비밀로 해 달라고 하니, 어찌 저토록 순진하면서도 어찌 저토록 고지식하냐!

사흘 뒤 애너벨러는 바이런이 꼭 겸비해야 할 미덕을 일목요연하게 정리하여 자신의 비망록에 적었다. "적극적이지만 남이 눈치채지 못할 공경심-세속적인 이익으로부터 초연함. 올곧은 정직성. 불굴의 성실성. 명예심. 부드러운 감정에 대한 겸양지덕-그러나 강한 또 섬세한 감성에서 오는 애정을 포용할 수 있는 능력. 완전 초연한 정신에서의 관대한 마음과 모든 미덕-건전한 의미와 불변성."

바이런은 그녀의 편지에 적힌 이런 식의 설교는 우스웠지만, 그녀의 예상을 뛰어넘을 정도로 매혹적인 말로 답장을 했다. "제가 다른 누구보다 당신을 더 좋아한다는 멜번 귀부인의 말은 아주 정확한 말입니다. 그때도 진실이었고 지금도 진실입니다." 그녀가 유령 청혼자를 만들어 자기의 청혼을 거절한 것에 대해 그녀에게 충분히 미안한 감이 들게 만든 뒤, "저는 우정에 대해서는 당신에게 솔직해야만 하겠어요. 당신에 대한 제 감정을 제 자신이 믿을 수 없어요. 당신을 사랑 안 하고 견딜 수 있을지 의문이 가오."라고 말했다.

바이런은 멜번 귀부인을 통해 애너벨러의 남편 선택에 관한 세부적인 조건을 직접 받아 보았다. 바이런이 보니 기가 찰 노릇이었다. 그는 퉁명스럽게 그녀의 고모에게 한 방 먹여버렸다. "그녀는 성질을 버린 것 같소…. 자신의 완전무결함을 너무 믿은 나머지 엄청난 실수를 저지르거나 저지를지도 모를 그런… ." 애너벨러가 완전무결한 것을 쫓는 데서 오는 결점을 정확히 지적하였다.

바이런은 애너벨러에게도 그녀의 그 완벽한 조건에 맞춰 보면 자신이 얼마나 황당한 존재인가를 보여주기로 했다. 그는 단도직입적으로 자기를 있는 그대로 받아들이든지 아니면 자기를 떠나라고 했다. 그는 애너벨러에게 영 딴 세계를 들이댔다. "삶의 큰 목표가 감각이요—고통을 받더라도 살아있음을 느끼게 하는 것 말이오. 우리를 게임—전쟁—여행으로 내모는 것은 '공허한 갈망'이오." 결국 그는 "고통을 받더라도 살아있음을 느끼게 하는 것"은 "감각"이며, 자신은 그것을 목적으로 살아가므로, 큰 목표나 이상을 전혀 설정할 필요가 없으며, 그것을 설정하는 것 자체가 곧 "공허한 갈망"이라고 정반대의 생각으로 그녀를 푹푹 찔러 놓았다.

『이교도』가 잘 나가 5판을 바라보고 있었다. 남모르는 죄에 대한 암시가 나오니, 독자들은 그 죄가 실제 작가의 죄라고 인식하여 그 작가에 대한 독자들의 관심이 나날이 높아져갔다. 바이런은 자신에게 일어난 사건을 숨겨가며 글을 쓰는 것은 불가능하였다.

바이런은 뉴스테드가 아직 완전히 양도된 것도 아니니 그리로 가서 머리를 식힐까 생각하다가 프란시스 웹스터(Frances Webster) 귀부인의 애스턴홀(Aston Hall) 별장 초대에 응했다. 웹스터 귀부인은 아름답고 매력 넘치는 여성이었으나 바이런의 마음에는 오거스터의 잔상이 너무 강하고 위험하게 다가와, 그녀와 딴전을 펼 여유가 없었다. 웹스터는 아내 자랑을 입에 달아놓고 있어 바이런이 보기에 팔푼이가 따로 없었다. 그는 아내가 '그리스도'와 흡사하다고 떠죽거렸다. 바이런이 하도 같잖아 웃었더니 그

웹스터 귀부인

팔푼이가 버럭 화를 냈다. 바이런은 그 순간에도 확 오거스터가 떠올랐다. 오거스터는 연인으로서 왜 그에게 아무 요구를 하지 않을까. 언제든 있는 그대로 대하면 됐다. 왜 절대 질투하지 않을까. 누나이기 때문일까. 자신에 대한 높은 기대가 정말 없는 걸까.

웹스터 귀부인은 바이런의 오거스터에 대한 그리움을 눈치채자 그녀도 초청했다. 오거스터는 배 속에 아이를 가졌기 때문에 올 수 없다고 했다. 그 말을 듣고 바이런은 온몸에 찌릿 전류가 흐르는 충격을 느꼈다. 자기 아이? 자기 아이가 분명했다. 오거스터는 이미 어머니 역할에 마음을 뺏겨 바이런의 애인 역할은 조금씩 줄여나가는 중이었다. 서운했다. 몇 통의 편지를 받았지만 답장을 할 마음이 아니었다.

이제 바이런이 위로를 얻을 수 있는 곳은 웹스터 귀부인밖에 없었다. 그러나 그녀도 그녀대로 우울증에 빠져 있어, 그가 오히려 그녀의 기분을 전환시켜줘야 했다. 그 안주인은 희롱에 둔감했다. 그러나 포기는 하지 않고 밑밥으로 유혹의 낱말을 잔뜩 뿌려 두었다. 멜번 귀부인이 보기에도 바이런에게는 그녀와의 희롱이 오거스터와의 패륜의 늪에서 벗어날 하나의 대안 같아 보였다. 바이런과 웹스터 귀부인이 그들만의 은밀한 시간을 가지려고 하면 불쑥 그 팔푼이가 나타나곤 했다. 빌어먹을! 그녀가 다른 사람과 소풍을 나갔을 때, 바이런은 뒤에 남아 『이교도』에 첨가할 시나 썼다.

얼마 후 또 웹스터 귀부인의 초청장을 받았다. 편지에는 상당히 열정이 피어 있었다. 그녀는 이때가 생전 처음 사랑에 빠졌을 때였으리라. 10월 내내 바이런은 그녀의 별장이 있는 애스턴홀(Aston Hall)과 런던을 베틀의 북처럼 오갔다. 그와 웹스터 귀부인 사이에는 점점 긴장감이 팽팽해져 갔다. 그들도 함께 "녹색의 땅 끝" 어딘가로 도망갈 꿈을 꾸었다. 지금까지 정숙했던 그녀는 모든 결정을 바이런에게 맡긴다고 했다. 그녀는 평생 죄악에 대한 벌로 어떤 고통을 받을지라도 그 순간을 놓치고 싶지 않았다.

그러나 바이런은 이성을 찾았다. 그는 평소에 그녀의 정숙하고 얌전한 태도를 존경해 왔던 터라 그런 이미지를 훼손하기가 싫었다. 이때 쓴

「기억하라 열정의 힘이 증명한 그를」(Remember Him Whom Passion's Power)이라는 시에서는 그녀의 정숙한 모습을 제시한다. "너무 많은 사람이 스쳐가 축복도 없어진/ 저 순종(順從)의 젖가슴, 저 눈물로 녹은 눈./ 얌전한 기도, 애원의 한숨."

그는 「그대는 부정(不貞)하지 않지만 변덕스러워요」(Thou Art Not False, but Thou Art Fickle)라는 시도 썼다. 이 시에는 도덕적 감수성이 들어 있다. 이 시의 그녀는 사랑을 하되 재빨리 그 사랑을 버린다. 또 그녀가 진실한 사랑을 하여 남자를 속이는 일은 없어도, 그 사랑의 변덕이 너무 심해 남자는 오히려 두 배나 쓴 눈물을 흘리지 않으면 안 된다고 하였다.

멜번 귀부인은 바이런이 깊게 웹스터 귀부인에게 빠질수록 오히려 안심이 되었다. 바이런이 이제 패륜의 진흙탕에서 헤어나 훨씬 덜 추한 곳에 발을 올려놓기 때문이었다. 그는 멜번 귀부인에게 이렇게 보고했다. "우리는 부드러운 영적인 교제에서 한 걸음 더 발전을 했소. 그러나 도장을 찍은 것은 아니라오. 비록 인주는 준비되어 있었지만."

그는 웹스터 부부를 데리고 10월 중순 뉴스테드로 갔다. 그는 그때 있었던 일을 멜번 귀부인에게 죄다 이야기했다. "우리 둘 주위에 아무도 없었던 그날은 거의 운명적이었어요… 이야기는 이렇게 됐어요. '절 전부 당신 마음대로 하세요. 저는 그걸 말씀드립니다. 저를 바칩니다. 전 남들에게 어떻게 보이든 차가운 여자가 아니에요'…. 전 그녀를 탐하지 않았습니다…. 전에 마흔 번이나 들었던 [그녀의] '안 돼요.'가 다시 들렸기 때문도 아닙니다…. 그 상황… 새벽 두 시였어요… 악마가 제 귀에 대고 '그녀의 말은 단지 요설일 뿐이야.'라고 속삭였기 때문이지요."

다음 날 바이런은 그녀더러 같이 달아나자고 했으나, 그녀가 오히려 이성을 찾아놓고 있었다. 저녁을 먹은 후 바이런은 또 웹스터와 앉아, 클라레 한 병 이상 드는 해골 잔을 단숨에 다 비웠다. 떡이 된 그를 플레처가 메고 가 침대에 뉘었다. 그가 그렇게나마 자제를 한 것을 후에 후회하지 않아도 되었으니 얼마나 잘된 일이냐. 런던에 돌아왔을 때 웹스터 귀부인에 대한 긴장과 열정은 다소 숨을 죽였다. 그는 그녀에게 홈즈

(James Holmes)가 그린 자신의 초상화를 보내주었다.

호지슨이 급한 일로 찾아왔다. 그는 테일러(Taylor) 양을 늘 마음에 담고 있었지만, 그의 어머니가 돈이 없어 그 결혼을 반대한다고 하였다. 바이런이 그 이야기를 들으니 참 안타까웠다. 그는 그 순진한 친구를 구해주지 않으면 안 되었다. 밤새도록 역마차로 그의 어머니에게 달려가, 그의 어머니를 안심시켜드리고, 런던에 돌아와서 1,000파운드를 그의 계좌에 넣어줬다. 아마 해외여행에 쓰려고 따로 제쳐둔 돈이었으리라. 그런 것이 바이런이 어려운 친구를 도우는 방법이었고 그것이 친구에 대한 의리였다.

9월 27일자 무어에게 쓴 편지를 보면 바이런은 사우디를 만난 것을 알 수 있다. "어제 홀랜드의 집에서 나는 얼마간 본 중에 가장 잘생긴 시인 사우디에게 소개되었어요…. 그는 분명히 호감을 주는 인물로 보였고 재주와 모든 것을 겸비한 인물―그에 대한 찬사가 [저절로] 나오게 되지요." 이것이 그에 대한 첫 인상이지만 훗날 그는 그를 철저하게 조롱과 증오의 대상으로 삼는다.

바이런은 또 그의 아버지가 카마던 귀부인(Lady Carmarthen)과 살았던 저택에 가볼 기회를 가졌다. 아버지는 카마던 후작 부인 아밀리아와 결혼했는데 그들이 결혼 전에 살았던 집에 가보았다는 말이다. 무어에게 쓴 편지의 일부이다. "나는 내 아버지가 카마던 귀부인과 들어왔던 바로 그 집을 방문했지요. (아버지는 성년이 되기도 전에 그녀와 정사(情事)를 가졌는데 그녀는 저의 어머니가 아니란 점을 유념하세요.) 사람들은 나를 한 오래된 방에 밀어 넣어서, 살펴보니 벽난로 위에는 보잘것없는 그림이 걸려 있었어요. 제 아버지는 당연히 존경의 눈으로 바라봤을 것이란 생각이 들었고…. 저는 그 가족과 일주일을 지내면서 단정하게 행동했어요. 그 집 마님은 젊고 독실하고 바깥주인은 나의 특별한 친구가 됐지요. 나는 푸들밖엔 아무것도 바라지 않았으며, 그들은 친절하게도 그것을 내게 주었지요."

10월 19일 런던에 돌아오니 애너벨러에게서 온 편지가 기다리고 있었다. 그녀는 "삶이 무저이 간가"이라는 사실에 크게 실망했다고 했다. 예상대로였다. 바이런은 여전히 이상하긴 해도 이 지적인 여성에게 상당한 매력을 느꼈다. 그렇더라도 그녀의 인정을 받기 위하여 성격을 속이거나 서두를 필요는 없었다. 웹스터 귀부인에 빠져 있는 동안 오거스터와 시햄의 수학자와의 서신 교류는 마음 뒤편으로 밀려나 있었다.

바이런은 웹스터 귀부인과 사랑을 꽃피우지 못한 아쉬움을 다른 곳에서 꽃으로 피웠다. 바로 시작(詩作)이었다. 11월 4일에 멜번 귀부인에게 썼다. "지난 3일 동안 두문불출했습니다. 최근에 또 어떤 사건으로 제 마음이 괴어올라, 그 괴는 것을 시에다 쏟아부어야 했습니다. 그래서 또 다른 동양 이야기 한가운데로 들어와 있습니다." 그는 그 동양 이야기를 일주일 만에 끝내고 무어에게 이렇게 말했다. "저의 모든 경련은 시로 끝났어요. 내 한밤을 달래기 위하여 또 한 편의 튀르키예 이야기를 끌쩍거렸어요…. 이것은 일주일간에 쓴 작품이고, 당신이 읽는 데에는 한 시간 혹은 그보다 적게 걸릴 거예요." 이때 쓴 작품이 『아비도스의 신부』라는 작품이었다.

11월 8일 바이런은 누나에게 편지를 쓰고 이틀 뒤에 "이등변사각형의 공주"에게도 익살스런 편지를 썼다. 이후 이 두 여성과 나눈 편지는 두 여인이 그를 밀고 당기는 줄 당기기의 기록이었다. 애너벨러는 바이런이라는 실망스런 인간을 다시 분석해 보아야 했다. 그녀는 갓 출판된 『이교도』 5판을 읽으면서, 주인공의 내면을 아주 주의 깊게 들여다보았다. 그러나 그녀는 글에 완전히 매혹되어 수학적 분석능력은 기능을 발휘하지 못했다. "사랑의 묘사는 나를 사랑에 빠지게 해요. 분명히 그는 열애의 언어가 뛰어나요."라고 고모에게 말했다.

그 수학자는 11월 10일에 보낸 바이런의 편지를 읽고 마음이 한층 밝아졌다. 바이런은 자신이 애너벨러의 천한 명이나 되는 구혼자 명단에 올라 있지 않느냐고 물었다. 애너벨러는 자신의 엄격한 생각을 조금 바꿔 보기로 했다. 꼭 내 모든 조건에 맞는 최상의 결혼을 고집하는 것만이 전부가 아니지 않는가. 백 보 후퇴하여 바이런만 얻으면 되는 것이 아니냐.

11월 14일 『아비도스의 신부』 원고를 머리에게 보낸 직후 바이런은 일기를 쓰기 시작했다. 이 일기로 그는 여러 가지 면에서 자신을 검증했다. 11월 17일 일기이다. "머리가 『이교도』와 『아비도스의 신부』의 인세로 천 기니를 주겠다고 했다. 나는 받지 않겠다. 그 말에 굉장히 유혹을 느끼지만 그건 너무 많은 액수다. 2주일에 (한 작품에 일주일) 한 것으론 나쁜 가격은 아니다…. 내게서 1,000파운드 빌려 간 호지슨에게 내일 편지 쓸 것이다. 그의 편지를 보면 내가 그 돈을 갚기를 원한다고 생각하여 [나를] 두려워하는 것 같다…. 첫째로 나는 (적어도 지금은) 그 돈을 원치 않고, 설사 내가 몇 번 그 돈을 원한 적이 있었다 해도 내 생전에 친구에게 단돈 10파운드라도 갚으라고 요구한 적이 없다."

11월 24일. "나는 월터 스코트의 마지막 편지에 답장하지 못했다. 그러나 할 것이다. 나는 그가 최근 금전 문제에서 운이 없었다는 이야기를 다른 사람으로부터 들었다. 그는 물론 파르나소스와 모든 영국 시인들 중의 왕자(王者)이다. 나는 살아있는 시인의 명단에, 그 밑[그의 이름 밑]에 로저스를 올려놓을 것이고 (나는 그를 최고 학파의 마지막 문인 이상의 가치를 매긴다.), 무어와 캠벨이 셋째이고… 그 다음이 나머지 οἱ πολλοι(많은 사람)이다."

이날 오거스터는 바이런으로부터 시판되기 전이지만 『아비도스의 신부』를 한 부 받았다. 그녀는 동생을 실망시키지 않으려고 노력하다 보니, 해외에는 도저히 같이 갈 수 없다고 말을 할 때 너무 미안했다. 그녀는 바이런의 시에 대해 직접적으로는 말하지 않고 불어로 시 한 편을 적어 보냈다.

그대의 모든 감정을 나눠 갖기 위해
그대의 눈으로만 보고
그대의 방침에 따라 행동하고
그대만을 위하여 사는 것
이것이 유일한 소망이고 목표이고
내게 행복을 가져다주는
유일한 운명이리라.

이 시와 함께 오거스터는 자신의 금빛 반짝이는 밤색 곱슬머리를 흰 비단 실에 묶어 고이 넣었다.

바이런은 애너벨러의 편지를 받고 11월 30일 일기에 이렇게 썼다. "어제 매우 예쁜 편지를 밀뱅크로부터 받고 답장했다. 우리는 얼마나 이상한 상황이고 우정인가!―어느 쪽에서도 사랑의 스파크가 한 번도 일어나지 않은 채…. 그녀는… 무남독녀이고―언제나 자기 식대로 하고 마는 천재이다. 그녀는 시인―수학자―형이상학자, 거기다가 친절하고, 마음이 넓고, 점잖으며, 가식이 없다. 다른 사람은 그녀가 아는 것 반만, 그녀의 재주 십 분의 일만 가져도 머리가 팽 돌아버릴 것이다."

『아비도스의 신부』가 12월 2일에 시판되자 즉각적인 성공을 거두었다. 한 달 만에 6,000부가 팔려 바이런은 다시 런던 문단의 우상이 되었다. 이 시는, 당시 영국 사람들에게는 매우 이국적인, 튀르키예, 특히 아비도스 지역의 무슬림의 습속, 종교, 지리, 역사, 신화가 흥건히 배어 있고, 실제 있었던 역사적 사건도 배경으로 깔았다. 이 시의 플롯은 거칠지만 아주 극적이다.

등장인물은 튀르키예의 한 파샤인 지아퍼(Giaffir), 그의 딸 주레이커(Zuleika), 그리고 아들 셀림(Selim) 등이다. 어릴 때부터 셀림과 주레이커 남매는 친하게 지내지만, 셀림이 시적 감수성이 너무 강한 것이 아버지에게는 불만이었다. 그는 아들을 남성들이 가야 할 전쟁터에는 데려가지 않고 하렘에서 놀도록 남겨놓는다. 그러나 그 남매는 사랑에 빠진다. 아버지가 딸을 오스만 베이(Osman Bey)에게 시집보내려 하자 셀림은 주레이커를 비밀히 해적의 본거지인 어느 바닷가의 동굴로 데려가서, 그때까지 비밀에 싸여 있던 이야기를 털어놓는다. 자신은 주레이커의 친오빠가 아니라 사촌 오빠이며, 자신의 친아버지는 지아퍼가 아니라 그의 동생 압달라(Abdallah) 파샤였다고 한다. 그러나 지아퍼는 동생 압달라를 독살하고 그의 영토를 탈취했다고 한다. 셀림은 해적이 되어 아버지의 복수를 하고 아버지의 나라를 도로 찾겠다고 한다. 그들은 밤에 그곳에서 함께 도망갈 준비를 한다.

그러나 그날 밤에 지아퍼가 그 사실을 다 알고 군대를 이끌고 그리로 달려온다. 사태가 너무 위급하여 셀림은 주레이커를 동굴 안에 남겨 둔 채 혼자 탈출을 시도한다. 해안까지 진출을 했으나 곧 포위되고 지아퍼의 흉탄을 맞아 숨을 거둔다. 주레이커는 셀림을 잃은 나머지, 또 아버지에 대한 원한이 골수에 사무친 나머지, 결국 세상을 떠나고 만다. 주레이커는 묘지에 청순한 장미로 환생하고, 셀림의 영혼은 '불불'(Bulbul)이라는 새가 되어 밤마다 애달피 노래를 부른다.

『아비도스의 신부』의 셀림과 주레이커

바이런이 셀림과 주레이커를 친남매 관계에서 사촌관계로 수정한 것은, 사람들이 자신과 오거스터의 관계를 유추할까 봐 우려했기 때문이었으리라. 그러나 작품에 오거스터와의 관계가 곳곳에 숨어 있는 것은 어쩔 수 없는 일이었다. 바이런은 일기장에 "**의 생각을 흩어버리기 위해 글을 쓴 나흘 밤"이라고 쓴 것을 보면, 오거스터와의 관계에서 얼마나 자신을 추스르고 또 추슬러 정상으로 돌아가기를 바랐는가를 유추해 볼 수 있다. 바이런은 이 작품을 홀랜드에게 헌정했다.

12월의 전반부 동안 바이런은 오거스터에 대한 감정을 자제하려고 노력했으나, 그 감정을 극복하려는 노력만큼 자제력은 힘을 잃었다. 15일에 오거스터가 런던에 왔으나 그녀를 다시 피커딜리의 빌리어즈(Villiers) 부인 집으로 보내고 바이런은 자기 방으로 돌아와 새벽까지 글을 썼다.

바이런은 12월 17, 18일 양일은 두 편의 소네트를 쓰는 데 시간을 다 보냈다. 두 편 다 「지네브라에게」(To Ginevra)라는 시인데 프란시스 웹스터 귀부인에 대한 사랑을 마무리하는 내용을 담았다. 그 한 편에서 프란시스 귀부인은 '우수에 젖은 모습이 더없이 아름답다. 촉촉이 젖은 듯한 아름다움이다.'라고 했고, 다른 한편에서는 '그녀의 깊고 푸른 눈을 들여다보면 눈물이 고일 것 같다…. 검은 속눈썹을 보면 우수와 온순한 자태가 하늘에서 내려오는 천사의 빛을 지녀, 모든 고통과 비탄을 보듬어 줄 것 같다.'고 했다.

12월 18일에 바이런은 일기를 중단하고, 다른 동방 이야기인 『해적』을 쓰기 시작하였다. 그는 이 작품의 주인공인 콘래드(Conrad)와 함께 그리스 군도의 "암청색 바다"를 글과 상상으로써나마 함께 떠돌아다닐 수 있어 그것에서 마음의 안정을 찾았다. 일단 시작을 하자 열병을 앓듯이 한 번의 열기로 써 내려갔다. 수정도 첨삭도 거의 하지 않고 12월 27일에 초고를 완성했다. 그 자신과 출판사의 증언이 없으면 사람들은 그 속도를 거의 믿지 않았을 것이다.

바이런은 이 작품의 모두에 무어의 만연체(蔓衍體) 문체로 무어에게 이 작품을 바친다는 내용의 글을 넣었다. 아마 그의 특징적인 문체를 써서 그에게 존경을 표했으리라. 그 시는 당시로는 상당히 잊힌 운율인 영웅체이연구를 썼다. 식스마일보텀까지 오거스터를 따라갈 때도 그는 이 시의 원고를 가지고 가서, 오거스터의 집에서도 하루에 거의 200행씩 써서 런던에 돌아왔을 때는 초고를 완성했다.

이 작품의 제목의 『해적』은 곧 바이런형 주인공 콘래드를 말한다. 콘래드는 메도라(Medora)라는 신부 외에는 사람을 싫어하고 결코 부하들과 섞여 즐겁게 노는 법이 없다. 메도라는 암벽 사이의 집에서 매혹적인 노래를 부를 땐 요정이나 다름이 없다. 해적 콘래드는 파샤 세이드(Pacha Seyd)의 성을 털기로 결심하고 해가 진 뒤 부하들과 그 섬으로 이동한다. 콘래드가 간 후 메도라는 그리움과 불안에 떤다.

파샤 세이드는 해적들을 완전히 물리치지는 못하고서도 성급하게 성공적인 방어를 축하하는 잔치부터 벌인다. 이때 콘래드는 금욕파 수도사인 더비시로 변장하여 세이드의 성에 잠입한다. 그는 식사대접을 받다가 갑자기 검을 뽑아 주위 사람들을 무참히 무찌른다. 놀란 파샤는 도망가고 성 안은 불이 나서 혼란에 빠진다. 그때 그는 하렘 중에서 세이드의 총애를 받는 굴네어(Gulnare)라는 미모의 성노예를 구출해 준다. 굴네어는 곧 콘래드의 고귀한 인격을 보고 사랑에 빠진다. 그렇지만 콘래드는 몰려 온 세이드군에 붙잡힌다. 그는 장차 말뚝으로 꿰찔러 죽이는 형(刑)을 받을 것이다.

굴네어가 스스로 세이드를 죽이고 콘래드와 함께 비밀 통로로 해변으로 내려간다. 그들은 곧 부하들을 만나 파샤의 섬을 떠나 그의 본거지로 돌아온다. 그러나 메도라는 콘래드가 죽었다고 단정하고 스스로 목숨을 거둔 후였다. 그 후 콘래드도 슬픔에 빠져 굴네어와 함께 그 섬을 떠나는데 아무도 그가 간 곳을 알지 못했다.

12월 23일 바이런은 완전히 잊고 있었던 매리 차워스의 편지를 받았다. 그녀는 "야위고 창백하고 우울하답니다."라고 병석에서 편지를 써서 바이런에게 부쳤다. 그녀는 남편 머스터즈가 여우 사냥이 아니라 여자 사냥에 빠져버리자, 외롭고 불행한 처지가 되었다고 했다. 그녀는 자신을 짝사랑하던 절름발이 소년이었지만, 지금은 유명한 시인이 된 바이런이 보고 싶었다. 그녀는 자기만 허락한다면 바이런이 언제든지 달려올 것이라고 생각했을까? 그녀는 그 이듬해 3월 말에 결국 이혼을 하였고 그 후 약 50통의 절절한 편지를 바이런에게 보냈지만 바이런에게는 추억 속의 그녀만 존재할 뿐이었다.

애너벨러가 크리스마스 이튿날에 쓴 편지도 받았다. 그녀도 병석에 있었고, 아직도 그의 "충실한 친구"임을 상기시키려고 노력하는 듯했다.

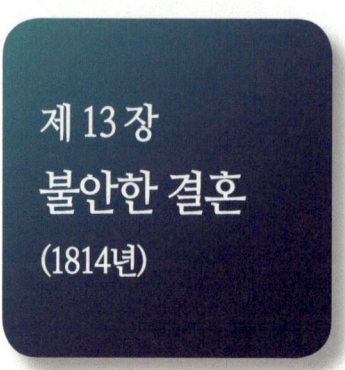

제 13 장
불안한 결혼
(1814년)

(1814년) 정월 초하루에 바이런은 탈고한 『해적』의 원고를 먼저 홀랜드에 주면서 다 읽은 후 머리에게 주라고 했다. 머리는 그 원고를 받아 또 기포드에게 주어 수정까지 받았다. 이 과정에 머리가 심통이 나서 따지고 든 것은 바이런과 댈러스와의 관계였다. 그 시집의 판권을 댈러스에게 주고 출판도 그가 원하는 출판사에서 하도록 위임했으니 기분 나쁘다고 화를 낸 것이었다. 바이런이 물러섰다. 그는 댈러스를 불러서 그가 양보토록 했다.

바이런은 1월 7일 홉하우스가 프랑크푸르트에서 쓴 편지를 받았다. 오스트리아에서 보니 바이런의 이름과 인기가 빈에까지 전파되어 있었다고 했다. 그는 전에처럼 바이런과 같이 그리스로 가려고 했지만 그때 유럽 쪽 튀르키예에는 페스트가 유례없이 창궐하여 누구도 갈 수 없다고 했다. 3주 후면 영국에 도착할 테니 그때 보자고 했다.

바이런은 멜번 귀부인이 자신과 오거스터의 관계를 계속 이상하게 본다는 것을 알았기에 한동안 서신왕래도 방문도 하지 않았고, 심지어는 초청에도 응하지 않았다. 바이런은 먼저 자기와 오거스터 사이를 나쁘게 보는 시선부터 거둬 주기를 바랐다. 남편과 별거하던 오거스터가 지난 12월에 런던에 와서 바이런과 동거한다는 소문이 돌았는데, 그 말전주는 틀림없이 캐롤라인일 것이라고 바이런이 의심했다. 그는 멜번 귀부인에게 그것부터 무마시켜 달라고 했다.

바이런은 지난 연말에 오거스터에게 뉴스테드에 같이 가자고 제안했었다. 오거스터는 그곳이 자신의 친정이지만 한 번도 가본 적이 없었다. 바이런은 그곳이 곧 팔려서 남의 손에 넘어가기 전에 그녀를 데리고 가 구경시키고 싶었지만 그녀가 아파서 이동은 불가능해 보였다.

1월은 대단한 한파가 몰아쳐서 템스강이 두껍게 얼었다. 사람들은 그 얼음 위에 텐트를 치고 '얼음 장터'(Frost Fair)를 여니 온갖 공연패들이 모여들었다. 그 얼음축제는 17세기부터 템스강이 얼 때만 열렸으며 10년에 한 번 있을까 말까하는 보기 드문 축제였다.

오거스터는 임신 6개월의 몸으로 스프링도 없는 대중마차로 1월 16일에 런던에 도착했다. 런던으로 들어오는 길은 양쪽에 눈이 둑처럼 쌓여 있었고, 미끄러워 마차도 거의 지나다닐 수 없을 정도였다. 바로 그 이튿날 그들은 바이런의 큼직한 마차로 뉴스테드로 떠났다. 이 여행이 그들이 영원히 잊을 수 없는 그들만의 신혼여행이라고 할 수 있으리라.

런던을 벗어나 그레이트노스 도로(Great North Road)에 접어드니 온 천지가 새하얬다. 마차 통행을 위하여 런던에서 에든버러까지 난 이 탄탄대로도 눈 속에 파묻혀 길의 흔적을 찾기 힘들었다. 눈은 세상의 모든 사물을 솜털 속에 숨겼고 그들은 가도 가도 푸석한 솜털과 싸우는 것 같았다. 하얀 북행길을 마차는 가다 멈추기를 몇 번이나 반복하는지 몰랐다. 굵은 눈뭉치가 계속 내려 창을 가렸다. 마차의 아늑한 내부에는 그들만 있었고 마차 밖은 눈이 원근과 시간까지 지워버렸다. 벽난로 있는 여관에서 그들은 온기와 쾌락을 나누었다. 여행이 길어짐에 따라 눈은 더 깊은 미궁을 가져와 눈과 미궁과 사랑이 한 덩어리가 되니 천지가 다 멍멍하였다. 도착이 가까워 옴에 따라 새로운 기대로 부풀었다. 폭설은 뉴스테드의 거대한 참나무 어깨도 부러뜨려 곳곳에 길이 막혔다.

오거스터는 조상대대가 살았던 뉴스테드를 난생처음으로 보니 감회가 깊었다. 왜 자신은 그 집에서 귀하게 성장하지 못했을까, 한이 맺혔다. 긴 복도에 걸린 초상화는 모두 오거스터의 조상이었다. 하인장 머리가 바이런의 큰 방에 불을 지펴 두었다.

그 주변의 숲과 호수는 순백의 요정의 나라로 바뀌어 있었다. 나무는 가지마다 하얀 눈꽃을 소복소복 달고 있었다. 바이런은 오거스터가 같이 있어 그 눈의 나라가 더욱 신기하고 포근하고 안락했다. 그는 멜번 귀부인에게 편지를 썼다. "우리는 결코 하품을 하지 않았으며, 이의가 없었으며, 아주 딱딱한 대저택에 어울리지 않게 너무 많이들 웃었어요. 그리고 이 가족의 수줍음 때문에… 우리 [자신이] 서로에게 한층 더 재미있는 친구가 되었고요."

1월 22일, 바이런은 26회 생일을 누나와 같이 맞았다. 그날 머리에게 편지를 보낸다. "돌아갈 날은 날씨에 달렸어요…. 이 편지는 나폴레옹의 퇴각 때 마주쳤던 눈보다 더 큰 눈을 뚫고 가야 할 것이오…. 나는 꽤나 편안하게 오늘 이십육 년을 꼭 채웠다오…. 우리 석탄은 훌륭하고, 벽난로는 크고, 지하실은 가득하고, 내 머리는 텅 비었고…. 나는 이곳을 거의 떠날 수가 없고, 문은 꼭 닫고, 내 수염이 [제멋대로] 자라도록 내버려 둔다오."

눈은 계속 내렸다. 내린 눈에 악풀이라도 하려는 듯이 내리고 또 내렸다. 눈은 그들이 거기에 머물 행복한 구실거리를 마련해 줬다. 거의 한 달 동안 오거스터는 비정상적인 체류이긴 했지만 생애에서 가장 행복한 순간을 맛보았으리라. 어찌 오매간에 이때의 추억과 행복을 잊을 수 있으랴. 그곳은 자신의 친정이고, 자신의 뿌리이고, 조상 대대의 얼이 머문 곳인 동시에, 지금은 뜨거운 사랑의 보금자리가 아닌가.

오거스터는 바이런이 죽은 지 10년이 되었을 때 다시 그곳으로 추억 여행을 간다. 그때 바이런의 존재가 곳곳에 스며들어 있어 그녀의 가슴은 한없이 쓰렸다. 그녀는 이 추억여행을 하고 사촌 동생에게 이렇게 절절한 편지를 쓴다. "현재의 고통 속에도… 한 가지 위안이 있으니, 그것은 내가 사랑[의 추억]과 함께 산다는 것이라네…. 나는 내게 너무나 소중한 기억들 속으로 들어갔다네…. 나는 여전히 내가 '그 수도원의 아이'라는 사실을 내게서 지울 수 없었고, 나는 어디서나 사라진 그의 모습을 보았다네."

그 폭설을 뚫고 한 손님이 찾아왔다. 그 수도원을 산 젊은 변호사 클로턴이었다. 그는 그 부동산 매입에 관련된 계약 조건을 하나하나 따지고 돌아갔다. 바이런은 계약조건에 따라 돌아올 그 판매대금으로 오거스터를 도울 수 있다고 생각하니 마음이 놓였다. 또 눈을 뚫고 희소식도 왔다. 머리로부터 『해적』이 2월 1일에 예상을 훌쩍 넘어 놀랄 만한 성공을 거뒀다는 격앙된 목소리가 또박또박 박힌 편지였다. 그 시집은 출판당일에 10,000부나 팔렸고 한 달 후에 7판을 인쇄했고 총 25,000부가 팔렸다고 했다.

2월 6일에 그들이 뉴스테드를 떠날 때 바이런은 마음이 홀가분했다. 오거스터의 돈에 대한 불안이 상당히 해소될 수 있었기 때문이었다. 바이런은 그녀의 남편의 빚을 다 가려주고 아이들과 그녀 앞으로 남편이 절대 손 못 댈 돈을 확보해 주고 싶었다. 지금 배 속에서 자라는 자기 아이를 위해서라도 그 조치는 꼭 필요했다. 이때 쓴 유언장을 보면 그의 재산은 사촌 조지와 오거스터가 나누도록 되어 있다.

폭설 뒤에 폭우가 쏟아졌다. 도로가 이제는 물에 잠겨 바이런과 오거스터는 사흘 만인 2월 9일에 지친 몸으로 런던에 도착했다. 언론에는 바이런에 대한 야만적인 비난과 욕설로 가득 차 있었다. 『해적』의 출판이 몰아온 거센 역풍이었다.

문제는 바이런이 발표한 시 한 편 때문이었다. 그는 2년 전에 짧은 시 「젊은 귀부인에게 드리는 동정의 말씀」(Sympathetic Address to a Young Lady)를 써서 『모닝 크로니클』에 익명으로 발표한 적이 있었음을 앞에서 이야기하였다. 그는 전부터 왕세자가 대리청정하면서 토리당원으로 변절한 것에 대해 앙앙한 마음이 있었다. 그런데 왕세자가 칼턴(Carlton) 호텔에서 연회를 베풀었을 때, 그의 딸 샬럿 공주가 아버지가 휘그계 인사들을 공개적으로 욕하는 것을 보고 울분이 터져 울어버렸다는 이야기를 들었고, 바이런은 그 사건에 근거를 두고 왕세자를 일종의 배신자로 공격하는 시를 썼다.

제13장 불안한 결혼 *323*

왕족의 딸이여, 울어라,
아버지의 치욕, 나라의 부패를.
아, 행복하리, 그대의 눈물 방울방울이
아버지의 과오를 씻을 수 있다면!

샬럿 공주

이때 울어버린 샬럿 공주는 할아버지(조지 3세)나 아버지(훗날 조지 4세)보다 국민의 동정을 더 많이 받았기에 바이런은 그녀의 눈물이 그 아버지의 치욕이나 과오를 씻어준다고 읊었다. 영국 정부에서 발행하는 관보에서는 당시 정세를 분석하면서 그 시를 반역의 한 징후로 예시하기도 했다.

바이런은 이제 2년이 지났으니까 안전하다고 느껴 그 시를 그 시집의 말미에 「울고 있는 귀부인에게 주는 시」(Lines to a Lady Weeping)로 제목을 바꾸어 실었는데, 사람들은 그것이 바이런의 작품인 것을 그때서야 알고는 분노했다. 바이런이나 머리도 토리계 언론의 반격이 그렇게 폭발적일 줄은 전혀 예상치 못했다. 토리계의 『모닝 포스트』는 바이런을 "몸과 마음이 불구가 된 일종의 리처드 3세"라고 욕하였다. 지레 겁부터 먹은 사람은 겁쟁이 머리였다. 그는 2판에서 그 시를 빼 버렸지만 바이런이 발끈해서 그 시를 다시 넣게 만들었다.

2월 10일 바이런은 여행을 마치고 돌아온 홉하우스를 코번트가든의 한 극장에서 만나 같이 연극을 본 뒤, 홉하우스 집에 가서 새벽 4시까지 회포를 풀었다. 바이런은 며칠 밤을 술잔을 기울이면서 홉하우스에게 온갖 이야기를 다 털어놓았지만 오거스터에 대한 이야기는 차마 발설할 수가 없었다.

2월 내내 바이런의 가슴속에 불안의 덩어리가 점점 부피를 키웠다. 그는 잠을 이룰 수 없고 책도 읽을 수 없었다. 그는 글을 쓰면서도 안정을 찾지 못했다. 일기장이 유일하게 고백할 곳이었다. 2월 27일에 그는 자신의 특징을 이렇게 분석하였다. "한 여자와 같이 있으면 나를 매우 부드러워지게 만드는 그 무엇이 생긴다―심지어 그녀와 사랑하지 않더라도 이상한 영향력[이 생긴다.]…―만약 시야에 여성이 있기만 해도 나는 언제나 내 자신과 다른 모든 것에 기분이 좋아진다."

바이런은 애너벨러와 서신 왕래를 계속했다. 그녀가 적어 보내는 것은 상대방의 기분과 전혀 상관없는 '설교'였다. 바이런은 그녀가 자신의 종교적 태도에 대해 못마땅해하는 것 같아 그것에 대해 이렇게 요약해 보냈다. "그 근원[종교]에서 나는 결코 위안을 얻은 적도 없고 결코 얻을 수도 없다고 믿어요. 만약 내가 [종교적으로] 진실한 무엇을 느낀 때가 있다면, 내 자신은 접할 깜냥도 못되는 어떤 선(善)을 내가 접했을 때지요―그럴 때 나는 인간을 제외한 모든 것에 쉽게 감사하는 경향이 생겨나게 되지요."

바이런은 그녀에게 쓴 한 편지에 그녀를 보고 싶고 그녀와 개인적인 문제를 상의하고 싶다고 말하였다. 그녀는 그 뜻을 받아들여 그를 시햄에 초대하는 문제를 부모와 상의하였다. 바이런은 편지에 계속 구혼의 뜻을 담았다. 3월 15일에는 "내가 얼마나 당신을 보고 싶어 하는지를 당신은 모르시지요. 왜냐하면 한순간에도 수만 가지를 말할 수는 있겠지만, 편지지에는 지루한 이야기가 되기 마련이지요."라고 썼다. 최근에 그녀는 두 번째로 그의 청혼을 거부했는데 바이런은 그것을 상기시켰다. "'두번 째'… 나는 이 말이 자주 반복되어도 신경 안 씁니다. 나는 그대에게 거절당한 것보다 누가 나를 받아들였다는 것을 듣는 것이 더 괴로웠을 것입니다."

3월 27일 바이런은 그리스와 튀르키예로 여행을 갈 때 데이비스를 통해 빌렸던 돈 4,800파운드도 드디어 다 갚았다. 그는 코코아트리(Cocoa Tree) 레스토랑에서 이 장기부채의 변제를 축하하는 식사를 하였다. "여섯 시에서 자정까지 앉아서 샴페인과 적포도주 여섯 병을 마셨는데 아무 영향이 없었다."

이튿날 바이런은 멜번 귀부인 부부가 결혼한 후 살았던 피커딜리에 있는 올바니하우스(Albany House) 1층으로 이사를 했다. 이 아파트는 넓어서 책과 검을 둘 충분한 공간이 있었다. 양탄자며 벽에 걸린 그림까지도 그 귀부인이 둔 그대로였고, 글을 쓰고 손님을 맞을 거실은 3층에 있었다. 이 낡은 건물은 유명한 사람이 많이 거쳐 갔으며 아직도 사용되고 있다.

올바니하우스

4월 2일 이삿짐을 풀지도 않은 채 오거스터가 급히 불러 식스마일보텀으로 달려가 7일까지 그녀와 같이 지내다 8일에 돌아왔다. 그의 자형은 누나가 만삭인데도 요크셔(Yorkshire)로 가고 없었고 집안은 어지러웠다. 캠브리지에서 홉하우스와 데이비스를 만나기로 했지만 오거스터의 산일이 코앞이라 도저히 혼자 두고 나갈 수가 없었다. 사랑을 나누기보다는 누나에게 도움을 주고 세 자녀들과 재미있게 놀아주는 일에 치중했다.

런던으로 돌아왔지만 오거스터가 없는 런던은 공허했다. 글을 쓰지 않으면 모든 것이 더 공허해지고, 글을 안 쓰기 때문에 벌을 받는 것 같았다. 그는 외로워서, 권태로워서, 우울해서, 그것이 아니라면 예쁜 여자라도, 학자라도, 재사(才士)라도 만날까 해서 어쩔 수 없이 털레털레 파티에 나갔다.

그는 갑자기 그가 쓰는 글에 대해 회의가 들어 4월 9일 뜬금없이 절필하겠다고 무어에게 선언했다. "저로부터는 더 이상 시는 없습니다. 저는 이 단계에서 [시와] 작별을 고했고 이후부터는 더 이상 사기를 치지 않겠습니다…. 제가 기대하고 바라는 최상[의 기록]은 브리태니커 백과사전에 '계속 연마하고 바로 잡아 갔더라면 시인이 되었을 것 같다.'라고 기록되는 정도로 충분합니다…."

이처럼 그가 느닷없이 절필을 선언하고 모든 판권을 회수하겠다고 머리에게 통고했다. 그리고 머리가 『해적』과 『아비도스의 신부』에 대해 1,000파운드를 지불하겠다는 제안도 취소하라고 했다. 더불어 광고를 회수하고 재고(在庫)는 모두 없애라고 했다. 출판사는 시집 각 두 권만 보관용으로 가져도 좋다고 했다.

바이런은 당시 유럽의 청년들처럼 나폴레옹을 흠모해 왔다. 나폴레옹은 공화정의 상징이고 영웅적인 정복의 화신이었다. 일개 상사가 스스로 황제가 되는 상황이 새 시대의 서막으로 보였기 때문이었다. 사흘 전에 그가 패배하였고, 폐위되었다는 소식을 듣고 크게 놀랐으며, 세상의 어떤 사건도 이때처럼 그를 격한 감정으로 몰아간 적이 없었다. 스스로를 시(詩)의 나폴레옹이라고 생각한 바이런으로서는, 그 영웅에 대한 자신의 착잡한 감정을 그냥 잠재워버릴 수는 없었다. 그는 소년 시절부터 나폴레옹과 무의식적인 동일화를 이뤄 왔었다. "오늘 나는 한 시간 복싱을 하고 -「나폴레옹 보나파르트에 대한 송시」(Ode to Napoleon Bonaparte)를 쓰고, 비스킷 여섯 개를 먹고-소다수 한 병을 마셨다." 그 시에서 나폴레옹의 패배, 즉 초인으로서 한 개인의 몰락은 엄청난 충격이었다고 안타까워한다. 바이런은 절필한다고 했지만 그 시를 4월 10일 머리에게 발송했다. 머리는 그 시를 16일에 익명으로 출판했지만, 홉하우스에게 주는 헌사 때문에 바이런의 것이라는 것이 알려져 버렸다.

엘리자베스 메도라 리

바이런이 오거스터가 딸을 낳은 것을 안 것은 4월 15일이었다. 그녀는 아기 이름을 엘리자베스 메도라(Elizabeth Medora)라고 지었다. 이 메도라라는 이름은 『해적』의 여주인공의 이름이 아니던가. 바이런은 그와 메도라의 공식적인 관계는 죽을 때까지 불분명하게 남겨 두었지만, 그 아기가 누구의 딸인지 모를 리 없었다. 이 아기는 자라서 자기의 아버지가 바이런이라는 것을 알았지만 어디에도 확실한 증거는 없었다. 바이런이 오거스터의 명예를 위해 자신과의 밀애 관계를 전적으로 부정했기 때문이리라.

멜번 귀부인은 그가 오거스터와 밀애에서 빚어진 그 위험한 일, 즉 아기를 출산하는 일이 꼭 해야 할 일이었는가를 바이런에게 나무라듯이 물어보았다. 그는 대답했다. "오! 분명히 '가치'가 있지요. 이유를 설명할 수는 없지만 원숭이는 아니잖아요. 만약 원숭이라면 나의 실수임은 틀림없지요." 근친상간의 자식은 원숭이가 된다는 미신이 있었다. 그 아이가 원숭이가 아니라는 것은 곧 그 아이가 리 대령의 아이라는 말이 되었다. 그러니 멜번 귀부인은 의혹의 눈으로 보지 말고, 그런 문제는 절대 제기하지 말라고 은연중에 강조한 셈이 되었다.

애너벨러는 부모의 허락을 받아 바이런을 시햄에 초대했다. 그러나 바이런은 장차 오거스터에게로 돌아가야 할지, 아니면 시햄에로의 초대에 응해야 할지 가닥이 잡히지 않았다. 그는 마코와 앵무새를 샀고 책을 들여놓았고 또 매일 권투와 펜싱을 했지만, 그 밖에는 거의 문밖출입을 하지 않았다. 매리 차워스의 속절없는 편지는 낙엽처럼 쌓여갔다.

4월 25일 바이런은 애너벨러의 아버지 랠프 밀뱅크 경의 정식 초청장을 받았다. 그가 그 초청에 응하긴 해도 애너벨러의 기대에는 못 미치리라는 것은 잘 알았다. 멜번 귀부인에게 말했다. "나는 지금 그녀와 사랑에 빠져있는 것이 아니라오. 그러나 나는, 만약 '따뜻한 6월'이 와도… 여전히 사랑에 안 빠져 있다고는 말할 수는 없소. 나는 정말로 그녀를 아주 뛰어난 여성으로, 약간은 미덕 때문에 이상해진 여성으로 존경하게 될 것이오." 멜번 귀부인은 그가 애너벨러에게 미지근한 태도를 가진 이유는 거의 매일 오거스터로부터 편지를 받기 때문이라고 보고 그에게 꼭 시햄에 다녀오라고 등을 떠밀어야 한다고 생각했다.

5월 7일 바이런은 무어와 함께 킨의 『오셀로』(Othello)의 이아고(Iago)의 연기를 보러 간 뒤 자주 극장에 갔다. 한 번이라도 킨의 얼굴을 더 가까이서 보기 위해 그들은 오케스트라 특별관람석을 이용했다. 바이런은 자신이 좋아하는 장면의 연기를 보고는, 감사의 표시로 멋진 코담뱃갑과 값비싼 튀르키예 칼을 그 배우에게 선물했다. 한번은 킨이 가일즈 오버리치 경(Sir Giles Overreach)의 역을 연기할 때 바이런이 너무 감동을 받아서 일종의 경기까지 일으켰다.

무어는 노래가사를 잘 짓고 또 노래도 참 잘 불렀다. 바이런은 무어가 자기에게 노래가사를 써 달라고 요청하자 그 전에 써놓았던 「음악을 위한 시」(Stanzas for Music),("I speak not"으로 시작하는 시)를 보냈다. 그 시는 바이런이 오거스터에게 느끼는 후회와 죄책감이 배어있는 작품이었다. 바이런은 오거스터가 자기를 소유하겠다는 강한 욕망이 없는 것이 늘 서운했다. 남매간의 관계는 지울 수 없으니 따로 소유욕을 가질 필요가 없다는 것이 오거스터의 생각이었을까. 그러나 바이런 쪽에서 보면 그녀가 늘 측은해 보였고 그것 때문에 더욱 그녀에 대한 회한이 컸다. 그 회한을 풀지 못하니 그것이 죄책감이라는 덩어리가 되었다. 그래서 그 노랫말에 "이 영혼은 쓰디쓴 암흑에 빠져 있죠./ 세계를 발아래 두었을 때보다 그대를 내 옆에 두었을 때/ 우리의 하루하루는 더 빨랐고 순간들은 더욱 감미로웠죠."라고 했다.

바이런이 이 해에 쓴 시 「안녕! 만약 사랑의 기도가」(Farewell! If Ever Fondest Prayer)도 오거스터에 대한 죄책감 때문에 괴로워하는 마음을 비추고 있다. 사랑에 얼빠진 기도라도 만약 천국에 가는 데 소용이 된다면, 바이런은 사랑하는 그녀의 이름을 하늘 너머 천국에 알리는 데 온 힘을 다 바칠 것이라고 이 시에서 말한다.

　5월 14일부터 바이런은 『해적』의 후편 『라라』를 쓰기 시작했다. 주인공 라라도 콘래드처럼 우수에 젖은 고독한 해적이었다. 5월 초에 바이런은 남편의 빚을 청산하라고 오거스터에게 3,000파운드를 보냈다. 5월 24일 그녀의 갓 태어난 딸 엘리자베스 메도라 리(Elizabeth Medora Leigh)가 여섯 주가 되지 않았지만 집에서 세례를 받았다. 세례식에는 절대 가지 말라고 멜번 귀부인이 따끔하게 충고했을지 모르고 실제로 바이런은 거기에 가지 않았다. 남의 눈을 의식해서였으리라.

　5월 19일 바이런, 무어, 홉하우스 세 사람이 또 킨의 『오셀로』를 보러 갔다. 킨은 2막 처음에서는 조용히 연기했으나 반을 넘어서자 동방 사람들의 격정을 특별한 힘으로 발산시켰다. 칼로 스스로를 찌르는 장면이 백미였다. 연극을 본 뒤 세 사람은 그린 룸(분장실)에 갔다. 큰 거울과 사방에 소파가 있는 작은 방이었지만 녹색은 아니었다. 배우들이 거기서는 그들의 역할과는 달리 아주 침착하였으며, 무대감독 레이먼드(Raymond)가 그들을 맞아 주었다. 그쪽 사람들은 무어를 다 알아보았는데 그의 아내가 한때 배우였기 때문이었다. 단신의 킨이 들

에드먼드 킨

어오자 바이런이 몇 마디 칭찬의 말을 해 주니, 그는 남작님의 인정을 받아서 자긍심이 생긴다고 고마워했다.

　캐롤라인이 깨끗이 물러선 것은 절대 아니었다. 시도 때도 없이 바이런의 올바니 집에 나타났다. 바이런이 없을 때는 제 집처럼 마음대로 그

의 물건을 다 들추었다. 바이런은 캐롤라인이 집에 오는 것을 가끔은 반겼으나 그녀의 시어머니에게는 일체 말하지 않았다. 그는 속도 없이 캐롤라인에게 에들스톤에서 러쉬턴을 거쳐 현재의 오거스터와의 관계까지 가장 비밀스런 이야기도 죄다 해주었다. 캐롤라인은 다 듣고는 부디 그의 누나에게 자기는 바이런의 여자로서 자격 미달이니, 자기를 미워할 필요가 조금도 없다고 말해 달라고 했다. 오거스터는 캐롤라인의 말을 전해 듣더니, 캐롤라인이야말로 바이런의 여자니까 진심으로 사랑한다고 말하지 않는가.

이런 혼란 속에서도 바이런의 흔들리지 않는 목표는 오거스터를 데리고 와서 편안하게 살도록 해 주는 것이었다. 그러나 멜번 귀부인은 그와 오거스터와의 관계가 심히 걱정되었다. 이것을 안 바이런은 먼저 누나와의 관계부터 빨리 정리하겠다고 약속했다. 그는 오거스터가 한 가지 엄청난 실수를 하긴 했지만, 그것만 제외하면 도덕적으로 아주 훌륭하다고 했다. 그녀가 얼마나 착한가는, 그녀가 오로지 바이런의 최상의 행복을 바라며 그 행복은 애너벨러와의 결혼에서 얻을 수 있다고 믿는 것만 봐도 알 수 있다고 했다. 바이런은 오거스터가 보낸 순진하기 짝이 없는 그런 사연의 편지 한 꾸러미를 멜번 귀부인에게 직접 읽어 보라고 내밀었다. 그는 그녀에게 자기의 아내 될 사람이 누구이든, 일반적인 상식만 가지면 넉넉히 자기를 지배할 수 있다는 말을 해줬다. 그의 마음은 언제나 가장 가까운 홰에 앉기 때문이었다.

그의 마음은 언제나 가장 가까운 홰에 앉는다는 원칙은 바이런의 성격과 태도를 잘 보여 주는 일면이 있었다. 바이런이 언제나 감성적으로 인식하고 결정하기 때문에, 아무리 철석같이 사랑을 약속한 연인이라도 멀리 있으면 그 애인을 위해서 정절을 지키는 일은 거의 없었다. 언제나 가까이 있는 손쉬운 여성에게 다가갔고, 그 여성의 성품이나 신분이나 부귀도 따지지 않았다.

6월 11일 웹스터가 대륙 여행을 마치고 돌아와, 싫어하는 바이런을 억지로 끌고 시트웰 귀부인(Lady Sitwell)의 파티에 갔다. 거기서 바이런은 고종(姑從) 제수(弟嫂) 윌모트(Wilmot) 부인을 보았다. 그녀는 대단한 미인이었고 반짝이가 붙어있는 상복을 입고 있었다. 바이런의 둘째 고모 줄리아나 엘리자베스(Juliana Elizabeth)가 큰집 오빠와 도망가서 결혼해 살았다고 앞에서 이야기 하였다. 그 고모는 그 오빠 남편이 죽자 로버트 윌모트 경(Sir Robert Wilmot)과 재혼하였는데, 이날 본 이 윌모트 부인은 바로 그 재혼한 남편의 며느리였다. 다음 날 바이런은 그녀의 아름다운 잔상을 담아 「그녀는 아름답게 걷네」(She Walks in Beauty)라는 명시를 썼다. 이 시는 후에 『히브리 가곡』(Hebrew Melodies)의 권두에 들어간다.

앤 윌모트, 바이런의 고종 제수

　　　그녀는 구름 없고 별 반짝이는 하늘의
　　　　　밤처럼 아름답게 걷네.
　　　어둠과 빛 중 최상의 것만 모두
　　　　　그녀의 자태와 눈에 모이네.
　　　부드러운 빛으로 무르익어
　　　　　그 천국은 찬란한 낮을 거부하네.
　　　(하략)

　　6월 14일 『라라』를 탈고하였다. 무어가 런던을 떠나버려 가까운 친구마저 없어지자 50통 이상의 편지를 보낸 매리 차워스를 떠올렸다. 그녀를 방문할까? 그러나 그가 정말로 끌어당기고 싶은 것은 그녀의 추억뿐이었다. 과거를 떠올리며 감상적인 편지나 주고받는 것이 가장 안전할 것 같았다. 그는 그녀에게 편지를 썼다. "나는 그 저주받을 [그대의] 결혼과 그대가… 나를 사랑하지 않았던 것 외엔 섭섭한 것은 없소."

　6월 어느 날 또 한 번 캐롤라인이 가탈을 부렸다. 바이런은 하인이 불러내서 나갔다 돌아오니 그 사이 또 감쪽같이 캐롤라인이 다녀갔다. 그때 그녀는 바이런의 하인에게 한번 잘 봐줄 테니까, 바이런이 잠깐 자리를 비우게만 해 달라고 애걸하여 어리숙한 하인이 그렇게 해 주었다. 그가 없는 사이 그녀는 유유히 바이런의 방에 들어가서는, 책상 위의 『바섹』이라는 책을 보고 그 첫 장에 "저를 기억하세요!"라고 적었다.

　바이런이 돌아와 그것을 보고 금방 캐롤라인의 짓임을 알았다. 그는 언짢은 기분에서도 즉석에서 두 연의 시를 썼다. 그 한 연에 "그대를 기억하라고! 예, 의심치 말아요./ 그대 남편도 역시 그대를 생각하리오!/ 우리 둘 중 누가 그대를 잊으리오./ 그대는 그에겐 부정(不貞)이오, 나에겐 악마이니까요!"이라고 썼다. 시에 노기(怒氣)가 남아 있지 않는가.

　7월 1일 벌링턴(Burlington) 가(家)에서 웰링턴 공작을 축하하는 초대형 가면무도회가 있었다. 무려 1,700명이 임시 식당에서 편안하게 앉아 저녁을 먹는 장면을 홉하우스는 그때까지 본 적이 없는 장관 중의 장관이라고 감탄했다. 바이런은 웰링턴 공작을 별로 존경하지 않았지만 그 무도회에 참가하였다. 승려 옷을 입었더니 다들 잘 어울린다고 했다. 홉하우스도 알바니아 의상을 입고 참석하여 칭찬을 많이 들었다. 얼굴을 가린 화류계의 여성들도 많이 참석했는데 일단 얼굴이 가려지기 때문에 안심들 하는 듯했다.

　이 가면무도회는 웨티어즈 클럽(Wattier's Club)이 주최하였다. 그 클럽은 대표적인 네 명의 댄디, 즉 네 사람의 멋쟁이가 주축이 되는 클럽이었고, 그 회장이 당대의 최고의 '멋쟁이' 브라멜('Beau' Brummel)이었다. 이 클럽을 '댄디 클럽'이라고 명명한 사람은 바이런이었다. 바이런 스스로는 '댄디'는 아니라고 하지만 한때 이 '멋쟁이' 브라멜과 절친한 사이였다. 브라멜과 관계를 추적한 기록 영화에선 바이런은 이 브라멜과 한 여자를 공유하면서 낄낄거리는 장면을 볼 수 있다.

　브라멜은 탁월한 감각으로 남성의 패션을 이끌었을 뿐만 아니라 남성의 의상을 혁신시켰다. 그는 섭정 왕세자와도 절친하여 그의 패션에 큰 변화를 주었다. 일례로 그는 왕세자가 무릎까지 오는 브리치즈(일종의 반바지)를 입고 스타킹을 신고 분 바른 가발을 쓰는 전통적인 복식에서, 검은 코트를 걸치고 긴 바지를 입고 가발을 안 쓰고 얼굴엔 분도 안 바르는 복색으로 바꾸도록 유도하였다. 그는 옷을 입는 데 다섯 시간이 걸릴 만큼 몸과 옷을 완벽하고 깔끔하게 다듬었고, 많은 남성이 그를 본받았다. 이 왕세자도 브라멜이 알몸에서 정장을 하는 과정을 하나도 빠뜨리지 않고 관찰하고 배워 갔다.

'멋쟁이' 브라멜

바이런의 회상이다. "나는 댄디들을 좋아했습니다…. 그들은 나를 웨티어즈 클럽(당시로는 최고 클럽)에 가입시켜 주었습니다. 들어가 보니 무어와 스펜서를 빼고는 문인으로서는 내가 유일했습니다. 우리들의 가장무도회는 대단했으며… 주최는 네 명의 리더가 했습니다."

캐롤라인은 바이런이 그녀와의 관계를 정말 끊어내려 하자 이런 월점이 없는 편지를 보냈다. 이 편지에서 바이런은 신이었다. "오 신이여… 당신은 저를 버릴 수 있겠습니까─저를 데려가 주세요 저를요… 저는 당신을 섬기겠습니다 저를 데려가 주세요─저는 아플 때나 건강할 때나 당신을 위해 싸우고 당신을 섬기겠습니다 오로지 당신이 원하는 대로만 살겠고 당신이 원할 때 죽겠습니다…"

캐롤라인의 바이런과의 관계에는 문학적인 관계도 한몫하였다. 1812년부터 그녀는 바이런의 작품을 모방한 작품을 쓰기 시작하였다. 그들 간의 관계가 끝났을 때에도 그녀는 머리에게 접근하여 바이런의 원고나 교정쇄를 달라고 하여, 비록 물리적으로는 바이런을 소유하지 못했으나 바이런의 말(문학)은 꼭 소유하려 들었다. 그는 머리에게 편지를 써서 바이런의 작품 중에 몇 개 낱말은 바꿔야 한다고 떼를 쓰거나, 어떤 표현은 사람들의 조소를 받을 것이라고 나름대로 예단하였다. 단테의 인용이나 『아비도스의 신부』의 첫머리는, 바이런이 그 공을 스타엘에 돌렸지만 사실은 자기 덕택이라고 말했다. 자기가 그 전 해에 단테 책을 그에게 보내주지 않았느냐고 하였다. 그러니 자기가 어떻게 천재에게 무용지물이기만 하겠느냐고 말을 늘어놓았다.

7월 3일 바이런은 식스마일보텀으로 향했다. 이때 그는 자기 딸 엘리자베스 메도라를 처음 보았을 것이다. 이삼 일 머문 후 떠나면서 바이런과 오거스터는 7월에 바캉스를 해변으로 함께 갖자고 약속했다. 그는 6일엔 또 캠브리지에 들러 홉하우스, 데이비스, 키네어드를 불러냈다. 포도주 여러 병을 비우면서 홉하우스가 지역구 국회의원 선거에 출마하면 이길 확률이 어느 정도인가를 다각적으로 분석하였다.

7월 7일 오거스터 가족이 바이런과 같이 서섹스(Sussex) 해변의 헤이스팅스(Hastings)에 가려고 큰 마차로 런던에 와서 알버말가의 런던 호텔에 머물렀지만, 바이런은 클로턴의 잔금을 받지 못해 "내 모든 희망과 세속적인 계획과 희망은 엉망이 되었다."고 말했다. 화가 났지만 클로턴과 핸슨이 일을 지체시키는 데는 속수무책이었다. 그 이튿날 그는 핸슨과 클로턴을 만나 계약금만 받은 상황에서 일을 어떻게 처리해야 할 것인가에 대해 숙의했다.

바이런은 그전에 호지슨에게 집세 관계없이 오거스터와 네 자녀, 하녀 셋, 그리고 바이런의 시종 하나와 마부가 거처할 집을 구하라고 부탁했었다. 호지슨이 바다 근처에 있는 한적한 집 한 채를 7월 13일부터 한 달간 세를 얻어 주었다.

7월 20일 바이런은 오거스터와 서둘러 런던을 떠났다. 매리 차워스가 만나러 런던에 올 것 같아 그녀도 피하고 싶었다. 사촌 조지도 데리고 그 날 늦게 해변에 도착하여 보니, 세 낸 집은 침실이 열두 개인 앤 여왕 때 지은 건물이었다. 그는 거기서 오거스터의 사랑을 듬뿍 받았다. 아이들, 하인들, 친구들도 상냥하여 가정의 행복이란 이런 것이구나 하는 생각이 들었다. 여기서 그는 아버지이고, 남편이고, 연인이고, 손님을 맞는 주인이었다. 삼 주가 꿈결처럼 흘러갔다.

홉하우스는 바이런에게 곧 런던으로 돌아가 국회에서, 아일랜드에 불리한 법안에 반대표를 던져 달라고 편지로 요청해 왔다. 그러나 그에겐 입법 활동보다 가정의 행복과 연회가 더 의미 있었다. 그는 무어에게 편지를 냈다. "나는 수영을 하고, 가자미 요리를 먹고, 깔끔한 브랜디와 실크 손수건을 밀매합니다…. 그리고 절벽 위를 산책하기도 하고, 언덕에서 굴러 내려가기도 하면서, 두 주간 아무 하는 일 없이 즐거움만 만끽했지요…. 단지 꼬리를 잘라버린 여우들이 더없이 행복하게 뛰노는 것을 지켜만 봐도, 여기에 있을 가치가 충분히 있습니다."

바이런은 계속해서 애너벨러의 깔끔한 편지를 받고 답장을 보냈다. 가끔 편지가 새침해지기도 해서 어떻게 답장을 해야 할지 모를 때도 있었다. 애너벨러는 자신의 감정을 설명하는 데 아주 신비스런 문장을 동원하여 바이런을 오리무중에 빠뜨릴 때가 있었다. 그녀는 자신의 애정은 "불완전한 것"이라고 스스로 시인하면서, 바이런에게 자신이 사랑에 빠져 있다는 사실을 절대로 인정하지 않고, 오히려 그에게는 아무 미련이 없다는 것만 애써 나타내려 했다. 꼭 그럴 때에 문맥이 애매해졌다. 그는 이렇게 편지에 썼다. "제발 저에게 솔직하고 거칠게 답장해 주시길…. 당신에게 저는 절대로 오해해서는 안 되는 사람이 아닌가요…. 나는 당신이 다른 사람에게 애정을 느꼈다는 사실을 여러 번 이야기하지 않아도 좋을 만큼… 기억력이 좋다오." 얼마나 자주 그녀는 바이런 외에도 좋은 구혼자가 있었다는 사실을 상기시키고 싶었을까. 그것이 그녀가 자존심을 지키는 한 가지 방법이었으리라.

바이런과 오거스터는 헤이스팅스에서 진지하게 이야기를 나눴다. 그들은 결국 막다른 골목에 와 있는 것 같았고, 유일한 탈출구는 바이런이 아내를 맞이하는 것 외에는 다른 방법이 없다는 결론에 이르렀다. 그는 후에 멜번 귀부인에게 말하였다. "그녀는 내가 아주 결혼하길 바라는데, 왜냐하면 그것이 두 사람을 위한 유일한 구원책이기 때문이지요." 그러나 바이런이 오거스터의 가족과 완벽한 가정의 행복을 맛보면서, 또 구애를 한다는 것은 우스운 일이 아니었나. 그에게 사랑의 갈등을 일으키게 하는 사람은 오거스터였지만 그녀는 천하태평으로 그를 장가보낼 궁리만 하니, 그녀가 과연 자기를 사랑하기나 할까 하는 의문이 가시지 않았다.

바이런의 작품『라라』는 8월 5일 로저스의『재클린』(Jacqueline)이라는 작품과 함께 한 권의 작품집으로 발표되었다. 익명으로 발표했으나 곧 바이런이 저자임이 밝혀졌다. 머리는 6,000부를 판 뒤 700파운드를 인세로 지불했다. 바이런이 출판업자로부터 돈을 받은 것이 이것이 처음이었다.

『해적』에서 콘래드는 굴네어를 데리고 바다 너머로 사라졌다. 이 콘래드와 굴네어가 이 작품에서는 라라와 그의 시종 칼레드(Kaled)로 등장한다. 칼레드는 실제는 여자지만 이 작품에서는 남장하고 남자 행세를 한다. 그래서 이『라라』가『해적』의 후속편이 되는 것이다. 라라는 원래 자신의 조상이 다스리던 큰 영지[나라]가 있었으나 오랜 세월 동안 그 고향에서 떠나 해적 생활을 했기 때문에 그 나라에는 그를 아는 사람이 별로 없었다. 그는 종자 하나를 데리고 어느 날 갑자기 돌아왔다. 그의 고향의 성은 뉴스테드 애비의 풍경과 많이 닮아 있었다.

라라가 없는 동안 그 나라를 통치한 사람은 에즐린(Ezzelin)이었다. 결국 정의롭고 인자한 라라는 그 나라를 되찾아 국민들의 존경을 받으며 통치를 하게 된다. 그러나 에즐린 일당의 질투와 음모를 이기지 못하여 라라는 이웃나라로 망명하다가 국경지대에서 적의 공격을 받아 쓰러져 죽는다. 이때 그를 끝까지 구하려고 온몸으로 싸운 사람이 칼레드였다. 그때 그의 정체가 밝혀진다. 칼레드는 에즐린도 찾아 그를 주살하면서 주군이면서 애인의 원수를 갚게 된다.

바이런과 오거스터가 8월 10일에 런던에 돌아오니 핸슨이 뉴스테드 매각 문제를 이야기했다. 클로턴이 마침내 계약금 25,000파운드를 물고 뉴스테드에 대한 계약 포기를 선언했다고 했다. 바이런은 8월 20일 클로턴의 계약을 종결짓는 서류에 서명하여, 뉴스테드를 도로 찾았고 클로턴은 생돈 25,000파운드를 잃게 되었다.

8월 21일 바이런은 오거스터와 그녀의 아이를 데리고 뉴스테드로 떠

뉴스테드 애비의 호수

났다. 바이런은 다시 찾은 고향의 숲과 호수가 잃어버렸던 옛 친구를 찾은 것처럼 너무나 반가웠다. 그는 아이들과 호수에서 농어와 잉어를 잡기도 하고 수영도 하고 노도 젓고 권총으로 소다수 병을 깨뜨리기도 했다. 그는 다시 한번 아주 한가한 시간을 가졌고 아이들은 처음 와 본 외가가 넓고 신기하기만 했다.

이때 바이런은 청혼이 의미가 함축된 한 통의 편지를 쓴다. "몇 주 전 당신의 질문에 제가 답을 드렸지요. 지금은 제가 물어 볼 질문이 있습니다—만약 적절하지 않다면, 당신이 답을 사양하시는 것만으로도 제게 대한 충분한 질책이 될 것이란 것은 더 말할 필요가 없을 겁니다…. 당신이 좋은 의견을 가지도록 제가 노력해 보지 않은 것이라곤 거의 없습니다…. 여전히 나는 당신이 어떤 것에 대해 약속하거나 맹세하는 것을 원치 않으며, 단순히 당신이 어디에든 구속을 덜 받게 할 가능한 방법을 알고 싶을 뿐입니다…. 저의 나머지 다른 감정은 당신이 이미 익히 알고 계실 테지요."

이 편지는 거두절미했기 때문에 청혼의 뜻을 헤아리기 어렵다. 그러나 오거스터가 이 편지를 찬찬히 읽어보니 그 속에는 청혼의 뜻이 분명하게 내포되어 있어서 너무 기뻤다. "이건 참 아름다운 편지네. 이 편지가 안 간다면 유감이지. 나는 [이것보다] 더 아름다운 편지를 본 적이 없어."라고 말하자, 바이런은 그 편지는 꼭 보낼 것이라고 답했다. 그러나 바이런은 사실 그때까지도 마음을 정하지 못했다. 그 편지를 서랍에 넣었다 뺐다 하면서 우편물 수거 시간까지도 마음이 오락가락하였다. 바이런은 그 편지를 청혼할 의도로 쓴 것이 아니라, 단지 애너벨러의 편지가 모호하여 자신에게는 청혼의 문이 닫혀 버리지는 않느냐 그것을 확인해 보기 위해 쓴 것이었다. 그는 그녀에게 뜻을 철회할 기회를 많이 주었고, 더 이상 사랑의 언어를 낭비하고 싶지 않았다. 이 운명의 편지는 9월 9일에 부쳐졌다.

편지를 부치고부터 애너벨러의 답장이 온 17일까지 그는 일이 손에 잡히지 않았다. 그는 이 청혼이 또 거절당할 것에 대비하여 마음을 단단히 먹고 탈출구도 준비해 놓았다. 그는 홉하우스에게 편지를 썼다. "만약 상황이… 뜻대로 되지 않는다면―나는 곧장 이탈리아로 갈 생각을 하네―만약 간다면, 자네는 나와 같이 가겠는가?"

애너벨러는 그것이 프로포즈임을 곧 알아차렸다. 그녀는 쉽게 부모의 결혼 승낙을 얻었다. 이제 그녀는 자신이 바이런을 원하고 있다는 것을 의심하지 않았다. 그래서 편지 받은 바로 당일 답장을 썼다. "저는 내 삶에 있어서 당신의 행복을 저의 삶의 첫 목표로 삼겠다고 맹세하고, 또 오랫동안 맹세해 왔었습니다. 저는 우러러봐야 하는 당신에 관한 모든 것을―제가 사랑할 수 있는 모든 것을―꼭 믿을 것입니다." 이 편지는 그녀의 아버지가 쓴 편지와 함께 바이런에게 전해졌다. 그녀는 그가 런던에 있는지 없는지 몰랐기 때문에 한 통을 베껴 써서 뉴스테드로도 보냈다.

9월 17일 그녀의 답장을 받던 날 바이런은 오거스터와 저녁 식사 중이었다. 그때 원예사가 그동안 분실되었던 어머니의 결혼반지를 침실 창문 밑에서 발견하였다고 가져왔다. 어머니는 그 반지를 수년간 잃어버리고 못 찾았었다. 바로 그 순간 그 편지가 도착하자 바이런은 소리쳤다. "만약 [결혼] 승낙이 들어 있으면 나는 이 반지와 결혼하는 것이 된다." 그는 그 편지를 읽고 오거스터에게 건네줄 때 너무 창백하여 쓰러질 것 같았다. 오거스터는 애너벨러의 편지가 "그녀가 읽어본 것 중에서 가장 훌륭하고 예쁜 편지였다."고 말했다.

바이런은 그녀의 아버지의 편지도 읽었다. "나는 내 여식이 그대가 주는 존경과 애정에서 행복을 발견할 것이라 믿어요."라고 말하면서 꼭 그리로 한번 방문해주면 좋겠다고 공손하게 말했다. 그 방문은 약혼을 하는 것이나 다름없었다. 그들은 사교장에서도 많이 보지를 못했으니, 처음으로 그들만의 시간을 갖는 기회가 될 것이었다.

바이런은 따뜻한 문체로 애너벨러에게 답장을 썼다. "당신의 편지는 나에게 새 삶을 주었습니다. 그것[초청]은 예상 밖의 일이었으며, 기꺼이 받아들인다는 말은 할 필요도 없습니다…. 나를 행복하게 만드는 것은 당신에게 달려있습니다―당신은 나를 이미 그렇게 만들어 버렸소." 그러나 바이런이 보낸 이때의 편지는 그녀가 그를 개조시킬 수 있고, 그는 그녀에 의해 "교정받기"를 바란다는 그릇된 추측과 기대를 그녀에게 심어주는 결과를 가져왔다.

바이런의 가장 큰 관심은 자신의 약혼에 대해 멜번 귀부인의 축복을 받아내는 일이었다. 그는 그 모든 것이 그녀 덕분이라고 생각했다. 그는 멜번 귀부인에게 이렇게 말했다. "제가 그것[애너벨러와의 결혼]에 대해 열의가 없다고 생각하신다면, 당신은 저를 아주 잘못 보고 계십니다…. 만약… 그녀가 나를 좋아하기만 한다면, 나는 곧바로 그녀의 마음에 꼭 드는 그런 존재가 될 겁니다. 만약 그녀가 나를 적절하게 통제하지 못한다면 그것은 그녀의 책임입니다. 왜냐하면 결코 어느 누구도 나만큼 쉽게 부릴 수 있는 사람은 없기 때문이지요."

바이런은 애너벨러에게 자신은 전적으로 그녀가 바라는 사람이 되도록 노력하겠다는 것을 알렸다. 그전에 문제가 되었던 종교문제를 거론하여 사과를 했다. "나는 당신이 마음에 드는 책을 읽고, 당신이 좋아하는 토론을 들을 겁니다…. 당신은 '나의 안내자요 철학자요 그리고 친구'가 될 것입니다. 즉 나의 마음은 전부 당신의 것입니다."

애너벨러는 자신의 청혼 수락을 바이런이 만족스러워한다는 것을 알고는, 이제 그녀도 모든 것을 바이런에게 맡기고 그가 그녀를 이끌어주기를 원했다. "당신의 생각이 저의 생각을 수정해 주기를 기다리고 있습니다…. 제가 해야 할 일은 쉽게 [무엇에든] 순응하는 것뿐입니다." 그러나 바이런은, 혼자 자란 순진한 아가씨, 특히 인생 체험보다는 책을 더 가까이한 아가씨와 사랑을 나누기란, 기혼녀와 사랑을 나누기보다 백배 더 어려울 것임을 충분히 짐작했고, 또 마음의 준비도 단단히 했다.

오거스터는 바이런에게 바로 시햄으로 가라고 했지만 바이런은 일에는 선후가 있다고 생각했다. 그가 에너벨러와 결혼하는 것을 기정사실로 받아들이려면 먼저 신부가 될 사람에게 살림을 장만하도록 돈을 줘야 했다. 그는 핸슨이 다시 뉴스테드를 내놓게 해야 했다. 그가 호숫가와 서늘한 숲으로 오거스터와 산책할 때 이미 그것이 마지막일지 모른다는 생각이 들어 서글펐다. 그들은 건물 뒤쪽의 '악마의 숲'으로 가서 한 느릅나무 고목에 그들의 이름을 깊이 새겨 두었다.

9월 21일 드디어 이별의 시각이 다가왔다. 바이런은 런던으로 오거스터는 식스마일보텀으로 떠났다. 런던에 돌아온 바이런은 캐롤라인이 자신의 약혼 소식을 들으면 틀림없이 소란을 피울 것이라 걱정했다. 그러나 그녀는 예상과는 달리 그의 약혼을 차분하게 받아들였다. 캐롤라인은 머리에게 편지를 쓰면서 애너벨러에 대해 이렇게 말했다. "그 애는 아주 배운 것도 많고 훌륭하죠. 그리고 그녀 얼굴의 위쪽은 아주 매력적입니다…. [그러나 바이런은] 규칙적으로 교회에 나가는, 또 통계학을 아는, 못생긴 여성과는 결코 잘 살 수는 없을 거예요."

그러나 멜번 귀부인은 바이런과 질녀의 이야기를 다 듣고 일이 참 잘 풀렸다는 생각이 들었지만 역시 오거스터가 마음에 걸렸다. 그녀가 바이런의 삶에서 깨끗하게 물러나겠나? 그녀는 물론 바이런만큼 오거스터를 잘 알지 못했다. 정말 오거스터는 바이런을 소유의 의미로 사랑한 것이 아니며, 진정으로 동생이 행복하기만 바라는 것일까? 그러나 오거스터는 동생의 행복만 걱정하는 모성애만 가진 누나로 돌아와 있었다. 그녀의 감정에는 이제 전혀 기복이 없었다.

바이런은 그가 시햄에 가기 전에 깨끗이 정리해야 할 것이 부부재산계약서(marriage settlement)였다. 이것은 양가의 재산, 토지의 소유권, 연간 배당금, 유산, 신부의 지참금 등에 관한 복잡한 서류로 양가 변호사들이 처리해야 할 문건이었다. 바이런은 자신이 북행을 하기 전에 핸슨이 먼저 가서 신부 측 변호사 윌리엄 호어(William Hoar)를 만나 부부재산계약서를 작성하거나, 아니면 적어도 최종 합의안을 마련해 오기를 바랐다. 그는 뉴스테드를 팔면 나올 돈으로 애너벨러에게 60,000파운드, 혹은 연 3,000파운드를 지급할 것을 제시했다. 핸슨은 그 저택이 여전히 120,000파운드는 될 것이라고 했다. 바이런은 애너벨러의 아버지가 1812년도 국회의원 선거에서 선거비용을 과다 지출하여 빚이 있다는 말과, 애너벨러의 생활비는 전적으로 그녀의 외숙부 웬트워스에서 나올 것이라는 말을 들었었다. 그러나 핸슨이 느리터분하여 애가 탔다. 그는 애너벨러 측 대리인을 만날 시간을 도저히 맞출 수가 없어 시간만 초조하게 흘러갔다.

핸슨에게 예기치 않은 일이 생겨 이 부부재산계약서 작성은 미룰 수밖에 없었다. 그는 3월 7일 딸을 마흔도 넘은 포츠머스 백작(Earl of Portsmouth)에게 치웠는데 그 늙은 사위가 정신이 이상하여 그 결혼을 취소해야 했다. 그 일에 그는 정신이 팔려 있었다.

바이런은 자신의 재정 상황을 투명하게 애너벨러에게 이야기했다. 로치데일의 토지와 광산, 뉴스테드, 그리고 토지에서 나오는 수입과 부채 전부도 빠뜨리지 않았다. 로치데일은 절차상의 문제로 재판에 걸려 있지만 세 번 유리한 판결을 받아냈고, 뉴스테드는 새 임자를 찾고 있다는 것까지 이야기했다. 미래의 신부도 그녀의 재산을 이야기했다. 그녀도 기대할 수 있는 것은 많았으나 당장 쓸 수 있는 돈은 많지 않았다. 본가의 연수익금은 선거 바람에 다 날렸지만, 그녀는 외삼촌이 죽으면 그의 부동산과 노엘 여남작이라는 작위를 상속받게 되어 있었다. 그들의 약혼 사실은 더럼(Durham) 지방지에 나고 나서 곧 런던『모닝 크로니클』지에도 났다.

애너벨러는 바이런의 시행행이 늦춰지자 불안해졌다. 그러나 그녀는 먼저 부모님의 불안부터 가라앉혀야 했다. 바이런은 핸슨이 원망스러웠다. 그는 가장 친한 친구인 홉하우스에게 '신랑들러리'가 되어달라고 부탁했더니, 그는 쾌히 승낙을 하면서 꼭 2주 전에만 미리 알려 달라고 한다.

10월 1일 오거스타는 장차 올케가 될 애너벨러에게 직접 편지를 썼다.

그녀는 자신을 소개한 뒤 자신과 바이런의 관계를 설명했다. 자신은 바이런과 대단히 친밀한 관계이고, 애너벨러가 바이런에게 내려준 축복에 대해 감사를 표했다. 애너벨러는 3일에 바이런에게 편지를 써서 장차 '형님'이 될 그녀를 바이런의 대리인, 안내인, 또 문제가 생길 때 조정자로 모시겠다고 했다. 훗날 바이런 자신이 너무 우울할 때 애너벨러에게 편지 쓰는 일을 실제로 오거스터에게 위임한 적도 있었다. 애너벨러는 오거스터도 시햄으로 초청을 했으나 그녀는 자녀들을 돌봐야 하기 때문에 도저히 갈 수 없다고 사양했다.

10월 29일 일요일 바이런은 약혼자의 집을 향해 런던을 출발하였다. 그는 먼저 식스마일보텀에 들러서 일요일 늦게까지 머물렀다. 오거스터와 헤어져야 하니 마음이 착잡하고 심한 죄책감에 마음이 괴로웠으리라. 이런 생각이 들었다. 왜 애너벨러는 그를 편하게 대해 주지도 자연스럽지도 않을까? 자신의 부끄러움과 죄책감에 대한 처방은 누구든 편하고 자연스럽게 대해 주는 것뿐인데, 그렇게 해 줄 수 있는 사람은 오거스터밖에 없었다. 바이런은 애너벨러에게 "그녀는 [자신에게] 단지 웃어 주기만 하는 여자가 되어주면, 그 외에는 어떤 여자가 되어도 신경 쓰지 않는다."는 심중의 말을 했다.

바이런은 누나 집을 나와 북행하다가 뉴스테드에도 들렀다. 애너벨러는 바이런이 도착 일시를 말하지 않았기 때문에 불안해하는 부모를 안심시키는 일이 보통 힘든 일이 아니었다. 그녀는 자기 부모가 아기들만큼이나 통제 불가능하니 얼른 와서 좀 달래 보라고 익살을 떨었다. 그녀는 안달이 나서 매일 대장간 오막살이집에 나가 우편물을 직접 챙겼다.

바이런이 천천히 마차를 몰아 더럼 해변에 있는 밀뱅크 저택 시햄 매너(Seaham Manor)에 도착한 것은 11월 2일이었다. 동쪽에는 바다가 있고 그 댁 주변에는 다른 집이 없어 겨울 들녘은 황량하기 그지없었다. 애너벨러가 마차소리를 들었을 때 그녀는 방에서 책을 읽고 있었다. 그녀는 하도 긴장되고 초조하여 다른 사람들이 지켜볼 때에는 도저히 그를 대면할 용기가 없었다. 그가 혼자 응접실에 있을 때 내려가기로 했다. 그녀는 그가 벽난로 옆에 서있는 것을 보고 그에게 다가가자 그는 그녀가

제13장 불안한 결혼 *343*

바이런의 처가 시햄 매너

내민 손을 잡고 키스를 했다. 둘 다 너무 수줍어 말을 하지 못했다. 그래도 침묵을 깬 것은 남자 쪽이었다. "우리 만난 지 오래되었군요."

바이런은 그녀의 부모와 합석한 자리가 몹시 불편했고, 이야기 중에 그런 심경을 드러냈다. 그는 잠시 같이 앉았다가 아침 몇 시에 가족이 모이는가를 묻고는 잠자리로 가버렸다. 애너벨러의 아버지는 한물간 농담과 아주 상식적인 이야기를 늘어놓고 스스로 만족하는 그런 호인형이었다. 그녀의 어머니는 달랐다. 바이런은 그녀가 하도 까칠하여 그 앞에서는 긴장을 풀 수가 없었다.

그 이튿날 애너벨러가 일찍 일어나 혹시 바이런이 일어났나 싶어 서재에서 기다렸으나 바이런은 12시가 다 되어서야 나타났다. 애너벨러는 입이 열리지 않아 말을 하지 않았고 바이런도 깊은 수줍음에 빠져들었다. 얼마나 오거스터가 생각났겠는가. 다음 날 애너벨러는 바이런을 데리고 나가 차가운 북해 바닷가 절벽을 따라 난, 그녀가 가장 좋아하는 산책길을 함께 걸었다. 그녀는 그를 페더베드(Featherbed)라고 불리는 이상한 바위로 데려갔다. 만조 때에는 그 바윗덩어리는 하나의 섬이 되었다. 바이런은 그 섬에 고립되어서 육지에 있는 사람들에게 손을 흔들며 한없이 서 있고 싶었다.

넷째 날이 되자 바이런은 애너벨러의 긴장을 어느 정도 풀어주었지만, 그가 그녀를 완전히 이해한 것은 아니었다. 그는 장차 처고모 될 사람에게 신나는 보고를 했다. "애너벨러와 저는 아주 잘 지내고 있습니다…. 당신이 아는 것처럼 그녀는 완벽한 사람입니다. 그러나 내가 생각하기에, 그녀는 감정과 애정뿐만 아니라 '열정'도 가졌는데 그것은 우리가 상상하던 것보다 훨씬 더 강합니다."

드디어 양가 변호사들이 도착해서 부부재산계약서를 작성했다. 바이런은 애너벨러 앞으로 20,000파운드를 가게 했다. 그러나 한 주가 완전히 지나도 약혼한 커플은 상호 이해 전선에 더 이상 진척이 없었다. 애너벨러는 그의 감정을 다 이해할 수 없었다. 그는 그녀에게 오거스터에 관해 많은 것을 이야기해 주었다. 또 "만약 당신이 나와 2년 전에 결혼을 했더라면… [내가] 이 고민거리를 안 가져도 됐을 것이오."라는 밑도 끝도 없는 말을 했다. 이 말이 무슨 말일까, 애너벨러는 불길한 예감이 들었다.

애너벨러는 자신이 바이런의 기분에 적절히 대응하지 못함을 알았고 그것이 스트레스가 되었다. 그녀는 자제력을 잃었고 언어장애를 일으키더니 급기야 병이 났다. "나는 무엇 때문에 [그녀가] 매 3일마다 한 번씩 병을 내는지 모릅니다."라고 바이런은 장래의 처고모에게 말했다. 그녀는 회복하더니 다시 병이 났다. 바이런이 오거스터만큼 자신의 믿음과 사랑을 받는 사람은 이 세상에 없을 것이라는 이야기를 했을 때, 애너벨러에게는 한순간의 고통이 스쳐 지나갔다. 그런 정신적 고통이 병으로 발전했으리라.

바이런은 그녀의 정신적 고통을 해소할 방법을 찾았다. 그것은 애너벨러처럼 순진한 아가씨에게는 써 본 적은 전혀 없었지만, 다른 여성들에게 시도하여 아주 좋은 효과를 본 방법이었다. 그것은 그녀를 부드럽게 안아 주는 일종의 스킨십이었다.

애너벨러는 그의 포옹을 어떻게 받아들였을까? 그녀는 우선 그런 포옹이 가져올 결과가 두려웠다. 부모가 눈치챌까 걱정이 되었고, 결혼 전에 그 이상으로 벌나버릴까도 걱정이 되었다. 그래서 그녀는 2주 만에 그를 보낼 수밖에 없었다. 그녀는 결혼한 후면 다를 수 있다고 생각은 했지만, 그보다 더 근본적인 문제는 바이런이나 자신이나 감정이 통제 안 된다는 점이었다. 바이런은 그들이 자기를 떠나도록 종용한 데 대해 약간 화가 났다. 그는 11월 16일에 더럼을 떠나서 사흘 후 그리운, 그리고 푸근하게 긴장을 풀 오거스터의 품에 안겼다.

애너벨러는 바이런을 보내고 나서야 안정을 찾을 수 있었다. 그녀는 바이런이 편지와 상상 속의 남자가 되자 다시 사랑할 수 있었다. 그녀는 거리낌 없이 펜을 들었다. "나만의 사랑에게, 제 바보스런 머릿속에서 한 순간도 당신은 떠난 적이 없습니다. 저는 이렇게 되리라는 것을 알았으며, 이것은 저의 못난 행동에 대한 건강한 질책이라고 생각합니다."

바이런은 오거스터의 집에 도착하기 전인 18일에 캠브리지에서 또 호지슨과 홉하우스를 불러냈다. 23일에는 해부학 교수 자리를 두고 실시하는 투표에 참석하여 동방여행 때 알았던 클라크(E. D. Clarke) 박사에게 한 표를 던졌다. 그가 투표하러 평의원회 회의실로 들어가자 방청석에 있는 학생들이 유명시인에게 우레 같은 박수를 보냈다.

그는 식스마일보텀에서는 일주일을 머물렀다. 시햄의 긴장이 풀렸고 오거스터의 가족적인 분위기에서 다시 생기와 자신을 찾았다. 거기서 그는 애너벨러에게 편지를 썼다. 자신은 희망하는 만큼 행복했고 사랑의 신이 허용하는 만큼 명랑했었다고. 그것이 그녀를 안심시켰으리라. 매가에 있는 동안 몇 번 더 캠브리지를 찾았다. 홉하우스, 호지슨, 그리고 캐롤라인의 시동생 조지 램 등과 어울려 꼬박 밤을 새우며 술잔을 기울이고 24일에야 런던 올바니장(莊)에 도착했다.

며칠 후 그는 다시 시햄을 방문하겠다고 했지만 이번에는 애너벨러가 재고하자고 했다. 그녀는 점잖게 그가 뜻을 바꿀 기회를 몇 번 만들어 주었다. 그리고 편지에서 "제가 당신의 뜻에 반(反)한 결혼을 하려 한다면 그냥 넘어가지 말아요."라고 적고 이렇게 물었다. "당신은 지난번보다 우리의 행복한 결혼에 대한 자신감이 없어진 건 아닌가요?"

애너벨러는 바이런이 자기 의사에 반한 결혼을 하도록 만들기보다는 차라리 파혼하는 것이 낫겠다는 생각이 들었다. 바이런은 애너벨러의 그런 의혹은 우스울 뿐이라고 말하고, 다음 방문은 그의 '장가'가 될 것이라고 했다. 결혼하지 않은 상태로 같은 지붕 밑에 있는 것은 어색한 상황이었음도 비췄다. 장가갈 때는 홉하우스라는 친구를 들러리로 데리고 가겠다고 말했다. 결혼을 안 해도 좋지만 그럴 경우 혼자 삐죽삐죽 돌아서 오는 것은 죽기보다 싫다는 뜻이었으리라.

애너벨러의 부모는 딸이 모든 지주(地主) 계급의 사람들을 다 초청하는 성대한 교회 결혼식을 올리고 싶었다. 그러나 바이런은 그럴 경우 특별한 결혼 허가증이 필요하다는 것을 빌미 삼아, 집에서 결혼식을 올리자고 했다. 바이런은 이번에도 장가가는 날을 꼭 정하지 않고 12월 18일에 그 달 24일에 런던을 떠나 더럼으로 갈 것이라고만 편지하였기 때문에, 애너벨러는 또 그를 초조하게 기다렸다. 그 초조함이 불안이 되고 불안은 고통이 되었다. 웨딩케이크는 굳어져 갔고, 축혼시를 쓰려는 혼주 랠프의 열의도 책상머리에서 바래져갔다.

그는 24일 홉하우스와 런던을 떠났는데 바이런은 마치 마지못해 나서는 사람 같았다. 그들은 얼마쯤 가다 헤어져 홉하우스는 캠브리지로 바이런은 식스마일보텀으로 갔다. 바이런은 크리스마스 명절을 오거스터의 집에서 보냈다. 리 대령이 아파서 어디 못 가고 있으니 불편했다. 오거스터가 남편의 시중을 들었고, 날이 추워 아이들도 바깥에 나가 놀지 못하니 속에서 불이 났다. 결혼 전 마지막으로 오거스터와 달콤한 시간을 갖지 못한 것이 너무 아쉬웠다. 바이런은 애너벨러에게 약혼을 취소하자는 편지를 썼으나, 오거스터가 보고는 사생결단하고 못 부치게 막았다. 바이런은 장가를 꼭 가야 한다는 목적의식이 사라지고 그 자리에 대신 우울증이 들어앉았다. 그를 붙들고 온갖 방법으로 장가가라고 달래고 어른 것은 오거스터였다.

26일 세 시. 날은 아주 쌀쌀했고 땅에는 찬 눈이 독기(毒氣)를 보였다. 홉하우스를 캠브리지에서 만나 마차에 태웠다. 따뜻한 남쪽을 좋아하는 바이런은 그 궂은 날이 불길한 징조임을 피부로 느꼈다. 그날은 왠즈퍼드(Wansford)까지만 갔고, 홉하우스는 일기에 "연인들이 이렇게 서두르지 않는 일은 처음이야."라고 적었다.

12월 27일 12시에 출발을 하여 뉴어크에 도착하니 진눈깨비가 뿌렸다. 바이런은 친구에게 이야기를 하였다. 자신의 재정적인 문제가 해결되지 않으면 결혼이 내키지 않으며, 자기는 애너벨러를 사랑하지 않으며, 결혼을 연기하려고 했지만 주변에서는 자기 말을 듣지 않았다고 했다. 그러나 그가 그녀를 직접 보니, 애정과 부부의 행복을 가장 확실하게 보장해 줄 인물로 보여 존경심이 느껴지더라고 했다. 28일에 그들은 페리브리지(Ferrybridge)에 도착하였고, 29일에 요크(York)를 지나 서스크(Thirsk)에 도착하였다. 홉하우스는 일기장에 "무관심, 거의 혐오증"이라고 썼는데 바이런의 태도가 그렇다는 말이리라.

런던을 떠난 뒤 일주일 만인 12월 30일 저녁 8시에 그들은 마침내 시햄에 도착하였다. 시햄의 모든 사람들은 기다리다 거의 녹초가 된 뒤였다. 바이런은 그의 방으로 안내되었다. 애너벨러는 그가 오는 소리를 듣고 2층 바이런의 방으로 올라와 그의 목을 껴안고 뜨거운 눈물을 흘렸다. 그녀의 어머니는 그를 보자 너무 떨려서 자기 방으로 들어가서 마음을 진정시키느라 많은 시간을 보냈다.

홉하우스는 애너벨러와 그녀의 가족에 대해 사실적인 기록을 남겼다. "[바이런의 장인 될] 랠프 경은 정직하고 얼굴이 붉고 약간 답답했지만 결코 유머가 없는 것은 아니었다. [바이런 장모 될] 귀부인은 그 당시로는 돌진 형으로 회색 암말을 타고 다니며 화를 잘 내고 성가시게 구는 인물이었지만 영리했다…. 그 집에는 더럼의 호어 씨 가족이 와 있었고…. 또 교구 신부이면서 애너벨러의 외삼촌의 서자(庶子) 토마스 노엘(Thomas Noel) 교구 신부도 와 있었다. 그는 품위 있는 멋쟁이였다. 바이런이 친절하고 열린 마음으로 대해 줘서 그의 환심을 샀다." 12월 31일에 농담과 웃음 속에서 만찬시간인 6시까지는 양측이 참석하여 모든 서류에 서명을 했다.

(1815년) 1월 1일은 일요일이었고 결혼식은 그 이튿날 1월 2일 열 시에 올렸다. 홉하우스가 하얀 장갑까지 끼고 친구를 깨우러 갔더니 그는 이미 옷을 다 입고 있었다. 바이런은 이날 아침에 일어나서 자신 앞에 펼쳐져 있는 혼례복을 보자마자 우울한 생각이 엄습했다. 그 기분으로 그는 결혼식장에 불려 갈 때까지 1층에서 혼자 서성거렸다.

바이런은 하객들과 함께 결혼식장으로 마련된 2층 응접실에 올라갔다. 그곳은 방 한 면이 내민창으로 되어 있고 아치형의 천장이 있어 무대 같았다. 거기에는 방석 두 개가 놓여 있었다. 밀뱅크 부부가 잘 차려 입고 입장하였다. 리처드 월리스(Richard Wallis) 교구신부만 제의(祭衣)를 입고 입장하였다. 드디어 애너벨러가 들러리로 가정교사 클러먼트(Clermont) 부인을 데리고 입장하였다. 바이런은 그 방석이 복숭아씨를 넣은 것 같았다고 기억했다. 월리스 신부와 노엘 신부가 함께 자리를 잡았다.

신부(新婦)는 아랫단에만 수가 놓인 소박한 흰 모슬린 드레스와 '커리클'(curricle)이라는 짧은 흰 재킷을 입어 매우 소박해 보였으며 머리에는 아무것도 쓰지 않았다. 오늘날의 흰 웨딩드레스는 후대인 빅토리아 여왕의 결혼 때 생겨난 의상이고, 이때는 특별한 웨딩드레스가 없었고, 자신에게 가장 어울리는 것을 입으면 되었다. 노엘 신부는 진중했다. 그는 바이런과 애너벨러를 방석 뒤에 서게 하고, 딸 옆에는 랠프 경, 그 옆엔 홉하우스가 섰다. 반대쪽에는 신랑 옆에 밀뱅크 귀부인과 클러먼트가 섰다. 월리스 신부가 혼인서약문을 읽었다. 애너벨러는 바위처럼 서서 식이 진행되는 동안 죽 바이런을 뚫어지게 보았다. 그녀는 들리도록 신부(神父)의 말을 따라했다. 바이런은 처음 "나 조지 고든은"을 발음할 때엔 목소리를 높였으나 "나의 모든 세속적인 재산을 그대에게 양도하며"를 따라할 때에는 살짝 웃으며 홉하우스를 쳐다보았다. 그가 그녀의 손가락에 끼워준 반지는 뉴스테드 정원에서 발견한 어머니의 결혼반지였다. 뚱뚱한 어머니의 묵직한 황금 반지여서 며느리의 가느다란 손가락에는 너무 컸다. 홉하우스는 신부 다음으로 밀뱅크 귀부인과 축하의 악수를 하고, 그의 친구와는 진심 어린 기쁨의 포옹을 하였다. 밀뱅크 귀부인은 사위에게 키스를 했다.

애너벨러는 잠깐 밖에 나갔다가 돌아와 서류에 서명을 했으며 그 장면을 월리스와 홉하우스가 증인으로 지켜보았다. 한 시간 만에 식은 끝나고 증인 홉하우스와 월리스가 서명을 마치자, 애너벨러는 눈에 눈물을 가득 머금고 그 방을 떠났다. 훗날 무어가 바이런에게서 들은 말은 이러했다. "그[바이런]는 꿇어앉았으며—신부의 말을 반복했다. 그러나 그의 눈앞에는 안개가 끼었다―그의 생각은 딴 데 가 있었으며 곁에 선 사람들의 축하한다는 말로 깨어났을 때 자기가―결혼되었음을 알았다."

그녀가 다시 나타났을 때 외출복으로 갈아입고 있었다. 외출복이란 흰 모피로 단을 댄 슬레이트색 공단 망토인데 웨딩드레스 위에 걸쳤다. 홉하우스는 마차에서 노란 모로코가죽으로 장정한 바이런의 작품집을 신부에게 선물하였다.

이런 결혼식을 지켜 본 애너벨러의 어머니는 히스테리 직전이었다. 뚱뚱한 바이런의 어머니의 투박한 황금 반지를 결혼선물로 주다니. 무남독녀의 화려한 결혼식을 기대했던 그녀는 사위에 대해 반감이 일었다. 그녀는 나중에 이렇게 썼다. "결혼 전뿐만 아니라 결혼 후에도, 바이런은 바이런 귀부인[애너벨러]에게 다이아 반지는 고사하고 선물 하나 주지 않았다." 그 결혼식엔 피로연도 없었다.

12시 조금 전에 홉하우스는 신부 바이런 귀부인을 아래층으로 모셔와 마차에 오르게 도와줬다. 그는 '바이런 귀부인'에게 만수무강을 기원하고 친한 친구에게 작별을 고했다. 12시에 그는 들러리의 임무를 마치고 그 집을 나섰다. 바이런은 그의 마차가 떠날 때까지 그의 손을 놓지 않으려 했다. 시햄 교회에서는 결혼 축하의 종이 울렸고 집 앞에서는 여섯 발의 결혼축하의 예총(禮銃)이 발사되었다.

쌀쌀한 겨울 날씨였다. 그 신혼부부를 태운 마차는 달그락달그락 바퀴소리를 내며 시햄 마을을 지났다. 해 떨어지기 전에 64km 떨어진 그 집의 별장 핼너비장(Halnaby Hall)에 도착해야 했다. 이 별장은 달링턴(Darlington)에서 멀지 않는 한적한 시골에 있었다.

바이런과 애너벨러는 신경이 몹시 예민해졌다. 따뜻한 남쪽을 갈망하던 바이런은 해 짧고 차가운 그날이 너무나 음침하여 신혼여행의 기분을 조금도 느낄 수 없었다. 애너벨러는 모두가 자신을 떠받드는 집을 떠나니 혈혈단신이라는 느낌이 들었고 금방이라도 눈물이 나올 듯했다. 그녀는 차갑고 인정머리 없는 화상에게 맹공격을 하고 싶었다. 그들의 긴장감을 풀어주는 것은 아무것도 없었고 또 마차 안은 왜 그리 추웠는지.

바이런은 가끔 긴장을 풀기 위해 알바니아에서 배운 노래를 불렀다. 그 노래를 제외하면 그들은 여행 내내 입을 열지 않았다. 마차가 더럼 거리를 딸깍거렸을 때 그들의 결혼을 축하하는 종소리가 들렸다. 바이런이 "우리의 행복을 위한 종소리인 것 같은데요?"라는 말끝에는 삐딱한 비꼬임이 묻어 있었다. 시간이 지나자 그는 사나워져서 갑자기 이렇게 말했다. "이 결혼은 깨져야 해요! 당신은 내가 처음 청혼했을 때 나와 결혼했어야 했어요." 바이런은 이때부터 애너벨러의 마음에 못이 될 말을 마구잡이로 해댄다. 그는 2년 전에 청혼을 거절당해 비참해졌으며, 이번 결혼은 그가 그녀보다 더 똑똑하다는 것을 보여주기 위해, 심지어는 그 잘난 여자에게 복수하기 위해 했노라고 마구 막말을 퍼부었다. 사위에 대한 칭찬의 말 한마디 하지 않는 매정한 장모도 씹었다. 애너벨러의 지참금이 적다고 한숨을 쉬는가 하면, 애너벨러가 재산을 상속받게 될 그 외삼촌이 빨리 죽었으면 좋겠다고도 했다. 또 왜 더 좋은 남자를 만나지 못해 자기 같은 남자와 결혼했느냐? 애너벨러, 당신 참 가련토다, 라고도 했다.

그러나 바이런이 전하는 이야기는 좀 다르다. 그는 메드윈에게 이렇게 회고했다. "내가 마차에 들어갈 때 [그녀는] 나를 호되게 닦아세웠어요. 바이런 귀부인[애너벨러]에게 나는 분풀이로 결혼했고, 나의 청혼을 두 번이나 거절했기 때문에 내가 [오기(傲氣)로 결혼했다는] 말을 하고 다닌다고 나를 닦아세운 것이었지요…. 만약 내가 그런 야만적인 언사를 했고, 내가 정말 그렇게 기사답지 않게 행동했다면, 그녀는 즉시 마차에서 뛰어내려버렸을 것이라고 나는 확신해요…. 그녀는 충분히 그럴 수 있는 강심장이었으며 아마 [내] 면전에서 내 모욕에 대해 [충분히] 분개했을 거예요. 우리의 신혼여행이 물론 따뜻한 햇살만으로 가득 찬 것은 아니었어요. 구름 낀 날도 있었어요…. 그렇지만 결코 영하로 내려간 적은 없었지요."

제 14 장
불행한 신접살림
(1814년~1816년)

    그들이 핼너비장(莊)에 도착했을 때 땅거미가 내렸고 온 들은 새하얀 눈 천지였다. 눈은 새하얬지만 음산한 빛에 잠겨 있었다. 애너벨러가 날 때부터 알고 있었던 하인들이 모두 나와 그 신혼부부를 반갑게 맞았다. 바이런은 발에 신경이 쓰였는지 먼저 내려가서도 아내의 마차 문을 열어 주지 않고, 하인들이 애너벨러를 돕도록 남겨두었다. 그녀는 이 일도 나중에 과장하여 퍼붓게 된다.

    바이런은 아내의 불안을 해소하는 방법으로는 스킨십이 최고라고 생각하여 시험한 적이 있었다. 그는 그 방법을 이곳에서도 써먹기로 하고, 만찬도 들기 전에 소파 위에서 초례를 치러버렸다. 이 사실은 훗날 태워버린 바이런의 『회고록』(Memoirs)에 기록되어 있었는데, 그것을 읽어본 무어가 전하는 내용이다. 그런 야만적 행동은 애너벨러의 긴장감을 해소시키고자 취한 조치로 볼 수 있으나, 한편으로는 화려하고 성스러워야 할 초야를 아름다운 침실이 아니라 소파 위에서 '야합'해버림으로써, 아내를 경멸하고 싶은 무의식적인 심사도 작용했으리라.

    저녁식사를 하고 와인을 한잔하였다. 바이런은 다시 신랄하고 까칠해

핼너비장

졌다. 여행 중에 줄곧 눈이 내려 그는 감기에 걸렸기에 주변사람들을 상냥하게 대할 여유가 없었다. 애너벨러는 이렇게 회고했다. "그는 나에게 혐오스런 눈빛으로 물었어요, 내가 그와 함께 잠자리에 들고 싶은지 말이에요—그리고 말하기를 자기는 어떤 여자와도 함께 잠자리에 드는 것을 싫어하지만, 만약 내가 원한다면 응하기는 하겠다고 했어요." 바이런은 그녀가 편안한 마음이 들도록 네 기둥이 있는 침대의 진홍색 커튼 안으로 스며들었다. 첫날밤이 지나고 그는 깨어나 한동안 그녀를 물끄러미 바라보며 생각했다. "플루토가 지옥에 프로세르피나(Proserpina)를 옆에 뉘어 둔 모양새군."

그 이튿날은 더 지독한 한파가 밀려왔다. 바이런이 깨어보니 저만치 눈 덮인 공원과 꽁꽁 얼어붙은 연못이 보였다. 그가 서재로 절름거리며 내려갔을 때, 애너벨러가 그의 냉담한 태도에 몹시 토라져 있었다. 그녀는 눈물이 글썽글썽했다. 그는 이렇게 비꼬아서 말했다. "이미 너무 늦었소—나는 소동은 별로 좋아하지 않소." 그러나 애너벨러는 사랑의 힘으로 그에게서 최대한 따뜻한 감정을 끌어내고 싶었다. 근본적으로는 그녀는 바이런과 사랑에 빠져있었고, 그가 그녀에게 조금만 친절하게 대해줘도 그녀는 선뜻 모든 것을 용서했으리라.

제14장 불행한 신접살림

애너벨러는 자신의 새침한 표정이 그를 미치게 만든다는 사실을 전혀 몰랐다. 그녀가 긴장을 풀고 자연스런 행동을 보일 때만 그들은 벅찬 쾌감을 나눌 수 있었다. 그녀가 그것을 몰랐다는 것은 선천적으로 너무 단정하고 격식을 준수하여, 자연스런 태도를 잊고 살아왔기 때문이었으리라.

바이런은 이 신혼여행 기간 동안 장난기가 동해서 그녀의 애칭을 지었다. 그녀의 얼굴이 동그랗고 장밋빛이어서, 비슷한 모양의 사과 품종 "피핀"(pippin)의 이름을 따 그녀를 "피핀"이라고 불렀다. 이에 대하여 그녀는 그를 "오리 씨"(Dear Duck)라고 불렀다.

애너벨러는 바이런을 이해하는 데 도움이 될 만한 사람이 누가 있을까 죽 꼽아 보니 맨 먼저 오거스터가 떠올랐다. 그러나 그녀는 잘 파악되지는 않았지만 바이런의 결혼과 여러 가지로 얽혀 있는 것 같아 찜찜하였다. 애너벨러가 그들 남매의 관계를 생각하면 생각할수록 오거스터가 자신의 라이벌일 것 같았다. 그래도 그 시누이가 좋았다. 그때 애너벨러의 뇌리에는 번개처럼 이상한 의혹이 스쳐지나갔다. 그녀가 남매의 근친상간을 다루는 드라이든(John Dryden)의 『돈 세바스천』(Don Sebastian)이라는 드라마를 읽었었기 때문이었다. 그녀가 바이런에게 슬쩍 그 주제를 언급하자 바이런은 길길이 뛰면서 칼까지 끄집어내어 그런 소리 도대체 어디서 들었느냐고 대들었다.

바이런은 오거스터에게 편지를 써서, 그는 누나가 없는 것이 너무 애석하며, 그녀만큼 자기를 사랑하는 사람은 없고, 그녀 외엔 아무도 자기를 행복하게 만들 줄 모른다고 토로하였다. 그 이튿날 1월 4일 애너벨러도 오거스터에게 편지를 썼다. 그녀를 초대한다는 내용을 쓰고 몇 개의 질문을 했다. 가장 중요한 질문이 오거스터가 자기의 '유일한' 친구가 되어 줄 수 있느냐는 것이었다. 나흘 후 답장을 받았다. 오거스터는, 동생이 아이들 때문에 자리를 비울 수 없는 자기 사정을 잘 설명할 것이고, 그녀가 동생댁이 되어줘서 고맙고, 그 자리는 동생의 사랑을 받는 특별한 자리가 아니겠느냐고 하였다.

바이런과 애너벨러는 대부분의 시간을 서재에서 책을 읽고 토론하면서 보냈다. 바이런은 그의 친구 키네어드를 통해 아이적 네이선(Isaac

Nathan)의 원고 청탁을 받아놓은 것이 있었다. 네이선은 유대의 전통 멜로디를 편곡하는 작업을 해 왔는데, 자신이 편곡한 곡에 들어갈 가사를 바이런보고 써 달라고 청탁하였다. 그는 이미 『라라』에 나오는 "밤은 기울고"(Night Wanes)로 시작되는 여섯 행을 자기의 아름다운 곡에 붙였다고 했다. 바이런은 10월에 벌써 "욥기 등과 부분적으로 내 자신의 상상력을 결합하되 성경의 모델에 맞춰" 아홉 내지 열 편의 작품을 써놓았었다.

바이런은 사람들이 악마라고 욕하는 자신에게 이런 성스런 일을 맡기는 것이 이상한 일이라고 생각하였다. 오거스터는 "사람들은 다음에는 동생을 [악마가 아니라] 유대인으로 부를 거야."라고 말했다. 구약의 슬픈 통곡이 바이런의 가슴에 공명을 일으켰다. 그는 「해롯의 마리암느에 대한 비가」(Herod's Lament for Mariamne)와 「우리는 바빌론강 가에 앉아서 울었네」(By the Rivers of Babylon We Sat Down and Wept)를 포함한 일곱 편의 작품을 핼너비(Halnaby)에서 썼으며, 애너벨러는 그의 관심이 성경으로 향한 것이 너무 기뻐서 바이런의 작품들을 성심성의껏 정서해 줬다.

바이런은 1814년 말과 1815년 초에 걸쳐 『히브리 가곡』에 들어 있는 주옥같은 시(노랫말)를 대부분 썼다. 1814년 10월에서 11월까지 쓴 것은 바이런이 처음 시햄에 갔을 때 쓴 것이고, 1815년 1월에 쓴 것은 신혼여행 중에 쓴 것이다. 시기가 시기인 만큼 또 주변이 주변인 만큼, 이 시들은 바이런이 다른 때 쓴 시보다 더 강한 도덕성을 보여준다. 유대인에 대한 바이런의 태도는 그 민족이 나라를 잃고 흩어져 떠돈다는 데는 깊은 동정을 했지만, 대금업으로 부를 축적하는 데에 대해서는 알레르기 반응을 보여 왔었다. 이 가곡집의 서른 편 소품 중에는 유대교와 관계없는 것들도 많이 들어 있었다.

바이런은 아내를 부드럽게 대해줘 부부 사이가 평온하여도 악몽을 꿀 때가 있었다. 그는 한밤에 일어나 단검과 권총을 들고 복도를 서성일 때가 있었다. 애너벨러는 이렇게 회상했다. 어느 날 밤 그는 완전히 지쳐 그녀에게 돌아와서 그녀는 "그의 괴로움을 달래주기 위해" 자신의 머리를 그의 가슴에 기댔다. 그는 부드럽지만 비꼬는 목소리로 말했다. "당신은 내 가슴보다는 더 부드러운 베개가 있어야 했던 건데." 바이런은 만약 그녀가 그와 더 일찍 결혼했었다면 그가 저지른 죄를 미연에 방지할 수 있었다고 또 밑도 끝도 없는 말을 하지 않는가.

애너벨러가 천진난만하게 오거스터도 그런 사실을 아느냐고 묻자, 그는 몹시 동요하고 공포에 질린 듯했다. 바이런의 가슴 한구석에 오거스터가 도사리고 있는 것이 훤히 보였다. 바이런은 뜬금없이 런던에 신접살림 집을 구하러 가는 길에 식스마일보텀에 들렀다 올 테니 핼너비에 혼자 기다리라고 했다. 애너벨러가 찬성할 리가 있겠나. 그러자 바이런은 태도를 바꿔서 자기는 꼭 애처가가 되고 좋은 사위가 될 것이라고 엉뚱한 말로 얼버무렸다.

1월 21일 바이런 부부는 핼너비에서 시햄으로 돌아왔고 그 이튿날 바이런은 28회 생일을 맞아 처족들의 축하를 받았다. 시햄에서의 3주간은 사실은 그들의 예상보다는 행복했다. 요크셔에 눈이 오긴 했지만 그리 춥지 않아 바이런은 해변의 낮은 절벽을 오르내리면서 산책을 즐겼다. 저녁엔 거실에서 장인과 서양장기 비슷한 드라프트(draft)를 뒀다. 바이런은 처가가 점차 편안해졌다. 그 사실을 애너벨러가 오거스터에게 이야기해 주자, 그 시누이는 "자네가 나보다 더 기쁠 수는 없을 걸세."라고 말하지 않는가.

오늘날의 시햄의 바닷가 산책로

첫 방문 때 바이런은 애너벨러가 성적 욕망이 아주 강한 여자라는 감을 잡았는데 그 감이 틀린 것이 아니었다. 그녀의 사랑은 불같이 뜨거웠지만 완전 신출내기였다. 그녀는 오거스터에게 온갖 이야기를 다 털어놓고 물었다. 그녀는 몸때에도 바이런의 요구를 한 번도 거부한 적이 없다고까지 털어놓지 않는가. 그리고 그 "유일한 친구"에게 혹시 자신의 강한 욕정 때문에 바이런이 이상한 여자로 보지나 않을지 떠보았다. 시누이는 그 점에서는 말이 헛나가지 않도록 극도로 조심을 해야 했다. "바이런의 기분이 '달' 때문에 죽는 일이 없었다니 기쁘이. 그는… 자네의 넘치는 욕정을 보고… 흡족하게 생각했을 걸세."

바이런은 한번은 석탄가스에 중독되어 죽을 고비를 넘겼다. 당시 그들은 벽난로에 석탄을 땠다. 바이런은 밤에 글을 쓰다가 불에 물을 부어 끄고 잤다. 그러나 옆 침실에서 자던 애너벨러가 캑캑거려 잠을 깼다. 바이런도 쓰러질 것 같았고 숨도 제대로 못 쉴 정도였다. 애너벨러가 그를 가까스로 의자에 앉혔더니 그는 의식을 잃고 쓰러졌다. 만약 애너벨러가 제때 그를 구하지 않았더라면, 또 오드콜론(Eau de Cologne) 등 여러 가지 물로 그의 속을 씻어내지 않았다면, 그는 목숨을 잃었을지도 몰랐다. 그러나 오거스터는 그 이야기를 듣더니 그것은 술 때문에 일어난 사건이라고 단정하고선, 동생댁에게 부디 술병은 보이지 않게 죄다 감춰 두라고 당부했다.

궂은 날에 부부는 운(韻) 맞추기 놀이를 했다. 각자는 앞 사람이 말한 한 행의 시에 운이 맞도록 시를 한 행 지어야 했다. 그것이라면 바이런만큼 잘할 사람이 누가 있겠는가. 그의 무운시(無韻詩) 몇 편을 제외하면 평생 밥 먹듯이 그런 운을 맞춘 사람이 아닌가.

2월 2일에 바이런은 무어에게 편지를 썼다. "당밀(밀월(honeymoon)이 못된다고 빗대어서 하는 말) 기간은 끝났고, 내가 깨어나 보니 내 결혼이 이루어졌음을 발견했어요. 제 배필과 나는 마음이 맞고—서로 존경하는—사이에요. 스위프트는 '현명한 사람은 절대 결혼하지 않는다.'라고 했지만, 바보인 나는 결혼이 미래에 저에게… 행복 중에 가장 달콤한 것을 갖다 주리라 생각해요. 지는 이직도 사람은 기간제 결혼을 해야 한

제14장 불행한 신접살림 *357*

다고 생각해요. 하지만 나는 만기가 되면, 그 기간이 99년이 되더라도 꼭 갱신할 것입니다…. 여기 황량한 바닷가에선 우리는 군민들의 모임[에 나가고] 난파선만 봐요. 그리고 저녁 식사로 생선을 먹었는데 아마도 그 생선들은 지난 강풍에 목숨을 잃은 석탄운반선 선원을 뜯어먹은 바로 그 생선들일 거요."

바이런이 처가에 있는 동안 신경질적인 모습을 보였던 이유 중의 하나는, 그가 거기서도 끊임없이 돈 문제에 시달렸기 때문이었다. 그는 홉하우스에게 이렇게 편지를 썼다. "내가 진 빚은 3만 파운드 이하는 아닐 걸세." 바이런은 클로턴으로부터 받은 2만 5천 파운드 중에서 수천 파운드를, 오거스터, 호지슨, 그리고 다른 여러 사람들에게 자신의 손이 얼마나 큰지 그것을 보이는 데 써버렸다. 그리고 그보다 더 많은 돈을, 급한 빚과 이자를 갚는 데 썼다. 나머지 돈은 빚 독촉하는 사람에게 빚을 갚고, 생필품과 사치품을 구입하고, 싱거운 장난을 치고, 화류(花柳)에 놀고, 악사에게 팁 주는 데 탕진하였다.

2월 14일에 돌셋 공작이 낙마하여 세상을 떠났다는 비보를 받았다. 그 젊은 공작의 죽음에 가슴이 아렸다. 왜 시가 없겠나, 그는 두 편을 썼다. 「부질없고 아름다웠던 그 어린 시절에」(In Those Young Days So Fond and Fair)에서는 상급생이던 바이런이 하급생 돌셋 공작에게 몽둥이질 하던 추억을 불러낸다. 그러나 그때 그의 마음은 오히려 그 소년 공작을 사랑하고 있었고 그것이 자신의 자존심을 채워줬다고 했다. 이미 그들의 영혼은 단단한 형제의 유대 위에 있었지만, 그는 모든 사람이 가는 곳으로 가버렸고 산 사람들만 남아서 고통을 겪는다고 하였다.

바이런은 갑자기 결혼으로 삶의 의욕이 북돋아지기보다는 오히려 삶이 좌초되었다는 생각이 들었다. 그 결혼은 오거스터와의 관계마저 허물어놓았다고 생각하니 마음이 아득하였다. 그는 깊이를 모르는 늪 속으로 빠져 드는 듯했다. 그러한 심경을 그는 「음악을 위한 시」(Stanzas for Music, "There's not a joy"로 시작하는 시)에 나타낸다. 행복의 배가 난파당하여 떠밀려 가는 곳을 보니 죄의 여울이고 방종의 바다가 아닌가. 그는 차라리 사라진 과거를 그리워한다. 사막에서 샘을 발견했으나 소금

물이 나오는 샘이다. 이 소금기 있는 새 샘은 바로 애너벨러에 대한 실망을 비유했으리라.

오거스터는 바이런 부부가 오기를 기다렸다. 3월 9일 마침 리 대령이 출타 중일 때 그들은 시햄을 떠나 식스마일보텀으로 향했다. 그것은 '밀월'이 아니라 바이런이 말한 '당밀월'(treacle moon)의 끝을 의미했다. 장모에게 하직할 때 장모가 딸을 잘 부탁한다고 하자, 바이런은 그게 무슨 의미냐고 따져 물었다. 애너벨러가 하도 딱해서 그를 기분 좋도록 달랬더니 그는 다시 상냥해졌다. 왠즈퍼드라는 곳에서 여행 마지막 밤을 보낼 때 "당신이 나를 행복하게 하기 위해 결혼했다고 말했으니, 자, 이제 나를 행복하게 만들어 보쇼."라고 호기를 부렸다.

애너벨러는 바이런의 약점을 명료하게 분석할 수는 있었지만, 그들의 관계를 더 부드럽게 만드는 것은 전혀 딴 문제였다. 그녀의 분석적 머리는 비상했으나 오거스터 같은 여자들이 갖는 직관적 지각력은 부족했다. 그녀는 기꺼이 남편을 기쁘게 해 주려고 부단히 연구하고 노력했지만, 바이런의 비위를 다 맞출 수는 없었다.

3월 12일 마차가 오거스터의 집에 도착했다. 바이런은 그 순간 "크게 당황하였고" 애너벨러도 온 신경이 곤두섰다. 오거스터가 그들을 마중하기 위해 계단을 내려왔다. 시누올케는 처음 대면하여 호기심이 가득 찬 눈으로 상대를 샅샅이 훑어 내렸다. 오거스터는 애너벨러를 진심 어린 마음으로 맞이했으나, 그녀에게 키스는 하지 않고 뻣뻣한 악수만 했다. 동생은 한번 껴안아 줬다. 이 사실은 바이런과 애너벨러의 뇌리에 깊게 각인되었다. 남매가 오랜만에 만났기 때문에 애너벨러는 그들만의 자리를 만들어주었다. 그녀는 금방 자신이 남편이 기피하는 인물인 것을 알았다. 그 첫날 저녁부터 15일간 애너벨러는 남매가 놀도록 남겨놓고 일찍 위층 침실로 혼자 올라가야만 했다. 가끔은 암시를 받았고 가끔은 기분 나쁘게 그 뜻을 노골적으로 전해 왔다. 그녀는 올라가지 않고 버티면 눈물만 쏟아졌다. 바이런은 아내가 잠자리에 든 이후에도 오거스터와 함께 있으려고 했다. 그러나 그는 이상하게도 오거스터에게도 잔인하게 대했다. 아마도 그것은 바이런이, 그녀가 이제는 그외의 종전의 관계를 기부할 것이라고 지레짐작했기 때문에 나온 행동이었으리라. 그 시누이 집에서 머물렀던 모든 밤이 애너벨러에게는 악몽이었다.

애너벨러는 한번은 잠들어서 뒤척이다 그에게 가까이 가니, 그는 "내 몸에 손대지 마."라고 소리를 빽 질렀다. 애너벨러는 그럴 땐 바이런이 술에 취해 있다는 것을 고려하지 못했다. 그녀가 너무 고통스러워하니 오히려 오거스터가 다가와 그녀를 불쌍히 여기고 다정하게 위로해주었다. 오거스터는 그를 어떻게 다룰 것인가에 대해 설명해 주었다. 바이런의 분노가 두 여자 모두에게 향해 있었기 때문에 이들 사이에는 자연히 암묵적인 유대관계가 형성되었다.

바이런이 두 여자에게 부리는 행짜는 정상이 아니었다. 품고 싶은 여자는 슬슬 그를 피하고, 피하고 싶은 여자는 자신의 순수를 다 바치려고 온몸으로 달려들었기 때문에, 그의 마음은 완전히 비뚤어져 버렸다. 그는 두 여자에게서 오는 참을 수 없는 묘한 갈등을 잊기 위해, 술을 퍼마시고는 할 말 못할 말 가리지 않고 해댔다. 그 미친 말의 일부를 애너벨러는 이렇게 기록해 두었다. "'A[오거스터], 나는 알지 [당신이 드로어즈(drawers)를 입고 있단 걸]'-또는 나[애너벨러]에게 '나는 알고 있어 A가 [그걸 입고 있다는 걸]', 확실한 어떤 의미를 강조하면서." 바이런이 오거스터가 드로어즈를 입고 있음을 안다는 말을 여자들이 들으면 직감적으로 어떤 느낌이 오게 된다. 원래 그것은 우리나라의 속곳처럼 아래가 터져 있어서 자칫 내부가 보일 수 있는 여성용 속옷이었다. 그래서 보통 여자는 외간 남자 앞에선 절대 그 속옷을 보여줄 수가 없었다. 애너벨러는 바이런이 말한 "확실한 어떤 의미"가 무엇인지 감이 왔다.

애너벨러는 앞에서 암시했듯이 성적 욕망이 강한 여자였고, 그때까지 남편과 원만한 관계를 유지해 왔다. 이 애너벨러의 기록을 살펴보면 그녀의 남편과의 사랑은 그곳에 오고부터는 전보다 훨씬 줄어들었지만, 그들의 방문기간이 끝날 무렵에 상당히 회복이 되었다.

며칠 뒤에 금 브로치 두 개가 런던에서 왔다. 꼭 같았지만 새겨놓은 이니셜만 달랐다. 바이런과 오거스터는 이 브로치에 상대의 머리카락을 넣어 잘 보이도록 착용하는 게 아닌가.

바이런이 늦게까지 술을 마시면 오거스터는 자리를 뜨지 않았다. 애너벨러는 아래층에서 들려오는 남매의 웃음소리에 잠을 이룰 수가 없었다. 바이런은 자리를 끝내고 아내에게로 돌아왔지만 새벽에 다시 누나에게 가는 것이 아닌가. 애너벨러는 거미치밀어 올라 어쩔 줄 몰랐다. 오거스터는 애너벨러와는 달리 몸때에는 절제를 했더니, 바이런은 애너벨러가 다 듣는 데서 그녀를 조롱했다. "날 안 받아 주겠다고! 젠장."

그는 또 소파에 드러누워 두 여자에게 차례로 와서 자기를 안아달라고 언구럭을 부리는가 하면, 저질스런 말로 그들을 비교하여 그들은 극도로 기분이 상했다. 애너벨러에겐 이런 언행이 마음속에서는 하나하나 비수가 되어 꽂혔다.

애너벨러와 오거스터는 함께 곤욕을 치러야 하는 공동운명체였다. 애너벨러는 자상하게 자신을 걱정해 주는 오거스터에게 복수할 수 없었고, 그녀에 대한 의혹을 밝혀내기도 싫었다. 반대로 오거스터를 동정하고 용서하고 나아가 그녀를 사랑하는 것이 옳았다. 아무리 그렇더라도 그들 사이엔 묘한 긴장감이 흘렀으며 다만 빨리 그 긴장감에서 해방되고 싶었을 뿐이었다.

바이런 부부가 식스마일보텀을 떠나기 직전에 오거스터가 조지 3세의 비(妃)인 샬럿 왕비(Queen Charlotte)의 '상궁'이 되었다는 통고를 받았다. 상궁이지만 우리나라와는 달리 남편이 있는 여성이 맡는 일종의 월급쟁이였다. 한직이지만 세인트제임스궁에 몇 개 방이 생겼다. 세인트제임스 궁은 조지 2세 때까지는 정궁으로 사용되었으나 조지 3세는 그곳이 불편하다고 하여 버킹엄궁을 따로 마련하여 대부분 시간을 거기서 보냈다. 그러나 공식적인 행사는 여전히 세인트제임스궁에서 거행했다. 그녀가 자기 방에 들여놓을 가구를 보기 위해 런던으로 가게 되자, 바이런은 자기네 신접 살림집에 와서 같이 살면 어떻겠느냐고 하였다. 애너벨러도 남편의 뜻에 따른다고 하니까 오거스터는 망설이다가 그들의 새 살림집으로 들어가기로 하였다.

멜번 귀부인이 바이런 부부의 신접살림집을 얻어주었다. 피커딜리테리스(Piccadilly Terrace) 13번지의 이 세 집은 원래 데본셔 공작부인의

바이런의 신혼집

집으로, 오늘날엔 그린 파크(Green Park) 동남 모서리와 마주 보는 곳인 피커딜리 139번지에 있다. 이곳이 바이런이 영국에 거처한 마지막 집이었다. 바이런은 런던 중에서 거의 피커딜리가 주변에서 활동을 했다. 그가 든 호텔이나 집도 모두 반경 2~3km 안에 있었고, 머리의 출판사나 오거스터가 근무하는 왕궁도 다 가까이 있었다.

3월 28일 바이런 부부가 식스마일보텀을 떠나 데본셔 공작의 저택에 들자마자 바이런의 기분은 확실히 변했다. 그는 일단 오거스터의 애정의 구속에서 해방되었다. 식스마일보텀에 있는 동안 바이런도 두 여자 사이에서 여간 긴장된 것이 아니었다. 이제 오거스터가 없으니 전혀 눈치 볼 것 없이 그는 언제든 안심하고 합법적인 "가장 가까운 혜"에 오를 수 있었다. 이때 애너벨러는 이미 홀몸이 아니었다. 오거스터를 떠나서 오거스터가 다시 자기 집에 오기 전까지 열흘간, 바이런은 애너벨러에게 과거의 어느 때, 그 후 어느 때보다 더 다정하였다고 애너벨러는 기억했다.

4월 7일 머리의 집에서 바이런은 자신이 가장 존경하는 시인이며 소설가인 월터 스코트를 만났다. 두 베스트셀러 작가는 곧 가까워져 몇 시간이나 이야기를 나눴다. 이때 그곳에 참석한 사람들 중에는 바이런의 우상이었던 기포드, 보스웰(James Boswell, 존슨(Samuel Johnson)의 전기를 쓴 사람의 아들), 그리고 소더비(William Sotheby)가 있었다. 머리의 아들은 나중에 "당대의 가장 위대한 두 시인-둘 다 절름발이-이 절룩거리며 나란히 계단을 내려가는 모습을 [인상 깊게] 보았다. 그들은 거의 매일 알버말가에서 만났다."라고 적었다.

머리가 스코트를 만났더니 스코트는 훌륭한 튀르키예 칼 한 자루를 내주면서 바이런에게 선물로 전해 달라고 맡겼다. 바이런은 답례품으로 스

월터 스코트

코트에게 아테네 성벽 밑에서 캐낸 인골이 들어 있는 은제 꽃병 하나를 주었다.

그 노소설가는 바이런의 『게으름의 시간들』이 나왔을 때 에든버러의 편집자가 너무 심하게 다뤘다고 이야기했다. 그는 그 시집으로 깊은 인상을 받았기에 편지라도 쓸까 생각까지 했다고 했다. 바이런의 유명한 풍자시에서 스코트 자신도 일정한 양의 욕을 먹었다. 욕먹은 이유는 「마미온」(Marmion)이라는 시를 천 파운드 받고 썼기 때문이었다. 그러나 바이런이 몇몇 구절에는 분에 넘치는 칭찬을 해주었다고 스코트는 고마워했다. 그는 또 『차일드 해롤드의 순례』의 상상력이 매우 힘 있어 놀랐다고 하면서, 자기는 시인으로서의 인기가 시들어가고 있을 때 힘 있는 그를 보니 무척 기분이 좋다고 했다.

4월 12일 오거스터가 입주하던 날 바이런은 신경이 극도로 예민해졌다. 그는 집 밖에 떠돌다가 오거스터가 8살 먹은 딸 조지아나를 데리고 들어온 뒤에 들어왔다. 그는 곧 오거스터의 마법에 걸렸다. 그는 그날 저녁 오거스터가 있는 자리에서 아내에게 "당신이 누나를 이 집으로 불러

들인 것은 바보 같은 짓이었소. 그리고 당신은 곧 알게 될 게요. 그녀와 같이 살면 당신의 인생이 완전히 바뀔 거라는 것을."라고 불길한 말을 던졌다.

오거스터도 바이런 못지않게 가시방석에 앉은 것이나 다름이 없었다. 그녀는 이 부부가 그녀의 집에 두 주간 머물 때에도 애너벨러에게는 보호자 역할을 해 주어야 했고, 동생에게는 몰래 열렬한 애인이 되어 줘야 했기 때문에 밤낮으로 시달렸고, 완전히 녹초가 되었었다. 그래서 동생 부부가 런던으로 떠나려 할 때 더 붙잡을 수가 없었다. 똑같은 일이 동생의 신접살림 집에서도 반복될 것이 뻔했다.

4월 10일인가 11일인가에 런던에 사는 처외삼촌 웬트워스가 위독하다는 소식이 왔다. 애너벨러가 그의 집으로 달려가서 그를 간병하였다. 그녀의 어머니는 사흘 뒤에 도착하여 4월 17일 그의 임종을 지켜봤다. 애너벨러는 이 임종 장면이 숨 막히는 삼각관계의 공포에서 한숨 돌릴 수 있는 기회였다고 훗날 이야기했다.

웬트워스가 애너벨러 모녀에게 남긴 유산은 생각보다 많았다. 그에게서 재산을 상속받기 위해서 바이런의 처가는 이름을 모두 노엘(Noel)로 바꾸어야 했다. 그 처가뿐만 아니라 바이런까지도 노엘이라는 이름을 넣어야 했다. 그래서 애너벨러는 노엘 밀뱅크(Noel Milbanke)가 되었고 바이런은 조지 고든 노엘 바이런(George Gordon Noel Byron)이 되었다.

부활절 주에 콜리지가 바이런에게 도움을 요청하는 장문의 글을 보내왔다. 그는 바이런이 『영국 시인과 스코틀랜드 평론가』에서 보여준 그에 대한 조롱과 풍자에 조금도 개의치 않았고, 자신을 머리에게 추천만 해 주면 감사하겠다고 하였다. 바이런은 먼저 그의 요청을 기쁘게 받아들인다고 한 뒤 그에게 더 많은 드라마를 쓰도록 축원하고는 추신에서 그에게 사과를 했다. "그땐 매우 어렸고 대단히 화가 나 있었으며⋯. 선생께 한 말은 건방지고, 분별없고, 천박하다는 것을 알았습니다. 그러나 저는 오랫동안 그 시집 전부를 유통되지 않도록 온갖 노력을 했으며, 그때 시도한 공격이 많이 방자했던 점에 대해⋯ 후회를 합니다."라고 적었다.

바이런은 4월 15일 또 빚쟁이에게 시달렸다. 빚쟁이들이 쳐들어와서 결혼을 하고 피커딜리에 새 집을 마련했으니 이제는 빚을 갚으라고 언성을 높였다. 저택을 유지하기 위한 상당한 숫자의 하인들과 말과 마부를 들여야 했기 때문에, 엄청난 지출과 그것에 비례해서 빚이 늘어났다. 결혼을 조건으로 처가에서 받는 연 700파운드의 돈으로는 피커딜리의 집세밖에 되지 않았고, 부부재산계약서에서 바이런이 받기로 한 20,000파운드는 아직 한 푼도 받지 못했다. 그 당시 재정적 어려움을 바이런은 이렇게 이야기했다. "세상 사람들은 내가 재산을 보고 상속을 많이 받는 여성과 결혼했다고들 합니다. 그녀와 결혼하여 내가 받았거나 앞으로 받기로 한 돈은 전부 10,000파운드였습니다. 나는 그 액수의 두 배를 그녀에게 주었습니다. 이 시기에 나의 수입이 별로 없었으며 돈 나갈 데가 정해져 있었습니다. 뉴스테드는 수입이 별로 없는 부동산이었습니다. 그곳에서의 1년 수입은 겨우 1,500파운드였습니다. 그리고 랭커셔 재산은 소송에 걸려 있어, 이미 소송비용으로 14,000파운드나 들어가고도 아직 해결을 못 본 상태입니다."

"우리는 런던의 피커딜리테라스에 집 한 채를 세 내어, 저녁에는 파티를 열었고, 각자의 마차로 다녔고, 사치라는 사치는 모두 누리며 살았습니다. 이런 상황은 오래 지속되지 못했습니다. 아내가 가지고 있었던 10,000파운드가 눈 녹듯이 사라져 버렸습니다. 나는 빚쟁이들에게 둘러싸였고 마침내 드잡이 당했습니다. 관청에서 나와서 우리가 자는 침대까지 압류하였습니다."

바이런은 곧 예전의 일상으로 돌아갔다. 아침엔 머리의 출판사로 가서 의논할 것이 있으면 의논을 하고, 그곳에 모인 문인들과 방담을 나눴다. 극장에 갔다가 키네어드와 멜번 귀부인을 방문했다. 애너벨러는 그런 생활을 함께하지 못해 늘 불만이 가득했다. 머리는 최고의 수익을 남겨주는 바이런에게 다시 시를 더 써달라고 부탁을 했다.

바이런의 회고이다. "신혼여행에서 돌아온 지 얼마 되지 않아서 이상한 일이 내게 일어났습니다…. 세 명의 유부녀가 결혼 축하 방문으로 제 아내를 찾아왔습니다. (같은 시간에 같은 장소에 왔습니다.) 그들은 모두 같은 [나의] 보금자리에 들었던 새들이었습니다." 그들은 오거스터, 처고종 캐롤라인 램, 처고모 멜번 귀부인으로 추정된다. "같은 보금자리에 들었던 새"란 말은 한때 자신이 품었던 여자라는 뜻이리라.

처족들이 런던에 왔지만 바이런은 그들을 부르지도 찾아가지도 않았다. 심지어 애너벨러의 생일날에도 그들과 어울리지 않았다. 애너벨러는 돈을 변통하려고 변호사와 은행가를 찾아다니기 시작하였다. 그녀는 차츰 자기 집에서 벌어지는 삼각관계가 보이기 시작하였다. 이제 애너벨러의 눈에서 콩깍지가 벗겨지기 시작한 것이었다. 오거스터는 중재자나, 같은 희생자가 아니라 자신의 라이벌이 분명했고, 동시에 식스마일보텀의 괴로운 기억이 떠올랐다. 지금 그녀는 임신을 했지만, 바로 자기 집에서도 그녀는 이층으로 '유배' 당해서 혼자 바장이면서 아래층의 두 남매의 목소리를 듣고 있으려니 "거의 미칠" 지경이었다. 그녀는 이렇게 기록했다. "그녀[오거스터]의 가슴에 비수를 꽂고 싶었던 적도 있었어요. 하지만 그녀는 그것을 알아차리지 못했을 거예요."

애너벨러는 더 이상 참을 수 없어 시누이에게 나가달라고 했다. 오거스터는 들어온 지 두 달 만인 6월 25일에 식스마일보텀으로 돌아갔다. 그녀가 갔으니 애너벨러는 바이런이 정상을 되찾고 파경으로 치닫는 결혼생활도 정상으로 되돌아올 것으로 믿었다. 그녀는 마음의 평정을 되찾긴 했으나 그것은 짧은 소강상태에 불과하였다.

오거스터가 집을 나가자 애너벨러는 외로웠고 곧 그녀를 내보낸 것이 후회가 되었다. 그녀는 오거스터와 서신교환을 재개했으며, 오거스터의 재정적 어려움을 해결하려고 식스마일보텀을 다녀오기도 했다. 바이런도 아내 몰래 오거스터에게 가서, 그녀의 재정적 문제를 풀어주려고 급한 대로 세 번에 걸쳐 720파운드를 공급해 줬다.

4월 어느 날 브라함(John Braham)과 네이선에 의해 『히브리 가곡』이 커다란 2절지 책자로 출판되어, 악보와 함께 한 부에 일 기니 가격으로 시판되었다. 그것은 유대인들이 예배에서 부르는 애창곡을 편곡한 노래였다. 그 곡들은 유대인 사이에 어떤 기록이나 악보도 없이 구전으로만 전승되어 온 정신적 유산이었다. 바이런의 서른 편의 시에 네이선이 곡을 붙였고 유명한 테너 가수 브라함이 노래를 불렀다. 이 작품과 후속편이 10,000

부나 팔려 나가 발행인은 5천 파운드의 이익을 거뒀다. 그 다음엔 머리가 악보는 빼고 시집으로만 출판했더니 그것도 대성공을 거두었다.

『히브리 가곡』의 시들의 주제는 다양하고 세속적이었다. 그중 9편은 성서와 관련된 것이었지만 그 주제를 바이런식으로 바꾸어놓았고, 두 편은 사랑의 시였고, 다섯 편은 유대교적이지도 않고 기독교적이지도 않은 서정시였고, 그리고 다섯 편은 원시온주의(proto-Zionism)라고 부를 만한 표현이 다소 보일 뿐이었다. 그 작품들은 사실 인류의 일반적인 소재라고 해야 옳을 것이다. 당시 몰락의 길을 걷고 있던 나폴레옹을 떠올리는 시가 있는가 하면, 설움 받는 유대인, 오거스터에 대한 애정과 죄책감, 에들스톤의 애석한 죽음, 단테의 『신곡』(Divina Commedia)의 묘사, 파리시나(Parisina)의 은밀한 연애 등 바이런의 개인적인 사건이나 관심사가 그대로 반영되어 있었다.

이 시집을 보면, 제일 눈에 띄는 것은 오거스터에 대한 사랑이 보인다는 점이다. 「나는 그대 이름을 말하지도-찾지도-숨 쉬지도 않아요」(I Speak Not-I Trace Not-I Breathe Not)라는 시는 그들이 죄악을 저질렀지만, 그들의 사랑이 얼마나 절절했는가를 보여준다. 「설교자 가라사대 만사가 허영이다」(All Is Vanity, Saith the Preacher)라는 시는 우리 심장을 감고 떨어지지 않는 허영심을 한 마리 뱀에 비유한 노래이다.

바이런은 5월엔 키네어드의 요청으로 드루리레인 극장 경영분과 소위원회의 위원이 되었다. 다른 위원으로는 에섹스 경(Lord Essex), 조지 램(George Lamb), 키네어드, 피터 무어(Peter Moore), 그리고 극장 매니저 사무엘 휘트브레드(Samuel Whitbread) 등이 있었다. 이 소위원회가 경영실무자들을 간섭하고 지도하는 것은 아니었지만 영향력이 상당히 있었으며, 그만큼 여배우들이 절대 미소를 짓지 않고 지나가는 법이 없었다. 물론 미소 이상으로 접근하려는 배우도 있었다. 여배우들은 바이런의 집에도 놀러왔기 때문에 애너벨라는 심기가 아주 불편해졌다.

결혼 얼마 후까지는 신접살림의 모양새를 갖췄지만 바이런이 드루리레인 극장 일을 본 뒤로는 사정은 달라졌다. 바이런에게 그 극장의 그린룸(배우 대기실)은 가정생활의 속박에서 해방될 수 있는 공간이었다. 애

오늘날의 드루리레인 극장

너벨러는 남편이 그 방에서 만난 남녀 배우들과 가깝게 지내는 것이 못마땅했다. 그러나 그는 걱정거리가 있을 때 그 방의 사교가 기분 전환이 되었고, 그것 때문에 솔직히 런던 떠나기가 싫어졌다. 또 배우들의 재능과 매력을 감상하는 재미도 쏠쏠하여 그는 무대 뒤가 그 앞보다 훨씬 더 즐겁다고 느꼈다.

키네어드는, 바이런이 가진 훌륭한 안식이 공연할 연극의 대본을 고르는 데에 적합하여 그 일을 맡겼다. 바이런은 그 업무에 대해 이렇게 이야기했다. "내가 문학 담당이 되어 있는 그 해 동안 극장에 보내온 연극이 500편이나 되었습니다. 그 쓰레기 같은 작품을 다 읽고 그 저자들에게 사정을 만족스럽게 설명하는 일은 보통 일이 아니었습니다…. 나는 삼일치의 이론(시간, 장소, 플롯의 일치)을 지지해 왔는데, 이들 규칙을 잘 지킨 연극이 없지는 않다고 생각했습니다." 바이런은 이때 콜리지 등 문인들에게 문학적으로 우수한 작품을 써 주도록 설득도 했다.

바이런은 아내를 데리고 수감 중인 헌트에게 또 면회를 갔다. 그는 만기출소하고는 바이런의 집도 몇 번 방문하였는데 그와의 담화와 소박한 매너가 마음에 들었기 때문이리라. 그는 또 마차에서 기다리던 애너벨러를 한 번 흘끗 보고는, "그녀는 피핀 사과처럼 아름답고 진지한 모습이었지요."라고 정확히 기록했다.

애너벨러는 캐롤라인에 대한 놀라운 사실 한 가지를 고모 집에서 들었다. 7월에 그녀는 워털루(Waterloo) 전투에서 동생이 다쳤기 때문에, 어머니와 함께 브뤼셀에 가서 동생을 간병하였다고 했다. 그 뒤 다시 파리로 옮겨가서 거기서는 웰링턴 공작과 다른 여러 명의 육군 장교들과 놀아났다고 했다. 그녀의 남편이 몹시 당황할 수밖에 없었다. 애너벨러는 캐롤라인과 바이런의 관계도 석연찮았는데 이제 더 이상 캐롤라인은 걱정 안 해도 되겠다는 마음이 들었다.

7월 28일 바이런은 뉴스테드와 로치데일을 다시 경매에 내어놓았지만 팔리지 않았다. 입찰가격이 최저가에도 미치지 못했다. 바이런 부부는 점점 재정이 악화되어, 바이런은 우울증에 빠지고, 성을 잘 내고, 가족에게 이유 없이 화를 냈다. 그는 꼭 그런 욕구불만을 술로 풀려고 했다.

8월 초 바이런의 장인장모가 런던을 떠나면서 애너벨러의 해산 때에는 바이런 부부가 시햄 친정에 와 있어도 좋다고 했다. 바이런은 시햄까지 아내를 데리고 가기가 싫었다. 남편이 안 가면 애너벨러도 혼자 가는 것이 무섭기도 할뿐더러 부모에게 남편 없이 해산하는 모습을 보이는 것도 싫었다. 그녀는 런던에서 의사를 불러 해산하되 친정어머니와 오거스터를 부를 작정이었다.

바이런의 장인장모는 딸이 해산할 때 돈의 고통을 덜 받도록 그 전에 시햄의 농장을 처분하거나, 아니면 멜번 경에게서 6,000파운드를 빌리기라도 하라고 하였다. 그들은 웬트워스 경의 레스터셔(Leicestershire) 커크비맬러리(Kirkby Mallory)의 저택까지 가지도록 되어 있었다. 어떻든 바이런은 적어도 산파가 오는 날에는 절대 압류 집행관이 들이닥쳐서는 안 된다고 생각했다.

8월 말경 바이런의 성격은 몹시 거칠어졌다. 아낌없이 베푸는 것을 취미로 삼던 사람이 끊임없이 채무강제집행에 시달리는 것, 또 무일푼상태를 벗어날 수 없는 것이 그의 성격을 완전히 망가뜨려 놓았다. 그는 오거스터를 방문하여 잠시나마 고통에서 벗어나려 했다. 그는 그곳으로 가기 전 나흘 동안 애너벨러에게 "몹시 난폭하게" 대하더니 8월 30일 오거스터에게 가서 9월 4일에야 돌아왔다.

그가 돌아왔을 때 오거스터 때문에도 잔뜩 화가 나 있었다. 그 다음 몇 주간 그는 아내에게 친절하다가 동정적이 되다가 길길이 화를 내어, 변덕이 예측을 불허했다. 그는 가장 도움이 필요한 시기에 장인장모가 아무 실질적인 도움을 주지 않자 점점 더 짜증을 냈고, 결국은 '내가 장인장모의 도움은 한 푼이라도 받는가 봐라!'라고 악담하였다. 반면에 극장 업무는 점점 더 재미있어졌다. 배우 대기실에서 몇몇 사람들과 익살을 떨고 시시닥거렸지만, 적절한 대본과 일류 배우를 구하는 일에는 전혀 늦장을 부리거나 빈틈을 보이지 않았다.

바이런이 극장에 일할 동안 무대에 섰던 배우로는 킨, 켈리(Kelley) 양, 그리고 마딘(Mardyn) 부인 등이 있었다. 그는 시돈스 부인을 꼭 데려오고 싶었으나 그녀는 에든버러를 떠나지 않으려 했다. 그 당시 드루리레인은 영국 최고의 배우를 데리고 있었다.

바이런은 극장 일에 바빠서 거의 작품을 쓰지 못하다가 수년 전에 묵혀둔 원고를 꺼내 다시 씀으로 글 쓰는 습관을 되찾았다. 이때 쓴 『코린트의 포위』(The Siege of Corinth)란 작품은 2월에 쓰기 시작하였는데 그의 아내가 11월 2일에 임신 8개월의 몸으로 정서를 해 준 『파리시나』(Parisina)와 함께 그 이듬해 2월 13일에 출판하게 된다. 이 작품은 1715년에 아크로코린트(코린트 시가 다 내려다보이는 언덕)를 지키는 베네치아 수비대를 오토만 튀르키예군이 학살·점령한 역사적 사실에 근거를 두고 재구성한 작품이었다.

이 시는 그 전쟁의 마지막 날 베네치아군의 필사적인 저항을 뚫고 튀르키예군이 그 도시를 점령하는 처절한 광경을 사실적으로 묘사한다. 주인공 알프(Alp)는 원래 베네치아인이었으나 황당한 모략에 희생당해 그의 고국과 종교를 버리고 튀르키예군으로 전향하면서 종교도 이슬람으로 개종하였다. 그는 그 전향 전에 베네치아에서 프란체스카(Francesca)를 사랑하였지만 그녀의 아버지 미노티(Minotti)의 반대로 결혼은 좌절되었다. 그런데 공교롭게도 알프가 이 코린트 공격의 튀르키예군 사령관이 되고 보니, 미노티는 코린트 수비대의 사령관이었고, 그 딸은 아버지를 따라 코린트에 와 있었다. 총 공격이 있던 전날 밤에 알프는 우연히 성벽 밑에서 프란체스카를 만난다. 프란체스카는 알프에게 다시 베네치아로 돌아오라고 간청하였으나, 알프는 끝내 그 간청을 받아들이지 않고 베네치아에 철저하게 보복을 하겠다고 한다. 그러자 프란체스카는 사라져 버린다.

이튿날 알프가 대공격을 감행할 때 미노티를 만나 프란체스카는 어디에 있느냐고 묻자, 미노티는 바로 전날 죽었노라고 알려 준다. 알프는 충격을 받아 정신을 잃는 사이 총을 맞아 숨을 거두게 되고 얼마 후 미노티도 죽게 된다.

바이런은 극장 일을 하면서도 뿌리 깊은 우울증과 좌절감은 떨쳐 버릴 수 없었다. 다시 불면과 공포에 시달려서 권총을 들고 한밤중에 마루를 바장일 때가 많았다. 그가 밤낮 없이 극장 일에 바빴지만, 가끔 아내에게 몇 시간을 할애하면 그녀는 그것이 그렇게 기뻤다. 그는 또 종종 예전에 하던 원망을 했다. "이젠 너무 늦어버렸소. 당신은 나를 2년 전에 받아들이기만 했어도…. 가까이 있는 모든 것을 다 파멸시켜 버리는 것이 내 운명이라오."

애너벨러는 『코린트의 포위』와 『파리시나』 두 작품을 정서해 준 후부터, 남편을 이해하려고 하는 자신의 노력을 하나하나 기록으로 남겼다. 그녀는 바이런의 성정이 최악의 상태인 10개월을 함께 살면서, 그의 정서적 불안정, 종잡을 수 없는 기분, 분노, 광기의 희생자가 되었지만, 남편에게 베푸는 동정, 사랑, 관대한 마음을 결코 소홀히 하지 않았다.

그러나 언젠가 닥치고야 말 일이 11월 8일에 일어났다. 압류집행관이 그의 집에 들이닥쳐 아예 진을 쳤다. 그것을 보자 바이런은 이성을 잃고 발작을 일으켰다. 애너벨러는 누구든 상식 있는 남자가 곁에서 바이런이 균형을 잡도록 도와주지 않으면 안 되겠다는 생각을 했다. 그는 이미 뉴스테드의 가구들을 팔았고, 이제 귀중한 책들을 팔아야 할 순서였다. 또 집세가 낮은 집으로 옮겨야 했다. 그 후 바이런은 강제집행을 여덟아홉 차례나 당하여 바이런의 자존심과 체면은 걸레짝이 되고 말았다. 이때 그가 귀족신분이 아니었다면 충분히 철창신세를 졌을 것이다.

애너벨러는 바이런의 언행이 어떤 한 가지 원칙으로는 도지히 설명이

안 된다는 것을 알았다. 그의 시종 플레처는 이렇게 이야기했다. "매우 이상한 일이긴 하지만, 나의 주인님을 다룰 줄 모르는 여자는 주인마님 밖에 없었어요." 애너벨러는 매우 분석적이고 태도는 냉철했기 때문에, 오히려 그것이 바이런의 시시각각 변하는 변덕과 어리광과 모순된 행동에는 독이 된다는 것을 알지 못했다. 바이런이 훗날 블레싱턴 부인에게 말했다. "[애너벨러는] 내가 못 따라갈 정도로 자제력이 강했어요…. 그 자제력이 나에게 역효과를 미쳤지요. 내가 처음에는 사소한 자극으로 시작해서, 나중에는 저도 어쩔 수 없는 분노의 발작 상태로 갈 때, 그녀가 냉철하기 때문에 저는 더 감정이 상하게 되었고 [그녀가 나를 몹시] 책망하는 것처럼 보였어요."

집행관이 집에 진을 치고 가지 않자 바이런은 애지중지하던 책까지 팔기로 했다. 그가 서적상과 흥정을 한다는 소식을 전해 듣고 머리가 곧 1,500파운드를 보내고, 수 주 내로 다시 1,500파운드를 더 변통해 주겠다고 했다. 그 돈도 충분하지 않다면 자신이 가진 바이런의 모든 판권을 다 팔아서 돈을 더 장만해 보겠다고 했다. 그러나 바이런은 자존심 때문에 그의 제안은 받아들일 수가 없었다. 그는 11월 14일에 "나는 당신의 수표를 받지 않고 돌려드립니다. 그러나 무안을 당했다고는 생각지 말아 주시오."라고 말했다. 6주 뒤에는 『파리시나』와 『코린트의 포위』의 판권으로 받은 1,000기니 수표까지 돌려주면서, 그 액수는 두 작품 가치보다 훨씬 크다고만 말했다.

바이런의 한 배우와의 밀애는 정확히 11월 8일에 시작되었는데, 그때 그는 정신적으로 스트레스를 가장 많이 받을 때였다. 수전 보이스(Susan Boyce)는 드루리레인에서 일류 배우는 아니었지만, 바이런이 그녀를 애인으로 삼았을 때 그녀는 여섯 살 먹은 아들과 여동생과 같이 살고 있었다. 그는 극장 근처에 방을 얻어주고는 그가 원할 때마다 들락거렸다. 바이런이 약속을 하고도 오지 않을 때에는 그녀가 애타게 기다렸다. 그녀 자신은 그를 "믿고 존경하고" 싶었으나, 바이런이 보낸 멋진 선물 속에는 어찌 된 일인지 아무런 사랑의 메시지가 없었다.

그는 그녀를 진정으로 마음에 담은 것은 아니었다. 바이런이 그때 여자들에게 원하는 것은 육체적인 것뿐이었고, 또 자신의 구애에 쉽게 따라오는 아가씨와 얽히는 것도 싫었다. 수전에게 접근한 것은 우울증과 과음에서 벗어나려고 벌이는 일종의 '놀이'였고, 그 놀이에서조차 그의 남성 역할은 아주 형식적인 것에 그쳤다.

그러나 바이런은 이 엑스트라 배우와의 김빠진 사랑을 아내를 괴롭히는 도구로는 잔인하게 이용했다. 그는 수전 집에 갔다가 곧 바로 아내의 침실로 와서는, 배부른 아내와 수전의 성적 매력을 비교하는 주책을 부렸다. 바이런은 애인에게 선물한 보석의 목록을 아내에게 보여주는가 하면, 애인을 자기 침대로 데려오겠다고까지 말하여 일종의 정신적 폭력을 행사했다. 그것도 모자라 이 모든 이야기는 빠뜨리지 말고 오거스터에게도 전해 달라고 했다.

해산 몇 주 전부터 바이런은 더욱 술에 빠졌다. 주변 사람이 바이런 부부는 누구든 제3자와 같이 있지 않으면 위험하다고 하였다. 오거스터가 그런 내용의 애너벨러의 편지를 읽고 서둘러 11월 15일에 다시 이 집에 왔다. 와 보니 모든 것이 악몽 그 자체였다. 하인들과 애너벨러는 겁에 질려 있었다. 바이런은 시도 때도 없이 흥분하여 발작을 일으켰고 이성이 남아 있지 않았다. 오거스터는 전에는 그런 상태를 한 번도 본 적이 없으며, 거의 혼자서 미친 그를 도맡아야 하니 눈앞이 캄캄했다. 그녀는 바이런을 달래고 얼래서 술을 못 마시게 하고, 아내 학대도 못 하게 하고, 가끔 벌어지는 자해 행위도 어떻게 해서든지 막아야 했다. 이성적인 설득은 전혀 먹혀들지 않았다. 오거스터가 그가 주변의 모든 사람들의 행복을 망가뜨리고 있다고 하자 "나와 관계되는 모든 사람들에게 불행을 안기기로 결심했어요."라고 소리쳤다. 억장이 무너졌다.

애너벨러는 차라리 그가 정신병을 앓고 있다고 생각함으로써 위안을 찾으려 했고, 오거스터도 그러한 생각에 수긍하지 않을 수 없었다. 오거스터는 클러먼트 부인에게 바이런이 이상하니 와서 같이 있어 달라고 했다. 또 사촌동생 조지에게도 사정 이야기를 했더니 11월 27일에 그도 헐레벌떡 달려왔다.

바이런은 매일 밤 밤새워 홉하우스와 술을 마셨지만 오거스터는 그 술판을 조금도 말릴 수가 없었다. 그녀는 홉하우스도 바이런만큼 취할 때인 새벽 두세 시까지 기다리다가, 손님을 보내고 비틀거리는 바이런을 부축해 이층 침실에 밀어 넣으면 그는 그대로 곤드러졌다. 두 여자는 홉하우스가 너무 미웠다. 애너벨러는 홉하우스가 남편을 타락시키는 것은 시기심 때문이라고 믿었고, 오거스터도 홉하우스가 죽어버렸으면 좋겠다고 생각했다.

바이런의 장모가 오거스터가 온 바로 그 이튿날 런던에 도착했지만 이런 저런 신병 때문에 미바츠(Mivart's) 호텔에만 머물러 있었다. 만약 그녀가 이런 실상을 알았더라면 그녀는 실망하여 초주검을 당했을 것이다. 예정일이 다가오자 바이런의 정신착란 상태가 더 심해졌다. 그가 밤늦게 만취하여 집에 나타나서는 만나는 사람마다 죽여 버리겠다고 위협하였다.

바이런의 절망, 분노, 위협은 출산을 앞둔 아내에겐 사람으로선 도저히 해선 안 될 행동이었다. 진통이 시작되기 3시간 전에 바이런은, 아내와 아기가 다 죽어버렸으면 좋겠다, 아기만 살아남는다면 아기를 저주할 것이다, 라고 말하였다. 애너벨러는 분노를 삭이며 들을 수밖에 없었다. 진통이 왔을 때 산실 아래층에서 피스톨을 쏘고 소다수 병을 천장으로 던져 박살내는 소리를 냈다.

바이런의 딸 에이다(4세)

애너벨러의 진통이 멎고 딸이 태어난 것은 12월 10일 오후 1시였다. 바이런은 아기를 보아도 좋다는 통고를 받고, 함박웃음을 지으며 이렇게 소리쳤다. "오, 네가 [날 고문할] 고문 도구가 되다니!" 그는 장차 그 딸을 통해 고문을 받을 것이라는 불길한 생각이 들었다. 그가 딸을 고문의 도구로 보았다면 애너벨러는 그의 처형자로 본 것이 아닐까. 클러먼트 부인은 홉하우스에게 이렇게 이야기했다. "저는 바이런 경만큼 아기를 자랑스러워하고 좋아하는 이를 여태 보지 못했어요." 바이런 부부는 딸 세례명을 오거스터 에이다(Augusta Ada)라고 지었다.

바이런의 아내에 대한 행패는 수그러들지 않았다. 한번은 화가 난다고 그가 어릴 때부터 간직해왔고, 그리스에까지 지니고 다녔던 시계를 벽난로에 내팽개쳐 산산조각 내버렸다.

이런 혼란과 광란의 시간을 보내면서도 그가 밤에 작품을 쓴 것은 도저히 설명이 안 되는 부분이었다. 작품을 쓴 것은 세상에 대한 부아를 삭이려는 부앗가심으로 쓴 것일까? 장시『파리시나』를 이 시기에 썼던 것으로 추정되며, 작품 그 어디에도 광기로 문장이 흐트러지는 곳은 없지 않는가.

이 시는 15세기 페라라(Ferrara)의 공작 니콜로 3세(Niccolò III d'Este)에 관한 이야기를 기초로 하였다. 이 시에서 페라라 공작 아조(Azo)는 아내 파리시나(Parisina)가 잠결에 지껄이는 해괴한 소리를 듣고, 그녀가 자신의 사생아 휴고(Hugo)와 근친상간의 사랑에 빠져 있는 것을 눈치챘다. 그러나 사실 휴고는, 공작이 파리시나를 둘째 아내로 데려오기 전에 그녀와 장래를 언약한 사이였다. 공작은 즉각 두 남녀를 체포하였다. 아들에게 기도케 하고는 곧 망나니를 불렀으며, 파리시나는 그 장면을 강제로 숨어서 지켜보게 했다. 파리시나는 사랑하는 휴고가 죽는 장면을 보고 참을 수 없어 비명을 질렀다. 그녀가 수녀원으로 끌려갔는지, 유배를 갔는지, 아니면 처형당했는지는 아무도 모른다.

이 시는 휴고가 죽음을 각오하고 진술하는 억울한 하소연이 백미로서 깊은 감동을 준다. 휴고는 처형장에서 피눈물을 쏟으며 이렇게 말한다. "죄악으로 잉태되고 치욕으로 죽는 것/ 제 삶의 시작과 종말은 한 가지이군요./ 아들의 과오가 곧 아버지의 과오이니/ 아버지는 한 번에 둘을 처벌하시네요." 자기의 처형은 아버지의 처형이라는 가슴에 맺힌 한마디를 하고 그는 형장의 이슬로 사라진다.

(1816년) 1월 3일 바이런은 아내의 방에 들어가 자신과 극장 여자들과의 관계에 관한 이야기를 하였다. 그것이 그들의 최악의 순간이었고 그 상황을 바이런이 스스로 만들었다. 그는 그 전에 아내에게 피커딜리의

그들 저택을 포기하고, 애너벨러의 토지와 집이 있는 커크비맬로리의 친정집에 가 있으면 어떻겠느냐고 물었다. 커크비맬로리는 원래 애너벨러의 외삼촌이 소유했던 780에이커(3.2km^2)나 되는 토지와 아름다운 저택이 있는 곳이었다. 그 말을 한 후 그는 일부러 그녀를 피했다. 며칠간 그들이 쪽지로 서로에게 연락을 한 것은, 만나면 틀림없이 심장이 터질 것 같았기 때문이었으리라.

  이 당시 애너벨러는 우선 아기가 안전해야 한다는 생각뿐이었다. 그녀가 가장 걱정한 것은 바이런이 아기 에이다의 법적 권리를 주장하여 그 애를 데리고 훌쩍 해외여행이라도 떠나거나, 아니면 오거스터에게 키우라고 맡길지도 모른다는 것이었다. 바이런이 정상이 아니니까 절대 그런 일은 사전에 막아야 했고 어떤 법적 조치를 취해서라도 방지해야 했다. 실제로 바이런은 그렇게 하겠다고 위협한 적도 있었다.

  바이런은 안전히 자제력을 잃었다. 우연히도 그즈음 그는 사드 후작(Donatien Alphonse François, Marquis de Sade)의 작품을 펜싱 스승 안젤로를 통해 구하여 읽었다. 그 책이 바이런이 악의 구렁텅이에 빠지도록 안내 역할을 하는 것 같았다. 더 놀라운 것은 사드의 그 저작이 비정상적 성적 행위를 하도록 매뉴얼까지 만들어 뒀다는 점이었다. 바이런도 그 후작처럼 끝까지 자신의 결백을 주장하는 것 아닌가.

  애너벨러는 『의학저널』(Medical Journal)이라는 잡지에서 뇌수종을 다룬 글을 읽고, 이 병이 남편의 병과 꼭 같다고 확신했다. 그녀는 그것을 직접 연구해 보겠다고 생각하고선 그 정신병의 특별한 행동과 비행의 증거를 찾아내기 위하여 남편의 개인 트렁크와 편지함을 뒤졌다. 그녀가 증거로 찾아낸 것은 아편정기 작은 병과 사드의 출판 금지된 『쥐스틴』(Justine)이라는 소설 한 권이었다. 바이런의 기억이다. "애너벨러는 잠겨 있는 내 책상서랍을 열었습니다. 그곳에는 내 문학적 취향에 오점이 될 책 한 권과 결혼하기 전 친하게 지냈던 한 유부녀가 내게 보냈던 편지들이 들어 있었습니다…. 결국 편지를 찾아낼 만큼 서로의 믿음이 사라진 것은 또 그렇다 치더라도, 그 편지를 이용해먹는 비열한 방법은 어떤 식으로도 정당화될 수 없었습니다."

1월 7일 애너벨러는 바이런이 정신이상이라고 생각하고 베일리 (Mathew Baillie) 의사의 충고를 받아들였다. 그녀는 주치의 르 만(Le Mann)에게 바이런의 정신 상태를 감정해 달라고 신청을 했다. 그녀는 그의 언행과 표정을 기술한 행동 보고서를 작성하여 베일리에게 넘겼다. 베일리는 그 이튿날 그들의 집을 방문하여 그녀가 발견한 증거들을 확인하고 갔지만, 그때 바이런은 그가 왜 자기를 보고 가는지 전혀 몰랐다. 훗날 바이런의 기억이다. "어느 날 의사와 변호사 두 사람이 동시에 내 방으로 거의 침입하다시피 밀고 들어오는 것을 보고 깜짝 놀랐습니다. 나는 그 뒤 한참까지 그들이 방문한 진짜 목적이 무엇인지 알지 못했습니다…. 물론 그 당시 이들 밀사들의 질문에 대한 나의 대답이 합리적이지 못하고 일관성도 없었을 것입니다. 당시 나의 상상력은 다른 일들로 해서 한창 들떠 있었으니까요. 그러나 베일리 의사는 양심상 나를 정신병원으로 보낼 진단서는 발부할 수 없었을 것입니다. 아마도 변호사는 의뢰인의 기분에 맞도록 보고서를 작성했을 것입니다…. 장모님은 항상 나를 미워하셨고… 그런 사실을 감춰 줄 정도의 교양조차 없었습니다. 하루는 장인인 랠프 경의 집에서 [내] 이가 부러져서 그 고통을 참을 수가 없었습니다. 그때 장모님이 '그거 자네에겐 참 잘된 일일세. 내가 다 기쁘다네.' 하고 말했습니다. 나는 그냥 치어다 봤을 뿐입니다."

바이런은 쪽지로 아내에게 말했다. "당신의 부모가 오라고 하는 커크비로 날을 받아 가되 아기도 데려가시오." 아내는 역시 쪽지로 답했다. "당신이 원하는 대로 하겠으며 형편이 허락하는 한 가능한 한 빨리 런던을 떠나도록 날을 잡겠어요." 이때는 특별한 싸움 때문에 떠나는 것도, 또 별거의 문제가 제기된 것도 아니었다. 그녀는 빚쟁이와 집행관이 몰려오는 집보다는 커크비가 더 편안할 것이라고 생각하였다. 그녀는 쪽지로 아기 이야기를 하고 친정에서 만나자고 했다.

1816년 1월 12일에 바이런의 시종 플레처와 애너벨러의 하녀 앤 루드(Ann Rood)가 결혼하였다. 그 사실을 처음 알고 바이런은 우스워 죽겠다고 했다. 플레처로선 세 번째 결혼이고 루드로선 두 번째 결혼이었으며, 이 하인 부부도 바이런 집에 함께 살았다. 아기가 태어나자 플레처 부인은 바이런이 애너벨러의 방에 들어가서 고함치는 소리를 들었다. 그 뒤 난폭하게 방을 걸어 다니다가 문을 쾅 닫고 나가버리는 것도 보았다.

플레처 부부가 한 또 다른 증언은 너무 무섭고 수치스러운 것이어서 아직도 그 전모는 미스터리이다. 바이런이 나가자마자 플레처 부인이 뛰어 들어가 보니 애너벨러는 경기를 하듯이 떨고 있었다. 그녀의 말이 기록에 남아 있는데 그가 ****을 밀어 넣으려 했다는 것이었다. 그 '밀어 넣으려'라는 말에 다른 사람이 X표로 지우고 '그녀를 설득해서 자기와 같이 침대로 가려고'를 대신 적어 넣어 두었다. 플레처 부인은 애너벨러가 해산조리를 할 때 이런 일이 세 차례 일어났다고 이야기하였고, 네 번째 순간에 플레처 부인이 방에 밀고 들어가 서로 엉켜 버둥거리는 그들을 뜯어 말렸다. 그 이후 애너벨러는 바이런이 자기 방에 기습침입하지 못하게 문을 걸어 잠가버렸다. 이때의 사건이 이 부부가 별거를 하게 되는 결정적 이유가 되었으리라.

제 15 장
애너벨러 친정으로 돌아가다
(1816년)

바이런이 홉하우스에게 한 이야기에 따르면, 그의 아내는 4주 된 아이를 데리고 자기 집에서 나가라는 바이런의 "쪽지 때문에 화가 났고―짧았지만 언쟁을 벌였고―…[그러면] 좋다고 선언했고―그 일은 그 후로는 침묵 속에 덮어두기"로 양측이 합의함으로써 모든 일이 끝났다고 했다. 애너벨러는 혼자서 출발 날짜를 정했다.

1816년 1월 15일 월요일 이른 아침 애너벨러는 잠들어 있는 남편을 깨우지 않고 그들의 집을 떠났다. 애너벨러는 출발 때를 이렇게 이야기했다. "나는 아래층으로 내려갔고―마차는 문 앞에서 대기하고 있었죠. 나는 그의 방을 지나쳤죠. 거기에는 그의 뉴펀들랜드 개가 눕던 커다란 깔개가 있었죠. 잠시 동안 나는 내 몸을 그 [깔개] 위로 내던지고 싶은 유혹을 느꼈으며, 어떤 위험에도 불구하고 [거기서] 기다렸지만 그것은 잠시 동안이었겠죠―그리고 나는 그냥 지나갔죠. 그것이 우리들의 이별이었죠." 몹시 추운 아침이었다. 하녀 하나만 데리고 마차에 오르니 춥고 눈물이 났다.

바이런은 그 후 그 모녀를 더 이상 보지 못할 것이란 것은 꿈에도 예상하지 못했으리라. 애너벨러는 이때 이야기를 이렇게 한다. "내가 런던을 떠나기 전날 밤 그는 오거스터가 있는 가운데 나에게 아주 의미 깊게 물었어요―'언제쯤이면 우리 셋이 다시 만날 수 있겠소?'―그 물음에 나는 '내 희망은 아마 천국에서일 거요.'라고 대답했죠. 그날 밤 나는 심한 고통으로 눈물을 흘리며 오거스터와 클러먼트 부인이 있는 방에 들어갔죠…. 나는 평소의 자제력마저 완전히 잃어버리고 말았죠."

바이런은 1월 17일에 커크비로 꼭 오라는 장모의 편지를 받았지만, 그는 홉하우스 집에서 그와 두 시까지 술을 마셨다. 아내가 친정에 갔기 때문에 바이런은 집에 갈 필요가 없었다. 바이런과 홉하우스는 술이 취해 2차로 바이런 집에 와서, 오거스터와 사촌 조지에게 자러 가라고 한 뒤 또 브랜디를 마셨다. 애너벨러가 떠난 후 바이런은 홉하우스에게 이렇게 말했다. "처가에서 오라고 해. 나는 곧 갈 거야. 그러나 지금은 아니야. 나는 아내가 혼자 있는지 어떤지 신경이 쓰이지만 나는 장모님을 못 참겠어."

애너벨러는 집을 나왔지만 마음속엔 바이런에 대한 미움만 있는 것은 아니었다. 가장 매력적이면서도 가장 자신을 분노케 하는 남편에 대한 애증은 천 갈래 만 갈래여서 어떤 말로도 설명이 불가능했다. 워번(Woburn)이라는 곳에 잠시 머물었을 때 마음을 가다듬어 이런 쪽지를 남편에게 보냈다.

사랑하는 B에게,

아기는 건강하고 길 떠난 사람 중에서는 가장 좋은 상태라오. 당신도 잘 계시고, 당신의 건강에 대한 저의 소망과 부탁 말씀을 기억하시길 바라오. 시작(詩作)이라는 그 혐오스런 일에 빠지지 마십시오―또 브랜디에도요―또 합법적이고 정의롭지 않은 그 무엇에라도 그 누구에라도 빠지지 마십시오.

저는 편지를 씀으로써 당신의 명을 거역하지만, 당신이 제 말에 복종한다는 말을 꼭 커크비에서 듣도록 해줘요.

에이다의 사랑에 저의 사랑을 더 넣어

핍

커크비에 도착한 다음 날 그녀가 다시 펜을 들었다. 남편을 '오리'라고 부르는 것을 보면 그에 대한 애정은 적잖게 남아 있었으리라.

> 사랑하는 오리 님,
> 우리는 안전하게 어젯밤에 이곳에 도착해서 거실이 아니라 부엌으로 뛰어들었다오. 굶주린 사람들이 하는 실수였지요. 아빠는 이런 일 등 우스꽝스런 이야기를 편지로 꼭 알리라고 하셨어요…. 만약 제가 주위에서 B를 찾지 않는다면, 저는 시골 공기로 이미 건강이 많이 회복되었다는 의미가 될 것이오. 우리 아가씨는 먹을 양식이 많고 또 통통해졌소. 자기에게 돌아오는 칭찬의 말 "꼬마 천사"란 말을 이해하지 못하는 것이 오히려 좋은 일이오. 착한 '거위'에게도 사랑을 전해주고, 또 이곳의 모든 이의 사랑을 당신 둘에게 전합니다.
>
> 당신을 언제나 가장 사랑하는
> 피핀…핍—입

애너벨러의 이 두 통의 편지를 보면 애너벨러가 집을 떠날 때 그녀가 그를 영원히 떠날 생각이 전혀 없었던 것이 분명하다. 그러나 그전의 정황으로 볼 때, 비록 바이런이 정신이상이 아니라는 의사의 소견이 나왔다 하더라도 남편에게 절대 돌아가지 않겠다고 결심을 한 것 같지도 않다. 그녀는 만약 그가 정신이상이었다 하더라도 그 병을 치료하기 위해서 가능한 일이면 무엇이든지 다 하겠다고 했기 때문이다.

애너벨러가 바이런에게 첫 편지를 쓴 바로 그날 저녁 그녀는 어릴 때 친구 셀리너 도일(Selina Doyle)에게도 편지를 썼다. 셀리너의 오빠 프란시스 도일(Francis Hastings Doyle)은 이후 애너벨러의 법적 문제에 대해 자문을 했고, 나중에 바이런이 죽은 후 애너벨러의 편을 들어 그의 『회고록』을 불사르도록 결정을 내린 몇 사람 중의 한 사람이었다. 이 편지에서 그녀는 정신병이 있든 없든 간에 "이미 병 걸린 자에게… 보복을 한다는 것은, 치사할 만큼 비인간적일 것이다."라고 말했다.
 그녀는 의사의 요청으로 바이런의 이상한 행동을 몇 줄이라도 꼭 기록으로 남기기로 하였다. 르 만도 초기 진찰에서 결정적인 진단은 내리지 못했다. 바이런은 기분이 좋으면 이성적으로 이야기하면서 '언제나 주요한 부분'은 묘하게 피해나갔기 때문이었다. 그 의사는 바이런에게 신장, 장(腸) 등이 나쁘거나 매독에 걸렸 때 쓰는 감홍, 염화수은 등 약제를 처방하였다.
 오거스터는 애너벨러가 친정으로 내려간 후 곧 식스마일보텀으로 돌아가려 했으나, 핸슨과 르 만의 부탁으로 조금만 더 있기로 했다. 아마 바이런을 안정시키는 데는 그녀가 필요했기 때문이리라. 오거스터가 보기엔 바이런의 병세는 심각하였다. 바이런은 저는 발 쪽의 엉덩이가 안 좋고 허리도 아프다고 하니, 의사는 간에 문제가 있다고 했다. 또 중풍환자처럼 떨었고 기억도 깜빡거린다고 하니 약하게 바람이 지나갔을 수도 있다고 하였다. 얼굴도 주기적으로 부어올랐다.
 애너벨러는 왜 의사가 오거스터는 계속 남아 있으면 좋겠다고 했는지 강한 의문이 들었다. 그녀는 1월 15일 사촌 시동생인 조지에게, 바이런이 커크비에 와서 자기와 같이 있으면 건강이 좋아질 것이라는 말을 바이런 남매에게 넣어주기를 바랐다. 그때까지도 바이런이 오거스터의 영향에서 벗어나서 자신과 같이 생활하기를 바랐을 것이다. 자형이 와서 자기 아내를 데려가겠다고 말하자, 바이런은 자형도 그의 집에 와서 같이 살면 좋겠다고 말했다. 만약 오거스터가 집으로 돌아가면 바이런도 틀림없이 따라갈 것이므로 그는 울며 겨자 먹기로 아내를 남겨 둘 수밖에 없었다.
 애너벨러는 부모에게 어렵게 바이런의 "병"에 대해 이야기를 했다. 그 "병"이란 말은 그녀나 오거스터가 다 같이 그의 정신이상 상태를 지칭하는 말이었다. 그때 그녀의 어머니가 셀리너에게서 온 편지를 보더니 읽어 달라고 했다. 그 편지 내용을 듣고 그녀는 처음으로 바이런의 정신병의 실상을 자세히 알고는 놀라서 펄쩍 뛰었다. 애너벨러는 지금까지 숨겨 왔던 모든 것을 다 털어놓았지만 오거스터에 대한 의혹까지는 차마 입에 올리지 못했다.

며칠 뒤 바이런의 장인장모가 애너벨러와 클러먼트 부인에게서 바이런 부부에 관한 자세한 이야기를 들었다. 그들은 치를 떨었다. 이대로 놔두어서는 절대 안 된다! 장모와 클러먼트 부인은 오히려 잘 되었다는 듯이 딸을 별거시키기로 하고 곧 별거에 필요한 방법을 알아보기로 했다. 짐승 같은 놈!

그러나 훗날 바이런이 이 시기를 회상한 것을 보면 그들의 비관적인 생각과는 거리가 있었다. 바이런은 홉하우스에게 자신은 때때로 아내가 동정과 걱정이 뒤섞인 표정으로 자신을 바라볼 때 몹시 괴로웠다고 이야기했다. 그는 분명 자신이 사과를 했기 때문에 모든 일이 별 탈 없을 것으로 생각했다고도 말했다.

사무엘 로밀리

바이런의 장모가 보기에 지체할 일이 아니었다. 1월 20일 그녀는 런던으로 가서 본격적으로 별거에 대한 법적 자문을 구했다. 그녀는 딸이 조목조목 쓴 불만의 항목을 들고 로밀리 경(Sir Samuel Romilly)을 찾아갔다. 로밀리는 이 문제를 민간 법률전문가에 맡겨 보라고 해서, 러싱턴(Stephen Lushington) 박사라는 이너 법학원(Inner Temple)의 저명한 법정 변호사를 찾아갔다. 그 변호사도 바이런을 한 인격체로서 파악하려 들지 않고, 남편과는 떨어져 살겠다는 애너벨러의 결심만 옹호하고 나섰다. 오거스터는 그들이 진행시키는 별거 수속에 관한 이야기를 전해 듣고, 만약 동생이 별거 운운하는 이야기를 들으면 자살할지도 모른다고 하였다. 장모는 그 소리를 듣고 사박스럽게 이렇게 말했다. "그렇게라도 되면 오히려 나아. 그런 사람이 산다는 것은 옳지 않아." 얼마 후 바이런의 사촌 조지도 형이 형수에게 잔인하게 대했다고 비난하고 나섰다.

애너벨러는 처음엔 고민을 부모와 나누니 다소 위로가 됐지만 곧 후회했다. 그녀가 용서할 수 있는 일도 그들은 절대 용서가 안 되었다. 그녀의 아버지는 딸을 학대하는 짐승 같은 놈에게 더 이상 딸을 맡기는 일은 절대 없을 것이라고 했다. 그들은 사위를 조금도 인간적으로 이해하려고 하지 않았다.

그 후 며칠 동안 애너벨러는 심한 갈등에 시달렸다. 바이런을 이성적으로 바라볼 것인가 아니면 이성을 포기하고 계속 애정으로 바라볼 것인가, 결혼 전과 꼭 같이 여전히 풀리지 않는 의문이었다. 현실적으로 자기에게 고통을 안긴 것은 맞지만, 그에게는 달려가고픈 거스를 수 없는 매력이 있는 것 역시 사실이었다. "내 자신, 내 아이, 내 원칙은 다 잊어버리고, 나를 내쳤던 그 화상에게 온몸을 던지고 싶었다."라고 그녀는 그때의 심경을 말하였다. 그녀는 부모와는 달리 아직 바이런과 별거나 이혼 같은 극단적인 조치는 원치 않았으리라.

이 상황에서 오거스터는 바보스러운 데가 있었다. 그녀는 동생의 정신이상의 중요한 증거라고 생각되는 바이런의 행동, 말, 심지어는 침묵까지도 죄다 적어 올케에게 고해 바쳤다. 그 보고서엔 바이런이 드루리 레인의 쿠크(Cooke) 자매를 좋아한다는 추문에다, 그가 현재의 모든 관계를 정리하고 상속녀 엘핀스톤(Margaret Mercer Elphinstone) 양과 결혼할 것이라는 소문까지 포함시켰다. 그런 사실을 알게 되니 애너벨러는 무척 괴로웠다.

애너벨러는 오거스터에게 "나는 사형 선고할 때의 검은 모자를 쓴 재판관으로부터 선고를 받을 것 같은 기분입니다…. 지하 석탄 창고 같은 곳이라도 좋으니 런던에만 있다면 좋으련만."이라고 썼다. 이처럼 그녀는 아직 바이런이 그녀의 가슴을 차지하고 있음을 내비쳤다.

바이런은 이미 반년 치 집세가 밀린 상태였지만 그 대궐 같은 집에서 편안한 독신자 생활을 즐길 수 있었다. 무엇이 닥쳐올지 그는 전혀 몰랐다. 애너벨러로부터 사랑이 가득한 두 통의 편지가 왔다. 그녀의 보고 싶다는 말에 다소 유쾌한 기분이 들었다. 마음이 느긋해져 그녀와의 교신은 오거스터에게 일임했다.

그러나 이때 장인의 편지를 받았다. 나중에 무어에게 이렇게 이야기 했다. "그녀가 친정인 커크비에 도착하자 즉시 장인이 나에게 보낸 몇 줄의 글을 받고 얼마나 놀랐는지 상상해 보시오. 그 편지는 '귀하'(Sir)로 시작하여 매우 냉정하고, 애정이라고는 눈곱만큼도 없는 투로, 그의 딸을 다시는 볼 생각을 말라고 하고 끝맺었다오."

바이런이 시집 인세를 가지지 않으려 하니까 매킨토시 경(Sir James Mackintosh)이 그것을 머리를 통해 고드윈(William Godwin), 콜리지, 매터린(Charles Robert Maturin) 같은 가난한 작가에게 주는 것이 어떻겠느냐고 제안을 했다. 바이런이 쉽게 동의를 하자 머리가 펄쩍 뛰었다. 바이런이 이렇게 반격했다. "당신 말대로 돈이 나왔다면, 쓰는 것은 내 마음대로 써야 할 것이 아니오. 내가 갈보에게 주든, 병원에 기부를 하든, 재주 있지만 고통 받고 있는 사람에게 주든, 당신에겐 조금이라도 다를 게 뭐 있나요."

『모닝 크로니클』에 바이런의 사생활에 관한 기사가 났다. 신기하게도 이런 신문 보도에도 불구하고 바이런은 법적인 문제에는 전혀 신경을 쓰지 않았다. 바이런은 자기 쪽이 대단히 불리해져 간다는 것을 알았더라면 분명히 자신의 권리를 지키려고 신경을 썼을 것이다. 자기 가정 불화가 어떤 술책이나 오해에서 비롯되었다면, 남편으로서 또 아버지로서 명예를 지키기 위해서라도 무슨 노력이라도 했을 것이다. 이 고지식한 시인은 구름 속으로 날아올라 지상의 이런저런 이야기들이 출판사 사무실에서 무성하게 피어나도 내버려 두었고, 자신은 오직 애수에 젖은 시를 지음으로써 자신의 상처만 보듬는 것 같았다.

1월 22일 오거스터는 또 바이런의 광증을 보았다. 그는 사촌 동생 조지를 자기 처가에 가서 살아라고 하는가 하면, 살아 있는 사람 중에 가장 위대한 사람은 바이런 자신이라고 말했다. 조지가 웃으면서 "나폴레옹은 어쩌고?"라고 했더니, 바이런이 무서운 눈으로 쳐다보면서 "오, 내가 그를 빼놓는 것까지도 까먹었군."이라고 말했다.

런던에 갔던 바이런의 장모는 28일 도일 양과 클러먼트 부인과 함께 커크비로 돌아왔다. 그녀는 로밀리 경이 정성들여 쓴, 별거를 제안하는 서한을 들고 왔다. 로밀리는 바이런의 장인에게 별거를 제안하는 장인의 뜻을 바이런에게 전할 것과, 애너벨러는 어떤 일이 있더라도 절대 바이런과는 편지와 대화를 하지 말라고 당부했다. 두 번째 조건을 지키는 데는 애너벨러만큼 철저한 사람은 세상에 없었으리라. 그녀는 그렇게 함으로써 자기 삶의 결정권을 그녀의 가족과 그 대리인에게 맡겨 버린 셈이 되었다. 그때부터 그녀는 자신의 감정이 어떠한가는 전혀 상관없이 그녀의 가족과 변호사들이 자기 삶을 그들 마음대로 만들어 가도록 내버려두었다.

장인은 로밀리의 편지를 베껴서 바이런에게 보냈다. 그 사본이 바이런에게 들어가는 날, 하녀 플레처 부인이 보니 애너벨러는 "몹시 고통스러워 거의 감각을 잃어버린 듯했다." 그래도 애너벨러 마음속엔 부모의 생각과는 달리 바이런은 헤어져서는 안 될 소중한 남편이었던 것은 분명하였다.

그 장인의 서한을 처음 발견한 사람은 오거스터였다. 그녀가 그 편지를 읽어 보니 가슴이 덜컹 내려앉았다. 오거스터는 당장 별거를 제안한 것이 애너벨러 본인의 의사였는가를 묻는 편지를 냈고, 동생이 받을 충격을 생각하여 그 편지를 애너벨러에 반송하면서 재고하는 것이 어떻겠느냐고 물었다. 그리고 여차하면 바이런이 아기를 데려올 수 있다는 뜻을 암시했다. 오거스터는 자신도 책임이 있다면 있는 만큼 어떻게 해서든지 그 별거는 막아야 했다.

장인이 바이런의 답장을 받지 못하자 클러먼트 부인을 데리고 런던으로 직접 와서 2월 2일에 그 편지가 바이런에게 전달되도록 심부름꾼을 보냈다. 그 편지를 읽은 바이런은 놀라서 몸을 떨었다. 편지에서 장인은 이렇게 말했다. "바로 최근에 여러 상황을 보고, 본인은 귀하의 생각만으로 애너벨러와 함께 계속 사는 것은 귀하의 행복에 도움이 되지 않는다는 것을 확신하였습니다. 또 그녀가 귀하의 댁에서 나온 점, 그 댁에 있을 때 그녀가 받았던 대우, 당연히 그녀를 보호해야 할 사람들이 그녀가 여기에 오게 놓아둔 점 등이 정당화될 수 없다는 것을 더욱 굳게 확신하는 바입니다." 문체를 보면 사위가 아니라 적에게 통고하는 선전포고 같았다.

바이런은 애너벨러가 어떻게 이런 편지가 오도록 놓아두었을까, 그 점이 도저히 납득이 안 되었다. 딱딱한 그 편지의 낱말들은 최후통첩의 의미를 내포했다. 그러면서 신속한 답장을 요구했다. 바이런은 직접 장인에게 편지를 썼다. 그는 그녀가 결코 피커딜리 집에서 "퇴출"된 것이 아니라 "의사의 충고"에 따라 런던을 떠났을 뿐이라고 말했다. 그러고는 외람되는 말이지만 이 일은 장인이 간섭할 일이 아니라는 뜻으로 다음과 같이 말했다. "저는 귀하의 딸이 겪었다는 특정한 학대를 알지 못하며… 적어도 현재로서는 귀하의 딸은 제 처입니다. 또 제 아이의 어머니이고…. 본인은 귀하의 간섭이 적절한가에 대해 삼가 의문을 제기합니다."

바이런이 "선량한 늙은이"로 보았던 장인이 이런 냉혈인간으로 바뀐 데는 원인이 있었다. 클러먼트 부인이 그들의 심복으로서 미바츠 호텔에 머물면서 바이런의 일거수일투족을 관찰하여 커크비로 보고해 주었기 때문이었다. 그녀의 보고만 없었더라면 바이런의 편지는, 사람 좋은 그 장인을 한발 물러서게 만들었을지도 몰랐다. 바이런은 어떻든 간에 우선 애너벨러가 걱정이 되어서 다음 일요일에 커크비로 직접 가기로 하고 말을 구했다.

바이런은 장인에게 답장하기에 앞서 아내에게 먼저 편지를 썼다. "나의 실수는, 혹은 당신이 어떤 거친 명칭을 붙이더라도 당신이 알고 있겠지요. 그러나 나는 당신을 사랑했고, 당신이 돌아오기를 혹은 나를 받아들이기를 [바라며]… 명시적으로 내치겠다는 말이 없는 이상, 당신과 헤어지지 않을 것이오." 그리고 편지 끝에 "당신의 가슴속에선 당신이 여전히 나의 것이라는 한마디만 해 주세요. 그러면… '나는 수백만 명에 대항하여 그대를 지킬 것입니다'." 이 『말괄량이 길들이기』에 나오는 한 구절을 적절하게 인용한 이 편지는 애너벨러에게 충격을 줬다. 앤 플레처가 보니까 그녀는 침실 바닥에 뒹굴면서 부모에게 별거하겠다는 약속을 한 것을 크게 후회하며 경련을 일으켜가며 흐느끼고 있었다.

후회와 슬픔으로 경련을 일으켰던 애너벨러는 바이런의 편지를 받자 곧 답장을 썼다. 그러나 그녀는 정반대로 돌아서 있었다. 그녀는 냉혈의 이성이 지배했다. 그녀는 그를 절대 받아들일 수 없음을 분명히 했다. 지신의 결정은 "결혼한 그날부터 줄곧 겪은 불행을 되돌아보고" 내린 것이라고 했다. 제가 당신 여자였을 때 당신이 가장 불행했다고 믿었음을 상기해 주십시오." 애너벨러의 이런 쌀쌀한 태도는 바이런의 예상 밖이었다. 그렇더라도 이 말속에 어느 정도의 진실은 들어있었기에 바이런은 바이런대로 후회되는 데가 있었다.

애너벨러는 오거스터에게도 편지를 써서 자신은 별거를 하고 싶으며 그녀의 아버지도 같은 뜻이라고 하였다. 바이런의 사촌 조지와 오거스터는, 바이런이 애너벨러와의 문제만 해결되면 즉시 또 해외로 갈 계획이라고 그녀에게 알려 주었다.

바이런은 절망했다. 그 절망과 그녀에 대한 체념을 담아 또 편지를 썼다. "그때 당신은 전혀 행복하지 않았습니까? 당신은 어느 때, 어느 시절, 한 번도 그렇게[행복하다고] 말한 적이 없습니까? 우리들 사이에 가장 따뜻한, 상호 간의 애정이 오간 표시가 없었습니까?… 당신은 20일 만에 너무 변했습니다. 변하지 않았다면 어떻게 당신은 그 고운 감정을 그토록 독살해 가면서─제 감정을 짓밟을 수 있나요."

바이런은 애너벨러의 성격에 대해 이렇게 말한 적이 있다. "애너벨러는 누가 음모를 꾸밀 때 쉽게 이용당하는 얼간이였습니다. 왜냐하면 그녀는 인간에 대한 자신의 인식에는 절대 틀림이 없다고 믿기 때문이지요. 그녀는 또 어떤 사람을 10년보다는 한 시간 만에 더 잘 알 수 있다는 스타엘의 바보 같은 생각을 머리에 넣고 다녔습니다. 그녀는 한두 번 사람을 만나고 그 사람들의 성품이 어떻다고 결정해 버리는 버릇이 있었습니다. 그녀는 나의 성품에 대해 수십 페이지를 썼습니다만, 그 묘사는 더 이상 생뚱맞을 수가 없었어요."

애너벨러는 성격도 바뀌었다. 그녀의 심장은 돌로 변해서, 더 이상 남편에게 다정하지도 친절하지도 않았다. 그녀는 누구보다도 잘 분노하고, 잘 비난하고, 절대 용서를 안 해 주는 인물로 변했다. 그녀는 거짓말을 하지는 않았지만, 기억 속의 기록을 왜곡했고, 복수를 원했고, 바이런의 행동을 정확히 읽어내려 하지 않았다.

바이런의 장인은 외손녀를 자신이 맡으려고 갖은 애를 썼다. 당시 법으로는 자녀는 아버지에게 속했기 때문에 바이런이 원하기만 하면 아기를 데려올 수 있고, 또 부모 대리인이나 기관에 맡길 수도 있었다. 그럴 경우 어머니가 단 한 번 보는 것조차 허용되지 않을 수 있었다. 어머니가 할 수 있는 일은, 아버지가 아이에게 상해를 입히는 존재임을 입증할 때만, 아버지에게서 아기를 데려올 수 있었다. 애너벨러 측 대리인 러싱턴은 로밀리의 도움을 받아 에이다를 대법관청(Chancery)의 피보호자로 만들기 위해 필요한 절차를 하나하나 밟아 나갔다. 그렇게 하면 바이런은 친권을 행사할 수 없었다. 이 사실을 그 이듬해까지도 바이런은 전혀 모르고 있었다. 얼마 후 오거스터가 올케에게 인사조로 한번 에이다가 잘 있느냐고 물었는데, 그 말을 들은 애너벨러는 가슴이 덜컥 내려앉았다. 아기가 한 살이 되면 아버지가 데려갈 수 있었기 때문이었다.

2월에 머리가 『코린트의 포위』와 『파리시나』를 출판했다. 바이런은 머리와 또 의견이 맞지 않았다. 그는 인세로 1,500파운드를 받을 수 있게 되자, 그 인세의 반을 곧 셸리(Percy Bysshe Shelley)의 장인이 될 고드윈에게 주고, 나머지를 가난한 시인 콜리지과 다른 두 사람에게 나누어 주라고 했다. 이 요청을 듣자 또 전에처럼 머리가 발끈했다. 왜 땀 흘려 돈을 벌어서 "문학적 박애주의로 포장하려" 드느냐고 대들었다. 바이런은 한 발짝 물러설 수밖에 없었다.

2월 9일에 서리가 하얗게 내렸다. 온도계가 결빙점에서 20도나 곤두박질 쳤다. 1816년의 기후는 변덕스러웠는데, 이유는 그 전해 인도네시아의 탐보라산(Mount Tambora)의 분화가 원인이었다. 바이런의 마음도 새벽 서리처럼 차갑게 얼었다. 홉하우스가 바이런에게 갔더니 그는 아내에게서 받은 편지를 보여 주었다. 홉하우스는 사랑하는 여성이 남편이 죽을지도 모르는 위험에 빠지도록 그냥 놓아 둔 데 대해 화가 났다. 바이런에게 애너벨러를 사랑하지 않았었냐고 물었더니 이런 답이 돌아왔다. "내가 그녀에게 키스했다기보다는, 그녀가 내 무릎에 앉아서 리 귀부인[오거스터]이 다 보는 앞에서도 오천 번 키스를 했네. 나는 그녀에게 싫다고 손가락 하나 든 적이 없었다네." 오거스터도 그들 부부는 애정 표현 없이 보낸 날이 하루도 없었다고 말을 거들었다.

그들 부부의 소문이 일파만파로 퍼지자 이제 멜번가가 들고 나왔다. 조지 램은 외사촌 애너벨러를 바보천치라고 하였으나 캐롤라인은 바이런이 "■■"을 저질렀다고 비난했다. 누가 그녀가 적은 기록 중 한 낱말을 까맣게 칠해 버려 무슨 말인지 알 수 없다. 홉하우스는 친구의 일이라 "■■"을 차마 입에 담을 수 없었다. 오늘날 전기 작가들은 새까맣게 지운 것이 '남색'이 아니겠느냐고 추측한다. 그렇다면 애너벨러가 비명을 질렀고, 플레처 부인이 뛰어들어 억지로 바이런을 떼어 냈던 순간에 바이런은 애너벨러에게 남색의 방법으로 접근했던 것이 아닐까.

바이런과 오거스터에 관한 추문도 런던 장안에 파다하게 퍼져나갔다. 홉하우스는 캐롤라인이 바이런에 대한 복수의 수단으로 소문을 퍼트리고 다닌다고 추측했다. 홉하우스는 추문에서 친구부터 건져내는 것이 급선무였다. 갖은 노력을 했지만 굴뚝에 연기가 계속 나는 건 누가 고의로 불을 지피고 있었기 때문이었으리라. 누굴까. 바이런을 물에 집어넣으려는 자들의 음모가 점점 더 노골화되는 것 같았다. 바이런은 무서울 정도로 우울증에 빠졌지만 사람을 대하면 억지웃음은 꼭 웃어보였다. 처족이 별거를 위하여 소송을 한다고 하니 그는 "별거 소송한다고, 내가 법정에 못 갈 것 없지!"라고 남의 일처럼 느긋하게 말했다.

이런 혼란한 시기에 가장 살판난 사람은 캐롤라인이었다. 바이런은 외부에 나도는 소문의 진원지가 캐롤라인임을 어렴풋이 알고는 괘씸하여 그녀의 편지에 일체 답장을 쓰지 않았다. 그녀는 그것에 대한 반발로 애너벨러 측에 붙어 바이런에게 같이 복수하자고 나왔다.

애너벨러는 바이런의 여자들과의 관계를 아는 대로 정리하여 러싱턴 박사에게 이렇게 적어 보냈다. "그는 튀르키예에서 무제한으로 그 짓을 했습니다─그 스스로 그 죄에 대한 공포가 아직도 너무 커서, 그 이야기를 암시만 했는데도 몇 번이나 기절을 하고 구역질을 했습니다." 그녀는 더 이상 오거스터도 순수하다고 믿지 않았다. 그녀도 똑같이 죄에 물든 불결한 인간이었다.

바이런이 보니 애너벨러가 자기를 오해하고 있었다. 온 장안에 퍼진 그녀에 관한 험담은 바이런 자신이 퍼뜨렸다고 그녀가 믿고 자신을 비난하였기 때문이었다. 그래서 그는 자신은 결코 아내를 험담한 적이 한 번도 없다는 친구들의 확인서를 죽 받아 미바츠 호텔로 보냈다. 그것을 받고도 애너벨러 쪽에서 아무 답이 없자, 그는 장인이 그 편지가 든 소포를 애너벨러에게 전하지 않았다고 생각하였다. 그는 정 그렇게 나간다면 절대 별거 합의서에 서명을 못 하겠다고 배짱을 내밀었다. 그러자 애너벨러는 바이런이 그 별거 합의서에 서명하지 않은 상태로 외국으로 날라버리면 어떻게 하나 하는 걱정으로 공황상태가 되었다.

홉하우스가 보아도 바이런은 상당히 정신적 혼란을 겪고 있었다. 오거스터와 조지가 보기에 바이런이 자기가 행동한 것, 말한 것 등을 곧장 잊어버렸는데 그것이 문제였다. 홉하우스가 시중에 떠도는 그의 잔혹성, 주정부림, 외도 등에 관한 소문을 바이런에게 이야기해 줬더니, 그는 무서울 정도로 동요를 일으켰다. 그는 자기는 망했다, 또 미치겠다고 하며 "그러나 그녀는 한번은 날 사랑했는데."라고 중얼거렸다. 그는 가끔 잠깐씩 발작을 일으켰지만 곧 정상을 되찾았다. 홉하우스는 그에겐 "동정, 후회, 사랑, 그리고 분노의 격정이 번갈아 지나간다."고 일기에 적었다. 또 장모의 바이런이 죽기를 바라는 마음도 쉽게 이해된다고도 적었다.

애너벨러 쪽에서는 별거의 판결을 받아 내는 것이 일차 목표였다. 바이런의 장모는 딸을 데리고 이것저것 캐물었더니, 딸은 바이런이 캐롤라인뿐만 아니라 그 시어머니와도 보통 관계가 아니라는 충격적인 이야기까지 다 털어 놓았다. 엉큼한 년들! 그녀의 어머니는 그 고부(姑婦)의 후안무치에 치를 떨었다. 그녀는 그들 불륜 사실까지도 남편을 통해 러싱턴 변호사에게 전해지도록 조치했다. 러싱턴은 수전 보이스가 매독에 걸렸던 사실에 주목하고 그런 성병은 아내의 건강을 해쳤을 것이라는 주장도 다듬어 나갔다.

바이런에 관한 추문 중 날조된 것도 많았다. 바이런이 인기 여배우 마딘 부인의 애인이라는 소문이 돌자 그녀의 인기가 하루 만에 곤두박질쳤다. 두 사람이 걸어가는 모습을 전면에 실은 신문이 날개 돋친 듯 팔려 나갔다. 바이런은 하도 괴로워서 극장에 발을 들여놓을 수가 없었고, 거의 방에만 갇혀 있으니 돌아버릴 것 같았다. 보다 못해 오거스터와 친구들이 적극 그를 구하려고 나섰다.

바이런은 마지막으로 애너벨러에게 호소하는 편지를 썼다. "그리고 지금, 사랑하는 벨… 나는… 말할 수 있어요… 그대를 사랑한다고. 못됐든 착하든, 미쳤든 안 미쳤든, 불쌍하든 행복하든, 내 기억과 삶이 진토가 될 때까지 사랑할 수 있다고 말할 수 있소."

홉하우스의 노력에도 불구하고 소문은 걷잡을 수 없이 퍼져나갔고 남매간 근친상간의 추문은 더 빠른 날개를 달았다. 한 파티에서 키네어드가 홉하우스에게 한 말을 그 옆의 여자들이 엿들은 것이 씨가 되었다. 홉하우스가 생각하니 보통 난감한 일이 아니었다. 어떻게라도 공개적으로 그 모든 것을 부정해야 했다. 그냥 두면 오거스터와 호지슨의 생각처럼 바이런이 자해를 할지 모를 일이었다.

2월 21일 핸슨은 바이런이 별거를 원치 않는다는 공식적인 확인서를 작성하여 바이런의 처가 쪽에 보냈다. 처가 쪽에서는 그들이 얻고 싶은 판결과 정면으로 반대되는 판결을 바이런 쪽이 원하고 있어서, 그것을 일종의 도전으로 받아들였다. 일이 이렇게 되자 핸슨은 바이런 측의 유리한 증거를 최대한 모아 나갈 수밖에 없었다.

2월 22일 애너벨러가 런던에 도착하여 러싱턴 변호사와 긴 상담을 가졌다. 그 변호사는 남매의 근친상간의 의혹에 대하여 들었고 애너벨러는 그것을 뒷받침할 증거를 몇 가지 제시했다. 그 변호사는 그때까지는 양측의 화해를 시도하려 했지만, 그것이 소용없다는 것을 알았다. 그는 결국 이 사건을 재판으로 가져가야 한다고 했더니 애너벨러가 질색을 했다.

근친상간의 이야기가 퍼지자 오거스터와 가까운 사람들은 그녀를 걱정했고, 잘못하면 궁궐의 상궁 임명도 쉽지 않을 것이라고 걱정했다. 그녀의 대모(代母) 리즈(Leeds) 공작부인은 빨리 피커딜리테라스에서 나오기부터 하라고 재촉하였다.

바이런이 보기엔 더 이상 아내와의 만남은 불가능해 보였다. 그러나 객관적인 이유를 명시할 수 없는데도 별거에 동의한다는 것도 말이 되지 않았다. 이미 런던은 근친상간의 소문으로 들끓었고, 그 소문의 진원지는 애너벨러인 것 같았다. 바이런의 장인은 핸슨에게 편지를 써서 바이런이 왜 별거에 동의하지 않느냐고 따졌다. 애너벨러 측에서는 애너벨러를 법정에 세우는 일을 고려해 봤지만, 그녀가 한사코 받아들이지 않으려 했다. 그녀 측에서는 클러먼트 부인을 보내 사촌 조지를 움직여, 바이런이 싸움을 그만두고 순순히 별거에 동의하도록 만드는 것이 상책이라고 결정 내렸다.

러싱턴은, 별거를 위한 재판을 하든 합의를 하든, 근친상간을 입증만 한다면 처가 쪽이 훨씬 유리하다는 것을 잘 알았다. 그러나 애너벨러의 일방적인 증언이 법정에서 증거로 채택될 수 있을까? 어려웠다. 바이런이 "난폭하고 상스런 행동과 언어"를 쓴다는 것만 법정에서 주장하여 별거 선고를 받아내어야 했다. 근친상간은 불가능하더라도, 바이런이 오거스터와의 관계를 자기 아내에게 학대의 수단으로 야비하게 이용했다는 것은 입증할 수 있을 것 같았다.

2월 29일 애너벨러는 아버지와 미바츠 호텔에 왔지만 누구도 만나지 않았다. 애너벨러는 이 사건이 외부로 알려지는 것은 무엇보다도 싫어했다. 따라서 그녀와 그녀의 대리인들은 최대한 바이런의 친구를 동원하여, 조용히 별거로 가는 해결을 원했다. 그러나 애너벨러는 자신에게 불리한 점이 있는 것도 잘 알았다. 오거스터가 자신도 할 수 없는 바이런의 변덕을 다 감당해 낸 사실과, 자기는 아내의 의무를 저버렸을 때도 오거스터가 소위 "질병"을 가진 그를 극진히 간호했다는 사실이 애너벨러는 마음에 걸렸다. 사실은 그녀가 임신 중이었을 때도 바이런의 난폭하고 무서운 행동으로부터 그녀를 보호해준 사람은 오거스터가 아니었던가.

3월 5일 오거스터는 미바츠 호텔에 와 있는 애너벨러를 두 달 만에 만났지만 충격을 받았다. "그녀는 분명히 뼈만 남았습니다. 재처럼 창백했고요. 깊고 텅 빈 톤의 목소리와 아주 초자연적으로 조용한 태도. 그녀는 '나'를 친절하게 맞이했으나 그것만이 유일하게 남은 '감정'이었습니다—다른 모든 감정은 '고요와 같은 죽음'이었지요."라고 오거스터는 그날 저녁에 호지슨에게 편지로 이야기하였다.

애너벨러는 그날 절대 바이런에게 돌아가지 않을 것을 오거스터에게 확인해 줬다. "안 돌아가요. 부모가 돌아가도록 무릎을 꿇고 빌어도 절대로." 오거스터는 그녀가 돌아오지 않으면 자신은 동생을 책임질 수 없다는 말을 거듭 했다.

사흘 뒤 3월 9일 애너벨러 편에 가 있던 바이런의 고종사촌 로버트 윌모트가 바이런의 집으로 오더니, 홉하우스만 데리고 나가서 몇 가지를 통고하고 갔다. 그것은 애너벨러 쪽에서 내미는 극약 처방이었다. 그 고종도 이 사건이 법정으로 가는 것을 바라지 않는다고 한 뒤, 이미 바이런의 동성애와 근친상간은 다 아는 사실이지만 입증이 어려우므로 덮어 둘 수밖에 없고, 그 이외의 것, 차마 입에 담지 못할 망측한 "■■"를 암시하면서 그것을 문제 삼겠다고 했다. 그것

바이런의 고종사촌 로버트 윌모트

은 범죄가 되진 않지만, 정서상 너무 혐오스러워 일반인들에겐 근친상간보다 더 극악무도한 행위였다. 바이런이 애너벨러의 산전, 산후에 그 행위를 자행한 것이 틀림없다고 그 고종은 주장하고 나왔다.

바이런은 이 이름 없는 죄 때문에 법정에 설 수는 없었다. 바이런 측에서 법정으로 가겠다고 버티던 계획을 내려놓을 수밖에 없었다. 하도 혐오스런 것이라 양쪽에서 다 그 비밀은 지키려고 애썼지만, 그것을 들고 나오니 결국 바이런이 더 불안해져서 결기를 잃고 풀어져 버렸다. 그들에게 합의를 해 주는 것 밖에 다른 도리가 없었다.

이 긴장된 시기에 바이런의 마음은 또 딴 데로 흘렀다. 딸이 얼마나 예쁠까 너무 보고 싶었다. 2월 29일자 무어에게 보낸 편지에서 바이런은 "내 작은 딸은 시골에 있고 사람들이 참 좋은 아기라는데, 지금 3개월 됐지요. 노엘 귀부인(내 장모…)은 아기를 돌보고 있고 그 딸… 은 내가 알기로 아버지와 런던에 와 있어요. C 부인(지금은 일종의 가정부이고 노엘 귀부인의 스파이)은… 최근 우리 가정불화의 신비로운 원인 제공자가 틀림

없다고 해요…. 장인에게 가장 미안한데, 그와 나는…. 꼭 같이 벌 받고 있죠. 그러나 한 여자의 잘못으로 두 남자가 고생하니 딱한 일이지요."

어느 날 저녁에 홉하우스는 한 레스토랑에서 훠턴(Gerard Blisson Wharton)을 만나 많은 이야기를 나눴다. 훠턴은 호어의 뒤를 이어 노엘가의 변호사가 된 인물이었다. 홉하우스는 그에게 바이런의 장인에게 꼭 전해 달라고 몇 가지 이야기를 하였다. 바이런은 앞으로 꼭 선한 행동을 하겠지만, 그의 마음속에는 아내에 대한 사랑이 여전하다는 것, 바이런은 가능하면 이런 사태가 벌어지도록 음모를 꾸민 사람과, 그의 아내를 억류한 사람을 고소할 뜻이 있다는 것 등이었다.

3월 7일 홉하우스는 오전에 별거 합의문 초안을 작성하였다. 애너벨러 측의 윌모트가 와서 실무자 홉하우스와 마주 앉았다. 윌모트가 합의문 서류를 보더니 애너벨러에게 보이겠다고 가져갔다. 그 이튿날 두 시에 바이런 집에서 홉하우스와 데이비스가 다시 윌모트를 만났다. 이때 또 홉하우스와 윌모트 둘이서만 따로 이야기를 나눴다. 그 자리에서 윌모트는 부르르 떨면서 애너벨러 측 주장을 이야기했다. 홉하우스는 모르겠지만 바이런은 미친 것이 틀림없고, 입에 담을 수 없는 근친상간과 남색보다 더 입에 담기 어려운 짓도 했고, 여배우 수전 보이스와 바람을 피워서 매독에 걸렸다고 했다. 그렇지만 그는 어떻게 해서라도 이 사건이 법정에 가서는 안 됨을 바이런에게 설득해 달라고 했다. 어떻든 그 명칭 없는 "■■"과 근친상간과 매독이 온 장안의 화제로 들끓었고, 결국은 그런 치욕 때문에 바이런은 영국에는 발붙일 곳이 없어져 영국을 떠나지 않으면 안 되었으리라.

3월 13일 홉하우스가 오거스터를 찾아보니 그녀의 고통도 이만저만이 아니었다. 그녀는 자신에 관련된 모든 추문이 다 거짓말임을 보여줄 만큼 충분히 오래 바이런의 집에 눌러 있었다고 하면서, 이제 남편과 자식들에 대한 의무를 다하기 위해 그 집을 떠나겠다고 했다. 그녀의 남편은 그 추문을 하나도 믿지 않아서 부부간에는 아무 문제가 없다고 했다.

홉하우스가 링컨 법학원(Lincoln's Inn)의 로밀리 방으로 가서 그를 만나 보니, 애너벨러가 2월 13일부터 그를 그녀 측 변호사로 선임해 놓고 있었다. 바이런에게 가서 그 이야기 하니 그를 양측의 최종 중재자로 모시자고 했다. 그는 바이런의 서명을 받아 그렇게 추진하였다. 그러나 로밀리는 이 사건이 우호적으로 끝날 것 같지 않아 안타깝다고 하고는, 애너벨러가 동의해준다고 하더라도 양측의 중재는 사양하겠다고 했다. 바이런은 훗날 자신의 『돈 주앙』 1편 15연에서 그를 언급한다.

바이런은 애너벨러 없이 사는 것이 그녀와 함께 사는 것보다 더 행복할 수 있다는 생각이 점점 더 확실해졌다. 결별만이 이 쑥대밭을 추스를 수 있는 유일한 방법으로 보였다. 격해지기 쉬운 혼란 속에서도 홉하우스는 일의 선후를 잘 가렸다. 홉하우스는 받아낼 것과 줄 것을 정확히 챙겼다. 애너벨러에게 받아낼 것 중에 가장 중요한 것이, 바이런이 근친상간과 동성애를 했다는 사실을 '부인'해 주는 일이었다. 애너벨러 측 변호사든 누구든 죄악의 그림자만 이야기했을 뿐, 바이런에게 진흙만 던졌을 뿐, 무슨 구체적인 증거가 있었겠나. 따라서 애너벨러 측에서 막연하게 암시해 온 혐의 하나하나를 확실하게 부인해 줘야 바이런이 오명에서 벗어날 수 있었다. 바이런 측에서는 애너벨러가 문서로 바이런 관련 추문은 그녀나 그녀의 가족에서 나오지 않았다는 것을 꼭 확인해 주기를 원했다. 그런 내용을 홉하우스가 문서로 작성하여 가져갔더니 애너벨러가 확인하고 서명을 했다.

이 중재에서 바이런이 화를 낸 것은 당연히 자기에게 올 재산까지 똑같이 나눈다고 결정한 중재안이었다. 중재안을 받아들인 것은 핸슨이었기 때문에 오거스터는 핸슨을 비난했다. 그러나 별거를 합의하기로 한 마당에 그 재산 문제로 따따부따하는 것은 바이런의 명예에 적절치 않다고 오거스터가 양보를 하자고 했다. 중재는 법무장관에게 맡겼고 법무장관은 애너벨러에게 유리한 판정을 내리고 말았다.

홉하우스는 애너벨러 측의 초안과 합쳐서 법적 별거에 관한 양측 동의서 초안을 만들었다. 그는 이 최종 서류에 바이런의 서명을 받아 도일 쪽으로 건네주니, 도일이 그 일을 잘 처리하였다고 격려해 줬다. 이 예비 별거 합의서에 바이런과 애너벨러가 정식 서명한 것은 3월 17일이었다. 그러나 어디까지나 이것은 '예비' 합의서였고 그것에 따른 별도 합의서가 더 있어야 했다.

 이렇게 일이 일단락되자 임신 6개월인 오거스터는 긴장이 풀렸다. 그녀는 3월 16일 다시 상궁 직을 임명받아서 피커딜리테라스에서 세인트제임스궁으로 거처를 옮겼다. 제 일처럼 바이런을 돕던 사람들도 뿔뿔이 헤어졌다. 합의서 초안 때문에 일었던 폭풍이 가라앉자 바이런은 한없이 외롭고 억울하고 슬펐다. 3월 18일 혼자 남게 된 바이런은 그들의 결혼생활이 그렇게 치욕적으로 끝난 것을 생각하니 울고 싶도록 허망했다. 그는 마음을 달래려고 시「그대 안녕!」(Fare Thee Well!)를 썼다.

> *안녕! 그리고 영원히라면*
> *그래, 영원히 안녕.*
> *용서를 하지 않지만 내 마음은 결코*
> *그대에 대한 배신은 아니라오.*

 바이런은 그의 가슴을 그녀 앞에 다 열어 그 속의 생각을 낱낱이 보여 줄 수만 있다면 좋겠다고 하였다. 세상 사람들이 다 그녀를 칭찬하더라도 그 칭찬이 그의 슬픔을 딛고 오는 것이라면 그녀의 칭찬은 칭찬이 아니리라. 비록 그가 오명으로 얼굴이 만신창이가 되고 불치의 상처를 입긴 했지만, 그녀의 팔 외에 어느 여자의 팔이 그를 진정으로 껴안았겠는가!

> *그리고 당신이 위안을 얻을 때*
> *우리 아이의 입에서 첫 억양(옹아리) 흐를 때─*
> *아버지의 사랑 모르고 자라겠지만*
> *"아버지!"란 말은 가르쳐 주겠지요?*

 딸의 작은 손과 입술이 아내에 닿으면 아내는 기도와 사랑으로 딸의 아버지를 생각해야 할 것이다. 안녕! 이렇게 헤어지니, 이렇게 가까운 사람들로부터 이별하다니, 어떻게 죽은들 이보다 더할 수가 있겠나.
 바이런은 이런 내용의 시를 애너벨러에게 보냈다. 그러나 아내는 아무 반응을 보이지 않았다. 그는 자기의 다른 편지 몇 통이 그녀로부터 반송되어 오는 것을 보고 화가 치밀었다. 그는 시로 호소하면 아내의 마음이 누그러지리라고 생각했지만 그 생각은 완전히 빗나갔다. 그러나 다른 사람의 마음은 감동시켰다. 스타엘은 이 시를 읽으면 어떤 아낙네가 남편의 품속으로 뛰어들지 않겠는가라고 했다.

바이런은 자신의 분노를 다른 사람에게 전가했다.「개인 생활의 스케치」(A Sketch from Private Life)라는 글은 바이런의 부부간에 불화의 원인을 제공한 클러먼트 부인을 비난하는 시였다. 그는 이 시를 3월 30일에 써서 당일 오거스터가 정서를 했고, 4월 4일에 개인적으로 인쇄를 했더니, 4월 14일에「그대 안녕!」과 함께 『챔피언』(Champion) 지에 게재되었다.

클러먼트 부인은 다락에서나 태어나고 부엌에서 자라난 천생이다. 그녀는 "금방 이야기를 꾸미고 금방 거짓말을" 만들고 "남의 속 깊은 이야기를" 듣고 옮기는 "염탐꾼"이다. 그녀는 어릴 때부터 애너벨러에게 글을 가르치면서 자기도 그때부터 글을 익혔다. 애너벨러는 그런 저열한 인간에게 배웠지만 결코 나쁜 물이 들지 않았다. 그러나 한 가지 결점은 용서를 하지 않는 성격이다.

클러먼트 부인은 애너벨러 모녀도 두려워하는 무서운 존재가 되었다. 그녀는 집안에 뱀처럼 몰래 스며들어 애너벨러의 심장을 휘감고는 그녀가 모르도록 독을 심어놓았다. 그녀는 거짓말의 입술, 고르곤도 안 쓸 가면의 얼굴, 가죽 같은 뺨, 돌 같은 눈을 가졌다. 눈물도 없고 생각도 없는 인간, 자신이 저질러놓은 악업이 결국 자신에게로 돌아가지 않고 어디로 가겠는가. 그녀의 마음은 나병에 걸리고, 생각이란 생각은 다 증오가 되고, 돌 같은 심장은 부서져 가루가 되라고 이 시는 원색적인 저주를 퍼부었다.

언론에서는 바이런을 역사상 가장 나쁜 인물에 비유하였다. 바이런은 그 이야기를 무어에게 털어놓은 적이 있었다. "나는 요즘의 잡지에서 고대와 현대의 중요한 인물 중에서 나를 비유하는 인물을 죽 뽑아 목록을 만들어 보았어요. 네로(Nero), 아피키우스(Apicius), 에피쿠로스(Epicurus), 칼리굴라(Caligula), 헬리오가발로스(Heliogabalus), 헨리 8

세(Henry the Eighth) 그리고 마지막으로 ---왕(조지 3세를 암시). 나의 모든 친구와, 심지어 나와 같이 자랐고 형제처럼 아꼈던 내 사촌 조지 바이런도 내 아내 편을 든다오. 그는 나를 비난하는 기류가 가장 강할 때 그 기류에 휩쓸렸고, 내게서 아무것도 기대할 수 없었지요. 그는 나를 돌아보지 않으려 했어요. 나는 가장 나쁜 남편, 가장 방탕하고 사악한 인간이었고, 내 아내는 고통을 당하는 천사, 여성의 미덕과 완벽의 화신으로 여겨졌어요. 나는 대중 출판물로부터 명예훼손을 당했으며, 사적 모임에서는 공동화제로 씹혔으며, 상원에 등원했을 때 쉿 하는 소리로 나를 경멸했으며, 거리에서도 생욕을 얻어먹었습니다. 마딘 부인이 욕을 먹은 극장에는 겁이 나 들어갈 수가 없었습니다. 유일하게 나를 옹호하는 한마디를 감히 한 잡지는 『이그재미너』지였고, 나를 괴물로 보지 않은 유일한 사람은 저지 귀부인이었습니다…. 귓속말이나… 수군거리는 말이 사실이라면, 나는 영국에는 적합하지 않다고 느낍니다. 그 말이 틀렸다면 영국이 내게 적합하지 않은 거겠지요." 바이런이 영국에서는 계속 살 수 없어 떠날 수밖에 없음을 토로한 말이었다.

　바이런의 가정불화는 모든 사람이 다 알았다. 이 가정과 아무 관계없는 사람들도 편이 갈려져 서로에게 분노했다. 친구들은 대체로 그의 우군이었으나, 단순히 그를 아는 사람들은 적군이 되어 그를 욕했다. 홉하우스, 호지슨, 무어, 로저스, 리 헌트, 데이비스 같은 사람은 흔들림 없는 동지였다. 반대로 많은 사회적 지도자들은 그를 모른 체했다. 기자들은 마치 바이런 때문에 문학 전체가 오염된 것처럼 악의를 품고 그를 비난했다. 종교계에서도 그의 글 중에 비도덕적인 것만 골라내서 종교적인 곤장을 내렸다. 드루리레인의 관객들은 그를 멜로드라마에 나오는 악당으로 여겼다. 야유와 조롱 정도는 아예 문제가 되지 않았다. 그의 누나와 관련된 불미스런 혐의는, 어느 누구도 공식적으로 문제를 제기하지 않으니 변명할 기회가 없었다. 자신은 물론이고 누나의 명성에 오물을 던지는 사람들에게 속수무책으로 당할 수밖에 없었다. 수백 가지 방안을 두고 생각해 보아도 최선의 방법은 영국을 벗어나는 길밖에 없었다. 추문을 거짓으로 증명하려고 고생을 하기보다는, 차라리 여행을 가서 그것을 잠재우고 무시해 버리는 쪽이 백 번 나았다.

워털루 전쟁이 끝나자 웹스터 귀부인이 웰링턴의 애인이 되었다는 풍문이 돌았을 때 바이런은 실망했다. 그가 그렇게 아껴주었던 여성이 아닌가. 이때 그가 쓴 시 「둘이 헤어졌을 때」(When We Two Parted)에는 슬픔과 책망의 어조가 표면에 비치지만 그 밑에는 쓰린 감정이 숨어 있다. 바이런은 자기 같은 문사(文士)도 조심스러워 감히 들어가지 못한 곳을, 일개 무부(武夫)가 뛰어들었다는 것이 서운하고 억울했다. "몇 년간 떨어져 있으려고/ 침묵과 눈물로/ 반 찢어진 가슴으로/ 우리 둘이 헤어졌을 때/ 그대 뺨은 파리하고 차가웠고/ 키스는 더 차가웠네."

3월 어느 날 바이런은 여성 필체의 편지 한 통을 받았다. 그 편지의 내용이 여자들의 상투적인 말이 아니어서 호기심을 불러일으켰다. 이 아가씨는 이미 자기 마음에는 그의 시로 인해 연정이 싹터 있다고 하면서 대뜸 이렇게 깜찍하게 물었다. "만약 이름에 오점을 남긴 적이 없는 한 여성이, 만약… 자신을 당신 손에 맡긴다면, 만약 당신을 향해 수년간 간직해 온 사랑을 울렁이는 가슴으로 고백한다면… 당신은 버리시겠습니까, 아니면 무덤처럼 침묵만 지키시렵니까?"

두 번째로 만나자고 간청을 한 후 찾아온 여성은 고작 열일곱의 소녀였다. 얼굴은 그렇게 예쁘지는 않았으나 젊음과 갈색 눈에서 지성이 반짝였다. 이름이 매리 제인 클레어먼트(Mary Jane Clairmont). 친구들과 가족은 그녀를 배다른 언니 매리 고드윈(Mary Godwin)과 구별하기 위해 제인이라 불렀지만, 자신은 클라라(Clara)나 클레어(Clare), 나중에는 클레어(Claire)라고 불러주기를 원했다.

그녀는 유명한 윌리엄 고드윈(William Godwin)의 양딸이었다. 고드윈의 초취는 『여성 권리의 옹호』(Vindication of the Rights of Woman)를 쓴 유명한 매리 울스톤크래프트(Mary Wollstonecraft)였지만 그녀는 매리라는 딸 산후에 세상을 떠났다. 이때 태어난 딸 매리가 훗날 셸리와 결혼하는 매리 셸리(Mary Shelley)였다. 고드윈은 재취를 맞아들였는데 이 여자가 시집을 오면서 전부의 딸 클레어 클레어먼트(Claire Clairment)를 데리고 왔다. 매리 셸리와 클레어 클레어먼트는 고드윈을 아버지라고

윌리엄 고드윈

매리 울스톤크래프트

부르면서 같이 자랐지만 사실 피 한 방울 안 섞인 자매였다.

클레어는 셸리와 언니 매리가 1814년에 사랑의 도피이자 신혼여행을 떠났을 때 같이 따라갔는데, 그들은 그때 프랑스를 거쳐 스위스까지 갔다 돌아왔다. 셸리가 첫 아내와 두 명의 자녀를 버린 뒤였다. 영국에 와서도 그녀는 셸리의 호의로 그들에게 얹혀살았다. 사실 클레어도 자유사상을 지닌 셸리를 사랑하였다. 그러나 그녀와 셸리의 애인 관계를 평생토록 철저히 언니와 주변 사람들에게 숨겼다. 클레어는 언니를 셸리에게서 떼어내고 자기가 그 자리를 차지하고 싶었지만, 그것이 어찌 가능한 일인가. 아마 클레어는 언니에게 자기도 셸리보다 훨씬 더 유명한 시인과 사귈 수 있다는 것을 보여 주기 위해, 인기가 하늘을 찔렀던 바이런을 잡으려고 계책을 세웠던 것이었다.

그녀는 글을 한 편 내놓고 조언을 바란다고 하였다. 또 바이런의 현재 고통의 원인이 결혼제도에 문제가 있다고 하면서 은근히 결혼제도를 비난했다. 또 양부 고드윈과의 관계, 『맵 여왕』(Queen Mab)을 쓴 신동 셸리와의 관계 등도 늘어놓았다. 바이런은 자연스럽게 호기심이 일어났다.

바이런은 이런 여성을 대할 때 전혀 까다롭지 않았다. 그는 한 귀부인에게 이렇게 말한 적이 있다. "저는 사랑을 원하면 누구든 사랑해 줄 수 있습니다." 그녀가 골칫거리가 될 수 있다는 것을 예상은 했지만 그는 곧 영국을 떠나지 않는가. 바이런은 드루리레인의 특별석을 그녀와 셸리에게 양보했으나, 그녀는 편지로 셸리에게는 그 극장은 참을 수 없는 것이라고 알려왔다.

그즈음 캐롤라인은 바빴다. 그녀는 애너벨러에게 몇 통의 편지를 보내 자기가 아는 비밀을 알려줄 테니 꼭 만나자고 했다. 바이런이 아기를 데려가기를 원한다는 소문을 교묘히 지렛대로 삼아, 애너벨러가 안 나오고는 못 배기게 만들었다. 그녀는 애너벨러를 자기 집에서 비밀리에 만나서, 바이런에게서 들었던 근친상간의 이야기를 고대로 애너벨러에게 이야기해주었다. 바이런은 처음에는 암시로, 나중에는 명백한 말로, 1813년 오거스터가 베네트가로 올 때부터 어떻게 그녀를 정복했는가를 자랑삼아 이야기해 주었다고 했다. 그때 바이런이 그런 행동을 "못된 죄악"이라는 말도 하더라고 덧보탰다. "그는 소시절부터 부적절한 죄를 지어 왔다고 고백했으며—러쉬턴은 그가 타락시킨 사람 중의 하나인데— 그는 그를 늘 시종으로 데리고 다녔고… 그런 성적 도착증을 가지도록 만들어 놓은 학교 친구가 세 명이나 됨을 언급했다네." 그리고 그는 오거스터에게서 받은 편지를 실제로 보여주기도 했다고 했다. 애너벨러는 그 놀라운 이야기를 듣고, 그 이야기가 증거가 될 성싶어 러싱턴 박사에게 편지를 냈다. 애너벨러는 그녀의 1차, 2차 보고서에서 언급한 '심증'은 이제 요지부동의 '팩트'가 되었다고 단언했다.

4월 3일 홉하우스는 바이런의 혼란한 상황을 조금이라도 정리하기 위해 오거스터가 나가고 없는 바이런의 집에 집사로 들어앉았다. 바이런이 자신의 일을 현명하게 대처하지 못하기 때문에 그를 근접 보호할 필요가 있었다.

4월 5일, 6일에 에번스(R. H. Evans)의 집에서 바이런의 책 경매가 있었다. 압류가 들어오니까 책이라도 처분하려고 했을 것이다. 홉하우스는 34파운드어치를 샀다. 머리는 450파운드어치를 샀으나 책값으로 500파운드를 주었다. 그러나 집행관이 달려와서 책을 압수해 가는 바람에 바이런은 그 돈은 돌려줄 수밖에 없었다. 장서는 모두 730파운드에 팔렸다. 경매 서류 중 도서 소유자란에는 "곧 영국을 떠나 여행길에 오를 한 귀족"이라고 적혀 있었다. 그 안에 바이런의 이름이 들어 있으면 책값은 두 배로 뛰었다. 기증 받은 책은 값이 매우 높았다. 3기니, 4기니를 받은 책도 있었는데 이런 고가의 것은 머리가 다 사 갔다. 판매 총액은 723파운드 12실링 6펜스였다.

그날 저녁 바이런은 홉하우스와 같이 저지 귀부인 집 무도회에 가서 일반 사람들이 자기를 얼마나 멸시하는가를 그야말로 피부로 느꼈다. 이런 행사에 보통 오거스터가 동행했으나 아마 추문 때문에 그녀는 초청받지 못한 듯했다. 바이런은 종전에 그에게 다정했던 귀부인들도 그때에는 자신을 벌레 보듯이 한다는 것을 직감했다. 이 무도회에서 그는 몇몇 사람에게 무안도 당했으며, 몇몇 남자들은 고의로 그를 모른 체했다. 저지 귀부인과 엘핀스톤만이 유달리 친절했으며, 그는 그들의 고마움을 결코 잊지 못했다. 그에게 1812년에 구애의 눈길을 보냈던 엘핀스톤은 바이런에게 친하게 고개를 까닥하고선 "저하고 결혼했어야 했죠. 그러면 이런 일은 일어나지 않았을 것 아니에요."라고 말했다.

저지 귀부인이 정말 따뜻한 마음씨를 가졌다는 것을 알았다. 온 장안이 다 바이런을 욕할 때 그녀는 4월 8일에 그가 영국을 떠난다고 송별연을 열어 주었다. "그녀는 마음이 고결한 여성이었으며 내가 받아야 할 우정보다 더 많은 우정을 베풀어 주었다. 나는 또한 그녀가 큰 모임에서 나를 두둔했다는 말도 들었는데 그 당시로서는 보통 여자들보다 특별히 강한 용기와 강기가 없으면 불가능한 일이었다."

4월 13일 훠턴은 바이런에게 그의 서명이 필요하다고 서류를 보내면서 편지 한 통도 보냈다. 그것은 오거스터가 애너벨러에게 쓴 편지의 답장이었다. 얼마 전 오거스터는 애너벨러에게, 바이런의 편지와, 바이런이 나중에 딸이 크면 주라고 보낸 찰스 1세의 머리카락이 들어 있는 반지를 보내면서, 그것들을 받거든 꼭 답장을 해달라고 했었다. 애너벨러는 직접 답장을 하지 않고 훠턴에게 대신 편지를 쓰게 했다. 자신이 써야 할 답장을 변호사에게 쓰라고 떠넘긴 것이었다. 이 얌체 행동을 본 바이런은 참을 수 없을 정도로 분노했다.

4월 14일 언론에서는 계속 바이런을 비난하는 기사가 넘쳐났다. 홉하우스는 바이런과 오거스터가 작별을 고하도록 자리를 피해 주었다. 그녀는 세인트제임스궁에 살다가 동생에게 작별 인사를 하러 일부러 나왔다. 오거스터는 만삭으로 곧 다섯째 아기를 출산할 예정이었다. 지금 그녀만이 바이런과 헤어지기 섭섭해하는 유일한 사람이었다. 남매는 다시는 못 볼 것이란 이상한 예감이 들자 울음이 북받쳤다. 오거스터는 자신의 슬픔은 가까스로 추슬렀으나 바이런이 울음을 그치지 못했다. 그녀가 바이런에게 준 이별의 선물은 성경이었고 바이런은 죽을 때까지 그것을 곁에 두었다.

바이런은 오거스터를 보낸 뒤 애너벨러에게 심한 말을 써 보냈다. "이제 오거스터와는 조금 전 헤어졌소—그녀는 당신이 헤어지게 만든 마지막 인물이었소—그렇지만 내 삶과의 관계는 유일하게 망가지지 않고 끈끈하다오—내가 어디로 가든—그리고 나는 멀리 갑니다—당신과 나는 이승에서는 다시 만날 수 없을 것이며… 내게 사고가 생기면—그녀에게 친절하게 대해 주기만 바라오—그녀가 죽었을 때도—그녀의 자식들을 잘 대해 주시오." 바이런이 유언장을 고쳐 써서 유산을 모두 오거스터와 그 자녀에게 남기고 애너벨러에게는 한 푼도 남기지 않았다.

이 무렵에 쓴 시를 보면 바이런을 믿고 위안을 주고 변치 않는 사랑을 베푼 사람은 오거스터뿐이었다. 그는 그녀를 위해 시「오거스터에게 주는 시」(Stanzas to Augusta)(같은 제목으로 두 편의 시가 있으나 "When all around grew drear and dark"로 시작되는 시)를 썼다.

> 운명이 바뀌어—사랑은 멀리 사라지고
> 증오의 화살은 빽빽이 또 빨리 날아올 때에도
> 당신은 외롭게 떠서 끝까지 지지 않는
> 별이었다오.

애너벨러는 앞서 보낸 바이런의 편지에도 답장을 하지 않았다. 그녀는 어머니에게 득의양양한 편지를 써서 바이런에 대한 반감을 내비쳤다.

그녀는 여론이 바이런에게 불리하게 돌아가는 것을 보고 오히려 고소하다는 느낌을 적었다. "어제 『챔피언』지에 [바이런이] 시를 발표했다마는 사람들의 감정은 여전히 바이런 경에게 등을 돌리고 있어요―그리고 그 저자의 이중성을 폭로하는 몇 개의 평문이 붙었어요―그것으로 좋은 결과가 나온 셈이죠."

그런 환란 중에도 바이런은 해외여행 준비를 3월부터 차근하게 해왔다. 그는 3월 28일 젊은 폴리도리(John William Polidori)를 여행에 같이 데려갈 주치의로 고용했다. 타고 갈 거대한 마차를 주문 제작했는데 게나페(Genappe)에서 탈취한 나폴레옹의 마차를 본떠 만들었다. 박스터(Baxter) 회사가 500파운드를 받고 건조하였다.

『타임스』(Times)지와 『모닝포스트』(Morning Post)지에도 바이런을 맹비난하는 기사가 실렸다. 『모닝포스트』지의 글의 일부이다. "그러나 하느님! 자신에게 주어진 분에 넘치는 한 천사를 잃어버렸다고, 위선에 가득 찬 후회를 하고, 별거하게 된 것을 한탄하는 체하며, 그녀에게는 말도 건네지 않고, 조용히 앉아 자신의 가식적인 감정을 시로 지어, 어떤 찬사로도 모자랄 그 천사 그러나 큰 슬픔의 상처를 입은 그 천사를, 세상 사람들이 색안경으로 끼고 보도록 교묘히 조작하는 그 작자는 도대체 어떻게 생겨 먹은 인간입니까."

홉하우스가 애너벨러 측의 도일을 만나니 그는, 애너벨러가 오거스터와 다른 사람으로부터 받은 편지를 가지고 있고 이 모두를 공표할 수 있다는 말을 한다고 전했다. 일종의 위협이었다. 그 말을 듣고 홉하우스는 가만있을 수 없었다. 바이런은 『타임스』지, 『모닝포스트』지, 『챔피언』지 편집자에게 일언반구도 자기변명을 한 적이 없지만, 그의 장인은 언론에서 바이런 같은 자를 절대 잘 봐 주면 안 된다는 말을 하고 돌아다닌다고 지적하고, 아무리 막되어도 도대체 어떻게 그럴 수가 있느냐고 쏘아붙였다.

클레어는 자주 바이런에게 편지를 썼다. "엊저녁 당신이 저를 바람 맞혔으므로 오늘 밤에 저를 보실래요? 저를 완전히 미워하시지 않는다면 부디 저를 만나주세요. 만약 거절하신다면 저는 그 불행한 '여가정교사' 만큼이나 제 스스로를 밉상이라고 생각하게 되겠죠." 불행한 "여가정교사"는 바로 클러먼트를 지칭하였다. 클레어는 4월 11일 저녁 일곱 시 반에 자기를 만나 달라고 했다. 또 한 날은 "저는 목요일 저녁에 당신의 홀에서 거의 15분이나 기다렸어요."라고 적은 편지도 보냈다.

그러나 이즈음 바이런이 바빠지니까 클레어는 어떻게든 그의 관심을 끌어내려고 언니 매리를 데리고 나타났다. 매리는 이 두 사람의 밀애 관계를 전혀 모르는 채 클레어를 따라 바이런의 집으로 왔고, 바이런의 매력에 흠뻑 빠졌다. 클레어는 나중에 바이런에게 이렇게 이야기했다. "매리는 제 기대만큼 기뻐했습니다. 그녀는… 우리가 당신을 다시 볼 기쁨을 [나중에라도] 가지도록 당신 주소를 꼭 알아두라고… 신신당부를 했습니다. 그녀는 늘 '어쩜 저렇게 부드럽고 점잖으셔! 내 기대와는 전혀 딴판이네.'를 입에 달고 돌아다녔어요." 이때 클레어는 바이런이 제네바(Geneva)로 갈 것을 알아채고 제네바에서 혼자 바이런을 만날 꿍꿍이 계획을 세웠다. 바이런이 우습다는 표정을 짓자 셸리 부부가 자기를 데리고 그리로 가도록 유도하고 말겠다고 했다.

클레어는 바이런을 잡기 위하여 여자의 마지막 카드를 썼다. 바이런이 영국에서 마지막 한 주일을 남겨 두고 있을 때 대담하게 이런 편지를 띄웠다. "절 사랑해 주시리라고는 기대하지 않습니다. 당신 사랑을 받을 자격이 없죠…. 그렇더라도 이런 계획을 반대하지 않으시겠지요? 목요일 저녁 함께 마차나 역마차로 시내를 빠져나가 16km 내지 20km를 갑시다. 우린 자유롭고 아무도 알지 못할 것입니다. 이튿날 아침에 돌아오고요…. 저는 영원히 당신의 점잖은 매너와 야성미 넘치는 얼굴을 기억할 것입니다."

바이런은 나중에 대단히 후회했지만 그녀를 만났으리라. 그는 누구라도 자기의 사랑을 원하면 가리지 않고 사랑을 해줬다. 그 사랑이 긴장을 해소하는 데 도움이 되었으리라. 그는 가정이 파탄 났고, 자식을 잃었고, 온갖 추문으로 만신창이가 되어있어, 기분전환이 절대 필요했다. 그는 그녀를 사랑한 적이 없고, 다만 그녀의 몸과 마음의 호의를 기쁘게 거둬줬을 뿐이었다.

바이런은 4월 21일 오후에 핸슨이 가져온 별거합의서에 정식으로 서명하였다. 홉하우스는 도일에게 곧 편지를 써서 그 합의문서에 바이런이 서명을 했음을 알려주었다. 이날 저녁에도 홀랜드 귀부인 댁에서 휘그계 인사들이 바이런 송별 연회를 열었지만 바이런은 가지 않았다.

4월 22일 오전에 핸슨이 와서 방금 애너벨러와 작별을 하고 왔다고 했다. 그는, 그녀가 건강해 보이긴 했지만 심장 자리가 아닌 흉골 자리에 손을 대고 "여기"가 찢어지도록 아팠다는 말을 하더라고 했다. 바이런이 마지막으로 짐을 꾸리고 있을 때 친한 친구들이 찾아와 작별 인사를 하였다. 그러나 바이런은 짬을 내 오거스터에게 편지를 썼다. "내 사랑하는 누나―문서에 서명을 했어요…. 그 문제에 대해 제가 바라는 것은―어떤 형태로든―어떤 상황에서든… [내 앞에서는] 애너벨러의 이름을 언급하거나 암시하지 말아달라는 것이오."

바이런은 출국할 만반의 준비를 했고 별거 합의에 관한 서류는 모두 홉하우스가 챙기게 했다. 바이런은 밤에 키네어드 부부의 방문을 받았는데 그 부인은 마리아 케펠(Maria Keppel)이라는 가수이고 연극배우였다. 그들은 케이크와 두 병의 샴페인을 사 왔고, 네이선도 유월절 케이크를 보내왔다. 다른 여러 사람도 그의 출국 전에 인사를 나누러 왔다.

4월 23일은 피커딜리테라스에서의, 아니 영국에서의 마지막 날이었다. 일찍 기상하는 것을 바이런이 싫어했지만, 이날은 이른 시간인데도 일어나 부산하게 서둘렀다. 압류집행관의 도착 전에 출발해야 아니 도망쳐야 했다. 폴리도리 외에도 하인이 세 사람 더 있었으니, 베르거(Berger)라는 스위스인, 플레처, 1차 해외여행 때 지브롤터까지 동행했던 러쉬턴 등이었다. 9시 반에 도버로 향해 출발하였다. 홉하우스는 데이비스의 마차에 폴리도리와 함께 타고, 바이런은 데이비스와 함께 나폴레옹 호화 마차에 올랐다. 출발을 구경하러 사람들이 모였고, 그들이 떠난 후 10분 뒤에 집행관이 들이닥쳐 그 호화 마차를 압수하지 못해 발을 동동 굴렸다. 그들은 남아 있던 새장과 다람쥐까지 압수해 갔다. 이 소식은 뒤에 출발한 플레처가 전했으며 그 이야기를 듣자 바이런은 급히 나폴레옹 마차를 정기선(定期船)에 감춰 두었다. 그들은 시팅번(Sittingbourne)에서 찬고기를 들었고 노버(Dover)의 쉽(Ship) 호텔에서 아침을 먹고 기볍게 프랑스산 포도주를 마셨다. 이날 『모닝 크로니클』에는 홉하우스의 글과 바이런이 이 나라를 떠남을 알리는 페리의 글이 나란히 실렸다.

그 이튿날은 역풍이어서 출항은 불가능하였다. 그들은 이른 저녁을 먹고 시간을 보내기 위해 18세기 풍자 시인 찰스 처칠(Charles Churchill)의 묘소를 방문했다. 그의 풍자시 『로시아드』(Rosciad)가 바이런의 『영국 시인과 스코틀랜드 평론가』의 모델이 되었다. 바이런은 그의 무덤 위에 드러누워 본 뒤, 잔디를 새로 깔라고 크라운 한 닢을 묘지기에게 내주었다.

2권에서 계속됩니다.